安徽省一流教材建设项目成果
普通高校经济管理类应用型本科系列教材

产业经济学

第2版

主 编 李 停 王 倩

副主编 王康康

编 委 王洪国 崔木花 方 旭
丁玉敏 江六一 张汉青
杨 洋 丁玉龙

中国科学技术大学出版社

内 容 简 介

本书为安徽省高等学校省级质量工程一流教材建设项目“产业经济学”的成果。本书既重视传统工业经济时代产业现象的研究，又关注数字经济时代高新技术产业的竞争新特点；既是对传统结构-行为-绩效分析范式的传承，又引入新产业组织理论的新鲜血液。沿袭产业经济学宽派观点，包括产业组织、产业结构和产业政策三部分，共15章内容，旨在帮助研究者、政策制定者和投资者应用现代产业经济学研究方法分析产业相关的各种经济问题。

本书可作为经济学类本科生的专业基础课教材，也可作为高职高专学生和研究生的学习资料。

图书在版编目(CIP)数据

产业经济学 / 李停，王倩主编. -- 2 版. -- 合肥 ：中国科学技术大学出版社，2025.
7. -- ISBN 978-7-312-06244-5

Ⅰ. F260

中国国家版本馆 CIP 数据核字第 2025E8T738 号

产业经济学

CHANYE JINGJIXUE

出版 中国科学技术大学出版社
安徽省合肥市金寨路 96 号，230026
http://press.ustc.edu.cn
https://zgkxjsdxcbs.tmall.com

印刷 安徽省瑞隆印务有限公司

发行 中国科学技术大学出版社

开本 787 mm×1092 mm 1/16

印张 17.5

字数 448 千

版次 2017 年 1 月第 1 版 2025 年 7 月第 2 版

印次 2025 年 7 月第 2 次印刷

定价 60.00 元

前 言

党的二十大报告指出，建设现代化产业体系，坚持把发展经济的着力点放在实体经济上，推动新型工业化，加快建设制造强国、质量强国、航天强国、交通强国、网络强国、数字中国，巩固优势产业领先地位，推动战略性新兴产业融合集群发展。2015 年 11 月 16 日，教育部、国家发改委和财政部共同印发《关于引导部分本科地方高校向应用型转变的指导意见》，标志着我国高等教育“重技重能”时代的正式来临，必将进一步推动地方普通高校向应用型方向的转变。产业经济学作为应用经济学的重要分支，是近年来较为活跃、取得理论成果较为丰富的经济学学科领域，重新调整学科内容体系，以契合应用型本科高校的办学需要乃当务之急。

我国的产业经济学学科体系一直受到其他国家的学术影响。欧美的主流观点认为，产业经济学等同于产业组织理论，主要以特定的产业为研究对象，并以市场结构、市场行为、市场绩效和产业组织政策为基本理论框架。这集中体现在欧美国家鲜有“Industrial Economics”的书名，主要是以“Industrial Organization”为书名。在摒弃以部门经济为主导的产业经济学科体系后，从 20 世纪 80 年代初开始，日本的产业经济思想最先影响我国。一般认为，日本战后的经济增长奇迹与日本政府适时、正确地实施产业结构政策高度相关。学界认为产业经济学研究内容十分宽泛，产业组织理论只是其核心内容之一，还应包括产业发展、产业关联、产业布局、产业政策等内容。可以说，我国产业经济学的理论体系受到日本和欧美学者的双重影响，其内容体系的构成就有“宽”派和“窄”派两种。毫无疑问，同一产业内企业间的竞合关系及其背后的社会福利含义历来是产业经济学的核心问题。从这个意义上讲，产业组织是产业经济学理论体系的核心并无异议。但我国是发展中国家，市场体系远没有欧美发达国家健全，行政力量对资源在产业间的配置仍然发挥重要作用，结构失衡对经济总量的影响有时甚至比竞争活力更大，使得我们不得不正视产业结构问题。同时，作为应用经济学的一个重要分支，尤其在当前应用型本科高校转型背景下，学科设置不仅要解释产业经济现象，还需给出政策和企业战略管理的处方，这使得产业结构政策和产业布局政策也理应成为产业经济学内容体系的一部分。当然，正所谓学科有分工，产业经济学不能也无须包罗万象。笔者认为产业发展理论是发展经济学的中心课题，产业关联以马克思的再生产理论为基础，难以融入西方主流产业经济学体系，其核心方法——投入产出分析也略显陈旧。由此，笔者认为当前我国产业经济学内容体系应包括产业组织、产业结构和产业政策三个方面，也是构成本书主体的三个部分。

经济学是一门学以致用的科学。产业经济学形成于工业经济时代，其内容体系当然服从于解释传统工业经济时代的产业竞争需要。现阶段，人类已经进入数字经济时代，无论是产业竞争的内部环境，如产业竞争的性质、产业边界乃至产业的划分标准，还是产业竞争的外部环境，都正在发生翻天覆地的变化。从数字经济到数字经济学，现代产业经济学面临数字化革命。数字经济对传统规模经济、范围经济的内涵和外延产生不可估量的影响，数字通信技术对传统行业和传统业态的影响巨大，人工智能和大数据也冲击传统产业经济学的研究方法。

对于传统工业部门，市场结构稳定，技术进步多为累进制的连续性创新，市场需求和市场结构也相对稳定。产业竞争更多表现为企业在给定的市场环境下为市场份额而战，市场结构对于竞争者而言是外生的，竞争的本质是"市场内竞争"。在数字经济时代，以高新技术产业为主的创新型行业的竞争决定着一国未来的兴衰。相对于成熟稳定的传统工业经济，创新型行业技术机会丰富，创新活动类似于"蛙跳"，表现为非连续性的技术范式转移。市场结构不再是外生的，而是可以通过在位厂商的技术创新内生改变。企业竞争不再是市场份额的增减，成功的进入往往会导致市场霸主地位的更替，竞争演变成为更激烈的"市场竞争"形式。创新型行业表现出来的竞争新特征，需要对传统产业组织理论进行深化。毫无疑问，数字经济的不断成熟与发展，也将给以传统结构-行为-绩效分析范式为基础的产业经济学理论带来严峻挑战。尤其在产业组织领域，诸如数字产业市场的界定、垄断势力的测度、反垄断的执法标准、静态福利与动态福利的权衡等核心问题，都会面临完全不同的产业组织环境，应是当前深化产业组织理论的重点领域，也是本书此次修订相较于国内其他教材的重要拓展。

本书包括产业组织、产业结构和产业政策三个部分，共 15 章内容。第一章是导论，第二章至第九章是产业组织部分，第十章至第十一章是产业结构部分，第十二章至第十五章是产业政策部分。在结构安排上，以结构、行为、绩效为主线，增加寡头模型、高新技术产业和数字经济竞争规律的内容，体现出以下两方面特色：既传承经典结构-行为-绩效分析范式，又引入新产业组织理论方法；既重视对传统工业经济的研究，又给予高新技术产业和数字经济足够关注。

本次修订基本保持了原教材的精华内容，重点更新了教材的整体架构和章节设置。具体包括：

(1) 更新所有章节的学习目标、讨论案例和思考与练习。

(2) 紧扣党的二十大精神，积极展现近年来中国在产业结构和产业组织政策方面的建设成果，并将课程思政元素融入教材中。

(3) 注重引入可读性、代表性更强的新案例，如数字经济分类、平台企业杀熟行为等，使得案例更有时效性，体现产业经济学最新研究成果。

（4）重新审定部分概念的定义阐述；合理增删章节篇幅，调整优化章节标题。删去原教材第十二章"产业布局与产业集聚"，这部分内容与区域经济学、经济地理等课程内容高度重复；增加第十五章"数字时代的竞争与产业挑战"，吸收数字经济的最新理论研究成果；更新前版实证分析数据，并调整相应的研究结论；简化对 Cournot 模型的推广，尤其是复杂的技术细节。

（5）更新充实部分数据，重新绘制部分图表。

在修订过程中，坚持与时俱进、贴近师生的原则；要求教材修订内容能够紧跟理论和教学最新研究成果；精准聚焦实践情境和应用型人才的培养要求。

本书是 2021 年度安徽省高等学校省级质量工程一流教材建设项目"产业经济学"(2021yljc124)的成果，也是编写团队集体智慧的结晶，部分内容直接源于第一主编的博士论文。具体分工如下：铜陵学院李停教授负责第一、六、八、九章的修订和全书的统稿工作；铜陵学院王倩博士负责第二、四、十五章的修订；铜陵学院王康康博士负责第十、十三、十四章的修订；淮北师范大学崔木花教授负责第三、七、十一章的修订；安庆师范大学王洪国博士负责第五、十二章的修订。此外，本书的出版得到铜陵学院教务处处长蒋诗泉教授的大力支持，经济学院方旭、丁玉敏、江六一、苏证山等老师为教材的编写和校对提供了帮助。参与本书第 1 版的编者还有张汉青、杨洋、丁玉龙等老师。笔者的学生张鹏鹏、李婷婷、韩颖、金吉胜、胡梦珂、田齐吉、杜鸽、陈俊、李琳、吴珊等在教材编写过程中承担了大量的数据收集和整理工作。对以上人员的辛苦工作和帮助，在此一并感谢。

本书配有教学课件、案例库、习题库和试题库等资料，有意者可联系 liting720427@163.com 免费获取。在教材出版之际，衷心感谢中国科学技术大学出版社领导和编辑为本书的出版所付出的努力。

李　停

2025 年 1 月

目　录

第一章　产业经济学导论

本章结构图

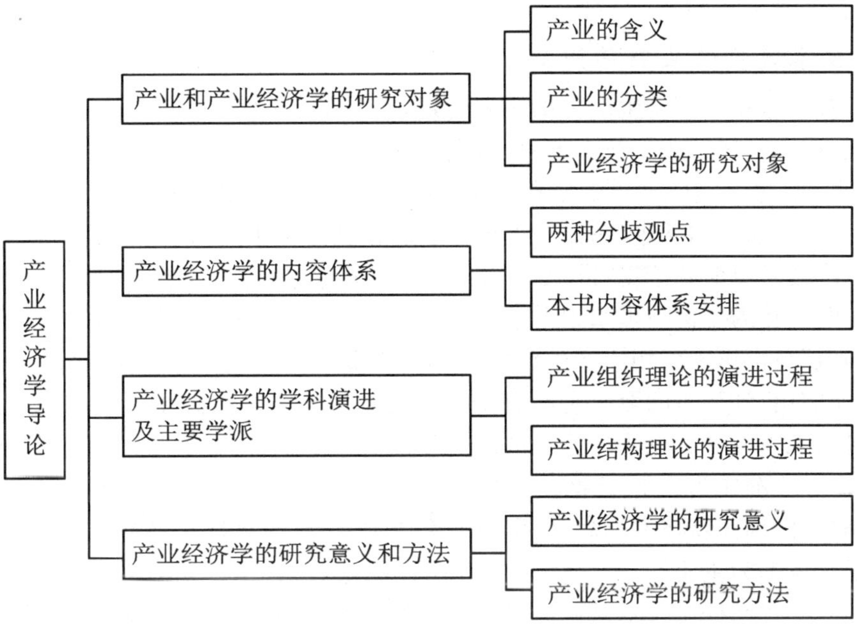

学习目标

通过本章学习，了解产业和产业经济学的基本概念，熟悉产业经济学的研究对象、产业类型的基本划分、产业经济学的理论体系，掌握产业经济学两大学派的基本理论及分歧。

第一节　产业和产业经济学的研究对象

一、产业的含义

（一）产业是社会生产力发展和社会分工的产物

产业是社会生产力发展与社会分工的产物，随着社会分工的产生而产生，并随着社会分工的发展而发展。原始社会的氏族公社，生产力极不发达，狩猎和采集是全部社会的生产活动。没有分工和交换，也就不存在不同的生产部门，产业便无从谈起。随着旧石器时代向新石器时代的缓慢演变，生产工具逐步改进，社会生产力逐步提高。此时，劳动产品的数量逐渐增多，人们开始饲养未吃完的猎物和种植未吃完的野果。剩余产品的出现是人类社会生产活动的重大转折，社会分工开始出现，农业成为那个时期的决定性生产部门。社会生产力的发展促进社会分工日益完善，按照恩格斯的观点，人类社会相继出现三次社会大分工，分别催生新的产业形态。第一次社会大分工发生在新石器时代，畜牧业从农业中游离出来；第二次社会大分工发生在原始社会末期和奴隶社会早期，手工业从农业中独立出来；第三次社会大分工发生在奴隶社会中后期，商业逐渐从生产活动中分离出来，出现专门从事商品买卖的商人阶层，商业开始独立出来。三次社会大分工的直接后果是形成畜牧业、手工业和商业等产业部门。

（二）技术进步催生新的产业

知识和技术进步是推动生产力的主要力量，会导致新的产业部门诞生。按照一般的划分，人类社会迄今经历了四次技术革命，彻底改变了人类社会面貌。第一次技术革命发生在18世纪60年代，也就是通常讲的工业革命，主要标志是纺织机器的发明和蒸汽机的使用。纺织业的兴起、运输业的跃进（轮船和火车）、钢铁和机械工业的崛起都是第一次技术革命的成果。第二次技术革命始于19世纪70年代，其主要标志是电力的广泛使用以及发电机和电动机的发明。在内燃机技术基础上建立汽车工业，电力工业崛起催生发电、输电和配电工业部门，“弱电”技术出现后相应产生电信业和广播业。第三次技术革命始于20世纪50年代，以原子能应用、计算机的诞生和高分子合成技术为标志。高分子合成技术引致橡胶、纤维和合金材料工业发展。电子计算机的广泛发展和应用，使社会和企业管理系统得以普遍建立，信息产业逐渐成为主导产业。第四次技术革命发端于20世纪80年代，至今尚未结束，通常也被人们称作新技术革命，以生物工程技术、信息网络技术、软件技术、空间技术、海洋科学和纳米技术为主要标志。高新技术产业的兴起，对各国产业结构升级产生重大影响，也为知识经济的兴起提供技术基础。特别是互联网技术对各传统产业的渗透，“互联网＋”已经深刻影响人类社会的生产、消费乃至生活模式。

（三）技术进步导致产业融合

产业融合是指不同产业或者同一产业内不同行业相互渗透、相互交叉，最终融合为一体，逐步形成新的产业形态的动态过程。技术创新是产业融合的内在驱动力。技术创新开发出了替代性或关联性的技术、工艺和产品，然后通过渗透、扩散融合到其他产业之中，从而改变了原有产业的产品或服务的技术路线，为产业融合提供了动力。同时，技术创新改变了市场的需求特征，为产业融合提供了市场空间。重大技术创新在不同产业之间的扩散导致了技术融合，技术融合使不同产业形成了共同的技术基础，并使不同产业的边界趋于模糊，最终促使产业融合现象的产生。产业融合自20世纪90年代以来成为全球产业发展的浪潮，其主要原因就在于各个领域发生的技术创新，以及将各种创新技术进行整合的催化剂和黏合剂——通信与信息技术的日益成熟和完善。作为新兴主导产业的信息产业，其产业产值近几年来以每年30％的速度高速增长，信息技术革命引发的技术融合已渗透到各产业，导致了产业的大融合。技术创新和技术融合则是当今产业融合发展的催化剂，在技术创新和技术融合基础上产生的产业融合是“对传统产业体系的根本性改变，是新产业革命的历史性标志”，成为产业发展及经济增长的新动力。举例来说，通信、出版和广播电视业早期是三个相对独立的产业形态。技术创新促使电信网、广播电视网和互联网“三网”融合，技术趋于一致，网络互联互通，业务范围趋同，产业的边界逐渐模糊。现在手机可以看电视、上网或阅读新闻，电视也可以打电话、上网，电脑同样可以打电话、看电视。三者之间形成“你中有我，我中有你”的竞争格局。

（四）产业是具有某种同类属性企业活动的集合

产业经济学是研究产业及其发展规律的应用经济学分支，对产业的定义便成为理解产业经济学内涵的核心。在英文中，“产业”“工业”和“行业”等都可以称为“industry”，比汉语从概念界定上更为模糊。目前，国内学者通常将“产业”理解成具有某种共同属性的企业集合。竞争和合作是企业之间的两种最基本的行为关系，而“竞合”关系源于生产或消费上的可替代性。生产中的可替代性奠定了企业间的协作基础，而消费替代是市场竞争的源泉。将企业划分成不同产业，其目的是便于分析产业内企业间的“竞合”关系。因此，本书将“产业”定义成：使用相同的原材料，具有相似的生产工艺，生产经营在消费上具有密切替代关系的同类产品的企业集合。

案例短析

产业定义中的供给替代和消费替代

产业组织研究关注同一行业内企业间基于产品间相互替代形成的竞争关系。这种替代关系包括生产替代和需求替代，考虑到企业生产不是最终目的，以需求替代标准来划分行业就更合理，更能体现出产业组织研究目的。但是，无论是国内还是国外，出于普查需要的现有统计数据对行业的划分更多体现的是生产中的替代关系，强调供给方面而不是需求方面。从供给角度强调生产中的相互替代对产业的划分和从需求角度强调消费的相互替代对产业的划分有时候并不完全一致。举例来说，某些金属制品和塑料制品从需求的可替代性可归类为同一行业，如铝合金门窗和塑料门窗。但是在普查统计中它们分别属于两个不同行业，原因是它们使用不同的原材料，生产工艺也大不相同。即使从产业组织研究需要上看，这两个行业纳入同一个行业也更为合理。

二、产业的分类

为了便于分析、研究和管理生产活动，有必要对产业进行分类。产业分析的目的不同，产业的分类标准和划分方法也不同。常见的产业划分方法有三次产业划分法、国际标准产业分类法、两大部类分类法、生产要素密集度分类法和战略关联分类法等。

（一）三次产业划分法

新西兰经济学家费歇尔在 1935 年《安全与进步的冲突》一书中首次提出三次产业划分法。在此基础上，英国经济学家克拉克在《经济进步的条件》一书中对产业结构的变化与经济发展的关系进行了大量的实证分析，总结出三次产业结构的变化规律及其对经济发展的作用，使三次产业划分在欧美国家得到迅速普及。

三次产业划分根据人类生产活动与自然界关系的深度和广度，将全部产业分为第一产业、第二产业和第三产业。划分产业的主要依据是：第一产业取自于自然，人类生产活动直接作用于劳动对象，主要包括种植业、畜牧业、狩猎业、渔业和林业；第二产业是指对取自自然界的产品进行深加工，主要包括采掘业、制造业、建筑业和公共事业部门。举例来说，大米属于第一产业的种植业，但将大米酿造成酒的过程便成为制造业。第一、第二产业都是创造有形财富的生产部门，而第三产业是创造无形财富的生产部门，主要包括商业、金融业、运输业、服务业等。为节约交易成本和专业化分工，第三产业当初从传统生产部门中分离出来，是为生产提供产前、产中和产后服务，为提高科学文化水平和社会发展提供公共服务的行业部门。在世界经济发展史上，人类经济活动的发展经历了三种主要文明，刚好对应三次产业。第一阶段是农业文明，人类的主要活动是农业和畜牧业；第二阶段是工业文明，以机器大工业的迅猛发展为标志；第三阶段是后工业化社会，产业结构高度软化，大量劳动力和资本进入非物质生产部门。

三次产业划分的具体规定在实际应用中尚存在理论和实践的分歧。例如，采掘业显然直接作用于自然界，根据三次产业划分标准归为第一产业更合适，但在实践中其属性（主要从生产工艺）更接近于制造业，因此，实际被列入第二产业。又如供水、电力、煤气从产业属性上似乎介于第一产业和第二产业之间，但在实践中也存在归属分歧。

案例短析

四次产业划分法

随着科学技术的进步和社会生产力的快速发展，传统的三次产业分类法在应用时暴露出的缺陷越来越明显。一方面，三次产业之间有相互融合的趋势，很难计算出该产业的产值有多少是从其他产业融进来的；另一方面，第三产业范围过大，行业繁杂，从简单的餐饮业到航天、航空服务，难以通过总结它们的特点和发展规律来制定产业政策。对三次产业分类法进行改进和完善是非常必要的，四次产业划分法就是一种有益、积极的尝试。目前主要有两种观点：一种观点是美国经济学家马克·波拉特将所有经济活动分成农业、工业、服务业和信息业，以体现出信息产业已成为美国的主导产业；另一种观点是由我国学者王树林在他主编的《21 世纪的主导产业——第四产业》中提出的，第三产业属于物质再生产总过程的领域，而第四产业属于精神产品再生产总过程的领域，主张将科学研究、信息服务、咨询服务、新闻出版、法律服务等行业从第三产业中分离出来，成为独立的第四产业。但四次产业如何划分、各产业如何构成，理论界至今没有定论，其影响力也十分有限。

（二）国际标准产业分类法

为了便于国家间横向比较，统一世界各国的产业分类标准，1971 年，联合国颁布了《全部经济活动的国际标准产业分类索引》，从四个层次对产业进行分类。首先把全部经济活动分成十个大项，依次是农业、狩猎业、林业和渔业；矿业和采石业；制造业；电力、煤气、供水业；建筑业；批发和零售、餐饮、旅店；运输、仓储、邮电业；金融、保险、不动产业及商业服务业；社会团体、社会及个人服务；不能分类的其他活动。其次，再将每个大项下面分成若干个中项，中项下面再细分成若干个小项，小项下面又再设若干个细项。最后，对各大、中、小、细项都做统一编码，以增强统计的规范性和可比性。

国际标准产业分类法统一了世界各国产业分类标准，但无视各国产业的具体特征。事实上，世界各国为了制定产业政策，往往结合本国实情编制了符合经济工作需要的产业分类，基本编制思路与国际标准产业分类相同。我国也有自己的产业分类国家标准，国家标准局编制《国民经济行业分类与分类代码》，把全部国民经济划分为 16 个门类、92 个大类、300 多个中类和更多的小类。

（三）两大部类分类法

两大部类分类法是根据马克思主义社会再生产理论，将社会产品按用途分成消费资料和生产资料，相应的产业分成消费资料产业和生产资料产业。但在实际分类时，大部分产业的产品兼有消费资料和生产资料的特征。常见的做法是如果某一产业提供的产品有 75%以上作为消费资料就归入消费资料产业，有 75%以上作为生产资料就归入生产资料产业。不满足上述原则的产业就被列入其他产业。

两大部类分类法以社会再生产过程中的产业比例关系为基础，研究社会总产品的价值实现和实物补偿问题，以及分析社会资本的简单再生产和扩大再生产的条件，目的是揭示资本主义生产的本质和剩余价值产生的秘密。但两大部类分类法由于未能涵盖非物质资料生产部门，并且某些商品在归类上也存在分歧，故现在在产业研究中很少应用。

（四）生产要素密集度分类法

根据产业扩张时对生产要素（劳动、资本、知识）的依赖程度差异，可将全部产业分为劳动密集型产业、资本密集型产业、知识密集或技术密集型产业。举例来说，劳动密集型产业意味着产业发展更多地依赖劳动要素投入，生产的扩展线偏向劳动要素轴，或者说产出增长的劳动弹性值较高。

生产要素密集度分类法可大致反映一国经济发展所处的阶段。通常，一国技术密集型产业比重越大，经济发展水平就越高；反之，劳动密集型产业比重越高，该国的经济发展水平就越低。同时，从产业结构演进规律可看出，随着一国经济发展水平不断提高，会依次经历劳动密集型产业占主导地位到资本密集型产业占主导地位的转变，最终过渡到技术密集型产业占主导地位的产业结构，呈现出产业结构不断高度化的演进趋势。

（五）战略关联分类法

战略关联分类法是指按照一国产业政策中的不同战略地位划分产业的一种分类方法。按照战略地位划分产业主要有主导产业、先导产业、支柱产业和战略性新兴产业。

1. 主导产业

主导产业，顾名思义，就是在区域经济中起主导作用的产业，它是指那些产值占有一定比重，采用先进技术，经济增长率高，产业关联度强，对其他产业和整个区域经济发展有较强带动作用的产业。主导产业从量的方面看，应是在国内生产总值或国民收入中占有较大比重或者将来有可能占有较大比重的产业部门；从质的方面看，应是在整个国民中占有举足轻重的地位，能够对经济增长的速度与质量产生决定性影响，其较小的发展变化就足以带动其他产业和整个国民经济变化，从而引起经济高涨的产业部门。根据罗斯托的阐述，主导产业具备如下三个特征：能够依靠科技创新，引入新的生产函数；能够形成持续高速的增长率；具有较强的扩散效应，对其他产业乃至所有产业的增长起着决定性作用。这三个特征成为有机整体，使主导产业既能对国民经济起着支撑作用，又能引导其他产业发展。

2. 先导产业

先导产业就是那些需求价格弹性和收入弹性很高，可以带动其他产业发展的产业。它们对国民经济未来发展起方向性的引导作用，代表着技术发展和产业结构演进的方向。先导产业对于国民经济发展具有全局性和长远性作用，自然成为国家重要的战略产业。先导产业一般具有以下特点：行业增长速度超过 GDP 的增长速度，并且保持持续增长；对国民经济的未来走向影响较大；市场潜力大，处于规模快速扩张的成长期；产业关联系数大、技术联动性强。先导产业的发展往往起着引导作用，但其自身未必对国民经济起到支撑作用。

3．支柱产业

支柱产业，是指那些在国民经济或地区经济中占有很大比重，构成国民收入主要来源，对国家或地区的经济增长起着举足轻重作用的产业。这种举足轻重的作用可能是该产业的收入占整个产业结构系统产出的比重较大所致，或者是该产业的收入占整个国民收入的比重较大所致，也有可能是由于该产业的就业系数高，因而该产业就业人数占比大。此外，还有可能它是主要的外汇创收产业。因此，作为不同时期、不同经济发展阶段标志的支柱产业，必定是带动国民经济发展的主要产业。支柱产业可能是主导产业，也可能不是。支柱产业和主导产业都是政府为实现国民经济发展目标而重点支持的产业。它们之间从动态上看，存在着发展中的替代现象，即从主导产业的发展看，一方面要强化现有支柱产业，另一方面则是要从现有的主导产业中筛选出未来的支柱产业。可以说，主导产业是未来的、潜在的支柱产业。它们是既有紧密联系又有区别的两个概念，如果忽视这两类产业作用的差别，容易造成制定发展战略上的失误。

4．战略性新兴产业

战略性新兴产业是以重大技术突破和重大发展需求为基础，对经济社会全局和长远发展具有重大引领带动作用，知识技术密集、物质资源消耗少、成长潜力大、综合效益好的产业。战略性新兴产业是指建立在重大前沿科技突破基础上，代表未来科技和产业发展新方向，体现当今世界知识经济、循环经济、低碳经济发展潮流，尚处于成长初期、未来发展潜力巨大，对经济社会具有全局带动和重大引领作用的产业。根据战略性新兴产业的特征，立足我国国情和科技、产业基础，现阶段应重点培育和发展节能环保、新一代信息技术、生物、高端装备制造、新能源、新材料、新能源汽车等产业。

案例短析

数字产业分类

数字经济是继农业经济、工业经济之后的主要经济形态，数字化转型正在驱动生产方式、生活方式和治理方式发生深刻变革，对世界经济、政治和科技格局产生深远影响。数字经济是以数据资源作为关键生产要素、以现代信息网络作为重要载体、以信息通信技术的有效使用作为效率提升和经济结构优化的重要推动力的一系列经济活动。作为衡量数字经济发展水平的重要统计标准，《数字经济及其核心产业统计分类（2021）》已在国家统计局网站上公开发布，其从“数字产业化”和“产业数字化”两个方面，确定了数字经济的基本范围，将其分为数字产品制造业、数字产品服务业、数字技术应用业、数字要素驱动业、数字化效率提升业等五大类。其中，前四大类为数字产业化部分，即数字经济核心产业，是指为产业数字化发展提供数字技术、产品、服务、基础设施和解决方案，以及完全依赖于数字技术、数据要素的各类经济活动。第五大类产业数字化部分，是指应用数字技术和数据资源为传统产业带来的产出增加和效率提升，是数字技术与实体经济的融合。该部分涵盖智慧农业、智能制造、智能交通、智慧物流、数字金融、数字商贸、数字社会、数字政府等数字化应用场景，体现了数字技术已经并将进一步与国民经济各行业产生深度渗透和广泛融合。

三、产业经济学的研究对象

（一）研究对象

众所周知，现代西方经济学主要由微观经济学和宏观经济学构成。微观经济学以价格理论为核心，研究单个经济主体的最优决策过程，并由此导出市场需求曲线和供给曲线。具体来说，对于消费者而言，分析其如何将有限收入分配到用于购买不同商品，以获得效用最大化的过程；对于企业而言，假定其以追求利润最大化为目标，在资源有限的约束下，分析企业如何理性作出生产什么、生产多少和如何生产的决策。宏观经济学以国民收入的决定为核心，研究国民经济总体运行规律，分析国民收入、投资、消费、出口等宏观经济变量的变动及其协调关系。可见，无论是以个量分析为特征的微观经济学，还是以总量分析为特征的宏观经济学，都没有涉及产业这个重要的"中观"层次。毫无疑问，中观层面的产业经济研究是构成微观经济学和宏观经济学的桥梁。从现实经济来看，任何一个企业总是在特定的产业中生存和发展，国民经济也是由各个具体产业构成，大量富有意义的经济活动都是在产业这个层面进行的，这就为以中观层面为研究视角的产业经济学奠定了现实基础。因此，现代产业经济学以中观层面的产业为研究对象，主要研究产业内部企业间的竞争、合作和产业之间的协调关系，以及这些行为、策略和结构关系背后的政策含义。

（二）产业经济学和微观经济学对企业研究的区别

需要强调的是，产业经济学研究的企业与微观经济学研究的企业有很大的区别。在微观经济学研究中，企业被抽象成一个投入产出装置，即给定要素投入便能最大化产出。企业被视为无生命的实体，是经济运行过程中的"投入产出黑箱"，看不到企业内部的运行结构。微观经济学的这种抽象性（当然也是服从自身研究需要），大大限制了它运用到工商业企业实践活动的可能性。与此相反，产业经济学研究的企业是更为饱满、具体和有生命力的法律实体，不仅要研究它在行业、市场中与其他企业和政府的关系，还要研究其内部结构问题。因而，产业经济学对指导工商业企业决策和政府产业政策实施具有战略指导意义。微观经济学和产业经济学的关系，就像普通物理学中对物体运动规律研究的顺序一样，先不考虑空气阻力和摩擦力，然后才在实际分析中加入这些复杂情况。产业经济学也是在微观经济学抽象的竞争市场基础上添加现实世界中的"摩擦参数"，如有限信息、交易成本、进入障碍、调整价格的成本、政府干预等，以便深入分析市场中的企业如何组织以及它们如何在现实中进行竞争。[①]

产业经济学和微观经济学还有一个重要区别，就是对政策的关注度问题。微观经济学的研究很少关注政府政策，"看不见的手"原理从根本上否定了政府对经济生活干预的必要性和有效性。西方经济学也日益怀疑政府在市场经济中的功能和作用，鼓吹自由放任的竞争。而产业经济学作为一门应用经济学分支，从其诞生那一天开始，就有鲜明的政策含义，并把其当成基本问题来研究。实际上，任何怀疑公共政策对工商企业重要性的人，都要审视当代资本主义国家越来越严重的产业集中和经济势力集聚的趋势。在发达的市场经济国家，政府对工商企业的政策问题主要涉及反托拉斯政策、经济规制和工商企业的公共所有权等三个方面。在所有经济学分支学科中，只有产业经济学特别关注反垄断政策。产业经济

① 丹尼斯·卡尔顿，杰弗里·佩罗夫. 现代产业组织[M]. 黄亚钧，等译. 上海：上海三联书店，1997：3.

学研究需要回答以下问题：在什么样的市场环境下，企业才能滥用市场支配地位？成功的卡特尔所需的市场结构类型有什么特征？在什么市场环境下，卡特尔是短命的？企业使用哪些策略性手段，会导致市场竞争弱化？规模经济和竞争活力的矛盾如何权衡？如果企业行使了策略性行为，政府应该做什么？政府建立起来的竞争规则体系，能否有效地改变市场绩效？①

产业组织理论是产业经济学最为核心的主体内容。产业组织理论保持了主流理论的“理性人”假定，稳定性偏好、约束和自利性最大化行为体现了“理性”的特征 。主流理论强调了“厂商”作为“理性人”的假定，在传统的产业组织理论中，也将这一假定贯穿于厂商之间的经济行为分析中。在厂商理性中，关键的线索是“利润最大化”假定，企业是否如同“厂商”一样具有“完全”的理性偏好，这是产业组织理论中最有争论的领域之一。大量的分析表明，如果仅仅将产业中的企业作为“厂商”是不够的，企业内部的组织结构和权威机制及企业决策的“有限理性”都不能满足“最大化”行为的假定。但新产业组织理论仍然保持着单个人的“理性”假定，在此基础上，对企业组织和企业行为进行进一步的扩展。

第二节　产业经济学的内容体系

一、两种分歧观点

对产业经济学的学科内容体系，理论界一直存在分歧，目前主要存在两种观点。一种观点认为，产业经济学亦即产业组织理论，主要以特定的产业为研究对象，并以市场结构、市场行为、市场绩效和产业组织政策为基本理论分析框架。这种观点以欧美学者为主，表现在欧美国家主要以“industrial organization”取代“industrial economics”为书名，也就是认为产业经济学核心就是产业组织理论。从某种意义上，现代西方产业经济学也称作“产业组织”理论，它有时候和“价格理论”并没有实质性区别。价格理论运用微观经济模型，分析个人和企业的市场行为和市场结构，设计针对市场的公共政策，以及对公共政策的效果进行实证分析。近年来，西方产业经济学因为价格理论的发展逐渐成为热门，主要是因为价格理论在交易成本分析、博弈论和可竞争市场理论方面取得了大量成果，也赢得了广泛的学术支持。

另一种观点认为，产业经济学不仅是产业组织理论，还应包括产业结构、产业布局、产业发展、产业关联和产业政策等内容，产业组织理论仅占产业经济学一部分内容，持这种观点的主要是日本学者。之所以产生这种局面，与战后日本经济的迅猛崛起不无相关。虽然日本战后的经济腾飞有许多原因，诸如重视教育传统、强大的科技实力并没有在战争中摧毁，乃至美国人的庇护等，但谁也不否认日本战后各个阶段适时而又成功的产业政策（主要是产业结构政策）对日本“战后奇迹”的作用。在20世纪60年代，无论是日本政府还是公众都不相信价格机制具有调整经济结构的神话，认为企业对经济变化不具备充足的反应能力。在日本高度发展期间，从产业规划的编制、幼稚产业扶持和主导产业选择及鼓励政策，通商产业省发挥了不可替代的作用。基于上述原因，日本的学者一方面承认产业组织是产业经济学研究的核心内容，同时还主张产业经济学包含产业发展、产业结构等内容。

① 刘志彪.现代产业经济学[M].北京：高等教育出版社，2003：2.

发达国家市场体系健全，资源在不同行业能够相对自由流动，产业结构在经济发展过程中不断得到优化是一个自然过程，因此，产业经济学研究也就无须给予产业结构问题更多关注。中国是一个发展中国家，与成熟的发达国家相比，市场体系不健全，突出表现在资源在不同部门、行业的流动不再是无摩擦的，导致产业结构调整不是顺畅的自然过程。更为糟糕的是，除了市场原因产生的结构性和策略性进入壁垒外，我国还存在各种行政性进入壁垒。这些因素的存在足以说明我国产业经济学研究不能盲目借鉴西方做法，不能将产业组织理论理解成产业经济学的全部。

二、本书内容体系安排

上述第一种观点比较容易与国际接轨，而第二种观点更符合中国的传统与现实，加之产业经济学最早在 20 世纪 80 年代由日本传入我国，受日本学者的影响较大，故在内容体系上，本书分为三篇内容，第一篇为产业组织理论，共 8 章，是教材的主体部分；第二篇为产业结构理论，第三篇为产业政策理论，内容各包括 3 章。由于产业布局实际上就是产业的空间结构问题，故放在本书的产业结构篇。鉴于产业发展理论在发展经济学中有更多的理论介绍，产业关联理论略显老套，故没有安排在本书内容体系中。各篇的主要内容如下：

（一）产业组织理论

以特定产业为研究对象，着重研究一个产业内市场结构、市场行为和市场绩效及三者间的互动关系。产业组织理论核心是要解决所谓的“马歇尔冲突”的难题，即规模经济和竞争活力的矛盾。产业组织理论的最早理论体系由梅森、贝恩和谢勒建立，即著名的结构-行为-绩效分析范式（structure-conduct-performance，SCP）。该理论认为市场结构决定市场行为，二者共同决定市场绩效，它们三者间存在线性因果关系。SCP 分析范式奠定了产业组织理论研究基础，以后各学派对产业组织理论的发展都是建立在对 SCP 分析范式的继承或批判基础之上的。

（二）产业结构理论

产业结构理论主要研究产业结构的演变规律及其对经济发展的影响。它从经济发展的角度研究产业之间的资源占有关系、产业结构的层次演化，从而为产业规划和产业结构优化政策提供理论依据。产业结构理论一般包括：对影响和决定产业结构因素的研究；对产业结构演变规律的研究；对产业结构优化和高级化的研究；产业结构优化和经济发展关系的研究。完整意义上的产业结构理论还包括产业关联理论和产业布局理论。

（三）产业政策理论

作为应用经济学学科分支，产业经济学的研究以支持政府制定科学的产业政策为导向。根据产业经济学的两大主体内容，又可分成产业组织政策和产业结构政策。产业政策不仅要研究产业政策本身的制定、实施、修正和效果的科学性，还要根据特定产业的特质性研究如何制定科学的产业组织政策和产业结构政策，形成规模经济和竞争活力相容的有效竞争格局，促进产业协调发展，实现产业结构不断优化。本书内容体系安排如图 1.1 所示。

第三节　产业经济学的学科演进及主要学派

产业组织理论和产业结构理论是产业经济学学科的核心内容，本节以学术流派为线索，

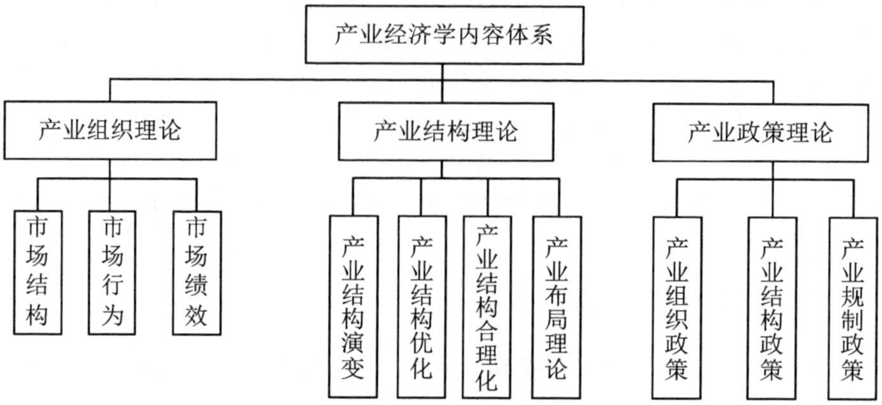

图 1.1　本书内容体系安排

介绍各自的学科演进历程，从而了解产业组织和产业结构理论的学术渊源、形成和发展的过程。

一、产业组织理论的演进过程

（一）产业组织理论的学术渊源

产业组织理论研究的核心内容是特定产业内的竞争和垄断问题。经济学家关注市场势力和个体行为最早可以追溯到古典经济学家亚当·斯密在《国富论》中关于竞争和垄断的一些论述。斯密反对封建行会制度，崇尚自由竞争，系统论述了自由竞争机制自发决定的价格体系如何创造出一个理想的市场秩序和具有“帕累托最优”状态的经济社会，这便是现在已经广为人知的“看不见的手”原理。长期以来，人们对资源配置的认识是建立在亚当·斯密关于“看不见的手”和市场机制学说基础上的。在完全竞争的市场条件下，一切资源的流动都以均衡价格为导向，在不受外界因素干扰的情况下，这一流动过程将一直持续，直至社会各部门的利润均等化时才会停止，此时资源的配置便达到了最佳均衡状态。厂商在均衡价格体系的调节下，只需按照边际成本等于边际收益的基本原则来进行投资和生产，便可以使成本达到最低，产量达到最佳，生产出来的产品刚好能够满足社会的需求，消费者也可以得到最多的剩余。这种古典理论所包含的政策含义是：在完全竞争的条件下，市场是实现资源配置的最佳方式，任何人为干预市场的做法都是不必要的。19 世纪末期，以马歇尔为代表的新古典经济学看到了现实经济活动中存在的垄断现象，并指出垄断会带来垄断利润的产生和均衡价格的上升，从而妨碍资源的最优配置。但马歇尔同时又认为垄断只不过是竞争过程中的暂时现象，长期当中，垄断企业终将因技术进步受到阻碍而无法维持垄断地位，从而恢复到完全竞争状态，所以长期内调节市场均衡的决定力量仍然是市场机制这只“看不见的手”。

斯密也是分工理论的奠基人，通过著名的“大头针”案例的剖析，深刻揭示了分工带来的专业化生产和协作对经济效率的影响，可以说斯密是最早触摸产业经济学核心问题的经济学家。但斯密仅仅注意到竞争机制、分工协作产生的规模经济效应，却忽视了竞争和规模经济的关系问题，填补这一空缺的是产业组织理论的先驱——马歇尔。1890 年，马歇尔在《经济学原理》一书中不仅最早发现“组织”要素，丰富了萨伊的生产三要素（劳动、资本和土地）理论，还揭示了规模经济和竞争活力的两难选择问题。规模经济和竞争活力同是带来经济效率的源泉,但在经济生活中却是“鱼”和“熊掌”,很难兼得。因为追求规模经济,要求大规模生产,也会带来市场集中,这会损害竞争效率;反之,为了追求竞争效率,需要更多的市场参与主体,而这必然会以牺牲规模经济为代价。规模经济和竞争活力的两难选择问题,被后人称作“马歇尔困境”,激发一代又一代的经济学者对有效竞争的探讨。如何处理好规模经济和竞争活力的关系,达到有效竞争实现经济效率,正是现代产业组织理论探讨的核心问题。由于马歇尔最早提出“产业组织”概念,并提出规模经济和竞争活力之间的矛盾是产业组织理论的基本命题,因此,他被公认是产业组织理论的先驱或鼻祖。

(二) 产业组织理论的形成

20 世纪初,垄断资本主义取代自由竞争资本主义占统治地位,卡特尔、托拉斯、辛迪加等垄断组织形式有了较快发展。垄断带来的经济效率损失成为经济学家关心的焦点,使以均衡为基本特征的正统经济理论与现实之间的矛盾十分突出。理论研究总是以现实问题为导向的,剑桥大学斯拉法以收益递增与完全竞争前提之间的矛盾为突破口,引发学术界一场有关“马歇尔困境”的理论争论。1933 年,哈佛大学的张伯伦和剑桥大学的罗宾逊夫人几乎同时出版了专著《垄断竞争理论》和《不完全竞争经济学》,标志着寡头理论和垄断竞争理论的形成,摒弃了要么竞争、要么垄断的理论束缚,填补了两极市场之间的空白。张伯伦重点分析进入和退出、产品差别化、卡特尔协议和忠诚问题,这些概念和观点成为现代产业组织理论的重要来源,为现代产业组织理论的形成奠定了坚实基础。但产业组织理论的真正形成是以成熟的分析框架形成为前提的,哈佛学派和芝加哥学派的兴起标志着产业组织理论的完善。

1. 哈佛学派

竞争是效率和创新的助推器。众所周知,生活要舒适,需要的是更少而不是更多的竞争。没有企业希望市场上存在大量生产替代品的竞争者,也没有人愿意找工作时,雇主案头上叠满厚厚的简历,门口排着长长的应聘队伍。对他人宣传竞争,自己却多方式寻求保护以避免竞争,这种事情在现实经济中司空见惯。经济学家很早就批评这种自相矛盾的讨论,并通过鼓吹和制定实施反垄断法来保护有效竞争,以达到较低的价格、更高的效率、更快的产出增长和更强的创新能力这些目标。

早在第一次世界大战后到第二次世界大战前的一段时间,哈佛大学的梅森和贝恩发展了结构-行为-绩效的模式,使之成为产业经济学内容的分析框架。梅森认为,产业经济学或称产业组织理论,既要靠实践经验和经济制度的研究,又需要有一个理论上的分析框架,即结构-行为-成果这个框架。哈佛学派认为,传统微观经济学价格理论已经不能对现实中的观察到的不完全竞争市场行为特征作出有效分析。贝恩提出产业组织理论研究中最重要的市场结构概念,强调应该通过市场结构分析市场行为特征及其效率含义。贝恩特别强调市场结构和其他客观市场条件的重要性,把它作为认识市场上企业行为的关键,重视研究市场结构,以此作为产业经济分析的统一基础。哈佛学派认为,市场结构、企业行为、市场绩效三者之间的关系是:市场结构决定企业的市场行为,而市场行为决定市场资源配置的绩效。为了获得良好的市场绩效,必须采取积极的反托拉斯和政府管制,以改善市场结构,进而规范企业的市场行为。由于哈佛学派十分强调和重视市场结构对市场行为和市场绩效的决定性作用,因此,产业组织研究有时候也将哈佛学派(图 1.2)称作“结构主义”学派。

(1) 集中度-合谋-利润率假说。经济学家很早就发现,市场集中度和进入壁垒很高的行业通常也伴随着很高的利润率,先后存在哈佛学派的“合谋”规范和芝加哥学派的“效率”规范两种解释。为检验进入条件和市场集中度对市场势力的影响，贝恩并没有使用什么正规的数理经济模型，而是采用简单的统计检验方法。贝恩调查了美国制造业 42 个产业，并将它们分为两组：一组是 CR_8(8 家最大企业的市场集中度)大于 70%的 21 个产业；另一组是 CR_8小于 70%的另外 21 个产业。统计调查结果显示，这两个不同集中度的产业群之间存在着明显的利润率差异，前者利润率平均为 11.8%，而后者利润率平均只有 7.5%，并且在统计上表现出显著性。①

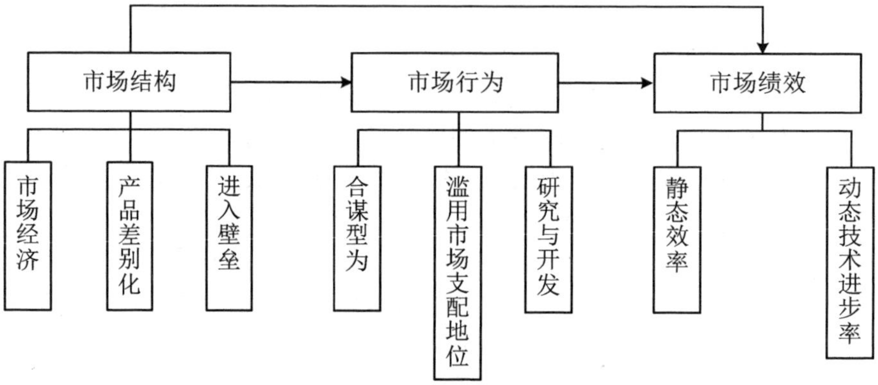

图 1.2　哈佛学派的 SCP 分析范式

对高集中度和高利润的统计正相关性，贝恩提出了著名的集中度-合谋-利润率假说：① 集中会导致合谋；② 如果进入是困难的，合谋会增加利润；③ 这些效应主要是通过大厂商来观察。

贝恩认为，如果存在着集中的市场结构，厂商就有可能成功地限制产出，把价格提高到正常收益以上的水平。在哈佛学派看来，在具有寡占或垄断市场结构的产业中，存在着少数企业间的共谋、协调以及通过高进入壁垒限制竞争的行为，削弱了市场的竞争性，其结果往往是产生超额利润，破坏资源配置效率。大企业的高利润不是其经营效率的体现，而是主导性厂商滥用市场支配地位或寡头厂商间合谋的结果。可见，哈佛学派利用“合谋”(collusion)规范解释集中度和利润率的高度相关性。至于为什么进入壁垒对利润率产生影响，为什么获益的主要是行业内的大厂商，贝恩的解释是：“关于进入条件和利润率预见联系的出现，可以预期和明确的是，最确切的收益主体首先是产业内的主导性在位厂商。一般来说，相对于潜在的进入者它们具有总量上的优势，最有可能在最低或接近最低平均成本上经营。小企业往往拥有低效率工厂，或者规模不经济或者相对于在位者产品差别化不明显，因此，可以预见相对于主导性厂商，这种联系就不太明显。”②

(2) 方法论。贝恩开创的产业组织早期研究特别注重从经验观察中获取结论和命题，并没有严格的数理模型奠定企业行为基础，由此也开创了持续 20 年的跨部门经验研究的产业组织分析时代。结构主义认为，现实经济中发生的经济现象已经无法用新古典均衡价格模型来解释，而应注重应用统计和计量方法来检验不同市场环境和企业行为对于产业或企业获利能力差异的解释力，从经验观察中抽象出结论和命题。典型的回归方程如下：

① Bain J S. Relation of Profit to Industry Concentration: American Manufacturing 1936-1940[J]. The Quarterly Journal of Economics, 1951, 65(3): 293.

② Bain J S. Barriers to New Competition[M]. Cambridge, MA: Harvard University Press, 1956: 191.

$$\pi_i = f(CR_i, BE_i, COND_i, \cdots) \tag{1.1}$$

式中，π_i 是第 i 个产业或企业的利润率，通常用销售利润率或者资产利润率表示，解释变量大体上分为结构变量和行为变量。结构变量包括集中度指标 CR_i 和反映进入难易程度的进入壁垒 BE_i，通常应用最小最优规模度 MES(minimum efficient scale)表示。行为变量比较常见的是反映产品差别化程度的广告支出和研发支出的相对比重，二者从需求和生产角度形成产品差异化的源泉，分别应用广告销售比例 ASR 和研发支出强度 RSR 表示。其他的回归变量，如地区分散度、产业外向度指标也可以纳入模型增强回归效果。

(3) 政策观点。哈佛学派的产业组织政策主张，主要体现在以下三个方面：

第一，强烈要求实施反垄断政策。对垄断性市场结构，要求在考虑规模经济和技术进步的情况下，给予结构性矫正；对于自然垄断行业，则必须注意其垄断性定价所带来的低效率现象；对高度集中产业大企业勾结形成的市场势力，也要给予特别关注。

第二，要求政府采取严厉的法令管制企业间的联合和并购行为。不论何种形式的兼并，都要考虑由此带来的效率变化。

第三，要求政府严厉惩罚各种限制性交易行为。哈佛学派认为，由于集中市场容易达成垄断合谋，产生各种限制性交易行为，如固定价格、市场分割协议、默契价格领导等，这些因素都会对市场绩效产生不利影响，所以必须通过法令禁止。

(4) 理论缺陷。虽然结构-行为-绩效统治了主流产业组织学界近半个世纪，但其本身也有着许多难以克服的缺陷。SCP 分析范式以静态的实证分析方法为主要手段，以给定的产业结构为前提，将现实企业之间既定的各种差异看成是决定产业竞争状态的外生变量，对特定企业和产业的实际行为进行静态截面观察，然后再将分析结果与企业的市场绩效相联系。但经验研究方法存在以下几个严重缺陷，这也是导致跨部门经验研究方法走向衰落的原因。

第一，SCP 分析范式缺乏坚实的理论基础，不具有严格的理论演绎逻辑的必然性，它是基于大量观察的经验性描述。经验研究得到的结构变量、行为变量和绩效变量间的关系本质上是一种相关关系或描述性统计关系，并不是因果关系，也不能取代因果关系。缺乏因果关系分析而仅显示相关关系，这只能说明一个产业的收益随着该产业集中度增加而增加的现象，但并不能说明形成集中或市场势力的原因，更不能说明政府干预(如通过反垄断法)是否能够或以何种方式改进市场绩效。[①]结构主义回归方程中通常以绩效为解释变量，回归方程式中添加尽可能多的结构和行为变量，通过 t 值检验单个变量的解释能力，通过 F 值检验全部解释变量的整体解释能力。然而，缺乏从基础理论上构建精确的数理关系，结构主义假说就没有说服力，因为很难想象在行业绩效和某些结构元素之间会不存在相关性。

第二，SCP 分析范式过于强调市场结构对市场行为的决定作用，并且不能对策略性行为的逻辑作出清楚的解释。多元回归方法中，普遍使用最小二乘法的基本假设使各解释变量既外生又彼此间相互独立。策略主义者认为具有市场控制力的在位厂商可能会滥用和维持这种市场支配地位，并成为其逻辑分析起点。就此看来，企业生存的市场环境，如市场结构对在位企业来说就不再是外生不变的，而一旦解释变量出现内生性，普通最小二乘法就会出现估计偏误。Schmalensee 认为，长期来看，市场结构当然受到市场行为的影响，因此，这些变量都是内生的。[②]于是对于式(1.1)来说，或许不存在结构决定绩效的传导机制，厂商的盈

① 刘志彪. 现代产业经济学[M]. 北京：高等教育出版社，2003：8.

② Schmalensee R C, Willig R D. Handbook of Industrial Organization[M]. Amsterdam: North Holland, 1989.

利性与集中度、进入壁垒等结构变量之间可能是双向相互决定，二者共同受产业的一些其他外生基本条件和企业行为联合内生决定。此外，市场结构变量，如集中度、进入壁垒和产品差异化彼此间也并非完全独立，通常集中度高的行业进入壁垒也较高，而产品差异化越显著的行业进入越困难。解释变量间的相关性也会影响回归方程最小二乘估计的准确性。

第三，SCP分析范式最多只能反映出某一时期既有行业结构下的行为和绩效间的特定关系，而并不能说明该结构的形成原因及未来发展趋势如何。产业组织分析集中度和营利性关系关键不在于二者是否存在正相关性，而是对这种正相关性的理论解释。结构学派的合谋规范和芝加哥学派的效率规范都可以解释集中度和营利性的高度相关性。经验分析不能以一种令人信服的方式区分合谋规范和效率规范，凸显出结构主义只注重经验分析的弊端，芝加哥学派和新产业组织理论正是根据这一点批判结构主义。由于缺乏明确的理论基础以及与新古典经济学均衡理论相矛盾，经验研究方法在20世纪70年代后逐步走向衰败，产业组织理论开始转向理论分析和经验分析并重的路径。

2. 芝加哥学派

自20世纪70年代后，美国经济步入"滞胀"，一些学者认为美国在结构主义思潮下长期实施严厉的反垄断法是美国企业在国际市场上渐失竞争力的罪魁祸首。摆在美国企业面前的是一个两难抉择，经营不善或被竞争对手兼并。而经营得太成功，也可能因为市场份额太高受到司法部的关注，最终逃不过反垄断的结构肢解的命运。这一时期，哈佛学派的SCP分析范式成为经济理论界批评的焦点，这些批评主要来自芝加哥大学的经济学家，包括斯蒂格勒、德姆塞兹、波斯纳、布罗曾等人。正是在这些批判的过程中，芝加哥学派悄然兴起，并逐渐取得了主流学派地位。其代表人物是斯蒂格勒，由于他对产业组织理论的开创性研究而被授予1982年诺贝尔经济学奖。芝加哥学派在理论上皈依新古典经济理论，坚信瓦尔拉均衡和自由竞争理论依然有效，厂商行为是厂商预期的函数，政府不需干预。1966年，斯蒂格勒的名著《产业组织》一书问世，标志着芝加哥学派在理论上的成熟。该学派特别注重市场结构和效率的关系，而不像结构主义者那样只关心竞争的程度，故被理论界称为效率学派。

(1)"效率"规范。芝加哥学派在理论上继承了奈特、哈耶克的经济自由主义传统，笃信市场机制的自我修复、自组织功能，反对对市场进行不必要的干预。芝加哥学派提出了所谓的"企业生存检验法则"，坚信在社会经济领域，达尔文的适者生存、劣者淘汰的竞争法则仍然适用。在理解结构-行为-绩效的关系上，芝加哥学派认为应该把顺序颠倒过来理解。企业为生存而战，经过残酷的市场竞争洗礼后，只要没有政府额外干预，市场的优胜劣汰功能会内生出最优的市场结构。按照芝加哥学派的理解，不论现实市场集中度如何，竞争都被看成是厂商获取最佳产业绩效的过程，该过程将导致产业依其特征而产生最佳的市场集中度。①效率学派认为产业的技术特征决定最优市场结构，而不受政府干预的自由进入足以保证最优市场行为和市场绩效。

关于集中度和利润率的高度正相关性，芝加哥学派给出"效率"规范解释。他们认为，大企业的高利润是其与生俱来的规模经营优势，是经营效率的体现。德姆赛茨指出"企业的高利润不一定是市场垄断势力造成的，而是由于企业的高效率。在任何一个产业中，成本最低

① 刘志彪. 现代产业经济学[M]. 北京：高等教育出版社，2003：12.

的企业必然会逐渐扩大规模，增加市场份额，从而提高产业集中度"[①]。在集中度和利润率的因果关系上，利润率是因，集中度是果。威廉姆森也有类似观点，"由于组织的经济性而降低交易费用，大企业通常有较高的效率，从而取得较高的利润率。"[②]布罗曾从两个方面批评了市场集中度和利润率高度相关的观点：一是贝恩的样本涵盖的产业可能是产业处在非均衡时期。[③]时隔16年后，布罗曾重新检验贝恩当年研究的42个产业组成的样本，发现贝恩当年产业组间4.3%的利润率差异的研究结果到20世纪50年代中期已经降到1.1%。据此，布罗曾认为贝恩当年研究的产业处在非均衡时期，相应产业组织利润率差异不能反映长期特征。二是贝恩对产业选择有偏差，使用主导大企业的利润率（而不是该产业的全部企业平均利润率）可能歪曲了结果。

(2) 方法论。芝加哥学派坚信新古典均衡价格模型仍然可以解释现实经济中发生的一切，真正的垄断势力并不存在，现实经济中人们观察到的价格、产量和结构，就是市场趋向于长期均衡的近似值。即便斯蒂格勒承认垄断势力是存在的，也毫不例外认为这种垄断势力不可能长期维持。短期内由于市场噪声使市场发生偏离，但这种"偏离竞争模型只是短暂的现象"。只有政府对市场进行有意或无意的干预才会使产量和价格系统性地偏离长期最优路径。由于坚持"偏离竞争模型只是短暂现象"的鲜明观点，因此芝加哥学派一直致力于批判SCP分析范式也就是不令人惊讶的事情。大多数芝加哥学派否认在位企业对现有竞争对手（掠夺性定价）或潜在竞争对手（限制性定价）实施策略性行为的可能性。

图1.3是芝加哥学派简明的研究框架，技术决定市场结构，而自由进入可以保证最优的市场行为和市场绩效。不同产业的技术特征不同，特别是规模经济的实现程度差别很大。有些产业，主要是劳动密集型产业，在产量很小的水平上，就能充分实现规模经济；而另外一些产业，主要是资本密集型行业，在产量很大的范围内平均成本曲线都会下降，规模经济十分明显。实证研究表明，实现规模经济对具体某行业而言不是一个具体产量，而是一个产量区间。对于任何一个产业，客观上也都存在一个能够实现规模经济的最低产量，也就是行业的最小最优规模度，如图1.4所示。理论上，行业最优生存企业数等于市场容量与*MES*的比值。因此，在芝加哥学派看来，行业最优集中度是行业技术水平内生决定的。现实中，不同产业的集中度正是该产业趋于长期均衡调整过程的某个观察值，只要能自由进入，就能保证最优市场结构形态的形成。

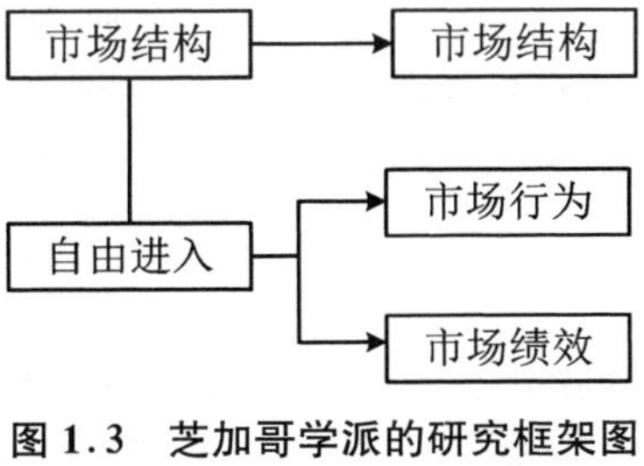

图1.3 芝加哥学派的研究框架图

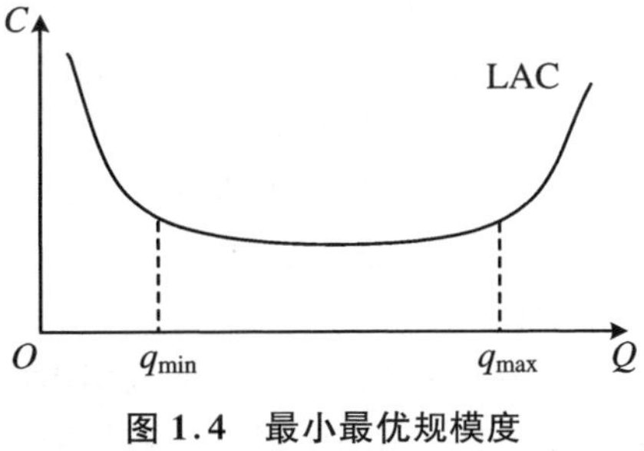

图1.4 最小最优规模度

---

① Demsetz H. Industrial Structure, Market Rivalry, and Public Policy[J]. Journal of Law & Economics, 1973, 16(1): 1-9.

② Williamson O E. Innovation and Market Structure[J]. Journal of Political Economy, 1965, 73(1): 67-73.

③ Brozen Y. Bain's Concentration and Rate of Return Revisited[J]. Journal of Law Economics, 1971, 14(2): 351-369.

（3）学术和政策观点。研究方法的不同，导致芝加哥学派与哈佛学派一系列学术观点和政策主张的截然不同。

第一，芝加哥学派认为，不论市场集中与否，竞争都应该看作厂商获得最佳产业绩效的过程，该过程可导致产业依其特征而产生的最佳集中度。只有适合小规模的经营行业，才会产生竞争性市场结构。为生存而战的竞争过程是长期的和自然的，而且从来没有停止过。只有最具效率的厂商可以在竞争的"洗礼"中生存下来，才可以逐渐变大。在没有政府限制和进入障碍下，由于竞争的存在，厂商将具有灵活性和效率。

第二，芝加哥学派把"结构-行为-绩效"的因果关系进行颠倒分析，认为企业为生存而战的获利能力决定现有的市场结构。如果某产业的最佳规模是适合于大企业的，则该行业的厂商就是大企业，该市场结构就一定是高度集中的，同时决定了该产业规模经济的实现。只要是没有竞争限制的市场结构，都应看成是最有效率的市场结构。

第三，芝加哥学派并不认为在集中性产业中就一定容易出现垄断合谋对产出的限制现象。他们认为只要竞争过程存在，垄断合谋行为就会被自动消除。因为按照其看法，不仅合谋团体成员存在相互欺骗，而且还会有新企业不断加入，由此将损害彼此的默契和利益。

第四，与哈佛学派认为现代产业不断集中是厂商垄断和勾结的观点不同，芝加哥学派认为这是由于有效率的厂商将低效率的厂商驱逐出市场的竞争结果，而不是勾结的结果。

第五，对于进入壁垒，芝加哥学派也有自己独到的观点。例如，如果在位企业的融资利率低于新企业，在哈佛学派看来这就是进入壁垒，而在芝加哥学派看来这是由于在位厂商过去良好的业绩和声誉导致的累积效应，银行对其有较低的信息成本。总之，芝加哥学派认为除了政府干预会形成真正的进入障碍外，其他因素均不能为之。

（三）新产业组织理论

所谓新产业组织理论，是指 20 世纪 70 年代以后发展起来的以分析企业策略性行为为主要内容的产业组织理论。新产业组织理论不仅从哈佛学派和芝加哥学派的上述争论中汲取营养，而且运用了大量新的分析工具。由于可竞争市场理论、交易成本理论、博弈论及契约理论等新方法的引入，产业组织理论在研究基础、方法工具及研究方向上都产生了突破性的变化，大大推动了理论自身发展。在数理模型上，新产业组织理论更加注重市场环境与厂商行为的互动关系，这种互动关系体现了在逻辑上的循环和反馈链；在方法和工具上，则运用了大量的现代数学的分析工具，特别是多变量的分析工具；在研究方向上，新产业组织理论更加强调了在不完全市场结构条件下厂商的组织、行为和绩效的研究，特别是寡头、垄断和垄断竞争的市场；在理论假定上增加了交易成本和信息的维度。新产业组织理论的杰出代表人物有泰勒尔、鲍莫尔、威廉姆森、考林等经济学家，威廉姆森、泰勒尔也分别于 2009 年和 2014 年获得诺贝尔经济学奖。

1．主要理论

（1）可竞争市场理论。鲍莫尔最早提出可竞争市场的概念，认为只要进入自由，退出也不会产生任何沉淀成本的市场，潜在的竞争足够可以产生最优的市场绩效，哪怕是集中市场甚至是垄断市场。[①]用通俗的语言来说，在这种市场，"即使只有两匹马，甚至只有一匹马，也能赛出最好的比赛成绩"。

---

① Baumol W J. Contestable Markets：An Uprising in the Theory of Industry Structure[J]. American Economic Review，1982，72(1)：1-15.

从文献角度看，可竞争市场理论是一个世纪以前要不要反托拉斯法所进行争论的延续。可竞争市场理论对产业组织理论中的进入壁垒问题进行了更加严格的分析，通过对企业规模经济和范围经济的重新定义，证明了在存在进入竞争或潜在进入的条件下，即使是自然垄断条件下的现有厂商也只能制定可维持价格，保持接近于完全竞争的价格水平，因为潜在进入者会通过“打了就跑”(hit and run)的策略消除高价带来的超额利润。这就推翻了垄断市场结构会决定垄断性市场行为，因此，导致了垄断利润的单向关联的传统思维定式。

(2) 博弈论。博弈论对产业组织重要的贡献在于它为解释和分析不完全竞争的市场提供了很好的行为分析工具。传统的边际分析工具由于受到了假定条件的限制不能给不完全竞争条件下的厂商行为进行很好的解释。如现有企业会阻止新企业进入的动机，寡占双方产品的价格和数量的决定条件及均衡存在，价格歧视的福利含义，合谋的行为分析，非价格策略(质量、广告和技术进步)对市场结构和绩效的影响等。由于博弈论在有限局中人为分析的优势，通过对各种反应函数的分析，厂商的策略性行为对市场绩效和结构影响的解释更具有逻辑性和合理性，传统的结构、行为和绩效的单向关联也演绎成复杂的双向或多重关联机制。

(3) 交易费用理论。关于企业是什么，传统的产业组织理论只讨论了企业的“厂商”理论，该理论无法解释企业的规模问题和市场的边界。新制度经济学打开了这个“黑箱”，它撇开了企业的技术决定因素，通过“交易费用”的概念，广泛地讨论了企业的规模边界问题。在威廉姆森的交易成本经济学中，由于市场不完全和有限理性，交易双方需要通过一体化使交易成本最小化，来防止机会主义引起的欺诈问题。决定一体化的主要因素是交易次数、不确定性和资产专用性的交易维度。产权理论则深入讨论了企业内部的权威机制和治理机构的所有权配置问题，同时对市场和企业之间的关系进行了分析。总之，新制度经济学从另一个角度打开了产业组织理论的研究视角。

(4) 契约理论。契约理论对产业组织理论的贡献主要体现在厂商的决策过程及目标讨论上。长期以来产业组织理论的厂商研究都是以追求利润最大化为假定条件的，但事实上，大量的经验性分析表明，厂商的目标是多元的。厂商可能在价格制定中追求成本加成，或者强调常规、经验性做法，试验以及实际经营行为中的学习过程。契约理论则通过委托代理关系进行了解释，认为由于各厂商的组织结构、所有权配置的不同，在目标决策机制上也出现了广泛的差异化。由于作为所有者的委托人股东和作为代理人、拥有实际决策权的经理人员存在目标差异，在委托人不能有效地监督或者缺乏足够的激励条件下，代理人在企业决策中就会出现偏离企业最大化目标的现象。该假定已经被广泛地运用到产业组织理论的目标决策过程的分析。

2. 理论特点

传统的产业组织理论在没有构筑稳固的理论基础上，就急于从经济分析转移到经验分析上，并且力图为政府提供政策建议。而新产业组织理论研究则力图使用微观经济学的分析工具，在不完全竞争模型和博弈论工具的基础上，构筑对现实经济解释的理论逻辑基础。新产业组织理论同时也超越了效率学派利用单纯的价格理论分析市场竞争性均衡问题的理论框架。该理论的学者们认为，寡占竞争是目前市场结构的主要均衡模式，而并不像效率学派认为的在不存在政府干预的情况下市场的最终均衡是竞争性均衡。他们利用非合作博弈模型分析了在寡占厂商相互依赖的条件下，市场竞争均衡的必要条件。同时，他们利用动态的方法，替代了传统的静态、比较静态的分析方法。他们认为，假定经济主体的行为进行的是序贯决策，那么这种决策行为就已经考虑到了现在的行为对以后市场竞争的持续性影响。

新产业组织理论最主要的特点是认为市场结构不再是单纯决定厂商行为和市场绩效的外生变量，而是与市场行为和市场绩效相互作用，需要在市场分析框架内进行解释的内生变量。在寡占的市场结构条件下，主导厂商可以通过其行为影响整个市场环境，如市场中现在的和潜在的对手数量、行业的生产技术和竞争对手进入该行业的成本、速度，以及市场的需求偏好，等等。也就是说，市场环境不再是外部给定的，厂商可以通过策略性行为改变市场环境，而市场环境是竞争对手决策时所必须考虑的重要因素。主导厂商通过操纵市场环境可以影响竞争对手进入市场时对市场的预期，为创造对自己有利的市场竞争环境和获取超额利润创造前提条件。

新产业组织理论的另外一个特点是利用博弈论中的非合作博弈理论和不完全信息理论对市场竞争问题进行了深刻的分析。在这些模型中，厂商之间的信息是不对称的，但是对于某些特定的私人信息的分布函数，它们则有共同认识。在这种假定下，具有信息优势的厂商可以利用策略性行为影响竞争对手事前对未来事件估计的信念，从而可以影响竞争者未来的收入预期。因为在信息不对称的情况下，信息劣势的厂商作出决策时只能先从信息优势厂商的行为中对决策信息作出推断，然后在所推断的信息的基础上作出决策。这样，对于信息优势的厂商来说，就会采取策略性的行动向信息劣势的竞争对手传递不真实信息的激励，或者会使这类厂商凭借自己的信息优势操纵其他竞争对手对该信息的推断，从而使竞争对手的决策结果对自己有利。在此基础上，新产业组织理论家又引入了与完全信息条件不同的均衡概念，如不完全信息下的贝叶斯纳什均衡、精炼贝叶斯纳什均衡以及分离均衡、混同均衡等。

3. 与传统产业组织理论的区别

一是在研究方向上，新产业组织理论强调市场行为而非市场结构，并将市场结构视为内生变量，突破了传统产业组织理论单向、静态的研究框架，建立了双向的、动态的研究框架，并寻求产业组织理论与新古典微观经济学更紧密的结合。

二是在研究方法上，新产业组织理论引入博弈论，策略性行为成为新产业组织理论的共同语言，用理论模型取代统计分析来研究企业行为。

三是由于可以对不同博弈均衡进行比较，使得新产业组织理论方法在一些具体问题上，如社会福利问题、产品差别等，可进行深入独到的研究。

二、产业结构理论的演进过程

（一）产业结构理论的渊源

产业结构理论的思想源头可以追溯到17世纪的英国古典政治经济学。威廉·配第在1672年出版的《政治算术》中指出，通过考察世界各国国民收入水平的差异和经济发展的不同阶段得出结论：工业比农业收入多，商业又比工业的收入多，即工业比农业、商业比工业附加值高。这一发现被称作配第定理，揭示了经济结构演变和经济发展的基本方向。

重农学派的创始人魁奈分别于1758年和1766年发表了重要论著《经济表》和《经济表分析》。魁奈根据自己创立的“纯产品”学说，提出了关于社会阶级结构的划分：生产阶级，即从事农业可创造纯产品的阶级，包括租地农场主和农业工人；土地所有者阶级，即通过地租和赋税从生产阶级那里取得“纯产品”的阶级，包括地主及其仆从、君主官吏等等；不生产阶级，即不创造“纯产品”的阶级，包括工商资本家和工人。魁奈在经济理论上的突出贡献是他在“纯产品”学说的基础上，对社会资本再生产和流通条件进行了分析。

在配第之后，亚当·斯密在《国富论》中虽未明确提出产业结构(industrial structure)的概念，但论述了产业部门(branch of industry)、产业发展及资本投入应遵循农、工、批零商业的顺序。就此而论，配第、魁奈和斯密的研究是产业结构理论的重要思想渊源。

（二）产业结构理论的形成

20 世纪 30—40 年代是现代产业结构理论的形成时期。这时期对产业结构理论的形成作出突出贡献的主要有霍夫曼、费歇尔、克拉克、赤松要、库兹涅茨等人。18 世纪中叶之后，工业部门在第一次、第二次工业革命推进下突飞猛进，服务部门也有较大发展。在 20 世纪 30 年代大危机时期，工业部门衰退，从统计上体现出服务部门在经济中有明显优势。于是，人们回忆起 17 世纪中期配第的朴素思想。新西兰经济学家费歇尔以统计数字为依据，再次提起配第的论断，并首次提出了关于三次产业的划分方法，产业结构理论开始初具雏形。

1931 年，德国经济学家霍夫曼在《工业化阶段和类型》一书中，对工业化过程中工业的内部结构做了开拓性研究，并提出“霍夫曼”定理。他认为，工业化进程中，霍夫曼系数(即消费资料净产值和生产资料净产值的比)是不断下降的。日本经济学家赤松要在 1932 年提出了产业发展的“雁形形态论”。该理论主张，本国产业发展要与国际市场紧密地结合起来，使产业结构国际化。后起的国家可以通过四个阶段来加快本国工业化进程，产业发展政策是要根据“雁形形态论”的特点制定。赤松要认为，日本的产业通常经历了“进口-当地生产-开拓出口-出口增长”四个阶段并呈周期循环。某一产业随着进口的不断增加，国内生产和出口的形成，其图形就如三只大雁展翅翱翔。人们常以此表述后进国家工业化、重工业化和高加工度发展过程，并称之为“雁形产业发展形态”。

在吸收并继承了配第、费歇尔等人观点的基础上，克拉克建立起了完整、系统的理论框架。在 1940 年出版的《经济发展条件》一书中，他通过对 40 多个国家和地区不同时期的三次产业劳动投入和总产出的资料的整理和比较，总结出劳动力在三次产业中的结构变化与人均国民收入提高存在着一定的规律性：劳动人口从农业向制造业，进而从制造业向商业及服务业的移动，即所谓克拉克法则。

克拉克重点考察了经济发展过程中各部门就业比重的变化，库兹涅茨在他的基础上，既考虑国民经济发展过程中的就业比重的变动，又考察各部门收入比重的变动。库兹涅茨在 1941 年的著作《国民收入及其构成》中阐述了国民收入与产业结构间的重要联系。通过对大量历史经济资料的研究，库兹涅茨得出重要结论：产业结构和劳动力的部门结构将趋于下降；政府消费在国内生产总值中的比重趋于上升，个人消费比重趋于下降。库兹涅茨将产业结构重新划分为“农业部门”“工业部门”和“服务部门”，并首次使用了产业的相对国民收入这一概念来进一步分析产业结构。从这一阶段开始，经济学家对产业结构的研究逐步从最初的实证分析转向理论研究。

（三）产业结构理论的发展

产业结构理论在 20 世纪五六十年代实现了较快的发展，增长经济学和发展经济学的兴起为产业结构理论的完善奠定了基础。这一时期对产业结构理论作出杰出贡献的代表人物有刘易斯、赫希曼、罗斯托、里昂惕夫等。

产业结构理论是对发展经济学理论的延伸，存在二元结构和不平衡增长两种研究思路。刘易斯于 1954 年发表《劳动无限供给条件下的经济发展》一文，提出了用以解释发展中国家经济问题的二元经济结构模型。希金斯分析了二元结构中先进部门和原有部门的生产函数的差异。原有部门的生产函数属于可替代型的,而先进部门存在固定投入系数型的生产函数,此部门采取的是资本密集型的技术。针对发展中国家的不平衡增长,赫希曼在1958年出版的《经济发展战略》一书中提出了一个不平衡增长模型,突出了早期发展经济学家限于直接生产部门和基础设施部门发展次序的狭义讨论。其中,关联效应理论和最有效次序理论已经成为发展经济学中的重要分析工具。罗斯托提出了著名的主导产业扩散效应理论和经济成长阶段理论。他认为,产业结构的变化对经济增长具有重大的影响,在经济发展中重视发挥主导产业的扩散效应。其主要著作有《经济成长的过程》和《经济成长的阶段》等。钱纳里对产业结构理论的发展贡献颇多。他认为,经济发展中资本与劳动的替代弹性是不变的,从而发展了柯布-道格拉斯的生产函数学说,指出在经济发展中产业结构会发生变化,对外贸易中初级产品出口将会减少,逐步实现进口替代和出口替代。

美国经济学家里昂惕夫在1966年出版的论文集《投入产出经济学》中建立了投入产出的分析体系,包括投入产出分析法、投入产出模型和投入产出表。使用投入-产出模型,里昂惕夫对美国40年代和50年代的对外贸易情况进行分析,考察了美国出口产品的资本-劳动比和美国进口替代产品中的资本-劳动比,发现美国参加国际分工是建立在劳动密集型专业分工基础之上的,出口产品中的资本-劳动比低于进口替代产品的。这一结果恰好与俄林的要素禀赋论相悖,学术界称之为"里昂惕夫"之谜,引起了经济学界和国际贸易学界的巨大争议。

第四节　产业经济学的研究意义和方法

一、产业经济学的研究意义

产业经济学作为一门应用经济学学科,强调运用科学的分析方法,吸收最新的研究成果,以此分析现实的经济问题。这种理论与现实相结合的学科特征,决定了产业经济学具有不同于其他学科的研究价值。归纳地讲,其研究意义包括理论意义、现实意义和实践意义。

(一) 产业经济学是现代经济学学科体系的重要组成部分,对其研究的理论意义在于有助于现代经济学学科体系的进一步发展和完善

微观经济学与宏观经济学是现代经济学研究的理论基础,如何促进二者之间的有效融合,进而增强对实际经济运行和现实经济发展的解释力,一直是经济学发展的重要目标,对产业经济学的研究将有助于这一目标的实现。微观价格理论在非常严格的完全竞争假设下分析价格机制的有效性,而现实中可以直接观察到的是偏离这些假设的不完全竞争。如何分析这些偏离的绩效和福利含义,应是现代经济学的研究目标,微观经济学受基本假设限制对此无能为力。宏观经济学重要的研究目的是国民收入的短期决定和长期增长的问题,但抽象化了不同部门增长可能存在的差异。而部门之间的结构失衡是发展中国家的常态,对总量增长产生不容忽视的影响,也是宏观经济学对现实经济增长和波动解释力不强的重要原因。产业经济学从产业层面对这些不完全竞争和效率的非均衡展开研究,既可以为分析现实中观察到的不完全竞争问题提供有效的研究路径,也可以促进微观理论和宏观分析的有效整合。在增强对现实经济的解释力过程中,进一步完善和发展了现代经济学理论体系。

（二）产业经济学研究有助于理解和把握经济发展环境变化中的现实经济运行

产业经济学作为一门应用经济学的重要特征就是高度关注现实经济现象及其变化。早期的产业组织理论体系，就是在 19 世纪末伴随着市场集中和大规模经营现象的出现，出于对竞争效率影响的顾虑，为了解释和把握这些经济现象而形成的；产业结构理论，也是对工业化过程，包括对发展中国家工业化问题的关注中形成和发展的。由此可以看出，产业经济学一直把现实经济运行中出现的一些重要现象作为自己的研究目标，并力图从理论层面作出解释。目前，随着世界经济发展整体环境的变化，市场运行、国家和区域发展中出现许多新的现象和问题，产业经济学在对这些问题的关注和研究过程中，也得到了快速发展。特别是对中国这种具有经济体制转型特征的发展中大国而言，许多市场问题和发展问题是早期发达国家甚至其他发展中国家不曾遇到的，现有的经济学理论不能对此作出有效的解释。这有利于产业经济学研究的深化，特别是为中国产业经济学提供不竭的研究素材。

（三）在实践层面，产业经济学的研究有利于用正确的理论来指导公共政策

产业经济学对现实经济现象进行分析的目的，就是为制定有效的公共政策确定理论基础。产业组织理论对市场结构、企业行为和效率含义的分析是以提高竞争效率为目的的产业组织政策的重要理论依据。这些政策将通过维护市场秩序、规范市场行为、形成有利于创新的市场环境，从促进市场效率的角度提高资源配置效率；产业关联和结构变动、发展规律的研究，将促进合理化的产业发展政策的制定。从整体经济协调持续发展的角度优化产业结构，提高产业结构的转化能力，实现产业结构的高级化，以增强产业国际竞争力。

二、产业经济学的研究方法

产业经济学理论的研究是一个系统性研究，需要从多个层面展开：既包括具有静态特征的微观层面企业行为和中观层面的市场结构分析，同时也包括具有动态特征的宏观层面的产业发展特征分析。由于研究对象的多元性，以及现实产业经济活动的复杂性，决定了这门应用经济学理论研究方法的多样性和整合性。

（一）实证分析和规范分析的结合

实证分析方法不仅是西方经济学最基本的研究方法，而且也是产业经济学理论最为基本的研究方法。实证研究主要回答经济现象“是什么”，或描述经济社会所面临的问题“实际上是如何解决的”。也就是说，它通过对历史和现实的诸多现象和变化的具体考察，从中总结出有关的规律性东西，并以此为基础，形成有关的经济学说体系。规范分析是指经济活动“应该是什么”，或者经济社会所面临的问题“应该是怎样解决的”。也就是说，在理论的研究分析中，其有关判断或结论是以一定的经济价值判断为标准得出的。显然，对于各种标准选择的主次不同会形成不同的价值判断，并形成产业经济学不同的学说流派。

（二）静态分析和动态分析的结合

静态研究是某一时点上，对研究对象“横截面”所做的研究，而动态分析是对研究对象历史和发展规律的研究。对产业经济学的静态研究主要是对特定产业内部和产业间关系的现状所做的研究，以谋求解决现实经济问题的途径。而产业经济学的动态研究则是对特定的产业和产业间关系的过去、现在和未来发展趋势所做的研究，以期找出产业变化的运动规律。可见，静态分析是动态分析的基础，而动态分析是静态分析方法的延伸，甚至一定意义上，动态分析方法本身就包含着静态研究的成分。因此，产业经济学研究需要将静态研究和

动态研究有机结合起来，才能把握复杂产业经济现象的全貌。

（三）定性研究和定量研究的结合

产业经济学的研究内容的广泛性和复杂性，加上许多新兴事物难以采用定量研究的方法，这就决定了定性研究在产业经济学研究中具有特别重要的作用。即使对一些经济现象要进行定量研究，也需要通过定性研究以选择定量研究的重要考虑因素。因此，定性研究是定量研究的前提。但是，对于复杂的数量关系，定性研究往往又难以解决问题，需要通过建立数学模型，以找出事物之间的数量关系，发现产业发展变化的规律，如在产业组织中，就需要通过数学模型以测度适度规模经济、市场集中度和进入壁垒的高度等。事实上，在产业经济学研究中，许多经济问题都是通过定性研究和定量研究的结合才能得出解决方案。

（四）微观、中观和宏观研究的结合

产业经济学以处于中观层面的产业为研究对象，但任何产业都受到国民经济这个宏观环境影响，有时候甚至对某些产业的发展起到决定性作用。同时，从微观层面上看，企业内部组织形式的变化、竞争活力和技术创新的能力增强、消费者的收入和偏好的变化等因素，都会对产业发展产生不容忽视的影响。这些都决定了研究产业经济学不仅要从中观层面上研究产业自身的运动规律，而且还要从宏观层面和微观层面上研究整个国民经济的运行规律和企业、消费者的变化情况，实行微观、中观和宏观的一体化研究。

除了上述方法外，对于产业经济学的具体问题，还会涉及其他具体研究方法，如案例研究法、比较研究法、博弈论研究法、投入产出研究法、计量分析法等。

内容摘要

◎ 产业是使用相同的原材料，具有相似的生产工艺，生产经营在消费上具有密切替代关系的同类产品的企业集合。

◎ 根据不同的标准可将产业进行分类。常见的分类方法有：三次产业分类法、国际标准产业分类、生产要素密集度分类法和战略关联分类法。

◎ 产业经济学是以产业为研究对象的应用经济学分支，介于微观和宏观之间的中观层面研究，主要研究内容有产业组织理论、产业结构理论和产业政策理论。产业经济学的不同领域，产业组织理论和产业结构理论都有其各自独特的理论渊源和发展历程。

◎ 哈佛学派和芝加哥学派是传统产业组织理论的两大重要流派，二者在产业经济学许多重大问题上存在分歧。新产业组织理论推动了产业经济学学科的发展。

关键词

产业；马歇尔冲突；哈佛学派；芝加哥学派；新产业组织理论；可竞争市场理论；市场结构-市场行为-市场绩效

思考与练习

1. 产业经济学的研究对象是什么?
2. 产业的内涵是什么? 产业有哪些分类?
3. 欧美主流经济学和日本学界对产业经济学学科体系构建有什么分歧?
4. 简述产业组织理论的渊源、形成和发展过程。
5. 简述产业结构理论的渊源、形成和发展历程。
6. 为什么说"马歇尔冲突"是产业经济学的核心问题?

第二章　市场集中度

本章结构图

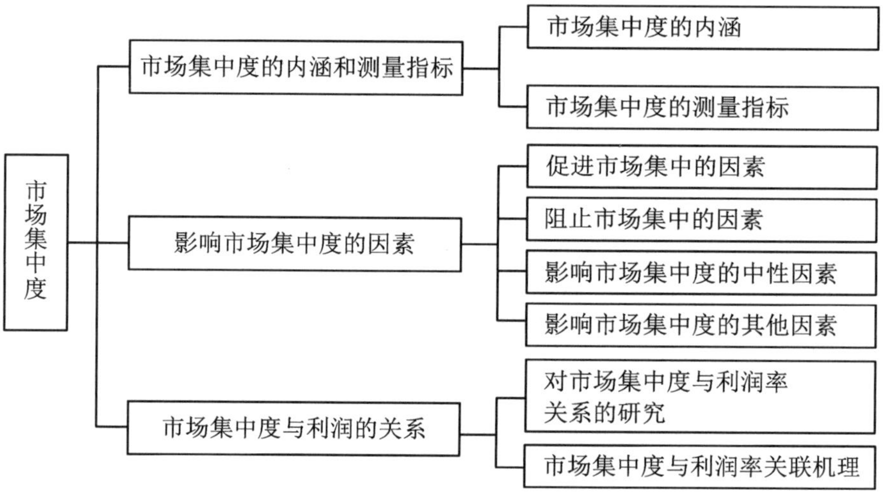

学习目标

通过本章学习，了解市场集中度的含义及其与利润率的关系，掌握市场集中度的测定指标以及影响市场集中度的主要因素。

第一节　市场集中度的内涵和测量指标

一、市场集中度的内涵

市场集中度是用于表示在特定产业或市场中，卖者或买者具有怎样的相对规模结构的指标。由于市场集中度是集中反映具体某个产业或市场的集中程度的指标，所以它与市场中垄断力量的形成密切相关。也正因为如此，产业组织理论把市场集中度作为考察市场结构的首要因素。

二、市场集中度的测量指标

市场集中度是决定市场结构最基本、最重要的因素，集中体现了市场的竞争和垄断程度，常用的测量指标有行业集中度（CR_n指数）、赫芬达尔-赫希曼指数（Herfindahl Hirschman index，HHI）、洛仑兹曲线和基尼系数等。其中，集中度与 HHI 指数两个指标被经常运用在反垄断经济分析之中。

（一）市场集中度的主要测量指标

1. 行业集中度指标

行业集中度指标（concentration ratio，CR_n）也叫绝对集中度指标，是最常用、最简单易行的指标。通常指行业内在规模上处于前 n 位的企业有关部门数值（产值、产量、销售量、职工人数等）的累计数量占整个市场或行业的份额。用公式表示为

$$CR_n = \sum_{i=1}^{n} X_i \Big/ \sum_{i=1}^{N} X_i \tag{2.1}$$

由于 CR_n指标计算简便，直观易懂，容易获得所需资料，因而，它在国内外市场集中的实证研究中被广泛应用。但这一指标也存在一定缺陷：① 在比较两产业的集中度时，由于对 n 的取值不同会有不同的结论。② 这一指标只反映了 n 个最大企业的情况，而忽视了产业中 n 个企业以外的企业数量及其规模分布情况，难以反映市场份额与产品差异程度的变化情况。例如，在表 2.1 中，产业 A 和产业 B 有相同的 CR_4值，皆为 0.9。但显然这两个产业的竞争程度是完全不同的，产业 A 适合主导性厂商模型，而产业 B 适合寡头垄断模型。

表 2.1　两个产业中最大四家企业的市场份额

	企业 1	企业 2	企业 3	企业 4
产业 A	0.8	0.05	0.03	0.02
产业 B	0.25	0.23	0.22	0.20

一般在进行行业分析时，计算前 4 家或前 8 家最大企业的集中率，分别称为“4 厂商集中度”CR_4和“8 厂商集中度”CR_8。

最早运用行业集中度指标对产业的垄断和竞争程度进行分类的是贝恩，他根据前 4 位企业市场占有率（CR_4）和前 8 位企业市场占有率（CR_8），将产业集中类型分为六个等级，即极高寡占型、高集中寡占型、中（上）集中寡占型、中（下）集中寡占型、低集中寡占型、原子型，详见表 2.2。

据统计，在我国的 39 个工业产业中，只有石油、天然气采选业的 CR_4超过 50%，而绝大多数产业的 CR_4低于 30%，甚至有 64%的工业产业的 CR_4低于 10%。根据上述贝恩的分类研究结果可以推断，我国绝大多数工业产业的市场结构属于原子型，即是一种低集中度的市场结构。

此外，日本通产省按照 8 厂商集中度的划分标准，将产业市场结构粗分为寡占型（$CR_8 \geq 40$）和竞争型（$CR_8 < 40\%$）两类。其中，寡占型又细分为极高寡占型（$CR_8 \geq 70\%$）和低集中寡占型（$40\% \leq CR_8 < 70\%$）；竞争型又细分为低集中竞争型（$20\% \leq CR_8 < 40\%$）和分散竞争型（$CR_8 < 20\%$）。

表 2.2　贝恩对产业垄断和竞争类型的划分及实例

类　　型		CR_4	CR_8	产业企业总数	代表产业
Ⅰ. 极高寡占型	A	>75%		20 家以内	轿车、电解铜、氧化铝
	B	>75%		20～40 家	卷烟、电灯、平板玻璃
Ⅱ. 高集中寡占型		65%～75%	>85%	20～200 家	轮胎、洋酒、洗衣机
Ⅲ. 中(上)集中寡占型		50%～65%	75%～85%	较多	粗钢、钢琴、轴承
Ⅳ. 中(下)集中寡占型		35%～50%	45%～75%	很多	肉类、壁纸杀虫剂
Ⅴ. 低集中寡占型		30%～35%	40%～45%	很多	面粉、水果、鞋
Ⅵ. 原子型		<30%		极多	服装、纺织、木制品

案例短析

中国快递业集中度分析以及所面临的问题

在 B2C 市场爆发的 2009 年，以“三通一达”和顺丰为代表的民营快递企业突然发力，市场占有率(按业务量)开始超越国有快递企业。到 2014 年，民营快递企业的市场份额达到了 86%，远超国有企业的 13%。虽然快递行业 CR_8 一直保持在 80% 左右，但是 CR_4 从 2009 年的 77% 下降至 2014 年的 50%，行业龙头竞争激烈，第二梯队后劲十足。激烈的行业竞争挤压了利润空间。2014 年的异地快递平均价格较 2008 年下降一半以上，仅为同城快递价格的 1.5 倍。随着快递市场增速放缓，行业进入整合期，各大快递企业或借助资本的力量实现规模扩张，或通过并购实现规模跨越式发展，或通过联盟实现资源整合。随着申通快递借壳艾迪西成为民营快递第一股，势必进一步加快快递行业踏入资本市场的脚步。

高速发展的快递业外表看似繁荣，其背后却是“乱象丛生”。因此，快递业要获得良性发展，还需由内及外进行全面改革升级。失信管理平台上线，是规范快递业运营的一剂良药。个人和企业信用是社会信用体系的基石，建立和完善个人和企业信用体系，是营造诚实守信的市场发展环境的一个重要环节。快递行业作为近几年来快速增长的新兴市场领域，建立与之相适应的信用管理体系，对解决快递行业现存的一些问题，促进快递行业规范发展意义重大。

2. 洛伦兹曲线和基尼系数

洛伦兹曲线和基尼系数是一种相对集中度指标，表明市场占有率与市场中由小到大的企业累计百分比之间的关系。这一指标主要用来反映产业内企业的规模分布状况。我们可借助图 2.1 说明洛伦兹曲线(Lorenz curve)。

在图 2.1 中，对角线上的任何一点到横轴和纵轴的距离相等，意味着企业规模均等分布，对角线右下方的曲线是特定产业的企业规模相对分布曲线，即洛伦兹曲线，它偏离对角线的距离越大，企业规模分布越不均匀，即大企业的相对集中度较高。在洛伦兹曲线的基础上，可借助基尼系数(Gini coefficient)以定量反映企业规模分布和集中程度。

基尼系数是均等分布线与洛伦兹曲线之间的阴影面积(记为 S_1)和直角三角形面积(记为 S_1+S_2，其中 S_2 为直角三角形面积减去 S_1 的剩余部分)的比率。即

$$G = \frac{S_1}{S_1 + S_2} \tag{2.2}$$

基尼系数的经济含义是：如果 S_1 为 0，基尼系数也为 0，表明企业规模完全均等；如果 S_2 为 0，基尼系数为 1，表明产业内只存在一家企业。对绝大多数产业来说，基尼系数总是在 0 和 1 之间，基尼系数越接近于零，企业规模分布越是均等，而基尼系数越接近于 1，说明企业规模分布的差异越大，市场集中度越高。

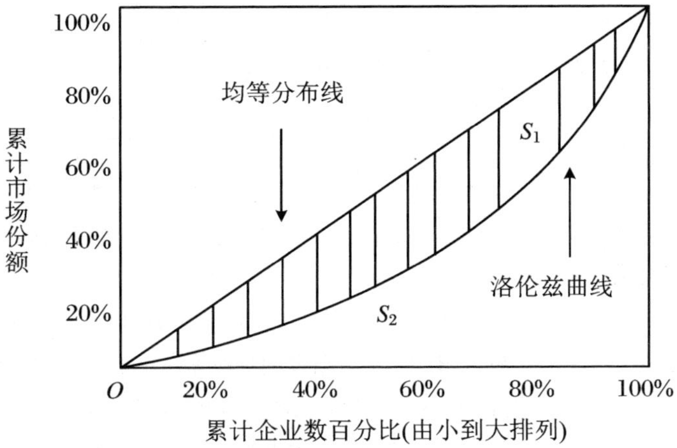

图 2.1　洛伦兹曲线

相对集中度指标的主要缺陷是：① 虽然不同的洛伦兹曲线表示不同的企业分布，但所得出的基尼系数可能相同；② 相对集中度忽视了产业内企业数量差异对集中度的影响。

3. 赫芬达尔-赫希曼指数

赫芬达尔-赫希曼指数是某特定行业市场上所有企业的市场份额的平方和，简称 HHI 指数。这个指标最初由赫希曼提出，1950 年由哥伦比亚大学的赫芬达尔在他的博士论文《钢铁业的集中》中进一步阐述。由于它兼有绝对集中度和相对集中度指标的优点，同时能避免二者缺点的特点，因而日益被人们所重视。用公式表示为

$$\mathrm{HHI} = \sum_{i=1}^{n}\left(\frac{X_i}{X}\right)^2 = \sum_{i=1}^{n} S_i^2 \tag{2.3}$$

式中，X 表示产业的市场总规模，X_i 表示产业中第 i 位企业的规模；S_i 表示产业中第 i 位企业的市场占有率，n 是产业内的企业数。

HHI 指数既取决于行业内的企业总数，又取决于企业市场份额大小的变化程度。HHI 值越大，表明市场集中度越高。日本著名产业组织理论学者植草益曾经应用 HHI 指数对日本产业进行分类，如表 2.3 所示。

赫芬达尔指数在产业组织理论分析和反垄断司法实践中都有十分广泛的应用，特点也十分鲜明。当独家企业垄断时，该指数等于 1，当所有企业规模相同时，该指数等于 $\frac{1}{n}$，故而这一指标在 $\frac{1}{n}$～1 之间变动。如果仅计算百分比的分子，该指数在 0～10 000 之间变动，所以，在实际应用中，人们常用 10 000 乘以份额平方和来便利地表达 HHI 指数，数值越大，表明企业规模分布的不均匀度越高。

表 2.3　日本的产业分类

	市场结构类型	按 HHI 指数分类	品种数(个)	比　重
1	高位寡头垄断型(Ⅰ)	HHI≥3 000	63	16.0%
2	高位寡头垄断型(Ⅱ)	1 800≤HHI<3 000	90	22.8%
3	低位寡头垄断型(Ⅰ)	1 400≤HHI<1 800	56	14.2%
4	低位寡头垄断型(Ⅱ)	1 000≤HHI<1 400	54	13.7%
5	竞争型(Ⅰ)	500≤HHI<1 000	85	21.6%
6	竞争型(Ⅱ)	HHI<500	46	11.7%

举例来说,市场上共有 4 家企业,每家企业的市场份额分别为 40%、25%、17%和 18%,那么这一市场的 HHI 便是

$$\mathrm{HHI} = (0.4^2 + 0.25^2 + 0.17^2 + 0.18^2) \times 10\,000 = 2\,838$$

另外,赫芬达尔指数兼有绝对集中度和相对集中度指标的优点,并避免了它们的缺点。因为该值对规模较大企业的市场份额反映比较敏感,而对众多小企业的市场份额小幅度的变化反映很小。同时,赫芬达尔指数值可以不受企业数量和规模分布的影响,较好地测量产业的集中度变化情况。因此,只要厂商合并,该指数值就会增加;只要厂商分离,该指数值就会减少。

例如,某国计算机行业的企业销售额如表 2.4 所示。

表 2.4　某国计算机行业的企业销售额

计算机公司	A	B	C	D	E	F	G	H	I	J
销售额	1 000	800	600	400	300	200	150	100	50	1

行业 HHI 值 = A 公司所占市场份额比重的平方 + B 公司所占市场份额比重的平方
+ … + J 公司所占市场份额比重的平方 = 17%(1 700)

四企业的集中率为 A、B、C、D 四家公司市场销售额在整个行业的百分比为 77%,而六企业的集中率为 91%,看似市场占有率很高,实际上垄断的倾向并不严重。假设 A 公司和 B 公司合并,各企业的销售额保持不变,新的行业 HHI 值为 30%(3 000),表明市场的集中度提高。因此,HHI 指数对规模较大的前几家企业的市场份额比重的变化反应特别敏感,能真实地反映市场中企业之间规模的差距,并在一定程度上可以反映企业支配力的变化。

案例短析

HHI 指数在反垄断分析中的应用

HHI 指数在反垄断分析中应用很广泛,欧盟和美国的《并购指南》都有应用。对于不同集中程度的市场,美国和欧盟做法也不尽相同。

第一,低度集中市场。美国和欧盟的《并购指南》一致认为,若企业并购后市场上 HHI 指数不足 1000 的情况下,属于安全港,并购不具反竞争效果。

第二,中度集中市场。美国认为,企业并购后市场上 HHI 指数在 1 000～1 800 之间,且并购后较并购前的 HHI 指数提高低于 100 个点,一般不具反竞争效果;但若 HHI 指数提高

了100个点以上，则可能具有反竞争效果，需要作进一步分析。欧盟则认为，企业并购后市场上HHI指数位于1 000～2 000之间，且并购后较并购前的HHI指数提高低于250个点，一般不具有反竞争效果。但有例外，如果并购后较并购前的HHI指数提高了250个点或以上，则可能具有反竞争效果，需要作进一步分析。在中度集中市场，欧盟比美国初始门槛宽松。

第三，高度集中市场。美国认为，企业并购后HHI指数提高超过1 800时，属于高度集中市场，且并购后较并购前的HHI指数提高低于50个点，一般不具反竞争效果；如果并购后较并购前的HHI指数提高了50个点以上100个点以下，则可能具有反竞争效果，需要作进一步分析；如果并购后较并购前的HHI指数提高了100个点以上，一般具有反竞争效果，但需要综合其他因素作进一步分析。而欧盟则认为，HHI指数提高超过2 000时，才属于高度集中市场，且并购后较并购前的HHI指数提高低于150个点，一般不具有反竞争效果，但有例外。如果并购后较并购前的HHI指数提高了150个点或以上，则可能具有反竞争效果，需要作进一步分析。在高度集中市场，欧盟与美国存在市场集中度门槛级差。

在以上三个测定市场集中度的指标中，绝对集中度主要反映特定产业中若干家最大企业的集中程度，但不能反映该产业内的企业数量和企业规模不均齐程度；相对集中度主要反映整个产业所有企业规模的差异，但不能较好地反映领先企业的集中程度；而HHI指数虽然在理论上优于前两个指标，但也存在直观性差、对小企业所给权数较小的缺点。因此，这三个指标应综合使用，相互补充，才能较准确地反映市场集中度。

（二）市场集中度测度方法的局限性

传统测量市场集中度方法的逻辑是用前几家企业的某一指标（销售量或销售额）占该行业总量的百分比表示一个企业产业集中度，可以表明它在市场上的地位和对市场支配能力，是企业形象的一个重要标志。这种逻辑是基于传统的大规模生产时代的市场和行业情况，由于产品间差异不明显，因此，凭企业的销售量或销售额就能说明该行业的整体结构，但是在现代经济的发展中，这种情况已经发生了明显的改变。

首先，产品分类日益细化，产品线长度和深度不断加强，产品间的差异越来越大，因而销售量的数据并不能准确判断行业的集中度。

其次，即使是基于销售额的行业集中度测算，相对基于销售量的计算结果有效，但其所能说明的含义也比较有限。一般认为，如果行业集中度$CR_4<30$或$CR_8<40$，则该行业为竞争型；如果$CR_4\geqslant30$或$CR_8\geqslant40$，则该行业为寡占型。在产品更新日益迅速的今天，这种界定也已经失去了意义。在互联网时代的“长尾”市场中，无限小众市场的价值总和并不逊于如日中天的热门产品。面向特定小群体的产品和服务同样具有极强的竞争力，虽然领头企业的市场份额很大，但行业的竞争程度仍然较高。

第二节　影响市场集中度的因素

一、促进市场集中的因素

有许多因素会促进市场集中，但最重要的因素是具体产业的规模经济。事实上，市场集中是市场容量与规模经济的“函数”，在市场容量不变的情况下，某一产业的规模经济越显著，该产业的市场集中度也越高；而在规模经济不变的情况下，市场容量越大，则该产业的市场集中度越低。

企业追求垄断是促进市场集中的又一个重要因素。许多企业都具有无限扩大其市场份额、追求垄断地位的动机。因此，企业扩大规模并不局限于追求规模经济，而是要取得市场垄断地位，以谋取垄断利润或其他企业利益。为了达到垄断的目的，企业最常用、也是最有效的手段就是实行企业兼并。有的企业即使其规模的扩大导致规模不经济，但只要能取得和巩固其垄断地位，企业也会采取兼并等手段，以继续扩大企业规模，从而促进市场集中。

二、阻止市场集中的因素

市场集中是市场容量与规模经济的“函数”，当规模经济等因素不变时，随着市场容量扩大，市场集中度就会降低。因此，市场容量扩大是阻止市场集中的首要因素。

市场容量的扩大既有主观方面的因素，也有客观方面的因素。主观方面的因素主要是由于人们在测定市场集中度时，对市场范围的界定引起的，即对市场范围的界定越广，计算出来的市场集中度就越低。就客观因素而言，主要是指随着经济的发展，购买力的提高，从而使市场容量发生实质性的扩张，这就会降低市场集中度。同时，市场容量还为产业内原有规模较小企业的成长和新企业的进入提供了机会，从而使市场集中具有进一步下降的趋势。在现实中，虽然许多产业中大企业的规模不断扩大，但由于其他较小规模企业更快的发展和新企业的进入，导致这些产业的市场集中度下降。

除了市场容量扩大会阻止市场集中趋势外，企业维护其主权的愿望也会阻止市场集中。不少企业虽然缺乏竞争优势，经营状况不佳，但它们努力维护其企业主权，不愿被其他优势企业所兼并，以期企业经营出现转机。这种抵制企业兼并的因素无疑也会阻止市场集中。

三、影响市场集中度的中性因素

所谓中性因素，是指它们既有促进市场集中的一面，也有阻止市场集中的一面。其中最重要的中性因素就是政府的法规和政策。例如，反托拉斯法的政策导向是反对垄断，维护竞争活力，当企业的兼并导致较高的市场集中度，甚至可能造成垄断时，就会受到反托拉斯法的制裁。因此，反托拉斯法会阻止市场集中。又如，保护中小企业法有利于促进中小企业的成长和发展，因而也会阻止市场集中趋势。而专利法是保护专利所有者的权益，维护技术垄断的法律，它有利于维护企业的技术优势，形成技术上的进入壁垒。因此，专利法有利于维持和促进原有企业的市场集中。此外，一切关税与非关税保护政策都会限制外国竞争者进入，因而有利于维持本国的市场集中。

技术进步也具有促进市场集中和阻止市场集中的两重性。一方面，由于大企业比中小企业具有更强的研究开发能力，所以，先进技术首先被大企业所利用，从而增强大企业的竞争优势，提高大企业的市场占有率。因此，技术进步会促进市场集中。另一方面，技术进步会改变原有产业的技术经济特征，使一些原来规模经济非常显著，甚至具有自然垄断性的产业变为具有竞争性的产业。

四、影响市场集中度的其他因素

现实中影响市场集中度的其他因素还可能有如下几种：

1．行业产品的本质属性

在著名的波特产业竞争理论中，所描述的零散型产业，多数是市场集中度低下的行业，这些行业中的产品一般具有以下一项或数项产品属性和特征：

（1）保质期短暂。如糕点业、鲜奶业，1～5天的保质期令某些有雄心壮志的地方企业望洋兴叹，无可奈何。达能乳业在上海和广州设有两大生产基地，该公司品牌、管理、人才等综合实力俱佳，但因其主导产品为“在冷藏区保存21天”的乳酸奶，受产品保质期和冷藏条件制约，业务范围只能在长三角和珠三角一带，而难以拓展至全国市场。

（2）储运成本过于昂贵。如桶装水和雪糕冷饮业，前者每百公里1元/桶的运价，限制了多数桶装水厂的区域扩张；后者从冷藏车、冷藏仓库到超市冷藏柜，储运投入巨大，许多地方冷饮公司不得不画地为牢，偏居一隅。另外，一些产品易破损，体积过大，从而储运成本过高，也是市场集中度低下的重要影响因素。

（3）产品难以规模化生产。即产品无法快速低成本复制，比如众多的手工艺品、土特产品，中国还有一些行业处于手工作坊阶段，一旦出现可以大规模生产的机械设备，行业格局就可能发生翻天覆地的变化。

（4）受原材料供应制约。一些行业产品的生产基地必须建在原材料所在地周围，比如，矿泉水业受矿泉水源制约，大量企业难以向区外拓展，这是造成该行业市场集中度低下的重要原因。

2．行业内厂家的综合实力

（1）业内厂家的综合实力普遍强大。市场上充斥着几十个实力均衡的品牌，各品牌之间的市场份额争夺非常激烈，但没有一家独占鳌头。比如，日用品中的牙膏、香皂和卫生巾等行业，这些行业发展比较成熟，领先的多是合资品牌分割天下，这些品牌相互争夺，却难以脱颖而出，致使市场集中度低下。这些行业内很难发现大的市场机会。

（2）业内厂家综合实力普遍较弱。一些行业内厂家处于低水平竞争阶段，市场处于较低层次的均衡状态，厂家无力（或无心）打造强势品牌，各自偏居一隅，不思进取，从而导致行业市场集中度低下。比如糖果业、炒货业、榨菜业等等，若仔细挖掘，类似的细分行业还有很多，毕竟中国尚处于市场经济的初级阶段。在这类行业中，比较容易挖掘市场机会。

3．消费需求的多样化程度

消费者需求日渐多样化已是事实，千人一面的时代一去不复返。为适应个性飞扬的多样化消费需求，消费者细分和市场细分日益重要，一些行业的产品更加关注的是细分市场。细分市场越多，必然意味着市场集中度越低，比如化妆品产业中的洗面奶、润肤露等产品。

4．新兴行业所处的发展阶段

许多研究表明，中小企业是科技创新的主要源泉。许多新产品（有专利垄断的除外）从中小企业中诞生、发展。但中小企业的实力又决定了在新行业发展初期难以迅速扩张占领市场，反而极易形成万箭齐发、千帆争先的竞争局面，从而影响了市场集中度。例如，2000年的保暖内衣业，由于科技的进步，内衣衣料的保暖性能取得突破性进展，各种背景的中小企业纷纷上马生产，几乎一夜之间，市场上冒出500余种保暖内衣品牌，强势品牌难以脱颖而出，市场的低集中度成为必然。

案例短析

平台经济中的市场界定

平台经济又称互联网经济和数字经济，其市场范围的界定与传统产业有着很大的不同，直接影响反垄断和竞争政策的实施。2021 年 2 月 7 日，《国务院反垄断委员会关于平台经济领域的反垄断指南》正式出台，从相关商品市场和相关地域市场对平台经济进行市场界定。平台经济领域相关商品市场界定的基本方法是替代性分析。在个案中界定相关商品市场时，可以基于平台功能、商业模式、应用场景、用户群体、多边市场、线下交易等因素进行需求替代分析；当供给替代对经营者行为产生的竞争约束类似于需求替代时，可以基于市场进入、技术壁垒、网络效应、锁定效应、转移成本、跨界竞争等因素考虑供给替代分析。具体而言，可以根据平台一边的商品界定相关商品市场；也可以根据平台所涉及的多边商品，分别界定多个相关商品市场，并考虑各相关商品市场之间的相互关系和影响。当该平台存在的跨平台网络效应能够给平台经营者施加足够的竞争约束时，可以根据该平台整体界定相关商品市场。平台经济领域相关地域市场界定同样采用需求替代和供给替代分析。在个案中界定相关地域市场时，可以综合评估考虑多数用户选择商品的实际区域、用户的语言偏好和消费习惯、相关法律法规的规定、不同区域竞争约束程度、线上线下融合等因素。根据平台特点，相关地域市场通常界定为中国市场或者特定区域市场，根据个案情况也可以界定为全球市场。

第三节　市场集中度与利润率的关系

一、对市场集中度与利润率关系的研究

（一）集中度与利润率：理论研究

结构主义早期经验研究多使用跨部门大样本研究，研究者往往在产业分类和核算产业平均利润率的方法上有很大差异，以至于很多研究结果并不一致且彼此间很难比较。利用企业层面数据的研究就可以彻底避免使用产业层面数据面临的产业分类和平均利润率核算中的主观性。更为重要的是，利用企业市场份额解释不同厂商利润率差异比利用市场结构解释行业间利润率差异更有理论基础。正如寡占依赖行为理论所揭示的那样，企业市场份额是决定利润率或市场势力最关键的结构因素。现代产业组织发展的一个方向就是强调基础理论和经验研究并重而不是仅仅依赖经验分析，博弈论成为模型共同语言。参照 Cowling 和 Waterson 的研究建立下列寡占依赖模型，来说明虽然厂商间独立行事，但企业的利润率或市场势力与其市场份额呈正比例关系。模型基本假设如下：

（1）n 个厂商进行 Cournot 竞争，决策变量是产量。

（2）产品同质，具有完全可替代性。

（3）每个厂商在决定产量时，假定其他厂商的产量保持不变，即

$$\lambda_i = \sum_{j \neq i} \mathrm{d}q_j / \mathrm{d}q_i = 0 \tag{2.4}$$

式中，λ 为推测变量，反映某厂商对其他所有竞争厂商对其产量变动一单位的产量变动总和的推测，由古诺假设知，所有厂商的推测弹性值 λ 都等于 0。

(4) 规模报酬不变，$AC_i = MC_i = c_i$，厂商间的成本差异体现在边际成本上。对于第 i 个厂商，有

$$\text{Max } \pi_i = pq_i - c_i q_i \tag{2.5}$$

利润最大化一阶条件要求利润对产量的导数为零，注意到 p 是 q_i 的函数，得

$$\frac{d\pi_i}{dq_i} = p + q_i \frac{dp}{dq_i} - c_i = 0 \tag{2.6}$$

整理得

$$\frac{p - c_i}{p} = -\frac{q_i}{p}\frac{dp}{dq_i} = -\frac{q_i}{p}\frac{dp}{dQ}\frac{dQ}{dq_i} \tag{2.7}$$

式中，$Q = \sum_i q_i$ 为行业总产出，结合推测变量定义得

$$\frac{dQ}{dq_i} = \frac{dq_i + \sum_{j \neq i} dq_j}{dq_i} = 1 + \lambda = 1$$

代入式(2.7)中，得

$$\frac{p - c_i}{p} = -\frac{q_i}{p}\frac{dp}{dQ} = -\frac{pq_i}{pQ}\frac{dp}{dQ}\frac{Q}{p} \tag{2.8}$$

式中，$\frac{pq_i}{pQ} = s_i$ 为第 i 个厂商的市场份额，$-\frac{dp}{dQ}\frac{Q}{p} = \frac{1}{E_d}$ 即需求价格弹性的倒数，$\frac{p - c_i}{p}$ 即为反映第 i 个厂商市场势力程度的勒纳指数。由假设不存在固定成本，边际成本即为平均成本，$\frac{p - c_i}{p}$ 也可以反映企业的利润率。于是，整理式(2.8)可得出

$$\pi_i = \frac{p - c_i}{p} = \frac{s_i}{E_d} \tag{2.9}$$

式(2.9)表明，当市场产品需求价格弹性(由消费者的偏好决定)不变时，某厂商的利润率与其市场份额呈正比例变化。行业的利润率 Π 则是个别企业利润率的加权平均，权重为企业的市场份额，即

$$\Pi = \sum_{i=1}^{n} \pi_i s_i = \frac{H}{\varepsilon} \tag{2.10}$$

式中，H 为赫芬达尔指数。可以看出，在需求弹性不发生变化的情况下，赫芬达尔指数越高，行业的利润就越高；反之，赫芬达尔指数越低，则行业的利润率就越低。由此可得出如下结论：在单个企业市场份额较小的分散的行业中，盈利能力将降低；在单个企业市场份额相对较大的集中度较高的行业中，盈利能力将会较高。

(二) 市场集中与利润率：实证研究

1951 年，贝恩首先对产业的市场集中与利润率的关系作了开拓性的研究：贝恩调查了美国 42 个产业，并计算出了 42 个产业中最大 8 家企业在该产业的集中度，然后通过比较各产业 8 家最大企业的利润率与产业平均利润率的差异来说明市场集中对利润率的影响程度。在贝恩看来，产业集中度越高，利润率也越高。迈克尔·曼使用 1950—1960 年的数据，再次证实了贝恩的观点。他的研究表明，与较不集中组 9%的平均利润相比，较高集中组的

平均利润为13.3%。[①]

然而，有的学者对贝恩的观点提出了异议。布罗曾从两个方面批评了贝恩关于市场集中与利润率高度相关的观点：一是贝恩研究的产业可能处于非均衡状态；二是贝恩在他的一些研究工作中使用的是产业内主导大企业的利润率（而不是产业内全部企业的平均利润率）可能歪曲了其研究成果。[②]

有的学者还对市场集中与利润率的关系作了独立研究，如德姆塞茨认为，在市场集中度为10%～50%的区间内，利润率不仅不随着集中度的提高而上升，有时反而会有所下降，只有当集中度超过50%以后，才存在市场集中度与利润率的正相关关系。这就是说，市场集中度与利润率的正相关关系是有条件的，即要求市场集中度达到一定的水平。[③]

二、市场集中度与利润率关联机理

综上所述，许多学者的理论研究和实证研究都证明市场集中与利润率存在某种正相关关系。但需要作进一步研究的是，为什么市场集中与利润率会存在这种关系？市场集中度与利润率之间统计上的正相关性并不代表二者之间必然存在因果关系，更不能说明后者就是前者作用的结果。

对集中度和利润率关系的解释历来有哈佛学派的"合谋"规范和芝加哥学派的"效率"规范两种截然不同的解释，争论的背后形成对反垄断执法态度的鲜明反差。哈佛学派认为是垄断作祟，即不同的市场集中度形成不同的垄断势力。高集中的市场上，大企业容易有效地进行共谋，抬高价格损害消费者。寡占市场上卖方集中度越高，联合利润最大化价格和产量的可能性就越大；相反地，寡头市场上卖方集中度越低，卖方的竞争性越强，偏离联合利润最大化价格和产量的可能性就越大。较高的集中度不仅有利于寡头们形成公开或者默契的共谋协议，而且降低了采取竞争性行为的威胁。理论上容易证明，在一定的条件下，市场集中度直接决定着市场势力。考虑 n 个厂商构成的古诺模型，均衡时行业平均市场势力与集中度成正比。

芝加哥学派认为，高利润不仅不是高集中的结果，反而是高集中度的原因。相比于低效率的企业，高效率的企业在市场上占据较大的市场份额，赢得较高利润的同时提高了市场集中度。德姆塞茨等经济学家则认为，在市场集中度较高的产业中，大企业可以比中小企业获得更多的利润，并不是因为大企业间的串谋，而是因为大企业高效率的经营。大企业的高利润率来自成本优势。因此，某一产业的市场集中度越高，意味着大企业越具有主导地位，产业的利润率也越高。

案例短析

高市场集中度就一定是垄断吗？

2016年8月1日，滴滴出行宣布与Uber全球达成战略协议，滴滴出行将收购优步中国的品牌、业务、数据等在中国大陆运营的全部资产。这一里程碑式的交易标志着中国共享出

---

① Mann H M. Seller Concentration, Barriers to entry, and Rates of Return in Thirty Industries 1950-1960[J]. Review of Economics Statistics, 1966, 48(3): 290-307.

② Brozen Y. Bain's Concentration and Rate of Return Revisited[J]. Journal of Law Economics, 1971, 14(2): 351-369.

③ Demsetz H. Industrial Structure, Market Rivalry, and Public Policy[J]. Journal of Law Economics, 1973, 16(1): 1-9.

行行业进入崭新的发展阶段。不少人开始担心滴滴收购优步后在中国的市场占有率太高问题。在他们看来，这样的市场集中度已构成事实垄断，必须采取反垄断措施。市场集中度是评价垄断的重要指标，但它只是判断垄断行为是否成立的一个必要条件，而非充分条件。一家企业即使在某个市场有较高的集中度，但只要新的企业可以方便地进入市场，这种集中度是很容易被打破的，这样的市场高集中度并不是我们出于社会福利最大化目的所应该反对的垄断。事实上，在租车服务市场上，即使没有滴滴，别的公司也会出现。没有大公司，也会有无数小公司。市场仍然需要监管。滴滴公司等靠平台起家，核心竞争力在平台。要做好监管工作，首先应着力的是怎么让平台的公益效应得到充分释放。市场占有率只是表面现象，平台才是问题的关键。

内容摘要

◎ 市场集中度是反映行业竞争程度的重要指标，也是市场结构的重要维度。

◎ 常用的市场集中度指标有 CR_n、HHI 指数、洛伦兹曲线和基尼系数，这些指标不同程度上都存在利弊。

◎ 现实经济中既存在促进市场集中的因素，又存在阻碍市场集中的因素。

◎ 理论和经验研究都表明，集中度和利润率存在正相关关系。对二者正相关关系的解释，有哈佛学派的“合谋”规范和芝加哥学派的“效率”规范两种截然不同的解释。

关键词

市场集中度；CR_4；HHI 指数；合谋规范；效率规范；集中度-利润率关系

思考与练习

1. 简述市场集中度的内涵及其与垄断的关系。
2. 简述测定市场集中度的主要指标有哪些，它们各有什么特点。
3. 举例说明影响市场集中的主要因素。
4. 简述市场集中与利润率存在什么样的关系，哈佛学派的“合谋”规范和芝加哥学派的“效率”规范是如何解释的。

第三章　进入与退出壁垒

本章结构图

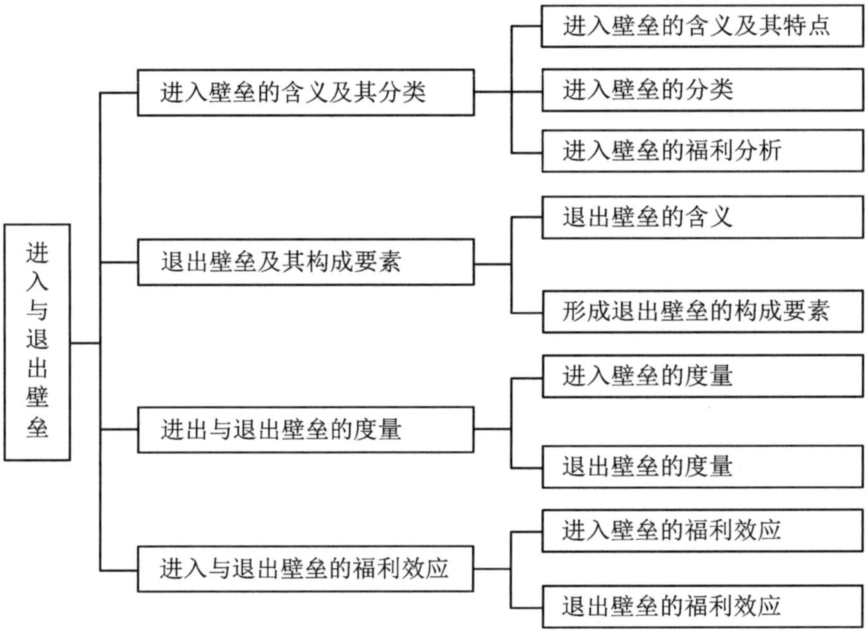

学习目标

通过本章学习，了解进入壁垒与退出壁垒的含义，掌握进入壁垒的种类和退出壁垒的构成要素以及进入和退出壁垒的测量方法。

第一节　进入壁垒的含义及其分类

一、进入壁垒的含义及特点

（一）进入壁垒的含义

进入壁垒是指企业准备进入或正在进入某产业时所遇到的种种障碍或不利因素。由于对该内涵的理解不同,因此许多学者从不同角度对进入壁垒作了定义。

贝恩认为,进入壁垒是产业中在位厂商对于潜在进入者的优势,这种优势反映了在位厂商能够在多大程度上维持其价格高于竞争性水平而不会引起新的企业进入该产业。因而,贝恩定义以在位厂商获取超额利润的能力作为判别进入壁垒的标准。

斯蒂格勒认为,进入壁垒是寻求进入一个产业的新企业必须承担而产业中的在位企业(在某一或每一产出水平上)现在不用承担的生产成本。因而,斯蒂格勒将在位厂商和进入者之间的成本差异作为进入壁垒的判别标准。这一定义强调产业内原有企业相对于寻求潜在进入的企业享有成本上的优势,这也是原有企业长期获得经济利润的基础。依此判断,如果新进入企业与原有企业具有相同的成本曲线,那么规模经济就不构成进入壁垒,因为不存在原有企业在生产成本上的优势。进入壁垒的高低,既反映了市场内已有企业优势的大小,又反映了新进入企业所遇障碍的大小。可以说,进入壁垒的高低是影响该行业市场垄断和竞争关系的一个重要因素,同时也是对市场结构的直接反映。

弗格森认为,那些使新进入厂商无利可图,而原有厂商却可以将价格定在高于边际成本并获取长期利润的因素构成进入壁垒,将价格超过边际成本作为检验是否存在壁垒的条件。

我国学者王俊豪把进入壁垒定义为:使进入者难以成功地进入一个产业,而使在位者能够持续地获得超额利润,并能使整个产业保持高集中度的因素。王俊豪进一步指出,把超额利润和高集中度作为进入壁垒的判断标准,主要基于以下原因:

第一,超额利润(经济利润)的存在是市场经济条件下吸引新企业进入某一产业的唯一经济因素。如果一个产业不存在经济利润,那就不可能有新企业进入这一产业,讨论这一产业的进入壁垒问题没有多少实际意义。

第二,如果一个产业中企业数量很多、集中度很低,这就意味着几乎不存在限制企业进入的结构性因素,同时由于产业中企业之间的竞争以及大量企业的存在,使得单个企业很难通过策略性行为来阻止新企业的进入。但是,如果一个产业中长期存在高集中度和高利润,那么这个产业中必然存在进入壁垒。

(二) 进入壁垒的特点

上述学者对进入壁垒的内涵理解虽不尽相同,但基本上能体现出进入壁垒具有以下特点:

(1) 进入壁垒一般针对某一特定的产业或企业,且专门针对竞争对手间的关系,反映产业内已有企业与准备进入企业之间的竞争关系。

(2) 进入壁垒一般可理解为相对于原有的在位企业而言,新企业进入某一产业,所遇到的种种不利因素,这些不利因素成为阻碍新企业进入的障碍。

(3) 进入壁垒的种类具有多样性,壁垒高低随着外界环境的改变具有可变性。

(4) 进入壁垒的高低会改变行业市场集中度,进而影响市场结构。通常情况下,进入壁垒高,市场集中度也高。

二、进入壁垒的分类

进入壁垒按其成因的不同可以分为结构性进入壁垒和策略性进入壁垒。

(一) 结构性进入壁垒

结构性进入壁垒是指不受企业支配的、外生的,由产品技术特点、社会法律制度、政府政策及消费者偏好所形成的壁垒。主要包括规模经济、必要资本量、在位企业的绝对成本优势、网络效应壁垒、产品差别化和政策法规等壁垒。

1. 规模经济壁垒

规模经济是影响市场结构的重要变量,规模经济的产量与市场需求的相对规模决定了一个市场所能容纳的厂商数量。规模经济越明显,则在一定的市场需求下,能容纳的厂商就越少,市场的集中度就越高。

规模经济是指企业生产的平均成本随着产量的增加而下降。企业的最小最优规模是其长期平均成本最小时企业能生产的最小产量。企业在取得一定市场份额前,不能以最低成本生产。而单位产品成本最低时的最小最优规模(单位生产成本最低时的最小产量)占市场规模(产业需求量)比重很大的产业,往往集中度很高,也是垄断程度较高的产业。新企业的进入不仅需要大量的投资和较高的起始规模,而且难以站稳脚跟。

图 3.1 是某产业中企业的长期平均成本曲线,OB 是最小有效规模产量 MES,OM 是在现有市场需求条件下的最大市场容量。如果 MES 产量相对于市场容量来说较大,而原有企业已经在最小最优规模的产量上进行生产,那么新企业在进入这一产业时面临着两难选择:如果新企业以低于 MES 的产量进入,则新进入企业的成本必然高于原有企业,在竞争中处于劣势,将导致自身的进入失败;如果新企业以生产 MES 产量进入,那么新企业进入后市场的总产量可能就会超过最大市场容量,引起市场价格下降到平均成本以下,从而进入会导致新企业亏损。

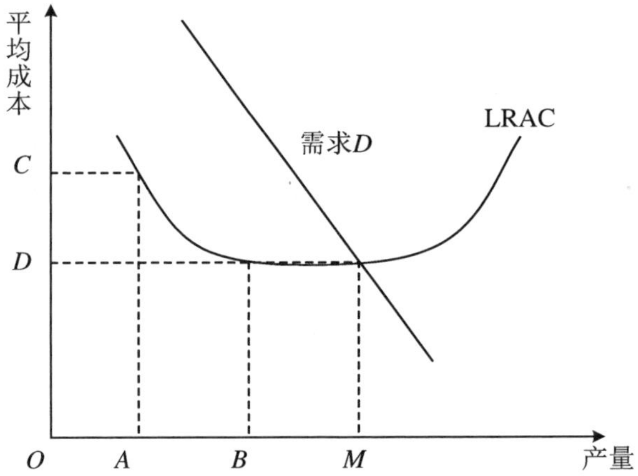

图 3.1 企业的长期平均成本曲线

因此,在产业的市场需求有限,同时存在规模经济的前提下,一个或少数几个企业在最小最优规模进行生产并获得经济利润,如果再有新企业以同样的产量进入,则所有企业可能都会亏损。[①]这时新企业无法通过进入这一产业获利,规模经济成为进入壁垒。

规模经济壁垒的高低主要取决于:① 市场容量 OM 的大小;② 最小最优规模产量 OB 相对于 OM 的大小;③ 产量小于 OB 时平均成本曲线斜率的大小。一个产业的 MES 越大,且在 OM 中所占份额越大,则该产业客观上只能容纳少数企业存在,从而进入壁垒较高。产量小于 OB 时平均成本曲线斜率的绝对值越大,表明产量小于 MES 的企业的生产成本劣势

---

① Nahata B, Olson D O. On the Definition of Barriers to Entry[J]. Southern Economic Journal, 1989(56): 236-239.

越大,进入壁垒也就越高。

从动态角度来看,一个特定产业的市场容量较大而且在不断扩大时,进入壁垒就比较低。一般经济发展所带来的收入增加和人口增加会导致国内市场规模的扩大,同时特定产业的市场容量,也会因该产业在国内所处的生命周期的不同阶段而发生变化。因此,在经济增长率较高时期,或是在该产业的初创期和高速成长期,进入壁垒就比较低,新企业进入相对比较容易。

2. 绝对成本优势

绝对成本优势是指原有企业在任一产量水平下的平均成本都低于潜在进入者。如图3.2所示,进入者的最低平均成本为 P_2,原有企业的最低平均成本为 P_1,市场需求曲线为 $D(P)$,如果原有企业把价格定在 P_1 和 P_2 之间并满足市场需求,则原有企业在获得经济利润的同时阻止了潜在进入者的进入,原有企业的绝对成本优势则构成了进入壁垒。

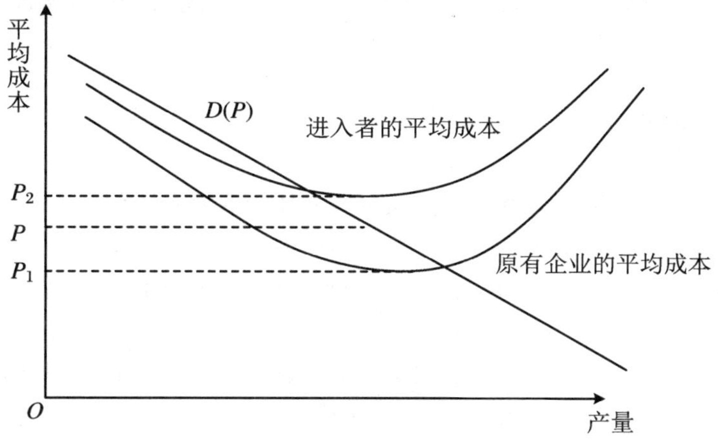

图 3.2 绝对成本优势

原有企业的绝对成本优势可能源于以下几个方面:一是原有企业通过专利或技术秘诀控制了最新的生产工艺;二是原有企业可能控制了高质量或低成本投入物的供应渠道;三是原有企业可能控制了产品的销售渠道;四是原有企业拥有特殊经营能力和其他技术专长的人才;五是进入企业在筹集进入资金时可能需要支付更高的资金成本。因此,绝对费用致使新企业在进入市场时的生产成本总是高于原有企业。

在分析绝对成本优势时,应考虑到原有企业所拥有的优质资源的机会成本。如果被原有企业独占的优质资源能通过市场进行交易,那么原有企业可能无法获得经济利润,因此,对资源的独占并不构成进入壁垒。德姆塞茨以城市中出租汽车牌照为例说明了拥有稀缺资源并不能给原有企业带来绝对成本优势。出租车牌照的供给数量是固定的,而且也是经营出租车服务必需的。牌照的限量供给阻碍了资源向该产业的流动,但由于牌照可以按市场确定的价格进行买卖,因此,不能为它的拥有者带来绝对成本优势和经济利润。虽然牌照的所有者是通过免费方式获得的牌照,但它的机会成本仍然是它的市场价格或者是它为所有者带来的经济租金。考虑到这一机会成本,一个经营出租车服务的企业并不具备把价格确定在平均成本之上的能力,因而也就不存在进入壁垒。德姆塞茨认为,在出租车服务产业中真正阻碍进入的不是原有企业的绝对成本优势,而是政府管理当局核发牌照的行政权力。如果原有企业拥有的某项专利有准确反映该专利市场价值的价格,而进入企业除没有专利授权外与原有企业别无差异,在这种情况下,也不存在绝对成本优势。在现实中,原有企业往往形成了围绕核心优质资源的竞争优势,即使进入企业获得同样的优质资源,原有企业的成本仍然比进入企业低,这时原有企业就享有绝对成本优势,因此,可以获得经济利润并阻止新企业的进入。

3. 必要的资本量

必要的资本量是指企业进入某一产业时最低限度的资本数量。必要资本量越大,新企业筹集资本的难度也越大,新企业进入的资本“门槛”也越高。由于金融市场不健全,加上投融资方信息不对称以及金融部门对风险的预估,使得新企业很难融到投资所需的必要资金,即使金融市场可以提供所需资金,新企业也必须得充分考虑到投资的前景及投资失败时的资产处理问题。通常,一个需要巨额投资的行业往往要购置专用性设备或生产线,一旦投资失误,这些专用设备、装置就面临无法转卖或低价出售的情况,造成大量无法收回的沉没成本损失,这些退出障碍反过来也会提高企业对该行业投资风险的预期,从而使新企业不敢贸然进入。

案例短析

为什么新企业筹融资成本比原有企业高?

为什么新企业很难筹集到大量资本或者新企业的融资成本比原有企业高?这主要有三个方面的原因:金融市场的不完全性、信息不对称和风险。根据阿克洛夫的柠檬市场理论对金融市场所做的研究表明,由于信息不对称和金融市场的不完全性,造成金融市场系统性地缺乏鉴别失败进入者和成功进入者的能力,而原有企业的声誉可使金融市场估计出它们发生破产的概率。如果进入者破产的概率大于原有企业,为补偿进入者容易破产可能造成资金无法收回的风险,金融市场向进入者收取的资本成本将高于原有企业,原有企业因此获得融资成本的优势。已有的经验研究也证明了新企业进入后的失败率确实比原有企业的失败率高,因此进入者就比原有企业面临一个系统性的更高的资本成本,二者之间在融资成本上存在的不对称性成为新企业的进入壁垒。

在中国的市场结构中,大多民营企业在很多产业中都处于进入者的角色。由于进入者与原有企业在融资成本上的不对称性,中小民营企业的融资难度大大高于其他性质的企业,民营企业作为进入者一直面临较高的必要资本量壁垒,这也是中国民间投资长期低迷、市场活力不足的重要原因。

4. 网络效应

网络效应或网络外部性,是指消费的外部性,即随着购买某种商品的消费者数量的增加,消费者的效用水平将提高,从而增加了消费者对该商品的需求。卡茨和夏皮罗将网络效应分为两种:直接的网络效应和间接的网络效应。

直接的网络效应:由于消费某一产品的用户基数增加而直接导致的网络价值的增大就属于直接的网络外部性。有的学者也把种这种效应称为消费方的规模经济。通信网络,诸如电话、传真机、在线服务、E-mail 等,都是体现直接网络效应的典型例子。

间接的网络效应:随着某一产品使用者数量的增加,该产品的互补品数量增多、价格降低而产生的价值。这种网络效应主要是由基础产品与辅助产品之间在技术上的互补性所形成的。卡茨和夏皮罗把这种基础产品与辅助产品的关系称为硬件/软件范式,基础产品称为硬件，辅助产品称为软件。间接效应的例子包括作为互补商品的计算机软硬件。

在硬件/软件系统中，一种硬件的用户基数越大，就意味着与这种硬件产品相兼容的软件产品的需求越大。因而会吸引软件产品生产商来生产兼容软件，软件产品的种类和数量就会增加，软件产品的价格水平就会越低，这又会吸引大量的用户购买这种硬件产品。于是硬件产品的网络规模不断扩大，而这又促使大量的软件开发商为这种硬件产品提供配套软件，这样就形成了网络产品的“正反馈效应”。这种正反馈效应的作用机制，使潜在进入者在存在直接网络效应的产品市场上几乎很难获得消费者和用户的支持，因此，用户基数的不对称就成为网络市场上的进入壁垒。

在间接网络效应中，在位企业的硬件产品可能已经拥有大量的配套软件产品，在正反馈效应的作用下，在位企业与进入企业在辅助软件产品上的数量差异会迅速扩大。另外，转换成本、培训和学习成本这些因素的综合作用使在位企业相对于进入者处于明显的优势，建立在用户基数之上的辅助软件数量上的不对称成为存在间接网络效应市场上的主要进入壁垒。

案例短析

软件市场的网络效应与结构性进入壁垒

在市场上有很多这样的产品，消费者消费这些产品所获得的效用会随着购买这种产品的其他消费者的数量增加而不断增加，也就是说这种产品的新用户可以给老用户带来正的外部收益，经济学家把这种现象称为“网络效应”或“网络外部性”。微软的操作系统正是具有这种“网络效应”的产品。根据美国司法部对微软的调查举证分析，微软在操作系统上市场份额很高，它的 Windows 视窗系统在世界市场上占到了 90%以上的市场份额，近乎垄断了操作系统的整个市场。一个厂商能取得如此高的市场份额，在这个市场上必定存在高的进入壁垒，使新的操作系统难以进入市场。因此，微软在操作系统定价上有很高的自由度，基本上可以不考虑竞争对手的存在。这说明在操作系统市场上，有很高的进入壁垒保护着微软的利益。

当进入者引进了一种先进的操作系统之后，如果现有的微软操作系统的使用者去更换到这种新的操作系统上，则会发生相应的成本。由于转换成本的存在，使消费者产生惰性，锁定在现有的产品上，如微软的视窗操作系统。引入网络效应后，由于消费者不仅要考虑转换成本，还有采用其他用户基数小的操作系统带来的网络外部收益的损失，所以在消费上会产生更强的自然惯性。

5. 产品差别化

产品差别化，是指企业向市场提供的产品或销售产品过程中的条件，与同行业的其他企业相比较，在产品质量、款式、性能、包装、销售服务、信息提供及消费者偏好等方面存在着明显的差异，从而具有可区别性和不完全的替代性。

产品差别化对企业产品的销路和市场占有率有很大的影响，当由产品差别（设计、广告等）形成的成本对新厂商更高时，产品差别化才成为进入壁垒。消费者对差别化产品在心理上的认同感颇深。在产品差别化明显的产业，对于原有企业来说，它们在广告宣传上只保持原有的力度或稍加改变即可，无须花费巨额的支出。但对于新企业，万事需从头做起，在解决了设计和制造方面的难点之后，还要想方设法使公众相信新企业的产品与众不同，这无疑要比原有企业花费更多的广告和设计费用。例如，在汽车和家用电器行业里，原有企业建立了区域性或全国性的推销网和服务网，新企业要建立与之相匹敌的系统不是一朝一夕能做到的。因此，原有企业的产品差别化程度便成为一道进入壁垒。

在位企业的产品差异优势主要反映在以下几个方面：

一是在位企业以专利或技术秘诀形式，拥有在优良产品设计方面的有效控制权，使消费者把控制权与优良的产品等同化，企业成了高品质产品的象征，增加了消费者对该企业产品的偏好度。

二是在位企业在长期经营过程中，在定价和销售服务等方面树立了良好声誉，增加了消费者对该企业产品的偏好度。

三是在位企业通过以往的广告宣传而建立的消费者忠诚以及对销售渠道的控制，使得新进入企业在销售成本上处于劣势。

四是在位企业和新进入企业的产品质量的信息对消费者存在着不对称性。

假定某一产品市场上存在数个潜在生产者，能够用相同的技术和相同的成本生产标准产品。虽然每个企业都可以生产标准产品，消费者对标准产品的评价为 V，但消费者并不知道每个企业产品的确切价值。因此，他们对没有试用过的产品评价为 V_e（$V_e<V$）。这种低评价主要是由于绝大多数消费者是风险规避者，在产品质量信息不对称的情况下，存在次品的主观概率为正，而产品质量只是一个均值为 V 的事前随机变量，所以，消费者对质量不确定的产品评价较低。只要第一个进入市场的企业将产品定价为 P_1（$P_1<V_e$），就可以获得正的销售量。现假定潜在进入者确信进入之后原有企业即首先进入的企业会改变价格水平 P_1，由于消费者已经试用过原有企业的产品，因此，原有企业的产品质量是已知的，消费者对其产品的评价为标准产品的评价 V。但新进入者的产品质量未知，消费者对其的评价为 V_e。只有消费者预期会获得更多的剩余时，才会转向消费新进入者的产品，即 $V_e-P_2>V-P_1$，或者 $P_2<P_1-(V-V_e)$，P_2 是进入企业的产品价格。换句话说，首先进入市场的产品可以获得溢价收入（$V-V_e$）。很明显，第一个企业的定价只要稍稍低于进入企业的平均成本与溢价收入之和，就会使进入者遭受亏损，从而成功地阻止潜在进入者的进入，保持市场的垄断地位并获取超额利润。

正是由于这些优势，原有企业在获得经济利润的同时又不会引起新企业的进入。由于消费者已经了解在位企业的产品质量，而新进入企业的产品质量对消费者来说是未知的。新企业要想进入，就必须向消费者提供更高的销售折扣率或比原有企业支付更高的单位营销费用来吸引消费者试用自己的产品。由于产品差异使原有企业在生产和营销成本上处于优势，从而限制了新企业的进入。

6. 法律和行政进入壁垒

所谓法律、行政进入壁垒是指为了保证资源有效配置，采取立法形式指导和干预企业进入行为，调整企业关系的公共政策。如果政府认为一个产业中只适合少数几个企业的生存，为避免过多企业进入引起的过度竞争，政府就会实行许可制度来限制新企业的进入；为保护发明者的利益，促进技术创新而实施的专利和知识产权保护制度也成为新企业进入某一产业领域的进入壁垒；政府的差别性税收政策以及政府的其他管制性政策也会成为新企业的进入壁垒。由于政府的政策和法律一般来说都是企业无法控制的外生变量，是难以用降低成本或增加广告等促销费用的办法来克服的，所以，由此导致的进入壁垒也属于结构性进入壁垒。

从现象上看，无论行政性壁垒还是法规性壁垒都要使用一定的强制手段。如在煤、电、水等自然垄断性行业内存在的实业许可制、认可制，就使得其他企业进入的可能性变得很小。而关税、非关税壁垒这些由国家制度形成的贸易障碍也是难以用降低成本或增加广告等促销费用的办法来克服的。

在中国现阶段的某些产业中仍存在着以行政力量保护既得利益者的行政性进入壁垒。政府利用对资源的控制对不同性质的企业给予有差别的待遇，从而人为地造成企业之间在某些方面的不对称性，来排斥和限制企业的进入。一些地方政府利用行政措施限制外地产品的进入，优先销售本地产品，以便垄断市场。这些行政性进入壁垒的存在，严重制约了市场竞争机制的有效运行，妨碍了公平竞争，是对市场秩序的最大威胁。只有通过不断完善市场机制，充分发挥市场机制的决定性作用，限制政府对经济活动的过多干预，打破这些人为设置的进入障碍，优胜劣汰的市场竞争机制才能真正发挥作用。也唯有此，才能从根本上提高经济运行的效率。

在实践中，有的产业的进入壁垒只是由于经济原因形成的，有的产业的进入壁垒则是由于经济、策略和法律等诸多原因形成的。就某个具体的新企业而言，它所面临的进入壁垒往往是以上多个因素的综合，而绝非由单一的进入壁垒因素所决定。一般地说，如果在较长时期内某产业的平均利润率及需求成长率一直处于较高状态，那么即使该产业的进入壁垒很高，也会诱使许多新企业想方设法突破壁垒纷纷挤入市场。

（二）策略性进入壁垒

策略性行为是指一个企业通过影响竞争对手对该企业行动的预期，使竞争者作出对该企业有利的决策行为。

策略性进入壁垒是指产业内在位企业为保持在市场上的主导地位，获取垄断利润，利用自身的优势通过一系列有意识的策略性行为构筑起的防止潜在进入者进入的壁垒。原有企业为了巩固自己在市场上的地位，采取各种对策以阻止和威慑新企业的进入。在卖方高度集中的寡头垄断产业中，原有企业互相协调，把利润率限制到自己产业中相当于进入壁垒高度的程度，采取有效的阻止进入政策，并相应地采取一些阻止进入的行动。

由于原有企业拥有首先行动和信息上的优势，它可以通过不可逆的投资或自己的行动向潜在进入企业传递对自己有利的信息，使潜在进入者预期到进入后无法获得经济利润，从而主动放弃进入。

从20世纪70年代开始，运用博弈论对寡占市场和策略性行为进行分析成为产业经济学的主流方向。进入壁垒的研究重点也从分析消费者的需求偏好和生产技术特点等外生因素，转向分析原有企业为了减少未来的竞争，通过自己的策略性行为影响市场结构而形成的内生性壁垒。色罗普认为，如果原有企业采取某项行动目的是想把潜在的竞争对手排挤在市场之外，从而使自己免受进入者的进入威胁，那么由此形成的进入壁垒就是策略性进入壁垒。[①]策略性进入壁垒是一种典型的影响市场结构的行为，随着产业经济理论的发展，策略性进入壁垒已成为进入壁垒理论研究的重点。

（三）结构性进入壁垒和策略性进入壁垒的关系

结构性壁垒，特别是需求因素和生产技术因素形成的结构性壁垒是策略性壁垒存在的

① Salop S C. Strategic Entry Deterrence[J]. The American Economic Review, 1979, 69(2): 335-338.

前提，如果没有结构性进入壁垒，策略性壁垒也不可能长期存在。另一方面，随着市场集中程度的不断提高，寡头型的市场结构成为主导的市场结构。寡头企业可以利用自身的力量影响市场环境，使之发生有利于己的变化。许多以前企业无法控制而被看成是结构性变量的因素现在变成了可以控制的因素，如企业利用雄厚的经济实力游说政府改变法规和政策，可以利用强大的研发能力改变产业的技术特点，通过大规模的广告改变消费者的偏好。随着市场结构的演变，策略性进入壁垒日益成为主导形式。

三、进入壁垒的福利分析

从社会福利角度，进入壁垒是一把“双刃剑”：一方面，进入壁垒的存在引起价格扭曲，造成社会福利损失；另一方面，进入壁垒的存在又具有正效应。进入无壁垒的、原子型的完全竞争市场，尽管从理论说可以达到静态的社会福利的极大化，但它却是以资源配置动态效率的牺牲和产品效用的损失为其代价的。产业具有一定高度的进入壁垒，则可以提高社会资源的配置效率和社会产品效用，这表现为：

(1) 完全竞争市场的前提条件之一是产品具有均质性。这种均质产品显然不能满足现实社会具有多样化的需求，造成社会产品总效用的损失。在一般情况下，产品差别壁垒越高，产品越具有多样化的异质性，所实现的社会总效用就越多。

(2) 无进入壁垒的完全竞争市场的另一个前提是市场结构以原子型的小企业为主体，而原子型企业是与规模经济相冲突的。特别是对于规模经济显著的部门来说，相互竞争性的小企业充斥市场，其结果往往只会降低生产的效率。因此，进入壁垒的存在可以阻止低效率小企业进入市场，提高产业集中度，使社会获得规模经济收益。

(3) 企业进入或退出市场，其实质就是资源重新配置的一种方式。在其他条件(如资源转移的空间跨度、时间长度和埋没费用率)既定的情况下，资源配置成本与资源转移频率呈正相关关系。进入壁垒的提高，潜在进入企业进入市场难度随之增大，只有实力强大、技术力量雄厚的企业才有能力超越障碍进入市场，而一旦进入后就在经营活动中具有相对的稳定性，从而大大降低资源重新配置的成本，提高资源配置的净收益。

进入壁垒、利润率与市场集中度呈正相关关系。如果其他因素不变，则市场集中度越高，说明进入行业越困难，即进入壁垒越高。而另一方面如果进入壁垒越高，则行业内企业越容易通过垄断定价或合谋提高市场价格，获取超额垄断利润。因此，进入壁垒越高，则行业内原有企业的利润率越高，反之，利润率越低。

第二节　退出壁垒及其构成要素

一、退出壁垒的含义

所谓退出，是指某个厂商停止作为卖方、从某个产业撤退的行为。退出包括破产和转产两种情况。退出的基本形式包括停产、出售、倒闭和产权转让等。

从理论上讲，当某个(或某些)企业长期亏损，资不抵债，不能正常生产经营时，即应该转产或破产。但实际上，这样的企业由于受种种限制而很难从该产业中退出。这些企业在退出时面临的障碍即是退出壁垒。因此，所谓退出壁垒，就是指某企业在退出某个特定市场时所遇到的障碍。退出壁垒一般有两种,即破产时的退出(被动或强制)和向其他产业转移(主动或自觉)时的退出。产业市场退出壁垒的高低也会影响企业进入市场的决策。如果退出行业的成本高昂,企业进入市场的动机就会削弱。

从行业利润的角度来看,最好的情况是进入壁垒较高而退出壁垒低,在这种情况下,新进入者将受到抵制,而在本行业经营不成功的企业会离开本行业。反之,进入壁垒低而退出壁垒高是最不利的情况,在这种情况下,当某行业的吸引力较大时,众多企业纷纷进入该行业;当该行业不景气时,过剩的生产能力仍然留在该行业内,企业之间竞争激烈,相当多的企业会因竞争不利而陷入困境。

二、形成退出壁垒的构成要素

(1) 沉没成本。企业投资后形成的固定资产,由于特定产品的生产和销售而变得特殊化,形成专用性资产(如采矿用的各种矿山机械等)。与此相适应的,在这类行业从业的具有专项技术的员工也有类似的性质。当企业决定转产或退出这些特定产业时,企业所持有的生产设备等专用性资产,由于无法在二手资产市场上出售或出售价格远低于其机会成本的部分,或难以回收而只能作废处理的有形资产的未折旧部分,以及用于研究开发、广告、员工教育培训等形成无形资产的支出中,由于专用性而难以回收的部分,就都形成了沉没成本。沉没成本一经发生,必然形成一种实际净损失,它的大小一般与资产专用性成正比。如果市场上对某专有资产的需求比较低,资产的专用性越强,沉没成本就越大,退出就越难,损失也就越大。

(2) 解雇费用。在大多数情况下,企业退出某一产业时要给解雇工人支付退职金和解雇工资。有时为了让工人改行,还需要支付培训费用和行政费用。这些费用是企业退出某一产业时需要付出的代价,也构成了退出壁垒。

(3) 固定成本。主要包括:如果企业准备退出,不能履行原本订立的购买原材料及推销产品的长期合同会被罚款,企业必须支付违约成本;企业的退出会影响职工的情绪,生产能力下降,财务状况容易恶化;退出表明企业没有发展前景,增加了企业转移出去后的融资困难,使企业的信用等级降低,提高了融资成本,等等。

(4) 结合生产。结合生产在许多产业中存在。例如,在石油精炼产业中,从汽油到轻油、煤油、重油等多种油品都使用石油作原料进行结合生产。现在即使重油的市场需求显著下降,但降低重油的产量却有限度。这样,在结合生产的产业,虽然一部分市场需求下降,但作为结合生产结果的一部分要单独退出是相当困难的。

(5) 政策和法规。政府为了一定的目的,往往通过制定政策和法规来限制生产某些产品的企业从产业内退出。例如,在电力、邮电、煤气等提供公共产品的产业中,各国政府都制定相应的政策和法规来限制企业的退出。

(6) 违约成本和企业信誉损失。如果企业退出原有产业,就不能履行原先签订的购销合同,企业就必须承担违约成本。同时,企业退出产业往往会被视为竞争力不足,这样会造成企业信誉损失,其他企业可能会因此不愿与退出企业签订新的购销合同,也会增加融资的难度,无形中提高了融资成本。因此,这些因素都可能会成为企业退出原有产业的障碍。

(7) 市场发育不完善。企业退出原有产业通常需要生产要素转卖和产权交易,但在缺乏生产要素市场和产权交易市场正常运行机制的情况下,企业就难以寻找生产要素和产权交易伙伴以实现交易,从而阻碍企业退出产业。

案例短析

我国煤炭行业需加快完善退出机制

近年来，受经济增速放缓、能源结构调整等因素影响，煤炭需求大幅下降，供给持续过剩的矛盾进一步突出，导致煤炭价格持续下跌，煤炭全行业陷入亏损困境。为此，国家将拨出300亿元的专项资金，专门用于各地煤炭企业安置下岗失业人员、推动"僵尸企业"退出等方面。在激励机制方面，对落后产能退出予以财政支持，重点解决退出过程中的职工安置、企业转产等问题；对经济欠发达地区的落后产能退出工作，要加大转移支付的力度；对煤炭落后产能退出任务较重且完成较好的地区和企业，予以奖励等；在约束机制方面，应该明确产能退出各环节、各参与主体的责任；要建立协同机制，依法依规推进落后产能退出；将煤炭落后产能退出纳入煤炭主管部门、产区和企业干部的考核体系；对违反有关法规、政策和规定的、工作严重失职或失误、对煤炭落后产能退出形成严重负面影响的，要进行问责，严肃处理；在协调机制方面，要通过一系列手段和措施，促使各参与主体相互配合、相互支持、相互促进，减少资源浪费，提高退出效率，为更好地实现共同目标创造良好的条件；在保障机制方面，必须建立以职工为本、投资者权益为重点、煤炭产业健康发展为准则、社会稳定为基本要求、经济社会可持续发展为目标的保障体系。

第三节　进入与退出壁垒的度量

一、进入壁垒的度量

（一）规模性指标

测量产业市场壁垒高低的规模性指标，主要包括经济规模与市场总规模的比例、必要资本量、产业和企业专利特许数量、销售金额占经济总成本的比重等。日本著名经济学家植草益提出了利用经济规模障碍高低来测量产业进入壁垒的方法。其公式为

$$\text{规模障碍系数 } d = \frac{\text{最优规模}}{\text{市场容量}} \times 100\% \tag{3.1}$$

植草益提出的测量标准是：当 $10\% \leqslant d \leqslant 25\%$时，该产业为高度规模经济障碍；当 $5\% \leqslant d \leqslant 9\%$时，该产业为较高规模经济障碍；当 $d < 5\%$时，该产业为中等或较低程度规模经济障碍。

（二）价格扭曲率指标

价格扭曲率测度指标是以垄断价格扭曲竞争价格程度来衡量进入壁垒高低的一种方法。设完全竞争时价格为 P_c，如果产业内原有企业定价 P_m，设 R_P为产业的价格扭曲率，则有

$$R_P = \frac{P_m - P_c}{P_c} \tag{3.2}$$

R_P值大，价格扭曲程度越强，表明进入壁垒越高。

（三）利润率水平指标

如果 P_m是产业内原有企业的定价，LAC 是该产业长期平均成本，设产业的超额利润率为 R_π，则

$$R_\pi = \frac{P_m - \text{LAC}}{\text{LAC}} \tag{3.3}$$

在特定产业内，超额利润率越高，则进入壁垒越高。贝恩依此指标提出的测量分类标准是：当销售价格比平均费用高 10%时，新企业仍难以进入的行业，是高壁垒产业；当销售价格比平均费用高 6%～8%时，新企业仍难以进入的行业，是较高壁垒产业；当销售价格比平均费用高 4%时，新企业仍难以进入的行业，是中壁垒产业；销售价格高于平均费用 1%～2%，新企业就容易进入的行业，是低壁垒产业。

值得注意的是，在运用价格扭曲率和利润率水平这两个指标度量进入壁垒是有前提条件的。一般在国家不干预企业定价时，才能运用它们反映进入壁垒的高低。

二、退出壁垒的度量

对于退出壁垒的度量，可以从生产能力过剩度、亏损企业率、退出率与净退出率这三个指标来度量。

（一）生产能力过剩度

在正常情况下，大多数产业的生产能力利用率应该在 70%甚至 80%以上，即生产能力过剩度应在 30%甚至 20%以下，我们可以通过生产能力过剩度这一指标来衡量退出壁垒，即生产能力过剩度越高，退出壁垒也越高。

（二）亏损企业率

由于各种退出壁垒的存在，企业即使亏损，也不能退出产业。我们可以用亏损企业率来度量产业的退出壁垒，即某一产业的亏损企业率越高，该产业的退出壁垒也就越高。

（三）退出率与净退出率

一般来说，退出率或净退出率越高，说明退出壁垒越低；反之，退出壁垒越高。退出率和净退出率公式如下：

$$\text{退出率} = \frac{\text{退出厂商}}{\text{在位厂商} + \text{进入厂商}} \times 100\% \tag{3.4}$$

$$\text{净退出率} = \frac{\text{退出厂商} - \text{进入厂商}}{\text{在位厂商} + \text{进入厂商}} \times 100\% \tag{3.5}$$

第四节　进入与退出壁垒的福利效应

一、进入壁垒的福利效应

原有企业获取经济利润是进入壁垒存在的前提，因此，如果依据边际成本等于价格的帕累托静态效率的观点来判断进入壁垒的福利效应，进入壁垒的存在无疑造成了资源配置效率的损失。但从效率增长和产业技术进步的角度来看，适度的进入壁垒和产业集中度可能

有利于技术创新和产业技术进步。因此，从长期看进入壁垒对社会福利有双重效应。

产业进入壁垒越高，进入越困难，进入的企业也就愈少，从而愈容易产生垄断。反之，进入壁垒越低，进入越容易，进入的企业也就愈多，产生垄断的可能性就较低。因此进入壁垒的直接效应是：① 影响该产业企业数目的增加；② 如果需求的扩张速度不变，那么该产业的价格将会提高；③ 该产业利润率将提高；④ 由于进入壁垒限制了潜在进入者进入，从而减少了产业中企业的数目。这就提高了这一产业的集中度和增强了该产业内大企业的市场权力，从而易于生成垄断性的市场结构，倾向于减少社会总福利。因此，进入壁垒的存在将会引起价格扭曲，造成社会福利净损失。

另一方面，进入壁垒的存在又具有正面效应，一定程度的进入壁垒可以提高资源的配置效率。从结构性因素来看，进入壁垒的正面效应表现在：① 在一般的情况下，由产品差异产生的进入壁垒越高，产品越具有多样化的异质性，所实现的社会总效用就越多；② 对规模经济显著的产业来说，由于进入壁垒的存在，可以阻止低效率的原子型小企业进入市场，提高产业集中度，使社会获得规模经济效益；③ 企业进入或退出市场，其实质是资源重新配置的一种方式。在其他条件既定的情况下，资源配置成本与资源转移频率呈正相关关系。进入壁垒的提高使企业进入后在产业内的经营活动具有相对的稳定性，从而降低资源重新配置的成本，提高资源配置的净收益。

二、退出壁垒的福利效应

企业的进入和退出是市场经济的重要特征之一。市场效率的提高，一方面来自企业内部配置效率的改进，另一方面也来自对低效企业的淘汰。退出壁垒过高，企业退出的手段不成熟、不完善，将会直接导致产业调整的步伐受阻。如果同一产业内存在众多的企业参与竞争，生产能力利用不足，价格大战此起彼伏，企业在长期处于低利润甚至亏损状态的情况下却继续生产而不愿意退出，其中必然存在阻碍生产要素流动的因素，即退出壁垒。导致大量资源滞留于经营低效的企业，阻止过剩生产要素的撤离，不能实现合理流动和优化配置，使整体的经济效率受到很大影响。

因此，退出壁垒使市场机制配置资源的作用弱化，行业内企业不能够通过兼并、重组来实现规模经济和有效竞争。在产业组织理论中，根据市场进入和退出壁垒的高低，可以将市场分为易进易出、难进难出、易进难出、难进易出四种情形，见表 3.1。

表 3.1　企业进入退出壁垒组合的四种情形

	低退出壁垒	高退出壁垒
低进入壁垒	易进易出，低但稳定的收益	易进难出，低且风险大的收益
高进入壁垒	难进易出，高且稳定的收益	难进难出，高且风险大的收益

由表 3.1 可看出，从行业利润的角度来看，最好的情况是进入壁垒较高而退出壁垒低，在这种情况下，新进入者将受到抵制，而在本行业经营不成功的企业会离开本行业。反之，进入壁垒低而退出壁垒高是最不利的情况，在这种情况下，当某行业的吸引力较大时，众多企业纷纷进入该行业；当该行业不景气时，过剩的生产能力仍然留在该行业内，企业之间竞争激烈，相当多的企业会因竞争不利而陷入困境。

案例短析

中国钢铁行业的低进入、高退出壁垒现状分析

中国钢铁产业一直存在进入壁垒过低，而退出壁垒过高的现状，这主要是由中国钢铁产业进退壁垒机制不完善造成的，这种不完善的行业机制，是导致我国钢铁产能严重过剩的罪魁祸首之一。钢铁行业低进入壁垒主要表现在以下方面：钢铁行业一度是高利润的行业，高额利润吸引不少企业加入，很多的现有企业也通过快速优化、扩建来增加自己的盈利收入。政府政策不完善也是导致钢铁行业进入壁垒过低的一个重要方面，各地政府未能长远考虑，放任钢铁企业过度进入行业，也是造成行业盲目发展的重要原因。钢铁行业高退出壁垒表现在以下方面：首先，政府的地方保护主义；其次，社会保障制度的滞后和银行呆账、冗员处理过程中存在困难，发展遭遇困境的钢企很难顺利退出；再者，由于中国钢铁行业进入壁垒较低，许多企业被瞬间暴利所吸引，在行业景气度高的时候进入，使行业饱和度过高。当市场进入长时间低谷的时候，基于种种原因，难以撤出该行业。

内容摘要

◎ 进入壁垒是指使进入者难以成功地进入一个产业，而使在位者能够持续地获得超额利润，并能使整个产业保持高集中度的因素。

◎ 结构性进入壁垒是指不受企业支配的、外生的，由产品技术特点、社会法律制度、政府政策及消费者偏好所形成的壁垒。主要包括规模经济、必要资本量、在位企业的绝对成本优势、网络效应壁垒、产品差别化和政策法规等壁垒。

◎ 策略性进入壁垒是指产业内在位企业为保持在市场上的主导地位，获取垄断利润，利用自身的优势，通过一系列有意识的策略性行为构筑起防止潜在进入者进入的壁垒。

◎ 退出壁垒是指某企业在退出某个特定市场时所遇到的障碍，一般与行业资产的专用性程度相关。

◎ 进入壁垒的衡量指标有规模性指标、价格扭曲率指标和利润水平指标。退出壁垒的指标有生产能力过剩度、企业亏损率、净退出率指标。

◎ 从长期看进入壁垒对促进和降低社会福利有双重效应，而退出壁垒一般会降低社会福利。

关键词

进入壁垒；退出壁垒；结构性进入壁垒；策略性进入壁垒；规模经济；必要资本量壁垒；产品差别化；沉没成本；福利效应

思考与练习

1. 简述进入、退出壁垒的内涵和度量指标。
2. 简述进入壁垒的成因及分类。
3. 退出壁垒及其构成要素有哪些？
4. 简述进入、退出壁垒的福利效应。
5. 简述结构性进入壁垒和策略性进入壁垒的关系。
6. 简述进入壁垒与市场集中度及利润率的相互关系。

第四章　产品差别化

本章结构图

- 产品差别化
  - 产品差别化的内涵及本质
    - 产品差别化的内涵
    - 产品差别化的本质
    - 产品差别化的形成原因
    - 产品差别化的形成途径及企业策略
  - 产品差别化的基础
    - 产品差别化的决定因素
    - 产品差别化的类型
    - 实施产品差别化应注意的问题
    - 产品差别化的具体实施路径
  - 产品差别化与产品定位
    - 产品定位
    - 产品定位与产品差别化的关系
  - 产品差别化战略
    - 产品差别化战略的含义
    - 产品差别化战略的优势与风险
    - 产品差别化战略的三种层次

学习目标

通过本章学习，了解产品差别化的内涵和本质，在此基础上理解产品差别化的形成原因、途径等，掌握产品差别化的影响因素，理解产品差别化和产品定位的关联，熟悉企业产品差别化的战略，应用产品差别化的相关理论分析现实中企业的经营策略。

第一节　产品差别化的内涵及本质

现实生活中，几乎不可能找到两种可以完全替代的商品，它们之间或多或少的因为某些方面的不同而形成差别化。一些消费者偏爱某种品牌的产品，哪怕其价格相比其他产品更高一些，或者是因为它可以就近买到，或者是因为它收货较为方便，又或者是它的售后服务更为优良，等等。市场上的产品总是相互竞争的，它们之间存在着或多或少的差别化。

产品差别化是企业培养自己特定的顾客群体，形成市场竞争优势并赢得超额收益的基础。在产品差别化存在的情况下，企业面临的需求曲线将是倾斜向下的，企业在不失去其全部顾客的基础上，可以将产品价格提高到市场同类产品的价格水平以上，这是产品差别化重要的经济学意义。厂商面临的需求曲线不再是竞争厂商那样的水平线，而是向右下方倾斜的。换言之，该企业提价可能会损失一部分顾客，但总有些对该品牌忠诚的消费者。

一、产品差别化的内涵

产品差别化的内涵比较丰富。从广义上来说，消费者只要认为产品之间存在差别，那它们将不能被完全替代，从而产品之间就是异质的，即为产品差别化。从狭义上来说，产品差别化是指在同类产品的生产中，企业以某种方式改变产品的外部形态或内在品质，使其具有不同特点和差异，以使消费者相信这些产品存在差异而产生不同的偏好。例如，生产方便面的企业可以通过不同方法使本企业方便面和同类产品相比更具有特色（口味、油炸、非油炸等），以致对一部分消费者产生强烈的吸引力，偏爱购买该企业的方便面。以此来说，无论产品之间是否存在真实的差异，只要消费者认为产品之间存在差别，则产品差别化就存在。比如说，许多消费者更偏好麦当劳而不是肯德基，或者相反。然而他们中相当大的一部分人却无法通过口味来区别二者，这在一定程度上说明真实的产品差异并不一定是物理意义上的，而是消费者对品牌的无形感知。

根据产业组织理论，产品差别是市场结构的一个主要要素，企业对市场的控制程度取决于企业实施产品差别化的成功程度。除完全竞争市场与完全垄断市场之外，产品差别是普遍存在的。企业对于那些与其他产品存在差异的产品拥有绝对的垄断权，这种垄断权构筑了其他企业进入该市场或行业的壁垒，形成独特的竞争优势。同时，企业在形成产品实体的要素上或在提供产品过程中，形成区别于其他同类产品以吸引购买者的特殊性。企业制造差别产品的目的是引起买者对该企业产品的特殊偏好和忠诚，从而在市场竞争中占据有利地位。因此，对企业来说，产品差别化是一种经营手段，一种非价格竞争手段。产品差别化不仅迫使其他进入的企业须耗费巨资去征服现有客户的忠实性而由此造成某种障碍，而且又在同一市场上使本企业与其他企业区别开来，以产品差别为基础争夺市场竞争的有利地位。因此，产品差别化对企业的营销活动具有重要意义。

产品差别化和产品可替代性的概念基本相同。同类产品因其对需求者来说互相可以替代满足消费者的某种需求，从而可以划归于同类产品。产品完全可替代性是指同类产品之间在产品的性能、结构、外观、品质、广告宣传以及售后服务等方面不存在任何差别，消费者可将其看作为完全相同的产品。从而，产品之间具有完全可替代性即为这两个产品无差别。然而，现实中无差别的产品或具有完全可替代性的产品几乎是不存在的，同类产品之间是不完全替代关系或部分替代关系，即它们几乎均为差别化产品。

二、产品差别化的本质

从本质上来说，产品差别化是从消费者的角度来说的。产品差别化的概念比较宽泛，但究其本质来说，它是相对于产品同质化或者成本优势而言的一种竞争手段或产品定位。产品的成本优势是指企业提供具有基本相同使用价值的产品，通过努力降低生产成本以降低销售价格从而增强市场竞争力的一种竞争优势。就好比同样的一个水杯，A与B两个不同企业成本分别是20元、15元，则在相同销售价格下B企业的获利将更大，而相同获利的情况下B企业产品的竞争力则更加明显。

三、产品差别化的形成原因

从消费需求角度来看，产品差别是指消费者对类似产品的不同态度。因而，产品差别化的形成原因包括引起购买者决定购买某种产品而非另一种产品的各种原因。具体而言，产品差别化的形成原因可以概括如下：

(1) 质量或设计方面的原因。

(2) 信息闭塞或不完整的原因。即消费者对所要购买的产品的基本性能和质量不了解引起的差别，如不是经常被购买的或设计复杂的耐用品。

(3) 由销售者推销行为，特别是广告、促销和服务引起的外观、商标或企业名称的差异。

(4) 同类企业地理位置的差异。

虽然造成产品差别的原因各种各样，但在不同行业中造成差别化的原因却有所不同。例如，由于消费者信息闭塞，易受广告宣传的引诱，所以广告在产生产品差别方面扮演重要的角色，这在日用品方面体现得格外明显；而电气装置和汽车则主要是产品设计上的差异。同时，研究者还发现，消费品行业比资本品行业的产品差异程度要大。因为，在资本品行业里，消费者对所购产品的质量及技术情况了解甚多，许多产品又是标准化的，因而产品有形差别并不多。一般来说，在农业、林业、水产业及矿业等行业中，产品差别显得微不足道，而在批发、零售、服务业、建筑业、运输业中，产品差别却显得很大。

四、产品差别化的形成途径及企业策略

(一) 产品差别化的形成途径

与产品同质化相比而言，产品差别化可以体现在产品设计、技术特性、品牌形象、促销及服务方式等某一方面或某几个方面，从而实现消费群体的差别化。具体来说有以下两种不同表现：

1. 产品的内在因素差别化

(1) 内在性能差别化。通过改变产品的内在性能、技术、设计、质量及附加功能等形成差别化。

(2) 技术差别化。采取不同生产技术实现差别化。

(3) 功能差别化。可在不改变基本使用价值的前提下，通过延伸或附加功能的不同提高竞争力的功能差别化。

(4) 文化差别化。产品差别化总是相对概念，可大可小。因为同类产品或同行业本身也是相对的，比如同样厨卫电器行业，把食物垃圾处理器作为主攻方向和把油烟机作为主攻

方向也是一种差别化，实际上两种产品使用价值差异相对比较大。

2. 产品的外在因素差别化

创造良好的商品形象，即充分地利用产品的定价、商标、包装、销售渠道及促销手段，使其与竞争对手在营销组合方面形成差别化。

(1) 可采用定价、改进包装、树立名牌的方法实现差异化。

(2) 通过广告、宣传形成。利用各种信息传播媒体，使顾客感到产品差别。

(3) 通过服务形成差别。如企业提供免费送货、分期付款、保修服务等。

(4) 通过分销渠道实现差异化。

(二) 企业实现产品差别化的策略

总体来说，企业可通过以下策略实现产品差异化：

1. 研发策略

企业为使自己的产品区别于同类企业的产品并建立竞争优势，就要大力开展研究和开发工作，努力使产品在质量、式样、造型等方面发生变化，不断推出新产品，满足顾客需要。

2. 地理策略

企业产品的生产地和销售地的选择均以地理便利为基础，由此带来位置和运输上的好处。这种地理差异对于企业节省成本、招揽顾客有着重要作用。

3. 促销策略

产品差别对消费者的偏好具有特殊意义，尤其是对购买次数不多的商品，许多消费者并不了解其性能、质量和款式，所以，企业应通过广告、销售宣传、包装吸引力以及公关活动给消费者留下偏好和主观印象。

4. 服务策略

在现代市场营销观念中，企业提供的服务已成为产品的重要组成部分。企业可通过训练有素的职员为消费者提供优质的售前和售后服务、缩短结账过程等，满足消费者合理的差别需求。事实上，许多消费者不仅乐意接受优质服务，而且愿意为产品中包含的信息和训练支付费用。

案例短析

苹果公司的 iPhone 7 和三星集团的 Note 7 的战役

2016 年 8 月，三星集团发布了新一代旗舰机 Note 7，同年 9 月，苹果公司发布了其新一代手机 iPhone 7 和 iPhone 7 plus。两家公司的手机各有自己不同的规格参数，可以预见二者在全球市场上的“战役”将会如火如荼地展开。二者各有自己的特点。

以 iPhone 7 plus 为例，其规格参数如下：

(1) 手机颜色：黑色、玫瑰金、金色和银色。

(2) 手机类型：4G 手机，支持 NFC，拍照手机，光学防抖，指纹识别，三防手机，大屏手机。

(3) 手机尺寸：158.2 mm×77.9 mm×7.3 mm。

(4) 手机重量：188 g。

(5) 电池类型：锂电池。

(6) 屏幕尺寸：5.5 英寸，屏幕分辨率：1 920×1 080(1 080p)像素。

(7) 屏幕特性：支持 3DTouch，支持广色域显示，625 cd/m^2 最大亮度(标准)，支持广阔视角的双域像素，采用防油渍防指纹涂层，支持多种语言文字同时显示，放大显示，便捷访问功能。

(8) 相机特性：后置相机是双 1 200 万像素新款，广角及长焦双镜头摄像头，广角镜头：f/1.8 光圈，长焦镜头：f/2.8 光圈，六镜式镜头，2 倍光学变焦，最高可达 10 倍数码变焦，Live Photos(支持防抖功能)，拍摄广色域的照片和 Live Photos，身体和面部识别功能，蓝宝石玻璃镜头表面，前置相机是 700 万像素。

三星 Note 7 的规格参数如下：

(1) 屏幕：5.7 英寸双曲面 Super AMOLED 屏幕，分辨率：2 560×1 440(Quad HD)。

(2) 外形尺寸：153.5 mm×73.9 mm×7.9 mm。

(3) 手机重量：169 g。

(4) 外壳颜色：星钻黑、铂光金、珊瑚蓝。

(5) CPU(处理器)：2.15 GHz+1.6 GHz，四核处理器。

(6) 内存：总 ROM 内存为 64 GB，总 RAM 内存为 4 GB，最高支持 256 GB 的 MicroSD 卡。

(7) 摄像头：后置 1 200 万全像素双核疾速对焦，前置摄像头 500 万像素，前后摄像头 F1.7 大光圈。

(8) 蓝牙版本：蓝牙 4.2。

(9) USB 采用 3.1 接口(USB Type-C 接口)。

(10) 电池容量为 3 500 mAh。

读者可自行分析这两款手机的产品差别化体现在哪些特性上。

第二节　产品差别化的基础

从消费者的角度来说，如果消费者认为在同类产品中，一种产品与其他产品之间在品种、等级、规格、花色、质量、耐用性、交货方式、支付条件、售后服务等方面存在不同，则消费者就偏爱购买某一企业的这种商品，或者对这种商品情有独钟，从而认为这一商品与其他商品之间存在差别化。从企业的角度来说，产品差别化是企业在不完全竞争市场中的一种战略定位。在产品差别化的情况下，市场上每一类产品都有其独特的需求曲线。企业通过改变其销售和研究开发投资策略，从而改变其产品在需求曲线上的位置，形成固定的需求群体，以获取稳定的收益来源。

一、产品差别化的决定因素

决定产品差别化的因素种类繁多，从企业的角度来说，广告投入、销售努力程度、产品设计以及后续服务等，均可改变消费者对产品购买决策。总体来说，产品差别化的影响因素主要有两类：产品的功能属性和信息的不完全性。

(一) 产品的功能属性

随着技术水平的不断提高，现代经济的生产能力也日益提升，但是产品的生产却是有限的，不会有无限种类的产品被生产出来。从企业的供给来看，一旦企业生产一种产品的生产线确定了，如果改为生产其他产品，由于产品的功能和属性不同，就会产生沉没成本。长期以来，如果企业不断生产新产品，其沉没成本就会越来越高，从而产品改进的空间就越小。

从企业角度来说，企业决定生产产品种类的多少，是建立在企业利润最大化基础上的。只要企业预期生产新产品能够获取利润，企业即决定生产新产品。但是，新产品进入市场后，其市场价格将会不断降低，导致企业利润不断降低，如果新产品的资本回报率低于市场正常的资本回报率，则企业将停止生产新产品，从而决定了企业生产新产品的产品种类和数量。

虽然企业生产的产品数量已经足够多，但是仍然远低于市场的消费者需求数量。不同消费者对产品特性需求不同，他们对产品的不同偏好决定了消费者对产品种类的选择。然而消费者的消费预算是确定的，他们更倾向于选择高性价比的产品。在产品功能差异不明显的情况下，低价格的产品将改变消费者的品牌选择策略，产品的需求量将会随价格下降而增加。消费者在无法完全满足其需要的产品中进行选择的状况，是产品差别化的重要影响因素，比如产品的物理性差异。产品的用途本质相同，但性能、构造、外观等有所不同，直接影响产品的使用效果。特别是消费者定制的产品时，基于产品属性的差别化将会被加强。

（二）信息的不完全性

消费者购买产品时想获取产品的完全信息的代价是昂贵的或者是不可能的，消费者的有限理性制约了其购买产品时考虑信息的数量，从而消费者购买产品通常难以在完全信息的状态下完成。但是，为了购买到高性价比的产品，消费者还会从不同渠道收集产品信息，如企业所做广告、朋友建议及其购买经验等，但其决策依然是在不完全信息状态下作出的。

具体来说，不完全信息导致产品差别化有以下几点：

(1) 买方的主观差异。由销售者推销行为，特别是广告、促销和服务引起的品牌、商标或企业名称的差异，即由于企业的广告、宣传等促销活动而引起买方对这一产品的偏好；或买方受消费潮流的影响而对某种产品生产偏好；或者是由于买方对产品不够了解而产生的主观差异。

(2) 对买方的服务差异。包括向买方提供有关信息、发货服务、技术维修服务、提供信用支持等，在这些服务方面的差异会引起买方对商品的不同偏好。

(3) 信息闭塞或不完整的原因。即消费者对所要购买的产品的基本性能和质量不了解引起的差异。例如，不是经常被购买的或设计复杂的耐用品。

(4) 地理位置差异。虽然产品差别的原因各种各样，但在不同行业中造成差别化的原因有所不同。因企业或销售点的位置不同而给买方带来的购买时间、方便程度、运输成本的差异，这也会造成买方在产品选择上的差异。

二、产品差别化的类型

产品差别化可划分为两种类型：垂直产品差别化和水平产品差别化。一般情况下，两种同类产品之间难以有确定的客观标准加以偏好排序，不同的消费者会因为自身偏好差异而对两类产品有不同的评价，这种差异称为水平产品差别化。在某些情况下，在相互竞争的产品之间，也会存在一个公认的相对客观的评价标准（如国家制定的行业标准），在此情况下，市场上的消费者就会存在比较一致的偏好序列，认为一种产品与另外一种产品相比具有明显的优势，这种产品差别称为垂直产品差别化。简单来说，垂直差别化是指生产出比竞争对手更好的产品，水平差别化是生产出的产品与竞争对手的产品特性不同的产品。

在现实生活中，通过垂直差别化和水平差别化两种手段交替使用而成功地推出自己品牌的例子不胜枚举。比如说，金色版本 iPhone 7 和白色版本的 iPhone 7，二者除了颜色差别外，其性能不存在差异。然而，消费者的偏好是不同的，有的消费者偏好于白色，有些消费者则更偏向于金色，这就是水平产品差别化。同时，很多消费者在 iPhone 7 与其他品牌手机之间选择时，各有不同的决策，这就是垂直产品差别化。在汽车行业，在同等情况下，汽车安全性能越强越好。

在市场上，绝大多数情况下，垂直产品差别化和水平产品差别化区分不明显，绝大多数情况下的产品差别同时结合了垂直和水平产品差别两种要素。一种产品具有的往往不是单一特征，而是具有多种特征的集合。消费者在每一个具体特征上都具有明确的偏好趋势，但考虑到不同产品特征对不同消费者的重要性存在差异，将这些偏好综合起来，就会发现不同消费者对产品的综合评价会存在差异。比如汽车行业，A 款汽车的百公里加速时间短，但是油耗比较高，B 款汽车的油耗虽然低，但是百公里加速时间长。虽然每个消费者都认为一辆好的汽车的百公里加速时间应该更短、油耗更低，然而，由于不同消费者对汽车的百公里加速时间和油耗有不同的偏好和要求，比如喜欢飙车的消费者更在意百公里加速时间，而普通消费者更在意汽车油耗，因此他们对汽车的相对评价可能是不同的。

三、实施产品差别化应注意的问题

（一）产品差别化应贯穿整体产品

企业应将产品差别化贯穿于整体产品的三个层次，实施全方位的差别化。如果产品差别化仅仅体现在核心产品层上，持久性则难以为继，因为产品的单一差别优势可能迅速被竞争对手模仿。相反，如果对产品差别化加以整合，则会让竞争对手很难在短时间内对产品进行全面模仿，产品的独特优势将长久存在。

（二）加强与企业供应链之间的关联

企业应同供应厂商建立密切关联，在成本优势明显的前提下，建立专门的组织机构，从而为实施产品差别化奠定基础。既可以取得长期的差别优势，又可以为竞争对手设置进入市场的障碍。

（三）把握好产品差别化的度

既要实行产品差别化，又不要过分夸大。如果企业生产过分夸大了的差别化产品，则意味着企业进入了一个比较狭小、容量有限的市场。这种过于细化的市场，其差别优势所带来的效益有时难以抵消相应的成本费用。另一方面，企业的产品质量或服务水平如果超过了用户的需要，那么这个企业相对于产品质量适当、价格相当的竞争对手的竞争地位就很脆弱。例如，欧洲超音速"空中客车"客机，其科技含量、硬件设施水平及服务水平均属世界一流，然而由于其飞机票价格过高，市场反应平淡，产品差别化优势很快就消失了。

四、产品差别化的具体实施路径

企业可以通过不同方式实施产品差别化，以获取更多的超额经济利润，具体来说主要有以下路径：

（一）在产品的核心层次上实施产品差异化

在核心层次，主要是通过技术创新和产品功能系列化实施产品差别化。

1．技术创新化

技术创新是核心，产品差别化是外在的表现形式。因此，企业要加大在研发方面的投入，积极追踪世界科技和同行业科技的发展动态，研究本企业所需设备、原材料的最新科技发展趋势，正确地进行技术决策、产品决策，确定发展什么样的新产品。

2．功能系列化

功能系列化是指企业应根据消费者不同的需求层次，提供不同功能的系列化产品供给，如增加一些功能就变成豪华奢侈品（或高档品），减掉一些功能就变成中、低档消费品。比如汽车行业，同一品牌的车有很多的款式可以选择，消费者可根据自己的习惯与承受能力选择功能不同的型号。

（二）在产品的形式层次上实施产品的差别化

在形式层次上，主要是通过优化产品品牌形象、提高产品质量、美化产品包装等实施产品差别化。

1．优化产品品牌形象

虽然品牌是产品形式层的一种体现形式，但它对于产品的意义已超越了简单的、区别于其他产品的标记，它更多地体现了产品的形象，成为产品差别化的一种重要外在表象。如何使本企业的产品被消费者在众多同类产品中关注并产生购买的欲望，这就需要企业通过合理的产品设计和品牌战略，以提升和塑造品牌形象，突出产品个性，创造品牌形象差异优势。

2．提高产品质量

产品质量不仅是产品的适用性、耐久性、可靠性、安全性和经济性等自然属性在内的狭义质量，而且还应包括其社会属性，如消费者的主观感受，满足特定需要的能力与预期之间的差距、质量的社会属性对产品的差异化具有非常重要的作用。

3．美化产品包装

由于包装能改进产品的外观，提高消费者的视觉兴趣，激发消费者的购买欲望，因此它能形成产品差异，促进销售。

（三）在产品的附加层上实施产品差别化

在产品的附加层面，主要是从加强服务、实行价格差别化、分销渠道差别化、促销差别化等方面入手，以更好地满足消费者需要，实施产品的差别化。

1．加强服务

在市场竞争过程中，随着科技水平的提高和竞争的加剧，企业相互之间的模仿、渗透使得产品同质化的倾向愈加明显，同类产品在功能、质量、式样等方面的差距越来越小。但企业提供的服务是没有止境的，企业可以通过优质服务，提高消费者的满意程度，进而提高消费者的忠诚度。通过消费者满意度的不断积累、消费者的口碑效应，不断提高新的消费者忠诚度。需要指出的是，企业需要将服务的内涵加以扩大，既要重视售后服务，又要注重售前服务、售中服务、咨询服务、技术指导等方面的服务。

2．价格差别化

价格差别化是在充分考虑产品差异、消费者需求差异、时间差异、地点差异等基础上，以不反映成本费用的比例差异而制定不同的价格。例如，企业对不同型号、不同形式的产品分别制定不同的价格，而不同型号、不同形式产品的价格之间的差额和成本费用之间的差额并不成比例。价格差别化是产品差别化的重要市场表现形式，因此，企业可以通过价格差别化来反映产品差别化。

3. 分销渠道差别化

分销渠道差别化是在同类产品中根据自己的产品差异和企业的优势，选择合适的销售渠道，以方便消费者购买。这就要求企业在交易地点、空间距离与交易手段、交易方式、结算方式、送货上门、后续服务等方面提供全方位的便利。如美国雅芳公司根据化妆品的特点，采用上门直销的独特方式，从而取得非凡的经营业绩。

4. 促销差别化

产品差别化对消费者的偏好具有特殊意义，尤其是对购买次数不多的商品，许多消费者并不了解其性能、质量和款式，所以，企业应通过促销差别化，即对促销的工具，如广告、销售促进、人员推销以及公关宣传活动进行有效的整合，以给消费者留下好的主观形象。

案例短析

我国药品企业在市场中如何生存?

我国拥有4 700多家药品生产企业，其中年销售收入不足5 000万元的企业占70%以上。多、小、散、低、同质化竞争仍将是我国医药行业的长久之痛。那么，对众多的小型药品企业而言，如何才能在惨烈的竞争中脱颖而出呢?

企业的基本竞争战略有3种：成本领先战略、差异化战略、集中化战略。企业必须从这三种战略中选择一种，作为其主导战略。要么把成本控制到比竞争者更低的程度；要么在企业产品和服务中形成与众不同的特色，让顾客感觉到你提供了比其他竞争者更多的价值；要么企业致力于服务某一特定的市场细分、某一特定的产品种类或某一特定的地理范围。

对众多的小型药品企业而言，几乎没有什么成本优势，唯一可行的战略是将差别化战略和集中战略有机结合，集中资源与能力，在某一点上通过差别化竞争寻求突破，即差别化聚焦战略。

一般来说，竞争可以分为六个层面：价格层面、质量层面、功能层面、服务层面、技术层面，一直发展到品牌层面。对中小药品企业而言，除部分企业已经建立一定的品牌优势外，大家在价格、技术、质量、功能层面上没有什么明显区别，剩下的只能拼服务。

在有限的资源和能力下，没有多少优势的小企业，必须认真分析研究自身所处的竞争环境，充分研究竞争对手。同时，认真评估自己的资源和能力，集中优势兵力，找准一个突破口，杀出一条血路。也就是说，必须找出与他人不同的策略和方法，只有这样，企业才能摆脱被动挨打的境地，领先他人一步，率先达到衣食无忧的“小康”阶段。

试用所学知识，分析中国中小型药品企业如何在激烈的竞争中赢得市场。

第三节 产品差别化与产品定位

在营销过程中，营销人员经常会反思一个问题：本公司所销售的产品，有什么显著的差别性？本公司产品与其他公司产品相比有何不同，这将决定了产品在市场上的基本定位。例如，Famous Fixtures公司就是利用产品差异特性，生产及装饰零售店用的商店设备，把自己定位为对零售店拥有丰富经验的公司。这是一家零售业所拥有、零售业所创设，并经零售业测试过的公司。所以该公司产品差别性不只是在于其产品，同时也扩大至其服务层面。产品差别性将会影响产品定位，如 Famous Fixtures 公司的产品定位始于差别性，而这些差别性对目标市场都是有意义的。

一、产品定位

（一）产品定位的内涵

产品定位，是企业根据自身条件、同行业竞争对手的产品状况、消费者对某种产品属性或产品的某种属性的重视程度等方面的了解，为自己的产品规定一定的市场地位，创造、培养一定特色，树立一定的市场形象，以满足市场的某种需要和偏爱。

产品定位是企业市场战略的重要组成部分，对产品定位的计划和实施，以市场定位为基础，受市场定位指导，但比市场定位更深入人心。具体地说，就是要在目标顾客的心目中为产品创造一定的特色，赋予一定的形象，以满足顾客一定的需要和偏好。

（二）产品定位的原则

产品定位必须遵循两项基本原则：适应性原则和竞争性原则。

1．适应性原则

适应性原则包括两个方面：一是产品定位要适应消费者的需求，投其所好，给其所需，以树立产品形象，促使消费者的购买行为发生；二是产品定位要适应企业自身的人、财、物等资源配置的条件，以保质保量、及时顺利地到达市场位置。

2．竞争性原则

竞争性原则也可以称之为差别性原则。产品定位不能一厢情愿，还必须结合市场上同行业竞争对手的情况（诸如竞争对手的数量、各自的实力及其产品的不同市场位置等）来确定，避免定位雷同，以减少竞争中的风险，促进产品销售。

例如，B 企业的产品是为较高收入的消费者服务的，A 企业产品则定位于为较低收入者服务。B 企业的产品某一属性突出，A 企业的产品则定位于另一属性上，形成产品差别化的特质等。“人无我有，人有我优，人优我廉，人廉我转”正是这种竞争性原则运用的具体体现。

可见，产品定位基本上取决于四个方面：产品、企业、消费者和竞争者。也就是说，只有当产品的特性，企业的创新意识，消费者的需求偏爱，竞争对手产品的市场位置，四者协调得当，才能正确地确定产品定位。

（三）产品定位的基本方式

产品定位常见的方式有两种：初始定位和再定位。

1．初始定位

初始定位就是指企业产品生产之前的产品定位。高明的企业家不是等产品生产出来之后再给产品定位，而是在产品投产之前，就确定了产品定位。这样，企业的生产经营活动就会自始至终处于主动地位。

2．再定位

再定位就是在初始定位的基础上，依据产品特点和市场竞争、消费需求的发展变化，对原产品进行的第二次、第三次……定位。这是调整产品初次定位，适应市场需要，更新消费观念，调整思维取向，进而延长产品生命周期的一个很有效的方法。也就是说，企业要给产品在有可能成为顾客的人的心目中重新确定一个适当的位置。

二、产品定位与产品差别化的关系

企业在实施产品定位时，会具体定位在某些方面，而这些方面正是企业实施产品差别化的各个层面。

（一）定位在产品的某种属性上

产品包含诸多属性，如产品质量、造型（款式）、结构、性能、外观、成分、色彩和价格等。在某种情况下，新产品应强调一种属性，而这种属性是竞争对手所不能及的，这种定位往往容易生效。

（二）定位在产品的效用上

消费者购买商品，不是购买商品的本身，而是购买商品的使用价值，即商品的效用。所以，结合市场细分和市场竞争，定位在产品某一效用上的效果是明显的且行之有效的。

（三）定位在消费对象上

任何产品都不可能满足所有消费者的所有需求，而只能满足部分消费者的部分需求。所以，在细分市场基础上，把不同年龄、不同职业、不同性别、不同阶层、不同民族、不同宗教信仰等消费群体作为定位对象，并通过价格、品牌、包装、效用及蕴含的附加值等形式表现出来，以满足不同消费群的需求，提高产品的市场竞争力。

（四）定位在消费心理上

消费者购买商品时，会持有不同的消费心理，有的偏重面子，有的偏重产品的实用性，等等。研究消费者的消费心理，研发适用于不同消费者的差别化产品，把产品定位在消费者的不同消费心理上。

案例短析

我不在星巴克，就在去星巴克的路上

星巴克是在20世纪90年代中后期登陆中国大陆市场的，定位在曾经“稀少”的中高端人群，起初是“阳春白雪”“曲高和寡”，而后来星巴克还是在中国市场，获得了前所未有的发展速度。它的成功之处，就在于它是“面对”消费者，而不是“背对”消费者。

100多年前，星巴克是美国一本家喻户晓的小说里主人公的名字。1971年，3个美国人开始把它变成一家咖啡店的招牌。1987年，霍华德·舒尔茨和他的律师，也就是比尔·盖茨的父亲以380万美元买下星巴克公司，开始了真正意义上的“星巴克之旅”。

如今，星巴克咖啡已经成为世界连锁咖啡的第一品牌。星巴克咖啡已经在全球38个国家开设了13 000家店。虽然传统意义上真正的咖啡并非起源于美国，但星巴克咖啡目前俨然是这些咖啡品类中最“正宗”的代名词。1999年1月11日，北京国贸中心一层开设了一家星巴克咖啡店，这意味着星巴克开始了美妙的中国之旅。那么，星巴克在中国是怎样进行市场定位的呢？

在中国网络社区、博客或是文学作品的随笔中，不少人记下了诸如“星巴克的下午”“哈根达斯的女人”这样的生活片段，似乎在这些地方每天发生着可能影响人们生活质量与幸福指数的难忘故事。“我奋斗了五年，今天终于和你一样坐在星巴克里喝咖啡了！”此时的星巴克还是咖啡吗？不！它承载了一个年轻人奋斗的梦想。“如果你是一位适龄女子，你所生活的城市有哈根达斯，而你从来没被异性带入哈根达斯，或者已经很久没机会去了，那你就不得不在内心承认，没有人疼你、宠你了。”此时的哈根达斯还是冰淇淋吗？不！它变成了一个女人心中爱的祈祷……

这种细腻的感情、美妙的感觉，不是偶然地在一个消费者心中激荡起涟漪，而是形成一种广泛的消费共鸣。我们不得不承认，这与星巴克、哈根达斯的成功与准确的品牌定位不无关系。“我不在星巴克，就在去星巴克的路上”，传递的是一种令人羡慕的“小资生活”，虽然这样的生活也许无法天天拥有，但没有人不希望“曾经拥有”。这就是品牌定位的魅力！

第四节　产品差别化战略

一、产品差别化战略的含义

差别化战略是企业提供与众不同的产品和服务，满足消费者的特殊需求，形成其竞争优势的战略。也就是使企业采取各种措施，以求在行业中别具一格，具有独特性，并且利用有意识形成的差别化，建立起差别竞争优势，形成对“入侵者”的行业壁垒，并利用差别化带来的较高的边际利润来补偿因追求差别化而增加的成本。企业形成这种战略主要是依靠产品和服务的特色，而不是产品和服务的成本。但是应该注意，差别化战略并不意味着企业可以忽略成本，只是强调这时的战略目标不是降低成本的问题，而是形成企业自身所具有的产品特色和服务。

二、产品差别化战略的优势与风险

（一）优势

企业差别化战略，可以很好地防御行业中的各种企业的竞争力量，获得超过行业平均水平的利润。主要表现在以下几个方面：

1．形成进入障碍

由于产品的特色，顾客对产品或服务具有很高的忠实度，从而该产品和服务具有强有力的进入障碍。潜在的进入者要与该企业竞争，则需要克服这种产品的独特性。

2．降低顾客敏感程度

由于差别化，顾客对该产品或服务具有某种程度的忠实性，当这种产品的价格发生变化时，顾客对价格的敏感程度不高。生产该产品的企业便可以运用产品差别化的战略，通过调整价格，提高市场占有率，获取超额经济利润。

3．增强讨价还价的能力

产品差别化战略可以为企业带来较高的边际收益，降低企业的总成本，增强企业对供应者讨价还价的能力。同时，由于购买者别无其他选择，对价格的敏感程度又降低，企业可以运用这一战略削弱购买者讨价还价的能力。

4．防止替代品的威胁

企业的产品或服务具有特色，能够赢得顾客的信任，便可以在与替代品的较量中比同类企业处于更有利的地位。

企业成功地实施差别化战略，通常需要特殊类型的管理技能和组织结构。为实施差别化战略，企业需要具有很强的研究开发与市场营销能力的管理人员。同时在组织结构上，成功的差别化战略需要有良好的结构以协调各个职能领域，以及有能够确保激励员工创造性的激励体制和管理体制。

（二）风险

企业在实施差别化战略时，面临两种主要的风险：一是企业没有能够形成适当的产品差别化；二是在竞争对手的模仿和进攻下，当行业的条件发生变化时，企业不能保持既有的产品差别化，这第二种风险经常发生。具体说来，企业在保持差别化上普遍存在以下四种威胁：

1．价格控制风险

企业形成产品差别化的成本过高，大多数购买者难以承受产品的价格，企业也就难以盈利。竞争对手的产品价格降得很低时，企业即使控制其成本水平，购买者也不再愿意为具有差别化的产品支付较高的价格。

2．相似产品冲击风险

竞争企业推出相似的产品，降低产品差别化的特色，促使消费者转而购买竞争企业的产品，从而削弱该企业的竞争优势，降低了企业的市场占有率。

3．竞争企业实施产品差别化

竞争企业通过模仿、创新，推出更有差别化的产品，使得企业的原有购买者转向了竞争对手的市场。

4．产品差别化因素减少

随着技术水平的提高、消费者意愿的转变等，购买者不再需要本企业赖以生存的那些产品差别化的因素。例如，经过一段时间的销售，产品质量不断提高，顾客对电视机、录放机等家用电器的价格越来越敏感，这些产品差别化的重要性就降低了。

由于差别化与抢占市场份额有时是矛盾的，企业为了形成产品的差别化，有时需要放弃获得较高市场份额的目标。同时，企业在进行差别化的过程中，需要进行广泛的研究开发、设计产品形象、选择高质量的原材料和争取顾客等工作，代价是高昂的。企业还应该认识到，并不是所有的顾客都愿意支付产品差别化后形成的高价格。

三、产品差别化战略的三种层次

实施差别化战略的企业，通过实施与竞争对手不同的活动，为顾客提供独特的产品与服务来满足顾客的独特需求。所以，采取差别化战略的企业，通常能够收取额外的价格，从而可以赢得竞争优势和超额利润。

差别化战略的重点是不断投资和开发顾客认为重要的产品或服务的差异化特征。总的来讲，采取差别化战略的企业可以在很多方面通过不同的方式实现差别化目标，比如，与众不同的特征、及时的客户服务、迅速的产品创新、领先的技术、在顾客心中的声誉和地位、不同的口味以及工程设计和性能等都可以成为差异化的途径。众多差别化途径可以分为三个不同的依次递进的层次，共有三种不同的境界。

（一）第一层次：产品差别化

产品差别化战略是通过提供与众不同的有形产品来实现的，可以体现在产品的完全创新上，产品的某一局部功能上，或者是产品外观设计上、使用的方便性上，等等。围绕有形产品的这些差别化运作的成功有两个条件：一是在顾客看来，这些差异是有价值的，顾客愿意支付更高的价格；二是价格的提高足以弥补差别化运作带来的额外成本支出。比如，海尔集团开发出专门用来洗红薯的“洗衣机”“小神童”“小小神通”等系列产品；索尼公司开发的小型收音机、随身听、使用方便的数码相机等。正是为顾客提供了实实在在有形的具有独特特征的产品，从而帮助企业赚取了高于行业平均水平的利润。

（二）第二层次：服务差别化

在当今市场，由于产品和技术同质化而易于模仿，再加上顾客更关注服务水准，服务往往成为决定顾客购买倾向的决定性因素，在服务环节打造差异化特征成为维持企业竞争优势的选择途径。服务差别化可以体现在服务环节的各个细节上，服务态度、服务效率、服务的整体水平，等等。海尔集团的“星级服务体系”“五个一工程”“零距离服务”等，是服务差异化的经典典范。IBM 做得更干脆，调整了企业整体战略，把 PC 卖给了联想集团，专攻服务，提出“IBM 是提供服务的”的口号。在产品高度同质化的时代，差别化战略必然走向服务差别化。

（三）第三层次：品牌差别化

品牌差别化是企业差别化战略的最高境界。以差别化产品为基础，通过长期差别化服务的积累，形成企业美誉度和顾客忠诚度，从而体现出企业品牌与竞争对手的与众不同。随着顾客忠诚度的提高，顾客对价格的敏感度下降，这种品牌忠诚度和价格敏感度之间的关系为企业带来竞争优势和超额利润。并且，顾客基于品牌差异的购买行为还降低了讨价还价、买卖谈判的交易成本，这就是品牌差别化的价值。麦肯锡是世界咨询业的品牌，虽然价格高，但只要能持续满足忠诚顾客群的独特需要，就可以维持其在咨询业的竞争优势。

差别化战略的三个层次构成了三种不同的境界。这三个层次并非相互孤立，而是企业成功实现差异化战略过程中的三个阶段。有了差别化产品的基础，才能实现差别化服务；在差别化产品基础上，有了差别化服务的积累，才有差别化品牌的成就。同时，在产品差别化的实施阶段也要照顾到后续的差别化服务和差别化品牌。

案例短析

卖解决方案的通用电器推销员

某大型汽车部件供应商的总裁劳伦斯·杰克逊谈了他做生意的一些经历。

“我给你们讲三个关于销售方面的故事，这些都是过去两个月里我亲身经历的。第一个推销员来自某大型化学公司，该公司制造并提供我们需要的很多化工原料。这个人温和、文雅、熟知专业，对他的产品的技术性能和特点非常了解，他一个劲地向我宣传他的产品是如何的好。当然，他是对的。他们公司制造的产品确实很好，但其他供应商的产品也很好。”

“第二个推销员与他不太一样。他所在的企业是生产塑料的，他只推销塑料，而我们正好大量使用塑料。他对技术也很在行。他对自己的产品和公司很有信心，他告诉我他们正在开发的所有能增加价值的新项目。这些项目确实伟大，可这些与我有什么相干呢？他说这些项目将来能够创造价值，我说，那你就将来再来吧。”

“第三个推销员来自通用电气。虽然他的工作是推销塑料，但他只字不提他的产品，他只是向我提问题。我在设备上的支出是多少？生产厂里的损失情况怎样？在生产厂中，我在使用现有原料和操作设备的过程中，遇到的最大问题是什么？我在运输和后勤方面的资金投入是多少?”

“我们谈得很投机。当谈到我们在经营中面临的问题时,我们探讨了一些很有趣的问题。我们谈了很多……两周以后,他又来了。他给我看了通用电气公司关于降低我的资产密集度和融资成本的建议。这些建议既有工厂设备方面的,也有后勤方面的。他告诉我如何减少库房面积。还有,通用电气的工程师可以和我们一起制订方案,使原料使用达到最优化。”“然后,我们继续讨论公司全球业务的支持问题。我们目前的业务在世界遍地开花。他告诉我,通用电气可以在我们的全球化问题上给予支持。我计算了一下,在资本、融资和生产厂损失等众多方面,他给我们节省了很多钱。”“当然,他拿到了我的塑料业务,几乎是所有的塑料业务。他还将拿到我们在全球的塑料业务。”

在这个案例中,这三个人都想展示自己的与众不同,试从这三个人的推销行为中分析这三家企业的产品差异化战略。

内容摘要

◎ 产品差别化的内涵比较丰富。从广义上来说,如果消费者只要认为产品之间存在差别,那它们将不能完全替代,从而产品之间就是异质的,即为产品差别化。从狭义上来说,产品差别化是指在同类产品的生产中,企业以某种方式改变产品的外部形态或内在品质,使其具有不同特点和差异,以使消费者相信这些产品存在差异而产生不同的偏好。

◎ 总体来说,产品差别化的影响因素主要有两类:产品的功能属性和信息的不完全性。产品差别化可划分为两种类型:垂直产品差别化和水平产品差别化。

◎ 实施产品差别化应贯穿整体产品,加强与企业供应链之间的关联,同时要把握好产品差别化的度。

◎ 产品差别性将会影响产品定位。企业在实施产品定位时,会具体定位在某些方面,而这些方面正是企业实施产品差别化的各个层面。

◎ 差别化战略是企业提供与众不同的产品和服务,满足消费者的特殊需求,形成其竞争优势的战略。

关键词

产品差别化;垂直产品差别化;水平产品差别化;产品定位;产品差别化战略。

思考与练习

1. 产品差别化形成的原因是什么?
2. 产品差别化形成的途径有哪些?
3. 产品差别化的决定因素有哪些?
4. 简述产品差别化的具体实施路径。
5. 简述如何利用产品差别化实现产品定位。
6. 产品差别化战略的优势与风险有哪些?
7. 产品差别化战略的三种境界分别是什么?

第五章　企业研发行为

本章结构图

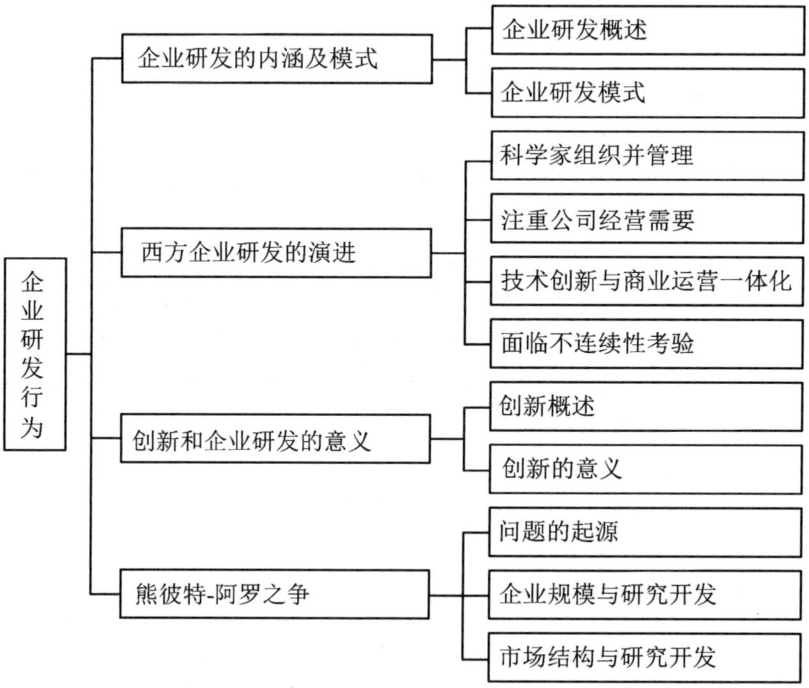

学习目标

通过本章学习，理解企业研发的内涵及研发模式，了解西方企业研发的演进过程，掌握创新和企业研发的意义；理解熊彼特-阿罗之争，了解企业规模、市场结构与研究开发的关系，熟练应用企业研发理论分析企业的研发行为。

第一节　企业研发的内涵及模式

近些年来，全球研发支出总体呈上升趋势，集中在北美、欧洲、东亚和东南亚地区，美国是世界上第一研发大国。2016 年 2 月，美国国家科学基金会发布的《美国科学与工程指标》

显示，中国已成为世界第二研发大国，其研发开支接近欧盟的总和。在按购买力平价计算的全球研发总支出当中，中国占 20%，仅次于美国的 27%。其他国家中，日本居第三位，占 10%；德国居第四位，占 6%。接下来是韩国、法国、俄罗斯、英国和印度，他们分别占全球研发支出总额的 2%～4%。①

一、企业研发概述

（一）研发的含义

研发简称 R&D，即研究与开发，是指各种研究机构、企业为获得科学技术新知识，创造性运用科学技术新知识，或实质性改进技术、产品和服务而持续进行的具有明确目标的系统活动。研发包括四个基本要素：创造性、新颖性、科学方法的运用、新知识的产生。

联合国教科文组织关于研究开发活动的解释是：研究是指基础研究和应用研究，开发是指系统地应用科学研究所获得的知识，以得到有用的材料、器件、系统和方法。企业研发从本质上来说是指企业为了进行知识创造和知识应用而进行的系统的创造性工作。其中的开发包括产品开发、设备与工具的开发、生产工艺的开发、能源和新材料的开发、改善生产环境的技术开发等，而企业的新产品开发处于核心地位。安索夫从战略的角度，认为研发是通过向现有市场提供新的或者是被改进过的产品，以给企业带来更多成长机会的行为。

（二）研发的分类

对于研发的分类，国际上最通用的是三分法，即将研发分为基础研究、应用研究和开发研究。

1．基础研究

基础研究是指为了获得关于现象和可观察事实的基本原理的新知识（揭示客观事物的本质、运动规律，获得新发现、新学说）进行的实验性或理论性研究。基础研究属于科学研究范畴。从研究目的看，基础研究不以任何专门或特定的应用或使用为目的，它只是通过实验分析或理论性研究对事物的特性、结构和各种关系进行分析，加深对客观事物的认识，解释现象的本质，揭示物质运动的规律或提出和验证各种设想、理论和定律。从研究结果看，基础研究的结果具有一般的或普遍的正确性，通常表现为一般的原则、理论和规律，其成果以科学论文和科学著作为主要形式。

2．应用研究

应用研究是指为获得新知识而进行的创造性研究，主要针对某一特定的目的或目标。应用研究也属于科学研究范畴。从研究目的看，应用研究是探索基础研究成果的可能用途，或是为达到预定的目标探索应采取的新方法或新途径，为解决实际问题提供科学依据。从研究结果看，应用研究的成果一般只影响科学技术的某些领域和有限范围，并具有专门的性质，针对具体的领域、问题或情况，成果形式主要是科学论文、专著、原理性模型或发明专利等。

3．开发研究

开发研究是指利用从研究和实际经验中获得的现有知识，为生产新材料、新产品和装置，建立新的工艺、系统和服务以及对已生产和建立的工艺、系统等进行实质性改进的工作，

① 佘惠敏．中国稳居世界第二研发大国位置[N]．中国经济网，2016-02-23.

主要是由产品开发与工艺创新等组成。

三类研究与开发活动都有其共同点：

(1) 探索性：三种研究都是在新的领域中进行探索或开拓。

(2) 创造性：三种研究都是做前人没有做过的事情。

(3) 不确定性：三种研究事先都难以断定该项目最终会取得什么成果，难以判断达到预期目标的最佳技术途径。

除此之外，研发也可以分为科技研发、技术研发、理论研发和产品研发等。科技研发是指为获得科学技术的新知识、创造性地运用科学技术新知识、探索技术的重大改进而从事的有计划的调查、分析和实验活动。对科学原理、规律、理论的研究称为基础研究，而科学技术的应用性研究和开发称为应用研发。科技研发情况，例如，研发经费、研发人员数量、研发成果包括发表的论文、申请的专利等，是衡量一个国家创新能力的重要指标；技术研发是指为了实质性改进技术、产品和服务，将科研成果转化为质量可靠、成本可行、具有创新性的产品、材料、装置、工艺和服务的系统性活动。研究开发活动的产出是新的知识（无论是否具有实际应用背景），或者是新的和具有明显改进的材料、产品、装置、工艺或服务等；理论研发是对新的理论研究，得到新的理论知识点与内容，该研发并不涉及具体实际产品应用领域；产品研发是实际制造、开发的产品内容，比如任何可视消费品都是产品研发。产品研发是制造型企业生存根本。如果一个企业没有产品研发，只是一个纯代理制造空盒，那么该企业利润非常低，而且生存空间非常小。

（三）企业研发的对象

企业在研发的过程中，研发的对象包括以下几个方面：

1. 产品

主要包括开拓现有产品的新功能和研发新产品。

2. 生产设备和生产工具

设备和工具是企业的重要生产手段，也是现代生产的重要物质技术基础。设备和工具的开发主要包括：设计制造新型设备和工具，对已有生产设备和生产方式进行改进等。

3. 生产工艺

主要是指运用新的科技成果对产品的加工制造方法、技术和过程等进行改进和革新。

4. 新能源和新材料

主要是探索用于企业生产的新能源和新材料。企业研发的对象范围比较广泛，不同的行业与企业成长的时期不同，企业研发的侧重点不同。

案例短析

华为的手机研发投入是对手的十倍

回顾 2013 年，华为研发投入 330 亿元，而 2014 年约为 400 亿元，拥有专利 2.2 万项。同比之下，据可循的资料，小米申请专利 1 546 项，专利授权仅 12 项。苹果研发投入也比华为少十几亿美元。而华为手机镜头的突破性研发——双镜头技术，为其产品荣耀 6 Plus 带来了诸多好评和肯定。

研发中最为关键的技术是手机的大脑——芯片。华为因为芯片而大出风头，雄厚的资金支持，ARM 核心说买就买，还以重金获得了台积电 16 nm 工艺。而其芯片研发也不辱使命，搞定4G高版本基带芯片，搞定SOC，这是技术强大的NVIDIA、Intel、三星至今没有搞定的。

过去10年，华为研发投入累计达到1 880亿元人民币。在研发团队的支持下，华为手机技术不断突破，业绩也屡创高峰。2015年1月13日，华为CFO孟晚舟在经营业绩预发布会上透露，2014年华为全球销售收入预计为2 870亿～2 890亿元人民币，同比增长约20%。全年智能手机发货将超7 500万台，同比增幅大于40%，保持全球第三的地位。

如同海尔在从德国到欧洲到整个世界，撑起了中国创造的头衔，华为的各款手机无疑是其研发上的硕果集锦，但还有更多需要加强与开发的地方摆在华为面前，亟待攻克。

二、企业研发模式

当代企业面临着激烈的竞争，企业研发是使企业不断获得新的竞争优势的重要手段，研发竞争已经成为企业竞争的核心领域之一。如何快速、成功地进行研发对企业影响重大。因而，针对企业的研发模式进行分析及研究，对企业如何选择适合自己的研发模式具有重要意义。

（一）开拓型企业研发模式

开拓型的企业，不论是对于新产品、市场还是技术方面，都非常重视成为“第一”。这类企业对于各种机会产生的信号会作出快速的反应。以汽车行业为例，其中奔驰克莱斯勒公司就是这样的企业。这类企业在衡量项目成功标准的时候，最为注重的是新产品为企业未来所带来的机会，同时还要充分考虑新产品的收益率及销量。

这类研发模式的优点在于成功的开拓型产品在市场的第一桶金的利润总是最高的，凭借新产品的高额利润以及产品系列的横向扩展，使得开拓型研发的企业总是站在行业的顶端，领导着行业的发展方向，甚至成为市场规则的制定者。例如，当PC刚刚普及时，MS-DOS、Mac OS在市场中平分天下，甚至Mac OS还更占一些优势。然而，微软通过开发易用性更强，兼容性更高的，被业内人士认为是“划时代的Windows操作系统”，一举击败苹果成为PC操作系统的老大。Windows操作系统在很多懂电脑的人眼里也成为PC的代名词，也使微软成为PC行业实际上的规则制定者。

这类研发模式也有其缺点：开拓型企业的新产品需要昂贵的研发成本并有极高的研发风险，一旦预测不准就会导致失败或者若资金不能到位，很可能成为企业资金的黑洞，使企业背上沉重的负担，甚至导致企业从此一蹶不振。例如，史玉柱主创的珠海巨人集团，由于对市场前景预测不足，强行开发巨人大厦项目，终于导致资金链断裂，“巨人”轰然倒地。

（二）分析型企业研发模式

分析型企业的新产品很少以“第一”的身份进入市场。但是这类企业会异常关注其主要竞争者的市场行为，并常常是一个快速的跟随者，能迅速为市场带来新产品，或者改进其生产工艺等，福特公司就属于这样的汽车企业。这类企业在衡量项目成功标准的时候，放在首位的是新产品、新工艺等是否满足了公司的经营战略，同时衡量开发产品的投资回收期以及新产品的收益率。

（三）防守型企业研发模式

防守型企业在一个相对稳定的产品或服务领域中通过优质的产品、更好的服务以及更低的价格来保持自己的竞争优势。在汽车行业中通用公司就是这样的企业。这类企业在衡量项目成功标准的时候，重点考虑的是开发产品的投资回收期，即用多长时间可以将产品研发的成本收回来。

（四）反应型企业研发模式

反应型企业在产品和市场方面与对手的竞争通常处于被动的局面，而且这类企业只有在面临巨大的环境压力时才作出反应。反应型企业由于在市场中处于被动的地位，最注重新产品、新工艺是否收回了预先的投资，同时，这类企业也非常关注项目成功率。

案例短析

雅迪电动车

雅迪科技集团（无锡总部）成立于 1997 年，至今已有 20 多年的历史，是国内大型两轮电动车、三轮电动车、高端电动驱动车的集研发、生产、销售于一体的专业化、现代化集团公司。雅迪科技集团下设 4 家零部件制造公司，5 家子公司以及 1 家高新技术研发中心，总占地面积达 1 300 亩，年产能逾 600 万辆。2012 年，雅迪品牌价值达到 75 亿元，位列行业同类产品销售量、市场占有率、销售额三项第一名，成为全球电动车真正领导品牌。

雅迪科技集团在行业内率先通过 3C 安全品质认证及 E-Mark、CE、ISO 等国际认证。雅迪坚持走科技创新之路，于 2003 年成立了高新技术研发中心，加强与德国博世、美国通用等国内外科研机构的交流合作，先后取得了 89 项国内外领先的专利技术，截至 2016 年 9 月，雅迪科技集团拥有多项国内外领先的专利技术。

雅迪以制造让消费者有幸福感的产品作为企业使命，秉承“务实、创新”的精神，全力提升品牌实力，打造成电动车行业具备全球竞争力的国际化企业集团。

雅迪研发及检测中心引进了 100 多种国际先进的电动车检测设备，ISO 9000 过程控制技术与专业检测手段相结合，确保一致性。集团正在创建国家级电动车研发、实验、检测中心。雅迪电池管家、GE 高能超静音电机、雅迪博世智能控制器、超级玛丽动力系统、固耐刺轮胎、智能王-微电脑故障自检系统等，都是引领行业技术的重要专利。

试结合所学知识，分析雅迪电动车所属的企业研发模式。

第二节　西方企业研发的演进

企业研究与开发是促进科技向生产力转化的有效途径。在企业研究与开发内部化的过程中，市场经济的发育程度、市场的法制化约束、科技教育基础乃至民族的创新文化等，都是非常重要的支撑条件。

企业管理实践与理论的发展，对企业研究与开发的演进产生了积极的影响。新一代企业研究与开发所具有的不连续创新特征，为后来企业提供了难得的机遇。企业研究与开发是近代工业发展的产物，其迅速而规范的发展是第二次世界大战之后的事情。企业研发的演进历史大致可以分为 4 个阶段。

一、科学家组织并管理

最早将研究与开发职能内部化为企业职能的，是德国合成染料业的企业。从19世纪60年代开始，以德国著名的合成燃料企业，如BASF、BAYER等为代表的大型企业，开始雇用化学家为公司服务并先后建立了工业研究实验室。20世纪的前20年，美国通用电气、杜邦、贝尔电话、柯达、西屋电气等著名公司，也相继建立了工业研究实验室。此后，企业研究与开发机构更是如雨后春笋般在美国工业企业中成长。

这些早期的企业研究与开发，一般是由相关领域的科学家组织并管理的，通过科学家对研究项目的选择、实施和指导，产生一些重大的科研突破从而带动一些重要的产品问世。人们把这些由科学家管理的实验室称为第一代企业研究与开发。

这一代企业研究与开发的特点是缺乏明确的目的、规划和管理，所有的研究项目都由科学家的兴趣与判断决定，对研究成果的商业化前景没有严格的项目评估。这一阶段最著名的成果是杜邦公司的尼龙。据估计，在尼龙发明后的50年里，杜邦公司获得的利润高达200亿～250亿美元，成为第一代企业研究与开发成功的典型案例。

二、注重公司经营需要

两次世界大战对企业研究与开发起到了很大的推动作用。第一次世界大战爆发，是西方企业研究与开发的强力催化剂。大量先进工业技术的发展，导致了新型武器的产生，很大程度上改变了战争的特征，使人们进一步认识了企业技术的威力。第二次世界大战期间，企业研究与开发更是在许多领域进行前所未有的规模扩张。到1946年，有近2 000家企业研究室在西方运转。

与此同时，企业研究与开发的管理本身，也得到了第一次升华。在20世纪60年代以前，系统的研究与开发在现代工业企业中作为核心职能得以固定下来，世界范围内几乎每一家大公司都建立了自己的实验室。这个时期，公司的管理者逐渐认识到，企业研究与开发应把更多的注意力放在能服务公司业务的项目上。这也是第二代企业研究与开发的显著特征。

与第一代相比，第二代企业研究与开发，在管理上已开始注重公司经营需要，人们开始寻求研发部门与生产经营部门的沟通。与此同时，公司开始强调企业研发的投入与产出分析，区分出不同项目的性质，并对每个项目进行费用与效益的量化分析，根据项目的目标进行监控。这些都意味着，企业研究与开发的战略框架开始显现。

但是，第二代企业研究与开发，在管理上还局限在对单个项目层次的相对孤立的管理上，没有在公司总战略层面上对研究与开发的项目群进行综合管理。

三、技术创新与商业运营一体化

从长期角度看，企业的持续成功固然离不开有效的研究与开发成果，但是，研究与开发所固有的不可预测性还是始终让企业面临风险。随着技术复杂程度的增长，企业研究与开发的规模不断扩大，研发的成本也相应提高，企业研究与开发的投资风险在整个公司财务风险中的比重开始引起众多公司的注意。

为了缓和不断增长但又难以避免的财务风险，人们开始运用更多的其他投资评估工具来评估企业研究与开发的投资，并在20世纪60年代以后出现了组合投资的概念。它将高风险、高回报的活动与低风险、低回报的商业活动平衡起来，对研究与开发产品的竞争优势、风险、生命周期与企业战略和资源的适应性等相关变量进行综合评估，形成投资决策的参考意见。

在职能管理上，人们也逐渐运用技术路线图来区别并利用技术在其生命周期的不同阶段对产品竞争性的不同影响。以财务风险控制、组合投资概念和技术路线图等管理工具的广泛应用为主要标志，第三代企业研究与开发适应了西方世界众多消费品市场日趋饱和、生产能力超过市场需求、市场竞争日益激烈的客观形势需要。

第三代企业研究与开发的管理，打破了企业内部研究与开发的孤立封闭状态，实现了企业内部系统化管理，使技术发明、技术创新与商业运营趋向一体化。

四、面临不连续性考验

从20世纪80年代后期开始，跨国公司对新兴市场与对原有市场的投资都呈现全新的态势。与以前商业扩展不同的是，这一次大规模的扩张是建立在新兴技术基础上的。这使得企业在技术研发与市场需要的认识方面都出现了许多盲区。不仅新兴市场的潜在需求不在跨国公司母国研发中心、营销职能部门的认识范围之内，就是在既有市场，改变人们生活方式的新技术不断涌现，竞争空前激烈，技术与现实市场之间的不确定性对企业的考验更加严峻。市场需要新的企业研究与开发管理模式。

相对于第三代企业研究与开发而言，新一代研究与开发所面对的是还未形成的潜在市场。它与第一代企业研究与开发时期由实验室完全主导的方式不同，企业在以知识经济为基础的新技术创新过程中，不仅要运用技术创新成果去创造市场需求，还要根据市场实际需求的快速变化适时调整技术研发方向。因此，新一代企业研究与开发最重要的创新特征是不连续性。

案例短析

麦当劳的“谷物鸡肉麦鲜粥”

麦当劳公司旗下最知名的麦当劳品牌拥有超过32 000家快餐厅，分布在全球121个国家和地区。20世纪70年代末，麦当劳开始涉足跨国经营，其遍布世界各地的连锁店早已逾万家。面对不同国家的消费者在饮食习惯、饮食文化等方面的差异，麦当劳似乎并不太介意，固执地向各国消费者提供按自己标准制作的产品。这种精神，被很多人推崇为“专注”，麦当劳发展至今仍得益于此。

作为肯德基的母公司，百胜集团把中国区看作自己的掌上明珠。肯德基在中国大陆推出的油条、皮蛋瘦肉粥等产品，甚至包括在泰国市场推出的米饭都是研发中心的成果。肯德基目前有5款粥，分别是牛肉蛋花粥、皮蛋瘦肉粥、香菇鸡肉粥、雪菜笋丁鸡肉粥和蜜豆杂粮粥。其中鸡肉粥有两款，一来是肯德基主打鸡肉系，二来这两大快餐在过去的25年里把整个中国鸡肉产业链给整合到了国际级水平。

麦当劳在入华的第25个年头，为了加强与肯德基的竞争，针对中国人的饮食习惯，推出了早餐粥，比老对手肯德基要晚十几年。和这款“谷物鸡肉麦鲜粥”一起推出的，还有一款“金馒头”。中国是全球鸡肉产量第二大的国家，鸡肉的人均消费还有很大空间。麦当劳首选鸡肉，既能够有成熟的供应链体系支撑，又能够从竞争对手的市场里切来庞大的用户群体。对于这俩巨头，增量空间已现天花板，需要在存量市场里肉搏了。但是有一个小小的难点：如何把鸡肉粥做到差异化？从美国市场看，Chipotle、In-N-Out能够异军突起，除了更能满足消费者个性化的需求外，还有中产阶级对于健康的需求。这些新兴品牌的崛起，都是以此为品牌诉求，与麦当劳进行区别。因此，麦当劳会选择了把谷物与鸡肉混合。肯德基虽然已经有蜜豆杂粮粥了，但这粥是甜的，所以可以出一款鲜咸的，再和鸡肉搭配——谷物鸡肉麦鲜粥，就这么出来了。

麦当劳左手还在快餐业务上和肯德基肉搏，右手已经迫不及待地向星巴克正式宣战。尽管还是那位红鼻子的麦当劳大叔坐在店前冲着顾客微笑，麦当劳却已经开始变革——餐厅的很多位置，传统的红色主色调被代表麦咖啡的黑色所替代，而浓郁的咖啡香更是盖过了鸡腿和汉堡的味道。长条餐桌、免费半小时Wi-fi、沙发座椅，餐厅内有一大半面积留给了麦咖啡，另一半则是传统的汉堡和薯条。这种略带小资风情的汉堡店已经被麦当劳视为模板，而"麦咖啡"也将成为麦当劳未来的主推产品。

不仅是北京，在上海、深圳、广州，类似的形象升级活动也已展开，新的店面都围绕咖啡这一全新主题。在进入中国后经过多年发展，麦当劳开始了史无前例的更新提速。这个曾经以博得儿童一笑为己任的麦当劳小丑大叔，时下正努力让自己变成"潮人"，并为此让自己站在了一个充满挑战的十字路口上。

试结合西方企业研发的演进，分析麦当劳研发在不同阶段的特点。

第三节　创新和企业研发的意义

创新是企业生命力之所在，如果企业不致力于发展新产品，就有在竞争中被淘汰的危险。努力开发新产品，对于企业的生存发展有着极为重要的意义。

一、创新概述

（一）创新的含义

"创新"一词由经济学家熊彼特于1912年在《经济发展理论》一书中首次提出。1939年他在《商业周期》一书中比较全面地阐述了其创新理论。熊彼特认为创新是把一种新的生产要素和生产条件的"新结合"引入生产体系，是"生产函数的变动"。这种新组合包括以下内容：引进新产品、引入新技术、开辟新的市场、控制原材料新的供应来源、实现工业的新组织。显然熊彼特的创新含义是相当广泛的，它是指各种可提高资源配置效率的新活动，这些活动不一定与技术相关。熊彼特的创新概念包含的范围很广，涉及技术性变化的创新及非技术性变化的组织创新。当然，与技术相关的创新是熊彼特"创新"的主要内容。

其后，许多学者从经济学角度出发给技术创新下定义，最具代表性的是弗里曼将技术创新定义为包括与新产品的销售或新工艺、新设备的第一次商业性应用有关的技术、设计、制造、管理以及商业活动。

1. 产品创新

所谓产品创新(product innovation)，是指技术上有变化的产品的商品化。它可以是完全新的产品，也可以是对现有产品的改进。

2. 过程创新

所谓过程创新(process innovation),也叫工艺创新,是指一个产品的生产技术的重大变革,它包括工艺、新设备及新的管理和组织方法。

3. 扩散

所谓扩散(diffusion),是指创新通过市场或非市场的渠道的传播。没有扩散,创新便不可能有经济影响。

(二) 创新的分类

创新分类的参考指标很多,不同分类指标得出不同的分类。

(1) 根据创新的表现形式进行分类,如知识创新、技术创新、服务创新、制度创新、组织创新、管理创新等。

(2) 根据创新的领域进行分类,如教育创新、金融创新、工业创新、农业创新、国防创新、社会创新、文化创新等。

(3) 根据创新的行为主体进行分类,如政府创新、企业创新、团体创新、大学创新、科研机构创新、个人创新等。

(4) 根据创新的方式进行分类,如独立创新、合作创新等。

(5) 根据创新的意义大小进行分类,如渐进性创新、突破性创新、革命性创新等。

(6) 根据创新的效果进行分类,如有价值的创新、无价值的创新、负效应创新等。

(7) 根据创新的层次进行分类,如首创型创新、改进型创新、应用型创新等。

二、创新的意义

企业创新是现代经济中创新的基本构成部分。企业往往由生产、采购、营销、服务、技术研发、财务、人力资源管理等职能部门组成,因而,企业的创新涵盖这些职能部门。企业创新包括产品创新、生产工艺创新、市场营销创新、企业文化创新、企业管理创新等。

随着全球经济一体化进程加快,许多企业在市场竞争中都要面对越来越多的来自国外对手的竞争。先进的 IT 技术与通信技术的提升、国际贸易壁垒的持续破除、交通运输业的不断发展都是使市场竞争越来越激烈的因素。全球激烈的竞争,全球化信息网络的形成,使得消费者希望市场能够不断地推出新产品和服务。这些新产品的市场比以前更快地走向成熟,使得这些产品更快地走向商品化,同时边际利润更快地下降。飞速发展的科学技术,缩短了产品的生命周期,影响了产品和服务的生产和服务流程。计算机辅助设计(CAD)与计算机辅助制造(CAM)使企业大大缩短了产品的开发和制造周期,自动化技术对生产流程产生巨大影响。机器人的应用,降低了劳动力成本,提高了产品质量,对企业加大创新力度、加快企业研发速度具有重要的意义。

(一) 有利于企业巩固和扩大市场份额

随着新技术的发展和市场竞争的白热化,产品的生命周期开始变得越来越短。一个产品、一种型号在市场上畅销几年的时代一去不复返了。因此,企业必须审时度势,不失时机地创新研发新产品并快速地推向市场,只有这样才能在全球化市场竞争环境中更具有竞争力。研究表明,市场先入者凭借先入为主的优势占有市场份额,相比从竞争对手中抢夺市场份额要容易得多。在市场上,谁开发产品快,谁就掌握市场的主动权,就能在竞争中处于有利地位。反之,则处于不利地位,面临丧失市场的危险。

（二）有利于企业开拓新的经营领域

企业增加创新和研发投入，研制新产品，打开新的经营领域是企业竞争力的要素之一。企业在单一产品方向上开发新产品和系列产品虽然可以扩大生产规模，但单一产品的市场容量毕竟有限，这样就会限制企业的发展。因此，就需要企业通过开发新的产品进入新的领域，寻求新的发展空间。世界上规模巨大的跨国公司几乎都涉足许多行业，不如此难以形成规模。开拓新的经营领域还可以提高企业抵御市场风险的能力。

在市场经济中，各种商品的发展程度是不平衡的，并且具有很大的不确定性。有的产品可以有较长时间的稳定需求，而有的产品的市场需求却十分短暂。比如电视机，自发明以来市场需求旺盛，经久不衰。而录像机，在 20 世纪 80 年代中期走俏中国市场，但到了 90 年代，VCD 技术开发成功，大有取代录像机之势。当性能更加优越的 DVD 进入市场后，有人预言 VCD 也不过是一项过渡产品。可以想象如果一个企业只有录像机一种产品，那么它的经营风险是非常大的。时至今日，就连 DVD 都已经难觅踪迹。

开发新的产品，进入新的领域，拓宽经营范围，可以降低经营风险。现在，越来越多的企业认识了这一市场规律，当第一种产品取得了稳定的市场份额后，立即开发第二种、第三种产品，进入新的领域。这既求得新的发展空间、扩大经营规模，又增强了抗风险的能力。

（三）有利于企业快速响应市场竞争

如果拥有快速使新产品进入市场的资源能力，即使竞争对手意想不到地突然宣布新产品进入了市场，企业也可以快速地作出适当反应，至少可以减少作为市场晚入者所处的不利地位而产生的竞争劣势。

（四）有利于企业创立行业标准

对创新型的产品来说，先进入市场的企业可以享有制定本行业标准的特权。这样的做法等于为竞争对手制造了进入壁垒，延迟业内竞争的到来。例如，微软公司凭借 Windows 视窗操作系统先入为主的优势，已经成功地成为操作系统软件的行业标准。

案例短析

英雄迟暮：谁毁了索尼

索尼创建于二战后的一片废墟之中。创始人井深大在东京一家百货公司的仓库成立了“东京通信研究所”，在邀请到另一位元老级人物盛田昭夫担任高级总经理和代表董事之后，于 1946 年正式成立了索尼的前身“东京通信工业株式会社”（以下简称“东通工”）。在此后近半个世纪时间里，索尼通过推出一个又一个革命性的电子产品，确立了“技术索尼”的品牌形象。然而，这家曾经创造过日本品牌神话的企业，却在 21 世纪初开始了衰退，如今已俨然是一位迟暮的老人——2011 财年索尼预计亏损 5 200 亿日元（约合 64 亿美元）。64 亿美元的亏损额不但创下了索尼的亏损新纪录，同时也将索尼的亏损纪录延至第四个财年。

1. 索尼神话

索尼最早的两位创始人井深大和盛田昭夫是一个几近完美的组合，井深大是位不知疲倦的技术“狂人”，擅长技术研究和开发，盛田昭夫则在经营管理方面拥有专长，两人共同确定了以革新的技术产品为主导的经营方式。而这样的理念与其他企业满足人们当下需求的想法大相径庭。

不过，在创立之初，过高的研发投入曾影响东通工的生存，直到 1955 年，东通工成功研制日本第一台晶体管收音机——TR-55。这是一次大冒险，1955 年，日本的收音机普及率已经达到 74%，有人认为东通工这时才开始研制收音机已为时过晚。但井深大和盛田昭夫敏锐地发现，74%的普及率是以户为单位，如果以人为单位，市场潜力仍然很大。

当时在日本占据市场主导地位的是能当家具一样摆放的真空管收音机，而井深大主导研发的这种使用最新晶体管技术的收音机小巧玲珑、携带方便、选台自由、不需要电源线，诸多特点恰好符合以个人为单位的产品需求。很快，这种“小宝贝”就被日本人所接受，在日本迅速普及，并成功出口到美国。

晶体管收音机只是索尼以新制胜经营方式获益的开端，真正让索尼名声大噪的是其 1968 年开发出的“单枪三束彩色显像管”，即著名的特丽珑彩色显像管。当时，已经更名为“Sony”的东通工在黑白电视机领域小有成就，但在开始膨胀的彩色电视市场竞争中却因起步较晚而处于劣势，由于不愿当模仿者，再加上此前数年的研发投入仍然没能开发出新式的、更好的产品，索尼在高额的研发成本下几乎破产。

严峻形势下，索尼高层依旧决定从技术角度寻求突破，作为一名已经拥有 8 000 名员工公司的总经理，井深大亲自挂帅，和研究小组的技术人员一起进行技术研发，他十分信任技术人员并鼓励他们一次又一次地尝试，最终成功研制出特丽珑彩色显像管。这种显像管电视的彩色画质更好，一上市就广受好评，其销售也成了索尼后来 30 年主要的收入来源，让索尼一举成为显像管时代彩电行业的巨擘。以特丽珑彩电为基础，在随后数十年时间里，索尼相继推出 Walkman、CD 随身听、PlayStation 游戏机等影响重大的电子产品，并把业务范围扩展到音乐和影视领域，成立索尼唱片公司，收购哥伦比亚电影公司和米高梅电影公司。日益膨胀的索尼逐渐从小企业变成一家市值超千亿美元的大型跨国公司。“技术的索尼”品牌形象深入人心，被日本业界认为是二战后日本经济高速增长和走向国际化的象征，创造了“索尼神话”。

2. 创新力衰退

1994 年，在当时的总裁大贺典雄主导下推出的 PlayStation 成为索尼又一个划时代的电子产品，也正是凭借 PlayStation，索尼打败了劲敌任天堂和世嘉。然而，此后近 20 年时间里，索尼再没有推出过一款具有颠覆性的电子产品。长期积累的隐患最终将索尼拖入泥潭，最先出现问题的是索尼引以为傲的支撑业务——彩色电视机；另一个领域的危机也随之而来，随着互联网和移动互联网的兴起，后起之秀苹果研发出了 iPhone、iPad 等革命性产品。索尼虽然在 1997 年就预见了网络时代的到来，却行动缓慢，没能再像以往一样推出颠覆性的产品，甚至没能成为一个合格的跟随者。

3. 创新能力的衰退——索尼最大的危机

谁毁了索尼？电视业务亏损后，曾有投资者将矛头指向 1995 年接任 CEO 的出井伸之，甚至有日本媒体将他评为“最糟糕的 CEO”，但索尼前常务董事天外伺朗曾经撰文反思，索尼的危机并非某一个高管造成的。作为一名从井深大时期就进入公司高层的人士，天外伺朗的观点是，与初创时期相比，20 世纪 90 年代末开始索尼在管理理念上出现了问题。

首先是“激情集团”的消失，即公司那些不知疲倦、全身心投入开发的团体已经不存在了，索尼的技术团队现在主要受赚钱、升职或出名等外部动机影响较大。其次是挑战精神的消失，自 1995 年左右索尼引入绩效管理制度后，公司内部追求眼前利益的风气蔓延，几乎所有人都不愿意提出具有挑战性的目标。最后是团队精神的消失，公司变得臃肿后，上下级之间的温情和信任感不复存在。

如今，重新回归日籍高管掌舵的索尼在新任CEO平井一夫的主导下再次公布了名为“一个索尼，变革！”的改革计划，提出了重组业务架构、强化核心业务以及削减人员等诸多措施。平井一夫曾经带领PlayStation游戏部门成功扭亏，他的新计划对改善业绩或能奏效，但要重塑品牌，索尼还有很长的路要走，而且正如平井一夫所言“留给索尼的时间已经不多”。

结合所学知识，分析索尼公司是如何破局的。

第四节　熊彼特-阿罗之争

一、问题的起源

自从亚当·斯密1776年在其名著《国富论》中提出、后来被新古典经济学视为神灵的“看不见的手”原理以来，主流正统经济学家们极力论证并鼓吹竞争对稀缺资源的优化配置作用。在阿罗-德布鲁框架下，当满足一系列初始条件后，通过市场充分竞争实现资源配置的帕累托最优。

但事实上，完全竞争与创新是不相容的，毕竟创新是一项耗费巨大资源且风险很高的企业行为。熊彼特在《资本主义、社会主义和民主》一书中强烈批评那种把现代资本主义的发展完全归功于完全竞争的黑板经济学观点，大型垄断厂商和垄断势力的存在有利于推动技术进步。他在该书中写道：“只要我们深入事情的细节，追踪进步最惊人的个别项目的由来，那么我们不会追踪到工作于比较自由的竞争条件下的小企业门上，却分明追踪到大企业门上。”[①]在该书的另外一处，他又写道：“我们必须接受的是，大型生产组织已经成为经济进步的发动机，尤其是成为总产量长期扩张的最有力发动机……就这一点来看，完全竞争不仅是低劣的，甚至是不可能的，它没有权利被视为理想效率的典范。”[②]随后Galbraith进一步强调规模在企业创新中的作用，大企业是技术创新最有效的发明者和传播者。[③]

熊彼特提出自己的观点以后，立即在经济学界引起了极大轰动，因为它不仅是对以静态均衡分析方法为基础的新古典经济学的挑战，更重要的是颠覆了奉行经济自由的资本主义制度基础。作为第一个回应者，肯尼斯·阿罗在1962年的一篇经典论文中提出了相异观点。阿罗在新古典均衡分析框架下，证明竞争行业比垄断行业具有更强的创新激励因素，垄断除了有静态哈伯格福利纯损失以外，长期来看还会延缓技术进步。其理由是垄断者在创新时是自我替代的，总是容易吃老本，而竞争企业可以通过创新变为垄断者。[④]此后，产业组织理论界对市场结构、企业规模及组织形态与创新能力和效果之间进行了无数次的理论与经验的考察，学术界称之为“熊彼特-阿罗之争”。可以说，这一领域汇集了产业组织理论最前沿的经济学家，展开了旷日持久的争论，出现了形式多样的理论模型、经验检验和案例分

① 约瑟夫·熊彼特.资本主义、社会主义和民主[M].北京：商务印书馆，1999：145.

② 约瑟夫·熊彼特.资本主义、社会主义和民主[M].北京：商务印书馆，1999：176.

③ Galbraith J K. American Capitalism：The Concept of Countervailing Power[M]. Boston：Houghton-Mifflin，1952.

④ Arrow K J. Economic Welfare and the Allocation of Resources for Invention[M]. In the Rate and Direction of Inventive Activity：Economic and Social Factors，Princeton：Princeton University Press，1962：609-625.

析。但是,正如Cohen和Levin所言,这一领域集中了产业组织理论最为密集的计量检验和数理模型,但至今还没有就此达成一致意见。[①]市场结构和创新的关系是西方学者花费精力最多的领域,但这方面的研究结论常常相互矛盾,令人失望。遵循泰勒尔的分类,本节将熊彼特假说分成企业规模与研发、市场结构与研发两个相互独立而又有联系的命题,对近半个世纪以来这个领域的理论和经验文献作简要回顾和评论。

二、企业规模与研究开发

研究与开发活动在不同企业规模之间是否存在系统性差异,研发活动是否有规模经济性?熊彼特本人的解释是:大型厂商在组织研发活动中具有小企业所不能媲美的优势,这既表现在大型厂商的高额利润为研发活动提供资金支持,又表现在研发活动本身也存在规模经济性。反对者认为,小企业在自身成长过程中面临着比大企业更大的竞争压力,一家率先研发新产品或引进新的生产工艺降低成本的企业,才会赢得市场竞争优势,从竞争对手中抢走更多的市场份额。因而,小企业比大企业更有创新动力,比大企业更能敏感地捕捉市场信号,尤其是在瞄准早期的开发项目上,其反应比其竞争对手快。

从已有的文献来看,支持熊彼特假设的依据有:信息不对称造成资本市场的不完善性,企业规模和内部留存利润的稳定正相关关系使得大企业能建立研发优势;大企业更能利用研发活动本身所具有的专业化分工的好处,规模经济在研发领域仍然起作用;研发活动与企业其他活动,如市场营销、融资等活动,形成互补关系,企业越大越容易利用这种互补效果,这是研发活动中的范围经济。作为规模不经济的根源,反对熊彼特假说的理由多与企业经营管理上的损失有关,如企业规模越大,迅速作出决策就越困难;在不同项目之间研发经费分配容易受组织惯性影响等。支持熊彼特假说者更多注重企业研发活动的能力,而反对者的理由更多地强调研发创新活动的动机。问题是在创新能力和创新动力之间究竟应该更注重哪个方面呢?遵循文献的发展脉络和逻辑关系,这里从创新投入和创新产出两个维度,结合检验模型选用的计量方法,将企业规模与研发关系文献分为以下四个部分。

(一)企业规模与创新投入的早期描述性统计研究

这一阶段对研发活动与企业规模关系的研究多采用描述性统计分析[②③]或者简单的单变量回归模型[④⑤]模型强调企业研发活动的动机和投入,指标选择可以是绝对指标,如从事研发人员数或研发支出总水平,也可以是相对指标如研发人员占总雇佣员工比例或研发支出占总销售额的比例。企业规模指标有的学者用资产,也有的用销售收入或职工总人数。

一般情形下,如选用绝对指标为被解释变量,检验模型多采用对数线性模型。对数线性模型解释变量的系数经济学含义是研发支出对企业规模变动的敏感性,因而对熊彼特假说

① Cohen W M, Levin R C. Empirical Studies of Innovation and Market Structure[M]. Handbook of Industrial Organization, Amsterdam: North-Holland,1989:1 059-1 107.

② Villard H H. Competition, Oligopoly, and Research[J]. Journal of Political Economy,1958,66(6): 483-497.

③ Hamberg D. Size of Firm, Oligopoly and Research: the Evidence[J]. Canadian Journal of Economics and Political Science,1964,30(1):62-75.

④ Mansfileld E. Industrial Research and Development Expenditures: Determinants ,Prospects, and Relation to Size of Firm and Incentive Output[J]. Journal of Political Economy,1964:72(4): 319-340.

⑤ Comanor W S. Market Structure ,Product Differentiation, and Industrial Research[J]. Quarterly Journal of Economics,1967,81(4):639-657.

的检验等价于弹性系数是否大于1。如采用相对指标作为被解释变量，模型可采用简单线性形式，直接检验变量系数符号及其显著性。不难发现，这两种方法在熊彼特假说的验证上是等价的。由于样本选择和检验方法不同，对熊彼特假说的研究结论也不一样。其中，Villard 的研究支持熊彼特假说，而 Worley、Mansfield、Hamberg、Comanor 的研究否定或基本否定熊彼特假说。

（二）企业规模和创新投入的多变量模型

这类模型同样强调企业创新投入和规模关系。上述研究中，解释变量仅包括企业规模变量，而影响企业创新的因素往往是多方面的，仅仅考虑规模因素可能会导致很大的偏差。在随后的经验研究中，Philips①，Rosenberg②，Shrieves③，Jaffe④，Braga 和 Willmore⑤ 通过增加技术机会、需求增长率、集中度、市场份额以及所有权结构等控制变量，连同企业规模变量一起建立多元回归模型。在有效分离和控制其他解释变量对研发支出水平影响后，多元回归模型能更有效地检验企业规模变动对研发支出变动的净影响。大多数模型以线性或者对数线性形式为主，值得一提的是，Braga 和 Willmore 利用巴西的企业数据，建立 Logist 二元离散选择模型，在控制集中度、技术机会等变量后，得出企业规模增加对技术引进和新产品开发的概率影响显著。上述多变量模型，Philips、Braga 和 Willmore 的研究支持熊彼特假说，Shrieves、Jaffe 的研究对熊彼特假说是否定的，而 Rosenberg 的结论对企业规模和创新投入关系不确定。

（三）企业规模和创新的"倒 U 形"检验

早期的经验研究似乎都先验地假设企业规模和创新活动关系是一种单调递增线性关系。Scherer 在回归模型中开创性地引入销售收入及其平方项，用以检验在研发投入和企业规模之间可能存在的非线性关系。⑥ Scherer 深邃的洞察力在模型检验中得到证实，他对企业规模和创新之间的"倒 U 形"关系的发现奠定了后续研究新的起点。Grabowski，Philips，Soete 的研究都是探讨企业规模和创新之间的非线性"倒 U 形"关系。⑦⑧⑨ 这些模型选用多元回归模型，在回归模型中加入企业规模变量（销售收入、职工人数或者资产等）的平方项，

① Philips A. Patents, Potential Competition and Technical Progress[J]. American Economic Review, 1966, 56(2): 301-310.

② Rosenberg J B. Research and Market Share: A Reappraisal of the Schumpeter Hypothesis[J]. Journal of Industrial Ecomomics, 1976, 25(2): 101-112.

③ Shrieves R. Market Structure and Innovation: A New Perspective[J]. Journal of Industrial Economics, 1978, 26(4): 329-347.

④ Jaffe A B. Demand and Supply Influences in R&D Intensity and Productivity Growth[J]. Review of Economics and Statistics, 1988, 70(3): 431-437.

⑤ Braga H, Willmore L. Technological Imports and Technological Effort: An Analysis of Their Determinants in Brazilian Firms[J]. Journal of Industrial Economics, 1991, 39(4): 421-432.

⑥ Scherer F M. Firm Size, Market Structure, Opportunity, and the Output of Patented Inventions[J]. American Economic Review, 1965, 55(5): 1 097-1 125.

⑦ Grabowski H G. The Determinants of Industrial Research and Development: A Study of Chemical, Drug, and Petroleum Industries[J]. Journal of Political Economy, 1968, 76(2): 292-306.

⑧ Philips L. Research in Effects of Industrial Concentration: A Cross Section Analysis for the Common Market[M]. Amsterdam: North Holland Publishing, 1971.

⑨ Soete L G. Firm Size and Inventive Activity: The Evidence Reconsidered[J]. European Economic Review, 1979, 12(4): 319-340.

用以检验企业规模和研发活动可能存在的非线性关系。通过平方项系数符号及显著性或者拟合优度统计量的显著性判断企业规模和研发支出强度是否存在“倒U形”关系。存在一个与行业特征相关的规模临界值，在临界值以前，RD强度随规模扩张而增加，超过临界水平后规模扩大研发强度反而下降。

企业规模和创新关系“倒U形”假说非常引人注目。这种观点既反对规模扩张无限制地增强企业研发能力的熊彼特观点，又反对原子型的竞争企业有利于创新的阿罗观点，每个特定产业都存在一个最能激励企业研发的适度规模度，似乎解决了这场争论。但笔者认为，这些结论往往很粗糙，经不起斟酌推敲，往往在样本选择、产业分类以及对企业规模内涵的理解上都有很大的差异。研究表明，在企业规模和创新之间的“倒U形”关系只在过程创新上表现出较强的统计显著性，而在产品创新上则并非如此。

（四）企业规模和创新产出关系检验模型

前面研究创新和企业规模的关系，强调企业规模对创新动力的影响。显然企业创新投入并不一定与创新产出总是同比例变动，产业组织更应关注企业规模对创新产出而不是投入的影响。Johannisson等，Smyth、Acs等、Gayle在研究创新和企业规模关系时，都是选用创新产出指标，涉及专利申请数、新产品产值或新产品占全部产值比重等指标。[①②③④] Gayle甚至为了强调创新成果的相对重要性，利用专利被引用的次数衡量创新产出。这些模型即便是在考虑并控制行业技术特征和产品特征差别后，仍然得不出一个统一结论，充分说明企业规模和创新产出关系的复杂性。

不同学者研究结论出现差异原因是多方面的。首先，行业不同。在研究开发与企业规模关系问题上，既表现出产业间的共性，又有着产业的特殊性。英国科研政策研究所对1945—1983年企业规模和创新关系的最新一项研究发现，各产业之间存在很大差异。其中，在器具、机械和建筑等领域，小企业是行业主要创新者，而在食品、冶金、化学、航空和电气工程等领域，大企业承担了行业的主要创新。其次，大企业在不同行业中的地位和相对优势不同。研发是企业重要的策略性行为，大小企业间可能遵循不同的博弈规则。再次，衡量创新和企业规模的指标不同。有的研究注重研发动力，选用研发强度充当衡量指标，比较常见的是研发经费/销售额比率或者研发雇佣强度，如科研人员/雇佣人员总数比率，等等。还有一些研究强调研发能力或者研发结果，常用的指标是新产品销售额占总销售额的比例和专利申请数。对公司规模的指标有的用雇佣职工数，有的使用资产额或者销售额作为标准。很显然，不同行业的资本和劳动的密集度不同，同样的样本，分别使用资本和雇佣职工数作为区分企业规模标准得出的结论不一致也就不难理解了。

---

① Johannisson B, Lindstrom C. Firm Size and Inventive Activity[J]. Swedish Journal of Economics, 1971, 73(4): 427-442.

② Smyth D J, Samuels J M, Tzoannos J Patents. Profitability, Liquidity and Firm Size[J]. Applied Economics, 1972, 4(2): 77-86.

③ Acs Z J, Audretsch D B. Innovation, Market Structure, and Firm Size[J]. Review of Economics and Statistics, 1987, 69(4): 567-574.

④ Gayle P G. Market Concentration and Innovation: New Empirical Evidence on the Schumpeterian Hypothesis[C]. Discussion Papers in Economics, 2001.

三、市场结构与研究开发

市场结构或市场势力与研究开发的相关性是熊彼特假设的另一个重要主题。熊彼特本人认为，保持一定的市场势力是诱发研究开发的根源，同时无论是事前还是事后，市场势力对技术创新都起到积极促进作用。遵循文献的发展脉络和逻辑关系，这里仍然从创新投入和创新产出两个维度，结合检验模型选用的计量方法，将市场结构与研发关系文献分为以下三个部分。

（一）市场结构与创新投入的多变量模型

此类研究着重强调研发动力与市场结构变量之间的关系。市场结构以集中度指标为主，研发投入以从事研发人员数或研发支出额等为指标。为分离其他因素对研发投入变动的影响，多数模型采取控制变量法，涉及的控制变量主要有：行业技术机会差异、产品差异化程度、技术知识专用性程度、进入壁垒等。Philips在有效控制技术机会和产值增加值变量后，集中度对研发支出强度虽有正影响但并不显著。Philips发现高技术机会产业集中度与研发人员正向联系明显且统计上显著，但在中低等技术机会行业联系不明显。但是Globeman的研究与Philips的结论刚好相反。[①] 在高技术机会产业，集中度对研发人员强度存在显著性负影响，至少在高技术机会行业否定熊彼特假说。Comanor注重差异化对研发支出与市场结构关系的影响，通过研究比较得出，差异化较小的原材料和非耐用消费品行业相对于投资品和耐用消费品行业，市场集中度对研发人数影响系数更大且统计上显著。类似结论也出现在Shrieves的研究中，对差别化明显的原材料和消费品工业，市场集中度对研发人员有显著影响。而对非专用资本工业，这种影响不显著。对专用资本品工业，集中度却有显著负影响。Rosenberg在控制行业技术机会和进入壁垒变量影响后，市场集中度对研发人员强度有正的显著性影响，熊彼特假说成立。但Wilson在控制行业技术机会和产品工艺复杂度变量差异后，以CR_4衡量的集中度对研发支出强度有显著性负影响，熊彼特假说不成立。[②]还有研究强调技术知识排他性垄断利用的程度的影响，在技术知识专用性程度高的产业中，CR_4对研发强度有显著的负影响，而对专用性低的产业，CR_4的影响正好相反。

（二）市场结构与创新关系的"倒U形"检验

出于检验市场结构与创新关系结论的不确定，加上Scherer对创新和企业规模的"倒U形"关系的认识，人们很自然地怀疑在市场结构和创新活动之间也存在非线性关系。Scherer开创性地研究了市场结构与创新的非线性关系，Scott和Levin也分别验证了二者"倒U形"关系的存在。Scott研究结果表明竞争性寡占市场最有利于技术进步，当集中度约为0.64时，每美元研发支出比例最高。但在控制产业需求条件和技术机会差别后，这一关系却消失了，说明技术机会和需求变化差异是技术进步的决定因素。[③] Levin研究得出研发支

① Globeman S. Market Structure and R&D in Canadian Manufacturing Industries[J]. Quarterly Review of Economics and Business, 1973, 13(2): 59-67.

② Wilson R. The Effect of Technological Environment and Product Rivalry on R&D Effort and Licensing of Inventions[J]. Review of Economics and Statistics, 1977, 59(2): 171-178.

③ Scot J T. Firm Versus Industry Variability in R&D Intensity[M]. Chicago: University of Chicago Press, 1984: 233-252.

出强度与集中度的最优拟合是二次方程式，CR_4 约为 0.52 时研发强度最高。[①] Lunn 运用 Scott 类似的样本，研究各种市场和公司结构因素对厂商研发支出的影响。[②]为分离技术机会对不同产业研发支出影响，样本被分成高技术机会产业组和低技术机会产业组。结果表明在其他因素相同的情形下，无论是在高技术机会还是低技术机会产业组，价格-成本加成(控制不同产业竞争程度变量)PCM 对 RDS(每美元销售额研发费用比率)有显著的负影响。这说明越是竞争性市场，厂商研发活动越多，竞争鼓励创新活动。

(三) 市场结构与创新产出关系

与上述分析不同，这类模型强调市场结构对研发活动的结果及产出的影响。研发产出可以通过申请专利数，新产品产值或产值占总产值比例等来衡量。Mansfield 比较了钢铁、医药行业最大的四家企业创新份额与相应市场份额关系，结果否定了熊彼特假说。Williamson 也得出相似结论。[③] Kraft 在控制所有权、企业规模等变量后，市场结构对创新产品销售收入份额有显著正影响，支持了熊彼特假说。[④] Scherer 的结论不明确。Lunn 将新工艺专利和新产品专利分开研究。工艺专利与市场集中度高度相关，熊彼特假说成立，并且技术机会越高，产业专利越多，但集中度与产品创新专利联系不显著。另外，广告支出比例越高的产业，新的专利越少，说明产品差别化对新产品开发有一定替代作用。

案例短析

产业数字化后的竞争:技术范式的转移

数字经济中竞争与低技术产业或成熟产业中的竞争有着本质区别，除去一般竞争具有的残酷性/周期性和不可预测性外，产业数字化后的竞争有其自身特征，对传统标准下的反垄断产生巨大冲击。在产业生产成本方面，数字经济具有高固定成本和低边际成本(甚至零边际成本)，版本定价和差别定价是回收成本的有效工具，使得以传统产业成本特征制定的反价格歧视政策，以及以边际成本界定掠夺性定价的反垄断标准都无法实施。产业数字化后，既有供给方规模经济，又有需求方规模经济，产业竞争需要行业标准化和合作，不可避免地出现一定程度的市场集中。

产业数字化后的产业竞争与低技术或成熟产业竞争本质不同在于，后者进行的创新是累积性或连续性创新，往往对现有产品或服务进行非本质的改进和优化，其基础性的技术原理、路线和方向通常不发生彻底改变。而产业数字化后的技术创新本质上是技术非连续的范式转移，这种范式转移是间断性和"蛙跳"式的，原有的技术范式受到颠覆或毁灭性打击，产业的市场份额也会发生迅速转移，会摧毁在位厂商的领先优势和对市场的支配地位，出现新的市场领袖和新的产品市场割据局面。比尔·盖茨曾经说过，微软离破产永远只有 18 个月。以范式转移的产业数字化后竞争特点，使得那种静态、完全竞争的教科书模型适用性值

---

① Levin R C ,Cohen W M,Mowery D C. R&D Appropriability, Opportunity and Market Structure: New Evidence on Some Schumpeterian Hypotheses[J]. American Economic Review, Papers and Proceedings, 1985,75(2):20-24.

② Lunn J. A Empirical Analysis of Process and Product Patenting: A Simultaneous Equation Framework[J]. Journal of Industrial Economics,1986,34(3):319-330.

③ Williamson O E. Innovation and Market Structure[J]. Journal of Political Economy,1965, 73(1): 67-73.

④ Krafe K. Market Structure, Firm Characteristics and Innovative Activity[J]. Journal of Industrial Economics, 1989,37(3):329-336.

得怀疑，因而使得以后者为基础的反垄断分析和政策大打折扣。

内容摘要

◎ 研究与开发是指各种研究机构、企业为获得科学技术新知识，创造性地运用科学技术新知识，或实质性改进技术、产品和服务而持续进行的具有明确目标的系统活动。

◎ 研发的分类，国际上最通用的是三分法，即将研发分为基础研究、应用研究和开发研究。

◎ 企业研发模式有：开拓型企业研发模式、分析型企业研发模式、防守型企业研发模式、反应型企业研发模式。

◎ 熊彼特认为，创新是指把一种新的生产要素和生产条件的“新结合”引入生产体系，是“生产函数的变动”。这种新组合包括以下内容：引进新产品、引入新技术、开辟新的市场、控制原材料新的供应来源、实现工业的新组织。

◎ 关于企业规模、市场结构与创新的关系，熊彼特认为大型企业、集中市场有利于创新活动，而阿罗主张小企业、分散市场更有益于创新。

关键词

研发；研发模式；新产品；创新；熊彼特-阿罗之争；熊彼特假说

思考与练习

1. 研发如何分类？企业研发的对象是什么？
2. 企业研发模式有哪些？
3. 简述西方企业研发的演进历程。
4. 创新对企业研发的意义有哪些？
5. 简述熊彼特的创新内涵。
6. 简述熊彼特-阿罗之争的主要内容。

第六章　企业并购行为

本章结构图

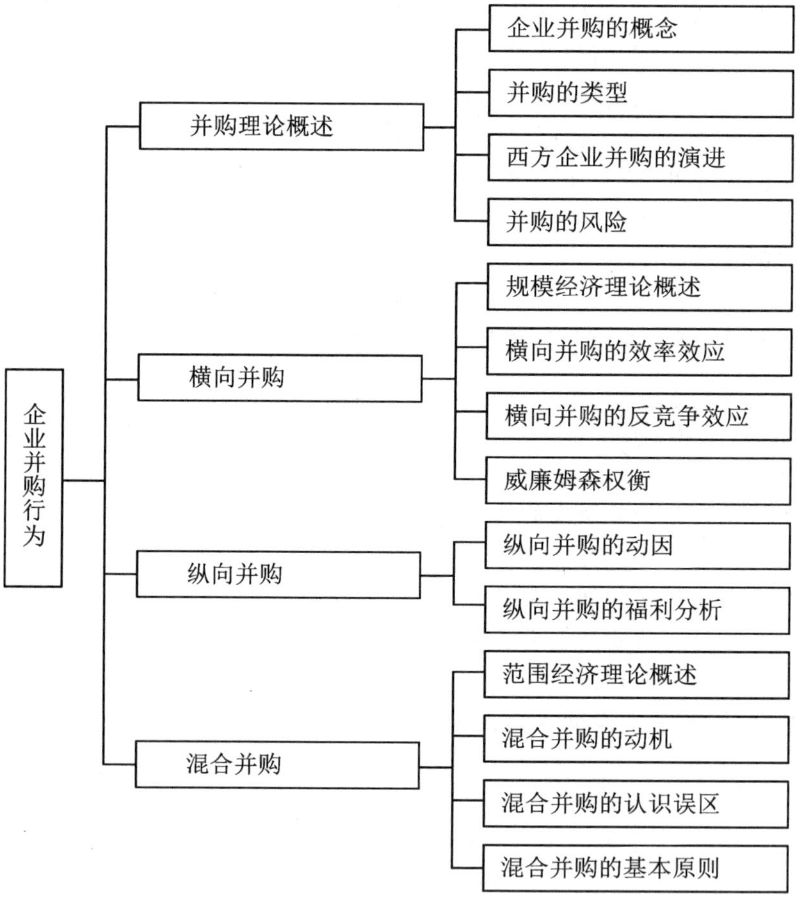

学习目标

通过本章学习，了解横向并购、纵向并购、混合并购的基本概念，掌握横向并购、纵向并购和混合并购的动机，学会应用并购理论解释中国产业并购的态势。

第一节　并购理论概述

一、企业并购的概念

并购的内涵非常广泛，一般是指兼并(merger)和收购(acquisition)。

兼并又称吸收合并，即两种不同的事物因故合并成一体，指两家或者更多的独立企业、公司合并组成一家企业，通常由一家占优势的公司吸收另一家或者多家公司。简单地说，有A、B两个企业，如果A企业兼并B企业，那么B企业就不存在了，成为A企业的一个组成部分。广义上的兼并结果可能出现如下几种可能：一是B企业不存在，成为A企业的一个组成部分；二是A企业兼并B企业后，A、B企业都解散而成立一个新的企业C；三是A企业兼并B企业后，A、B企业都存在，但A企业控制了B企业。

收购是指一家企业用现金或者有价证券购买另一家企业的股票或者资产，以获得对该企业的全部资产或者某项资产的所有权，或对该企业的控制权。与并购意义相近的另一个概念是合并(consolidation)，它是指两个或两个以上的企业合并成为一个新的企业，合并完成后，多个法人变成一个法人。

并购的实质是在企业控制权运动过程中，各权利主体依据企业产权制度安排而进行的一种权利让渡行为。并购活动是在一定的财产权利制度和企业制度条件下进行的，在并购过程中，某一个或某一部分权利主体通过出让所拥有的对企业的控制权而获得相应的收益，另一个部分权利主体则通过付出一定的代价而获取这部分控制权。企业并购的过程实质上是企业权利主体不断变换的过程。

案例短析

方兴未艾的中国企业并购

2012年7月，中国并购市场共完成68起并购交易，其中，披露金额的有63起，交易总金额为22.04亿美元，平均每起案例资金规模约为3 499万美元。与同年上月相比，并购数量基本持平，市场热度变化不大。其中，国内并购60起，占并购案例总数的88.2%，披露金额的有57起，披露金额为13.77亿美元，占比62.5%；海外并购8起，占比11.8%，披露金额的有6起，披露金额为8.28亿美元，占比37.5%。交易金额最大的海外并购案例是民营企业四川波鸿实业有限公司斥资2.45亿美元成功收购了加拿大威斯卡特100%的股权。该案例是中国本土企业实施“走出去”发展战略的又一历史性创举，对中国在汽车零部件行业的发展具有推动作用。

二、并购的类型

根据并购的不同功能或根据并购涉及的产业组织特征，可以将并购分为以下三种基本类型。

（一）横向并购

横向并购又称为水平并购，是企业扩张的一种基本形式，指并购参与双方处于同一行业内的并购活动，换言之，横向并购是一种竞争者之间的并购。企业间通过横向并购获得规模经济效应，提高市场占有率和竞争力，从而达到在市场竞争中取胜的作用。

由于横向并购参与主体是同一行业内的竞争对手，直接弱化了竞争，因此，横向并购一直也是各国反垄断部门关注的焦点。但横向并购能给社会带来两种截然不同的效应：一方面，并购后的企业可以充分获得规模经济，另一方面，并购后的企业市场势力提升会侵蚀消费者的福利。如何权衡横向并购的规模经济效应和市场势力效应，历来是产业组织理论争论的焦点问题之一，左右着各国反垄断和并购政策的实施方向。

（二）纵向并购

纵向并购也称为垂直并购，是发生在同一产业的上下游企业之间的并购。纵向并购的企业之间不是直接的竞争关系，而是供应商和需求商之间的关系。因此，纵向并购的基本特征是企业在市场整体范围内的垂直一体化。从纵向并购的方向看，有前向并购和后向并购之分。前者是指生产原材料的企业通过并购向加工业务拓展，或者制造业企业向流通领域业务延伸；后者是指装备制造业企业通过并购向零件或者原材料生产等业务拓展。

纵向并购发生在同一产业的上下游之间的企业并购，并没有直接弱化产业竞争环境。通常，企业实施纵向并购是为了获得产业链的供应安全，旨在减少流通环节，节约交易费用。正因为如此，芝加哥学派认为纵向并购是企业对不确定的市场环境的理性反应，不应该成为反垄断部门关注的焦点。

（三）混合并购

混合并购是发生在不同行业企业之间的并购，既非竞争对手，也非潜在客户或者供应商的企业之间的并购。从理论上看，混合并购的基本目的在于分散风险，寻求范围经济。在面临激烈竞争的情况下，各行各业的企业都不同程度地想到多元化经营，混合并购就是多元化的一个重要方法，为企业进入其他行业提供了有力、便捷、低风险的途径。

上面的三种并购活动在我国的发展情况各不相同。目前，我国企业基本摆脱了盲目多元化的思想，更多的是横向并购。数据显示，横向并购在我国并购活动中的比重始终在50%左右，横向并购毫无疑问是对行业发展影响最直接的。混合并购在一定程度上也有所发展，主要发生在实力较强的企业中，相当一部分混合并购在行业中都有着比较好的效益，但发展前景不明朗。比较而言，纵向并购在我国发育不成熟，基本集中在钢铁、石油等能源与基础工业行业。这些行业的原料成本对行业效益有很大影响，因此，纵向并购成为企业强化业务的有效途径。

三、西方企业并购的演进

（一）以横向并购为特征的第一次并购浪潮

19世纪下半叶，科学技术取得巨大进步，大大促进了社会生产力的发展，为以铁路、冶金、石化、机械等为代表的行业大规模并购创造了条件，各个行业中的许多企业通过资本集中组成了规模巨大的垄断公司。在1899年的美国并购高峰时期，公司并购达到1 208起，是1896年的46倍，并购的资产额达到22.6亿美元。在1895—1904年的并购高潮中，美国有75%的公司因并购而消失。在工业革命发源地英国，并购活动也大幅增长，1880—1981年，有665家中小型企业通过兼并组成了74家大型企业，垄断着主要的工业部门。后起的资本主义国家如德国，虽然其工业革命完成比较晚，但企业并购重组的发展也很快。1875年，德国出现第一个卡特尔，通过大规模的并购活动，1911年就增加到550～600个，控制了德国国民经济的主要部门。在这股并购浪潮中，大企业在各行各业的市场份额迅速提高，形成了比较大规模的垄断。

（二）以纵向并购为特征的第二次并购浪潮

20世纪20年代(1925—1930年)发生第二次并购浪潮。那些在第一次并购浪潮中形成的大型企业继续进行并购，进一步增强经济实力，扩展对市场的垄断地位。这一时期并购的典型特征是纵向并购为主，即把一个部门的各个生产环节统一在一个企业联合体内，形成纵向托拉斯组织。第二次并购浪潮中有85%的企业并购属于纵向并购。通过这些并购，主要工业国家普遍形成了主要经济部门的市场被一家或几家企业垄断的局面。

（三）以混合并购为特征的第三次并购浪潮

20世纪50年代中期，各主要工业国出现了第三次并购浪潮。各国经济经过40年代的低迷和50年代的逐步恢复，在60年代迎来了经济发展的黄金时期，主要发达国家都进行了大规模的固定资产投资。随着第三次科技革命的兴起，一系列新的科技成就得到广泛应用，社会生产力实现迅猛发展。在这一时期，以混合并购为特征的第三次并购浪潮来临，其规模、速度均超过了前两次并购浪潮。

（四）以金融杠杆并购为特征的第四次并购浪潮

20世纪80年代兴起的第四次并购浪潮的显著特点是以融资并购为主，规模巨大、数量繁多。1980—1988年，企业并购总数达到20 000起，1985年达到顶峰。多元化的相关产品间的“战略驱动”并购取代了“混合并购”，不再像第三次并购浪潮那样进行单纯的无相关产品的并购。此次并购的特征是：企业并购以融资并购为主，交易规模空前；并购企业范围扩展到国外企业；出现了小企业并购大企业的现象；金融界为并购提供了方便。

（五）第五次全球跨国并购浪潮

进入20世纪90年代以来，经济全球化、一体化发展日益深入。在此背景下，跨国并购作为对外直接投资(FDI)的方式之一逐渐替代跨国创建而成为跨国直接投资的主导方式。从统计数据看，1987年，全球跨国并购仅有745亿美元，1990年就达到1 510亿美元。1995年，美国企业并购价值达到4 500亿美元，1996年上半年这一数字就达到2 798亿美元。2000年，全球跨国并购额达到11 438亿美元。但是从2001年开始，由于受欧美等国经济增长速度的停滞和下降以及“9·11”事件的影响，全球跨国并购浪潮出现了减缓的迹象，但从中长期的发展趋势来看，跨国并购还将得到继续发展。

四、并购的风险

企业并购后可以产生协同效应，在合理配置资源、减少内部竞争等方面有优势，但也存在大量风险，尤其财务风险最为突出。

（一）融资风险

企业并购通常需要大量资金，如果筹资不当，就会对企业的资本结构和财务杠杆产生不利影响，增加企业的财务风险。同时，只有及时足额地筹集到资金才能保证并购的顺利进行。按筹资的方式不同,融资风险可分为两种情况:① 债务性融资风险。企业负债筹资的方式有两种:一种是长期借款,但是银行信贷资金主要是补充企业流动资金和固定资金的不足,没有进行企业并购的信贷项目,因此,难以得到商业银行支持;另一种是发行企业债券,虽然资金成本较低,但筹资时间长,筹资额有限。② 权益性融资风险。发行普通股是企业筹集大量资金的一种基本方式,而且没有固定利息的负担,筹资风险小。但是,股利要从净利润中支付,资金成本高,而且无法享受纳税利益。

(二) 目标企业价值评估中的资产不实风险

由于并购双方的信息不对称,企业看好的被并购方的资产,在并购完成后有可能存在严重高估,甚至一文不值,从而给企业造成很大的经济损失。并购过程中人的主观性对并购影响很大,并购并不能按市场价值规律来实施。并购本身是一种商品交换关系,所以需要建立服务于并购的中介组织,降低并购双方的信息成本且对并购行为提供指导和监督。

(三) 反收购风险

如果企业并购演化成敌意收购,被并购方就会不惜代价设置障碍,从而增加公司收购成本,甚至有可能会导致收购失败。

(四) 营运风险和安置被收购企业员工风险

企业在完成并购后,可能并不会产生协同效应,并购双方资源难以实现共享互补,甚至会出现规模不经济,整个公司反而可能会被拖累。而且并购方往往会被要求安置被收购企业员工或者支付相关成本,如果公司处理不当,往往会因此而背上沉重的包袱,增加其管理成本和经营成本。

第二节　横 向 并 购

横向并购是企业扩张的一种基本形式,企业间通过实施横向并购,能够充分利用并购后企业的规模经济效应来扩大市场竞争力,达到在市场竞争中取胜的目的,同时,横向并购也会带来合谋和单边市场势力等反竞争效应,因此,要权衡这两种效应。

一、规模经济理论概述

(一) 规模经济的内涵

规模经济(economic of scale),是指生产和经销单一产品的单一经营单位,因规模扩大而减少了生产或经销的单位成本时而导致的经济。规模经济反映的是生产要素的集中程度同经济效益之间的关系。规模经济的优越性在于随着产量的增加,长期平均总成本下降。但这并不仅仅意味着生产规模越大越好,因为规模经济追求的是能获取最佳经济效益的生产规模。一旦企业生产规模扩大到一定的程度,边际效益就会逐渐下降,甚至趋向零,乃至变成负值,引发规模不经济现象。如图 6.1 所示,企业产量低于 Q^*,历经规模经济阶段;而当产量高于 Q^*,历经规模不经济阶段。

产业组织理论认为,规模经济至少包括两个层次:规模内部经济和规模外部经济。规模内部经济是指随着生产规模扩大,平均成本下降,表现为 LAC 曲线下降;而当 LAC 曲线上升时,表现为规模内部不经济。因此,LAC 曲线也称作规模内部经济曲线。规模外部经济是指众多企业在局部空间上的集中而产生的聚集经济，表现为 LAC 曲线的向下移动带来成本节约，如图 6.2 所示。外在经济产生的原因是由于厂商的生产活动所依赖的行业外界环境得到改善而产生的。外部规模经济是一种经济外部性表现，其产生的原因可能是行业地理位置的集中带来的专业化投入要素市场的成本节约，也可能是行业内每个企业从整个行业的规模扩大中获得更多的知识积累，即阿罗（Arrow）所说的"干中学"（learning by doing）效应。①通常意义上讲的规模经济是指规模内部经济，本书也把规模经济等同规模内部经济，而把规模外部经济视作规模经济的实现条件，作为企业的中观环境来讨论。

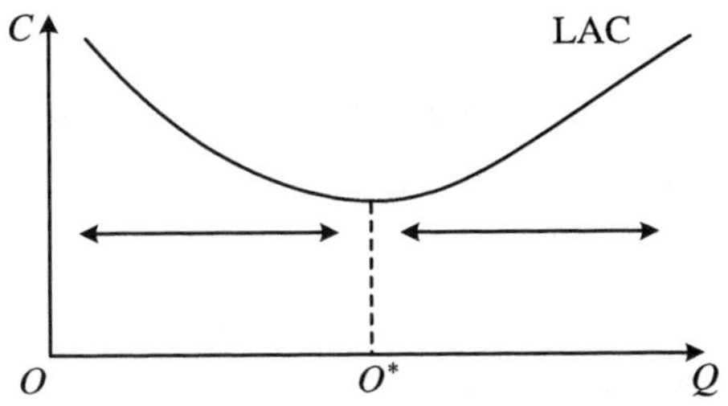

图 6.1　规模内部经济

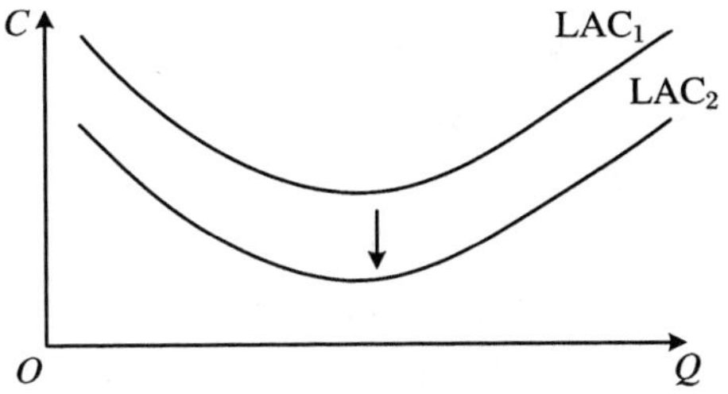

图 6.2　规模外部经济

（二）规模经济的成因

1．专业化分工

规模经济的成因首先是由于专业化分工和协作的经济性。从亚当·斯密开始，经济学家很早就已经注意到分工的重要性，对专业化分工和协作带来的经济性曾有过精辟的论述。亚当·斯密关于扣针制造业通过劳动分工提高生产效率的著名例子，一直为后人广为引用。在这个例子中，在分工协作生产前，即便是再熟练的工人每天制针 20 枚，而实行分工协作后，平均每人每天能制针 4 800 枚，生产效率提高了 240 倍。亚当·斯密还分析了分工协作提高劳动生产率的原因：一是劳动者的技巧因专业而日渐改进，这其实就是阿罗强调的"干中学"效应；二是分工可以减少从一种工序转向另一种工序的转换时间；三是激励简化劳动和缩减劳动时间的机械、技术的发明。新古典经济学认为，大企业在分工协作方面比小企业拥有天然优势，分工和协作也是规模经济的基础。同时，企业规模的扩大，也为管理和技术人员的专业化创造条件。大型企业通过优化内部组织，有利于企业整体管理水平的提升，也有利于使用现代办公自动化设备，增强信息处理能力。

2．大型专用设备使用的不可分割性

企业规模越大，就越能使用效能比更高的专用设备。在实际生产中，大型专用设备具有天然的不可分割性。任何生产设备客观上都在加工对象达到一定数量时才可能进行，很难想象几千立方米容积的高炉仅为几吨钢铁而开工。一个明显的例子是，石油的储藏成本大体上与建造储油罐使用的钢材成本相关，由几何学可知，钢材用料的增加幅度总是小于储油罐体积增加的幅度。2 m^2 的储油罐储存量（效能）是 1 m^2 储油罐的 8 倍，但材料（成本）仅是后者的 4 倍。这种经济性在石油、化工、钢铁、水泥等装置型产业表现得特别明显。

① 外部规模经济理论首先由著名经济学家马歇尔在 1890 年提出的，后经克鲁格曼等学者的完善而得到发展。外部规模经济理论认为，在其他条件相同的情况下，行业规模较大的地区比行业规模较小的地区生产更有效率，行业规模的扩大可以引起该地区厂商的规模收益递增，这会导致某种行业及其辅助部门在同一或几个地点大规模高度集中，形成外部规模经济。

3. 标准化和简单化的经济性

大规模企业所采用的批量生产方式有利于实现生产过程简单化和操作流程标准化，从而有利于增加产量，提高产品质量，降低成本。同时，标准化和简单化使企业采用大型、专用设备和高效率的流水作业方式成为可能。这些都能提高经济效率。

4. 大批量采购、销售和运输的经济性

大企业在原材料和中间产品采购过程中，一方面可以减少小批量采购在进货环节上的交易成本，还可以享受更高的价格批量折扣；大批量销售过程可提高广告等促销活动的经济效益，降低单位产品的销售费用。同时，只有规模销售才能支撑企业设立销售服务机构，以提高销售效率，从而更好地满足顾客需要；另一方面，随着企业市场范围的扩大，大规模运输可以降低单位运输成本。假设企业的市场销售半径为 R，市场覆盖范围为 πR^2。理论上，市场覆盖范围扩大 4 倍，运输距离和相应的运输成本只需扩大 2 倍。此外，大规模运输还可以提高整车运输的经济性。

上述规模经济的成因分析中，既有生产技术方面的因素，又有交易成本的因素。可见，规模经济的利用结果正是从生产和交易两条途径降低企业总成本，提高经济效益。

（三）企业适度规模经营问题

从规模经济的成因分析中，人们自然联想到一个重要问题，即是否企业规模越大，效率越高。如果对这个问题的回答是肯定的，其背后的逻辑就是计划经济在资源配置上是最有效的。因为，在计划经济体制下，由计划管理部门统筹全部经济活动，整个国民经济俨然就像是一个"大工厂"。实际上，正所谓量变会引起质变，"物极必反"，导致规模经济的成因也是造成规模不经济的源泉。经济学家和管理学家都曾对规模不经济有过深入研究。斯蒂格勒认为"规模收益会因为企业规模扩大而递减。企业越大，为中央决策提供必要的信息和执行决策履行的手续越繁杂"。具体来讲，就是企业规模过大，就会出现因为管理层次和管理幅度的拉大使得信息在纵向、横向传递过程中发生"过滤"后的失真现象，从而导致决策失误。从实践上看，二战以后日本经济的快速发展得益于规模经济，但盲目追求规模经济神话也使得进入 20 世纪 80 年代以后，日本许多巨型跨国企业出现组织惰性问题。哈佛大学管理学家来宾斯坦教授提出的"X-非效率"理论认为，大企业特别是垄断性大企业，外部竞争压力小，内部管理层次多，使得利润最大化的经营目标难以实现，导致企业内部资源配置效率降低。

既然规模扩大给企业经营效率带来正反两方面影响，经济学家自然就会关注所谓适度经营规模问题，新制度经济学对此有过精辟的研究。在新制度经济学家科斯看来，价格机制的运行不是无摩擦的，经济主体寻找最合适的交易伙伴会产生搜寻成本、签约成本和履约成本，总之，市场机制的运行需要交易成本。当市场运行价格机制的交易成本比较高时，于是经济主体有动力将其内在化于企业内部，利用内部忠诚的员工关系取代市场的不确定性。科斯同时也强调，虽然企业内部通过层层组织配置资源，节约了交易成本，但也会滋生组织成本，或者说官僚成本。如此看来，企业和市场是稀缺资源配置的两种替代方式，当交易成本比较高时，通过企业取代市场；而当组织成本比较高时，市场又会取代企业。而当同样一笔交易，无论是通过企业内部，还是通过外部市场产生的增量成本在边际上相等时，企业的最优规模就会被内生决定。

科斯的交易成本理论在最优企业经营规模上着实有理论创新，但其最大问题是缺乏可操作性，因为交易成本的测度在经济学界一直是悬而未决。理论上讲，企业最优经营规模就是长期平均成本曲线 LAC 的最低点对应的产量水平。实证研究表明，最优规模并不是一个具体产量，而是一个产量区间。任何一个产业，客观上也都存在一个能够实现规模经济的最低产量，也就是行业的最小最优规模度，简称 MES(minimum efficient scale)。于是，基本可以认定各行业的 MES 就是行业内企业产业组织意义上的最优规模。[①]

二、横向并购的效率效应

横向并购的效率效应表现在两个方面：一是并购后的企业规模扩大，有利于实现规模经济效应；二是并购后的企业容易实现更合理的内部资源配置，发挥组织资本的作用，实现管理上的协同效应。

1. 规模经济效应

规模经济效应是横向并购效率提升的主要来源。横向并购会引起工厂规模扩大，带来特定生产要素的重新组合，可使用更先进的技术和工艺，有利于专业化分工与协作的形成。由于研发活动本身也存在规模经济，大规模经营企业在研究与开发方面可能比小企业做得更好。[②]此外，规模经济效应还可以通过管理费用的分摊、营销资源的综合应用、投入品的批量折扣、融资能力的提升等途径实现。

2. 管理上的协同效应

所谓管理上的协同效应是指两个管理能力具有差异的企业发生并购活动后，合并企业将受到强管理企业的影响，表现出大于两个独立企业管理能力之和的现象。并购本身就是高效率的管理团队取代低效率的管理团队的过程，并购后的企业管理能力提升就不难理解了。

组织经验和组织资本是企业的管理资源，同时他们也是一种隐形资产，管理协同效应是合理配置管理资源的结果。管理资源分为一般管理资源、行业专属管理资源、企业专属非管理人力资源等。对于一般管理资源它适应于一般性的管理活动，因而其获得的途径也较多；行业专属资源与行业特点相关，可以通过内部学习或与并购相关行业的企业来获取；虽然企业专属非管理人力资源同样能通过学习或并购相关行业企业来获得，但由于其特殊性，它更注重组织的管理要素在恰当比例配置下，通过长期的积累和学习来获得。如同一行业或者相关行业中存在甲、乙两家公司，假设甲的专属资源与一般管理资源的比例要大于乙公司的这一比例，那么甲对乙的收购将会把甲过剩的专属资源转移到乙的经营中去，从而使整体的专属资源与一般管理资源更为均衡。这不仅解决了管理能力较低的企业如何增加专属能力的问题，还为某些企业解决管理能力过剩提供了可行的方法，从而实现了管理要素按恰当比例配置的目的。在这一过程中，要素的合理流动还有利于衍生新的管理资源，从而为进一步提升企业的管理能力提供了可能。

三、横向并购的反竞争效应

横向并购的反竞争效应通常表现在两个方面：一是合谋效应，由于并购减少了行业内企业数量，提高了企业间达成合谋协议的可能性；二是单边效应，并购后企业的市场势力增强，

---

① 但如何测度行业内企业的 MES 涉及复杂的工程技术分析，本书不详细讨论。

② 关于企业规模和研发创新关系，产业组织学界存在重大争论，称作“熊彼特-阿罗”之争。熊彼特认为大企业是经济增长的发动机，在创新方面具有优势，阿罗认为小企业或分散市场更具有创新活力。

在不与其他企业协调的情形下，就能通过其市场地位优势减少产量、提升价格，从而损害消费者福利，造成社会福利的损失。

（一）合谋效应

合谋理论亦即卡特尔理论，横向并购会促进企业之间更容易、更稳定和更有效的协调行动，维持卡特尔的有效运作。协议和忠诚问题是卡特尔两个基本问题，横向并购减少了行业内企业数目，能有效缓解监督合谋协议遵守的搭便车行径，也有利于迅速发现和惩罚背叛行为的机制形成。

寡占依赖理论认为，企业间的横向并购会提高集中度，形成寡占市场结构。垄断竞争理论创始人张伯伦认为，一旦集中度超过某个临界水平，寡头们就会意识到彼此的依赖性，并将产量协调接近至垄断程度。这个过程并不需要签订具有约束力的垄断协议，只需要厂商对决策的直接或间接后果有一个简单的认知就够了。哈佛学派更是坚定认为，市场集中度和行业寡占势力高度正相关。由于横向并购提高了市场集中度，市场势力的增加会导致企业之间合谋，并因此削弱市场竞争。除了集中度影响合谋效应以外，产品差异化、成本差异、折现率等，都会影响合谋的稳定性。一般说来，产品差异化和成本差异越小，折现率越低，这样的行业厂商更可能倾向于限制价格、维护市场势力，在长期的市场活动中取得经济利润。①

（二）单边效应

早期对并购的反竞争效应集中于横向并购使寡头间协作更便利或协作更有效，即关注并购的协同效应，近年来，反垄断机构在并购审查中逐渐重视并购本身的单边效应。单边效应描述某项并购怎样通过提价使并购后的企业获利，无须像协同效应那样假定对手反应后通过重复博弈得到某个均衡。单边效应理论最早由 1983 年萨兰特等在《横向并购的效率损失：市场结构中古诺-纳什均衡的外生变化效果》一文中提出，后经过夏皮罗等人完善形成较完整的理论体系。单边效应理论并不深奥，借助一个简单实例便于解释。在一个产品差异化的市场中，不同企业的产品对消费者的替代性不同，产品间的竞争程度也不同。如果消费者认为是其最优选择和次优选择的两个企业兼并，并购的企业就可以从兼并中获得足够市场势力。因为，消费者转换产品会牵制并购前任何一个企业对其产品提价，而并购后市场份额易手内部化能够将其中一种产品价格提高到并购前价格水平之上，从而损害竞争。

一般来说，单边效应的影响因素有以下几个方面：一是市场集中度。在其他因素不变的情况下，并购后市场企业数量越多，企业并购后市场集中度和市场势力变化就越小，并购后企业的单边市场势力有限，对社会福利的损害也越轻。二是企业市场份额。并购后的企业市场份额越大，该企业的市场份额就越高，企业并购造成的竞争损害就可能更大。三是消费者转换供应商的能力。企业的单边势力很大程度上受制于替代品厂商的供给替代，或者说消费者转换供应商的能力；如果价格提高后，消费者能十分方便地转向其他供应商，则大大牵制了主导性厂商的单边市场势力。四是进入条件。企业行使单边市场势力不仅受到现有竞争对手的影响，还受制于潜在的竞争。进入壁垒影响新企业进入一个行业的难度和速度。可竞争市场理论认为，在一个非常容易进入的市场，并购就不会对竞争产生实质性影响。

---

① 折现率是对时间偏好的一种度量。一个具有高折现率的厂商对近期利润给予较高权重，而对未来利润赋予较低权重。

四、威廉姆森权衡

横向并购创造效率并导致资源节约，同时也会创造或维护市场势力，即控制价格的能力。在反垄断法实施过程中的经营者集中问题上，对横向并购的态度存在一个两难选择。为了解决这一难题，威廉姆森 1968 年建立了一个既能权衡增强市场势力又产生效率的并购分析模型，学界现在称之为“威廉姆森权衡”（Williamson tradeoff）模型。

威廉姆森应用新古典的局部均衡理论，继承了哈伯格早期的垄断福利损失的传统，借助图 6.3 来说明其原理。为简化分析，假设并购前没有市场势力，图中 D 是市场需求曲线，C_1 是并购前的平均成本曲线（为简化分析也是边际收益曲线），C_2 是并购后企业的成本曲线。社会福利最大化定义为消费者剩余和生产者剩余之和最大。

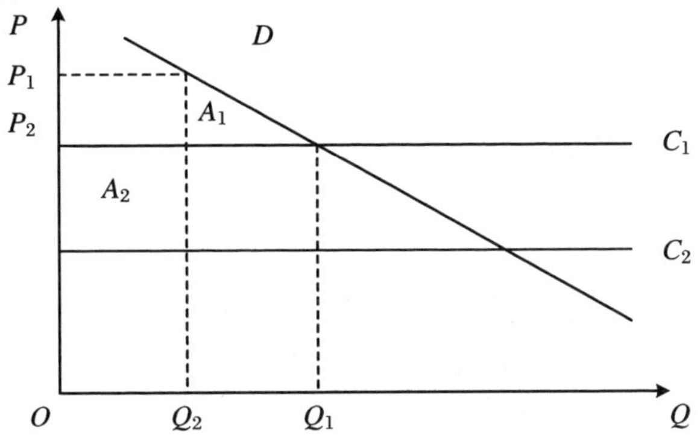

图 6.3　威廉姆森权衡

图 6.3 中，三角形 A_1 的面积表示因横向并购导致价格上涨，消费者剩余减少的面积。而四边形 A_2 的面积表示横向并购因规模经济带来的成本节约，所以 A_2 减去 A_1 就是社会因横向并购带来的净福利。不难看出，社会净福利的正负与市场需求弹性 ε、并购前后价格变动 ΔP 相关。威廉姆森的主要论点是在需求弹性 ε、并购前后价格变动 ΔP 合理值的假设下，福利增加值很容易抵消福利损失。至少在并购前没有市场势力或很小的情形下，该模型显示出并购后即便是相当小的成本下降也能足够抵消相当大的价格上升。威廉姆森模型的政策含义十分明显，当反垄断执法机构面临市场势力和效率两难选择时，政策制定应首先考虑效率。

第三节　纵 向 并 购

纵向并购是同一产业链的上下游企业之间的并购活动。企业通过纵向并购可获得被并购企业的所需资源，也可以通过纵向并购进行业务延伸，完成企业的产业扩张，实现纵向一体化。关于企业纵向并购的动因，存在多种理论解释，这里主要选用新制度经济学的理论研究成果。

一、纵向并购的动因

企业为什么要做纵向并购，或者垂直一体化呢？以科斯为代表的新制度经济学认为，垂直一体化的动因源于企业之间制定合约的交易成本。这些交易成本反映了人类认知的性质和企业之间关系的不确定性。按此观点，纵向并购实质就是企业面临不确定性和机会主义时，将市场交易转变为在企业内部进行，以减少交易成本的理性反应。

（一）改善有限理性的状况

人类认知性质的一个显著特征就是有限理性。经济学总喜欢假定理性人全知全能，但在实际决策时，人类只拥有有限的能力。由于世界是复杂而又不确定的，人们不可能预见到所有偶然的事情。如果一个企业的主要投入品和营销渠道依赖于市场，在该企业不可能依据其指定计划精确完成各种交易时，就会产生各种意想不到的情况，使企业蒙受损失。通过纵向并购，把关键的投入-产出关系置于企业内部，企业就可以获得当市场不能有效运行时的高度弹性和灵活性。

（二）避免机会主义行为

机会主义是指人的伺机牟利倾向，这是每一个经济人的基本行为特征。在一个不确定的世界里，机会主义行为也会使企业间产生交易成本。例如，一个企业的供应商因市场的变化，从自身利益出发随时改变供应关系和价格条件，这会使该企业猝不及防而发生重大损失。通过垂直一体化，企业就可以用企业内部的确定性关系和员工忠诚度，去替代纯粹的市场关系下不可能存在的直接信任关系。

（三）防止少数成员讨价还价

当市场中仅存在少数供应商或者流通商时，讨价还价问题或者“敲竹杠”问题就会发生。当供应商漫天要价时，企业能够做得最有效的事情就是选择自己独立生产投入品。少数成员的讨价还价成为纵向并购的动因，其关键在于资产的专用性。资产专用性是指在经济活动中所形成的专门性用途。一旦资产的专用性特征形成，由于改作他用会出现报废或者改装成本的情况，因此，厂商的沉淀成本就会很高，这在一定程度上制约了厂商的转产和退出行为。为维系产业链安全，要求企业投资于高度专用性资产，一方面可以制约厂商的机会主义动机，另一方面沉淀成本的存在，会提高进入者的进入门槛，这在一定程度上降低其他供应商的竞争压力。随着资产专用性程度增加，少数成员的讨价还价问题就变得越来越严重，垂直一体化就会变的越有吸引力。

案例短析

纵向并购为何增多？

从上海联合产权交易所传出的信息表明：2008 年，以上下游生产要素整合为目标的纵向并购交易明显活跃，同比增长 228.32%。同期，横向并购同比增长率为 93.58%。“危机来临时，产业链上下游资源整合需求增加，纵向并购就会增多，这也是历史的经验。”上海联合产权交易所副总裁吴红兵说。

纵向并购的目的在于控制某行业、某部门生产与销售的全过程，通过市场交易行为内部化，有助于减少市场风险，加速生产流程，缩短生产周期，使企业明显地提高同供应商和买主的讨价还价能力，减少交易费用，获得一体化的综合效益。同时，纵向并购还可以避开横向并购中经常遇到的反托拉斯法的限制，易于设置进入壁垒。比如，在软件行业，IBM、微软、Oracle 等软件巨头为完善自身产业链而进行了疯狂的纵向并购，IBM 以 50 亿美元现金收购商业智能解决方案提供商 Cognos；Oracle 以 33 亿美元现金收购商业智能软件公司海波龙（Hyperion Solutions）；SAP 以 48 亿欧元收购法国商业智能软件开发商博奥杰（Business Objects）。

（四）解决有限信息问题

阿罗认为，如果投入品上游企业是随机的，那么上游生产者对已实现的供给具有更多的信息，下游企业的生产者将有动力实行后向一体化，以改进它们对投入品市场的信息质量。生产中间产品的企业还可以通过前向一体化向最终产品市场延伸，这样中间产品厂商更接近目标顾客和消费市场。通过掌握消费者需求变化的动态信息，中间产品厂商能更好更快地调整生产以适应市场需求的变化。

（五）实施价格歧视

如果企业具有市场势力，那么它以不同的需求价格弹性划分顾客群体，实施价格歧视的做法就有利可图。然而，实施价格歧视的必要条件是防止市场"串货"，即必须保证低价购买到的高弹性顾客不能以任何方式转售给低弹性顾客。如果投入品企业将产品卖给不同需求弹性的企业，它可对高弹性的最终产品市场实施前向一体化，就可对低弹性市场的顾客索取高价。这就从根本上杜绝了转售的可能性，由此能保证价格歧视的有效实施。

二、纵向并购的福利分析

由于纵向并购发生在同一产业链上下游企业之间，并不构成对竞争的直接损害，且减少流通环节，节约交易成本。正因为如此，芝加哥学派认为纵向并购是企业缓解信息缺失、避免市场失败的理性反映，能有效增进社会福利，应该对其实施相对宽容的反垄断政策。但批评者认为，即便是节约交易成本的纵向并购，也会对市场竞争产生间接损害，导致社会福利下降，主要是由进入壁垒和市场封锁两种途径造成的。

（一）进入壁垒效应

通过纵向并购获得高质量的关键投入品企业，相对于那些不幸的竞争对手来说，可以享受更多的成本优势。对关键的投入品具有市场势力的一体化企业，可以对有关非一体化的企业行使市场力量，使其处在一种成本劣势状态。如果需要，还可以运用实力教训那些敌对者。

纵向并购客观上也提高了进入某行业的进入壁垒。纵向并购意味着一个新进入者必须同时进入与一体化相关的两个市场，这会大大增加进入者投资的绝对规模。潜在的进入者的绝对成本劣势根源于金融市场的不完备性，市场无法分离出高资质进入者和低资质进入者。由于有限理性和机会主义，资本市场上新企业的交易成本相对较高，资本市场对它们大量投资于新生产能力的行为会收取额外的风险保证金。从效率观点看，尽管纵向扩张是必需的，但是它们具有提高进入壁垒的效应。

（二）市场封锁效应

纵向并购还会明显出于限制竞争的动机，即产生市场封锁效应。市场封锁效应是指实际或者潜在的竞争对手对于供给方或用户的接入受到限制或者排斥的情形，由此导致并购主体增加市场支配力,从而提高市场价格,损害消费者。考虑这样一种情况,上游有两家生产计算机芯片的厂商,下游有两家计算机制造商向公众出售计算机。假设它们只进行价格竞争,上游两家企业生产相同的芯片。这种情况下,纵向并购产生限制竞争的原因是十分简单的。假如一家芯片制造商与一家计算机制造商并购。一体化的计算机生产商仍以边际成本的价格获得芯片,然而一体化的企业可能不再向下游制造业企业供应芯片。如果独立的计算机制造商仍可以向独立的芯片制造商购买芯片,那么结果有什么变化?此时与下游计算机制造商的交易中,剩下的芯片制造商处于市场垄断地位。相应地,由于不再受到竞争约束,该芯片制造商会提高芯片批发价格。面对更高的投入成本,独立的下游制造商被迫提高计算机售价,进而使一体化公司可以提高下游计算机价格并获得更多的利润。显然,这一并购没有带来成本的节约,一体化公司仍以成本价购买芯片,然而这一并购改变了独立芯片生产商与独立计算机制造商的关系,并造成了低效率。上游芯片制造商现在可以制定一个高于边际成本的价格,随后下游计算机制造商在批发价基础上进行加价,消费者面临比并购前更高的价格。此时,纵向并购明显降低了社会福利。

第四节 混 合 并 购

混合并购是彼此没有相关市场或者生产过程联系的企业之间的并购行为。大体上包括两类:一是横向并购和纵向并购相结合的并购,二是两个或多个没有上下游技术联系,处在不同市场上的企业间并购。混合并购后的企业,会在多个不直接相关市场上经营,亦即多元化经营。因此,企业从事多元化经营与混合并购的动机类似,而多元化经营的主要动机是范围经济。

一、范围经济理论概述

(一) 范围经济的内涵

范围经济(economic of scope),是指单一经营单位内原有的生产和销售过程用来生产或销售多于一种产品而产生的经济节约。范围经济与规模经济相联系,但区别也是十分明显的。同是生产规模的扩大,规模经济中企业只生产或经营一种产品,而范围经济生产或经营多种产品。

规模经济通常使用不断下降的 LAC 曲线表示,而范围经济通常用一个企业生产多种产品的总成本低于多个企业分别生产一种产品的成本之和表示。如式(6.1)所示,$TC(Q_x, Q_y)$是一家企业生产两种产品的总成本,$TC_1(Q_x)$和 $TC_2(Q_y)$分别是单一经营的成本。即由一个企业同时生产产品 x 和 y,比一家企业生产 x、另一家企业生产 y 的总成本要小。

$$TC(Q_x, Q_y) < TC_1(Q_x) + TC_2(Q_y) \tag{6.1}$$

新古典经济学经常使用生产中的互补品为例来说明范围经济,如一家同时经营牛肉和牛皮的联合生产企业成本,总是小于将牛肉和牛皮各自独立起来生产的成本和。范围经济在现实经济中的运输业、金融业和物流业应用十分广泛。如运输业、物流业一般不会只经营从合肥至北京的货物运输,沿线各主要城市都会纳入其中。同样,银行业不会只从事储蓄、信贷业务,还可以经营信托、结算、租赁、保理等许多中间业务。

（二）范围经济的成因

范围经济的成因与规模经济的成因有许多相似之处，像大批量采购、运输和管理的经济性，也是范围经济的成因。此外，范围经济的成因还有以下几个方面：

1. 生产技术设备的多种功能

在科学技术快速发展的过程中，许多生产技术设备具有向标准化、通用化发展的趋势。这些具有通用性的生产技术设备，可以用来生产多种不同的产品，从而提高生产技术设备的利用效率。

2. 零部件和中间产品具有多种组装功能

许多零部件或中间产品具有多种组装性能，可以用来生产不同的产品，因而增加零部件或中间产品的生产批量。

3. 研究与开发的扩散效应

企业一项研究与开发技术成果可以用于多种产品生产，可大大降低单位产品所分摊的研发成本。某些产品的核心技术是相通的，如空调和冰箱，其核心技术都是压缩机制冷技术。一家企业率先在压缩机技术上取得突破，当然希望在多种产品生产上得到应用。这也是为什么在现实生活中，制冷企业往往同时生产空调、冰箱和冰柜等产品。

4. 无形资产的充分应用

无形资产是企业在长期经营中获得的消费者好的口碑和认知度，实际上就是企业商誉。好的商誉作用甚至超过任何广告效应，企业当然希望将这种无形资产应用到多种产品经营中，使其价值得到充分应用。

二、混合并购的动机

（一）降低经营风险

降低经营风险的观点经常被用来解释混合并购的动因。“不要把鸡蛋放在一个篮子里”也是最流行的一种观点，认为通过混合并购可以实现多元化经营，而经营的多元化可以降低风险。如果一个公司只生产单一的产品，则其经营就受制于市场对该产品的需求。如果需求很快减少，则公司不得不削减生产。如果该公司的一个竞争者推出该产品的升级换代产品或者更经济实惠的替代品，那么这个公司就丧失了在市场的竞争能力。而且由于需求和竞争因素是很难预料的，所以，最好的减少风险的办法就是多元化。因为，如果一个公司同时在许多市场经营着不同的产品，则单个产品的削减对整个公司的冲击会较小。

所以，企业往往通过混合并购把经营领域扩展到与原经营领域相关性较小的行业，就意味着整个企业在若干不同的领域内经营。这样，当其中某个领域或行业经营不佳时，可以通过其他领域内的成功经营而得到补偿，从而使整个企业的收益率得到保证，即所谓的“东方不亮西方亮”。

（二）充分利用企业各种资源

企业是能够从事一定独立经营活动的有形资产和无形资产的资源集合。企业通过混合并购进行多元化经营可以充分利用这部分资源。这也是资源利用理论的观点。

具体而言，对资源充分利用的动因可以这样理解：资产是一种固定的生产要素，如铁路，可以把固定成本分摊到尽可能多的品种的产品或服务上，从而降低成本，提高收益；对那些具有季节性需求的产品，生产互补性季节产品，可以提高工厂的利用率；对于具有需求变化的产品，生产几种产品可以弥补由需求的变化而引起的设备利用率的下降；通过混合并购，扩大了企业生产的产品和服务的范围，能充分利用企业的管理才能、技术知识、良好信誉、推销专长或已经建立的经销网络等各种资源。

（三）降低交易成本

混合并购或多样化经营代表了一种获取联合经济收益的机制，即它可以同时将投入品供给许多生产不同最终产品的企业。如多样化经营企业可以同时使用共同的诀窍或技术知识和不可分割的专用性实物资产。由于诀窍是一种将边干边学作为其本质特征的知识，而且诀窍的市场交易为机会主义的利用打开了方便之门，这必然鼓励拥有诀窍的企业将它们置于本企业范围内使用。至于高度的专用性实物资产，与它们的专用性程度相适应，它们服务的市场规模很可能是较小的。因此，运作于单个市场的企业就可能不愿意花巨资投资于专用性资产，为了解决这种市场失灵的可能性，将专用资产使用于经营多样化产业的企业可能常常是最有效率的。

（四）经营者追求自身福利最大化

经营者追求实现自身福利最大化的欲望也是混合并购的一种动机，尤其是一些大的混合并购。由于所有权和经营权的分离，经营者可能不是真正地打算提高企业效率或盈利能力，而是为了他们能拥有更好的福利。例如，他们可能希望实现工资和控制权的最大化，因为经营者的工资可能很大程度上依赖于企业的规模（销售规模或资产规模）；另外虽然企业实现的较大利润不能直接转化为经营者的工资，但较大的利润和企业规模意味着最高经营者拥有更大的随意支配权。由于对企业不同目标的权衡是由那些高管而不是由股东作出的，因此经营者经营企业可能是为了实现企业利润增长和规模某一结合的最大化。研究表明，经营管理者的酬金、威望、公开亮相以及权力等与企业规模增长的关系要比获利能力来得更为密切。

（五）健康经济市场运行的需要

与横向并购和纵向并购一样，混合并购是接管糟糕企业、代替能力低下的经理层的一种有效市场方法。只要资本市场低估一个企业的价值，同时这一事实能被某些足够专业的人士所认识，这种价值低估的情况会经常发生。经理管理的低效率为接管创造机会，对混合并购的大企业来说，兼并被低估价值的企业是其额外的动因。

虽然有限理性和机会主义广泛存在，但信息不对称限制了资本市场的惩罚能力，使那些偏离利润最大化原则的经理不会及时地得到资本市场的惩罚。实际上，企业实际运行中，局外人很难认识到企业经理是否有能力进行有效的经营。对于股票持有者来说，是否应该接受经理层的某些要求（可能错误也可能正确）也是十分困难的。在联合大企业中，这两类成本都会大大降低。因为，对一个企业的经理而言，由其监督一个部门的绩效，比起局外人监督同样独立企业部门的绩效，不仅容易得多，而且耗费少。通过内部审计，企业的经理会明确知道一个部门是否存在管理不当问题。由于企业经理可以直接对其雇员进行激励和约束，如对欺诈进行惩罚，而这是资本市场不能采用的方式，因为机会主义问题在企业内部要少于市场之间。多元化经营用这种方式扮演了微缩资本市场的角色。尽管经营规模小，但拥有更强的信息能力，它比外部资本市场能起到更有效的监督能力。

此外，规避反垄断制裁也可能成为混合并购的一个动因。各国反垄断法限制了企业进行水平并购和垂直并购的规模，因此，企业寻求扩张只能通过混合并购来进行。

三、混合并购的认识误区

混合并购实现多元化经营的最初动因是为了分散风险，但仅仅依靠多元化经营并不足以分散或消除风险，多元化本身有时候也有可能增加风险。认为多元化是分散风险的充分条件存在认识上的误区，这主要从以下几方面体现出来：

（一）企业资源的稀缺性

企业的资源是稀缺的。通过混合并购实行多元化经营的企业，由于经营每个产业都有进入该产业的最低资源需求量，汇总起来后企业的最低资源需求量巨大。但企业的资源总是有限的，如果企业没有足够的资源，资源需求将远远大于供给，使企业的发展时时处在资源不足的硬约束之下。这样导致的直接后果就是由于企业资源分散在多个业务领域，分散了企业在具体业务领域的资源实力，尤其是影响了需要相当资源保证的核心业务或主营业务领域的竞争实力，损害了企业的利润“发动机”，给企业带来风险。鉴于企业的资源总是有限的，只有将资源投入到最有利于企业长期生存与发展的领域之中，才能使企业在残酷的竞争中获得相对优势。

（二）资源的关联程度

对分属于不同产业的业务，企业混合并购后所形成的多元化格局，常常因为企业间的资源关联程度低而导致管理成本剧增。资源关联程度是指企业现有资源与被并购企业所有或所需资源之间的关联性、可转移性和转移效率。关联程度低的多元化经营因为无法实现资源共享，而致使资源占用效率低下，或经营跨度和管理失效而导致管理成本增加，进而导致并购后企业多元化经营的失败。此外，由于业务领域高度分散，不同领域的管理模式各不相同，这就对企业的管理者提出了更高的要求，同时加剧了企业内部集权和分权的矛盾。

（三）财务风险

混合并购把握不好，易带来风险。混合并购涉足的是自己完全不熟悉的行业，基本上没有经验、人才和社会关系，只拥有一定的资金。把资金投入一个未知的黑洞，对市场变化估计不足，仍停留在成功经验的简单复制上，最直接的后果就是带来财务危机。

四、混合并购的基本原则

多元化与专业化同为企业的经营策略与手段，二者并非对立的两极。企业成功与否与多元化和专业化并无直接的联系，关键在于企业对自身的能力、产业和市场的深刻理解与准确定位。在现实中，进行混合并购后导致成功与失败的案例不胜枚举。在是否采用混合并购及其带来的多元化战略时，要着重考虑以下两个方面：

（一）企业能否采用多元化的战略，最直接地取决于企业是否有相当的剩余资源

企业资源包括资金、技术、市场、人才、管理能力等。所谓剩余资源，是指企业在保证主营业务经营与市场占有份额和企业发展战略不受影响的情况下，资源还有所富余。一般来说，若企业不拥有或拥有不多的剩余资源，应优先保证原有战略的可持续实施，即专业化企业应优先拓展专业化的深度（技术核心能力）和广度（市场份额），多元化的企业则要巩固现有的市场地位。只有当剩余资源达到相当程度时，企业才有基础通过混合并购实施多元化战略。海尔集团所奉行的“东方亮了再亮西方”的战略正是这一思想的充分体现。海尔“十

年磨一剑”，把自己最熟悉的行业做大、做好、做强，在有了剩余资源的基础上，再进入别的产品领域经营。

（二）混合并购要有所建树，必须时刻紧扣企业的核心竞争力

以资源为基础的核心竞争力战略理论认为，企业经营战略的关键在于培养和发展能使企业在未来市场中居于有利地位的核心竞争力。企业并购行为也应围绕这一战略展开。核心竞争力是指能够创造独特的客户价值的专门技能或技术，是企业竞争力中最为基本的、使整个企业具有长期稳定的竞争优势，使企业可以获得长期稳定的高于平均利润水平的竞争力。如索尼公司的核心竞争力是产品创新能力，特别是小型化能力，它以此抢先夺得喜新者的市场；松下公司的核心竞争力是质量与价格的协调能力，松下不求新只求以模仿后的适当价位吸引市场；科龙公司的核心竞争力是无缺陷能力，即在产品各个环节消灭错误可能，如他们发现火车运输中有野蛮装卸现象，就专门派人护送列车运输全过程。

案例短析

成亦多元化，败亦多元化

中国企业在实行多元化战略中不乏有许多成功例子，但也有诸多失败案例，可谓是“成亦多元化，败亦多元化”。如海尔的多元化经营战略是：坚持多年的冰箱专业化经营，在管理、品牌、销售服务等方面形成自己的核心能力，占据行业领头位置。从 1992 年开始，海尔根据相关制度逐步从高度相关产业进入，然后进入中度相关甚至相关度较小的产业领域。表现为：首先进入核心技术（制冷技术）、市场销售渠道和用户相同的冰柜和空调行业，逐步向家电和知识密集型产业进军。进入新行业后，就做大做强，努力跻身全国同行业的三甲。另一方面，近年来，也不乏混合并购后多元化经营失败的案例。如巨人集团总裁史玉柱反省其失败的四大失误之一就是盲目多元化经营。巨人集团涉足计算机行业、房地产行业、保健品行业等，行业跨度大，新进入领域并非优势所在，主业还未做得足够强大，却急于铺摊子，资金周转失灵，导致财务危机，拖垮了整个公司。

内容摘要

◎ 企业并购的过程实质上是企业权利主体不断变换的过程。根据并购的不同功能或并购涉及的产业组织特征，可以将并购分为横向并购、纵向并购和混合并购三种基本类型。

◎ 横向并购因为规模经济效应和管理协同效应获得效率提升，但也因为合谋效应和单边效应损害了消费者福利，因此需要进行福利权衡。

◎ 纵向并购减少流通环节，节约交易成本。芝加哥学派认为反垄断不应对其制裁。新制度经济学认为纵向并购的主要动因是缓解有限理性和机会主义。

◎ 混合并购的动因主要是降低经营风险、充分应用企业资源、降低交易成本、经营者追求自身福利最大化。多元化经营是把双刃剑，企业能否采用多元化的战略，取决于企业的剩余资源和是否围绕企业核心竞争力进行。

关键词

并购；横向并购；纵向并购；混合并购；规模经济；范围经济；MES；交易成本；单边势力；有限理性；机会主义；威廉姆森权衡

思考与练习

1. 并购的内涵是什么？对其如何分类？
2. 简述横向并购的动机及对社会福利的影响。
3. 简述纵向并购的动机及对社会福利的影响。
4. 混合并购的动机是什么？企业实施多元化经营应坚持哪些原则？

第七章　价格歧视与垂直限制竞争行为

本章结构图

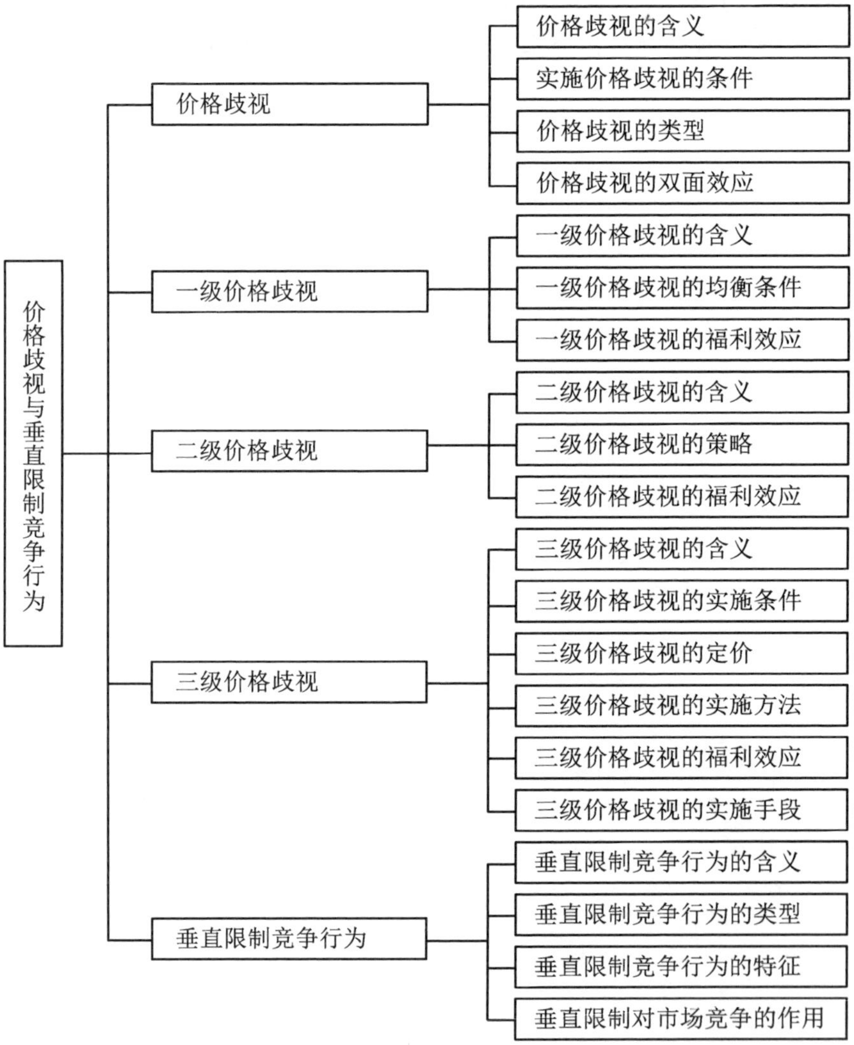

学习目标

通过本章学习，了解价格歧视的含义、分类及其实施条件，理解一级价格歧视及其福利效应，了解二级价格歧视、三级价格歧视的含义及其实施条件，了解垂直限制竞争行为的含义、类型及其特征，学会运用价格歧视理论解释相关的经济现象。

第一节　价格歧视

一、价格歧视的含义

（一）价格歧视的含义

价格歧视（price discrimination）实质上是一种价格差异，通常指商品或服务的提供者在向不同的消费者提供相同等级、相同质量的商品或服务时，在消费者之间实行不同的销售价格或收费标准。例如，对多购买者优惠、对挂急诊高收费、对先期购买者优惠、一个律师对一个需要准备 30 分钟的案件和一个需要准备 8 小时的案件收不相等的费用等。

有学者认为，并非存在价格差别就一定是价格歧视，在不同成本下出现的价格差别不能视为价格歧视。例如，在存在关税和运输成本差别时的差异定价不能视为价格歧视。斯蒂格勒认为，只有当两个或者多个产品出售的价格与它们的边际成本之比存在差异时，才存在价格歧视。

实际上，若经营者没有正当理由，就同一种商品或者服务对若干买主实行不同的售价，则构成价格歧视行为。在完全竞争市场上，所有的购买者都对同质产品支付相同的价格。如果所有消费者都具有充分的知识，那么每一固定质量单位的产品之间的价格差别就不存在了。因为任何试图比现有市场价格要价更高的产品销售者都将发现，没有人会向他们购买产品。然而，在卖方为垄断者或寡头的市场中，垄断或寡头企业为获取高额利润对同种产品制定不同的价格时，就构成了价格歧视。因此，价格歧视是一种重要的垄断定价行为，但其只有在不可套利的情况下，才可能发生。

（二）套利行为释义

套利是指通过买卖从价格差中获利，它不是为了消费而是为了出售而购买，典型情况是存在着批发价与零售价差。有些商品天然就无法套利，不能转售出去，例如，理发、美容等服务，也正因为这样，厂商销售服务比销售产品更容易实施价格歧视。

有些商品即便存在转售的可能性，但交易成本太高以至于转售无利可图。例如，超市销售牙膏“买二送一”就是一个价格歧视的例子，因为买 1 支牙膏的顾客，与购买 3 支牙膏的顾客相比，为每支牙膏支付了不同的价格。假定某一顾客自己愿意购买一支牙膏，理论上他可以用 2 支牙膏的钱购买 3 支牙膏，再将其中的 2 支牙膏以正常价格转售出去，并因此获利（免费得到一支牙膏）。然而，这样做的成本非常高昂，以至于所得到的利润不足以弥补付出的努力。

厂商为控制套利，可以设法制定让价格具备单一定价的营销策略：一是以地理位置分割市场,对不同市场采取不同的价格;二是天然形成的分割市场,如山上、山下两个市场;三是利用交通距离远或交通不便分割市场;四是设置进入门槛分割市场,如候机楼、候机厅的内外之分;五是以身份分割市场,对不同身份的消费者采取不同的价格:如会员制、学生证、老年人证、军人证、工作证等;六是以产品外观及附加功能分割市场:如头等舱和普通舱、精装书与简装书、软卧与硬座等;七是设置交易成本障碍分割市场:如限制沟通、限制交易等制度。

二、实施价格歧视的条件

并不是在所有的情况下厂商都可以实施价格歧视策略。在完全竞争市场上,每个企业都是价格的接受者,价格歧视现象不可能产生。实施价格歧视必须满足以下几个前提条件:

第一,实施价格歧视的厂商必须有一定的市场影响力,能够在某种程度上决定市场价格。

第二,市场存在不完善性。当市场不存在竞争,信息不畅通,或者由于种种原因被分割时,垄断者就可以利用这一点实施价格歧视。

第三,各个市场对同种商品的需求弹性不同,并且厂商能够识别不同购买者的需求价格弹性差异。这时垄断者可以对需求弹性小的市场实行高价格,以获得更多的消费者剩余。

第四,厂商必须能有效地制止消费者的套利行为,即厂商能够成功地分离市场,使以低价购买商品的消费者没有途径再以高价卖出,限制转卖是所有价格歧视成立的必要条件。

地区封锁和限制贸易自由的各种障碍往往有利于垄断者实行其价格歧视,因此,反垄断限制价格歧视应该尽力消除其实现的环境条件。

三、价格歧视的类型

英国经济学家庇古于 1920 年提出,根据歧视程度,价格歧视可以分为一级、二级和三级价格歧视。

一级价格歧视又称完全价格歧视,是指企业根据每一个买者对产品可能支付的最大货币量(买者的保留价格)来制定价格,从而获得全部消费者剩余的定价方法。由于企业通常不可能知道每一个顾客的保留价格,所以在实践中不可能实行完全的一级价格歧视。

二级价格歧视是指企业根据不同消费量或者"区段"索取不同的价格,并以此来获取部分消费者剩余。数量折扣是二级价格歧视的典型例子。

三级价格歧视是指企业将消费者划分为两种或两种以上的类别,对每类消费者索取不同的价格。三级价格歧视是厂商最普遍采用的价格歧视形式。二级和三级价格歧视的不同主要在于,三级价格歧视利用了关于需求的直接信息,而二级价格歧视则是通过消费者对不同消费的选择,间接地在消费者之间进行挑选。

四、价格歧视的双面效应

价格歧视实施得当可能会增进社会福利水平,但若实施不当则会对市场竞争造成损害。价格歧视作为一种垄断价格,它既是垄断者获取最大垄断利润的一种手段,又会导致不公平竞争,理所当然地应该加以限制。但是,限制价格歧视并非要取消一切价格歧视。在具有自然垄断性的公用事业中,对一些不能贮存的劳务,采用高峰时期和非高峰时期的差别价格,将某些高峰需求调向低峰时期,可以更充分地利用其设备资源,对于社会来说,是具有积极意义的。

美国等西方国家的竞争法律均涉及价格歧视问题。美国反托拉斯法律制度一直将某些对市场竞争造成损害的价格歧视作为典型的不正当竞争行为加以研究和规范。根据《克莱顿法》和《鲁宾逊帕特曼法》的规定，从事商业的人在其商业过程中，直接或间接地对同一等级和质量商品的买者实行价格歧视，如果价格歧视的结果在实质上减少了竞争或旨在形成对商业的垄断，或对竞争造成其他损害，则规定是非法的。而且指出构成这种违法的价格歧视的要件是：实施价格歧视的主体包括商品的销售者和购买者；价格歧视的标的物只是商品，不包括服务及无形物，且这种商品必须是相同等级、相同质量，商品的销售发生在美国境内的商业过程中；实施价格歧视的后果对市场竞争造成损害。由此可见，价格歧视若实施不当，则可能对市场竞争造成损害，这一点也正是许多国家限制价格歧视的理由。

第二节　一级价格歧视

一、一级价格歧视的含义

一级价格歧视是指厂商根据消费者意愿为每单位商品付出的最高价格而为每单位产品制定不同的销售价格。从消费者行为理论已知，需求曲线反映了消费者对每一单位商品愿意并且能够支付的最高价格。如果厂商已知消费者的需求曲线，即已知消费者对每一单位产品愿意并且能够支付的最高价格，厂商就可以按此价格逐个制定商品价格。厂商通过对每单位产品索取不同的价格获得了全部的消费者剩余。假设某地区只有一个牙医，并且他清楚知道每一个患者愿意付的最高价格，他将对每一个患者收取不同的价格，使他们刚好愿意治疗，这样患者们的全部消费者剩余都转移到了牙医那里。

由于完全价格歧视的实施要求厂商对每个顾客有详细了解，所以面临一对一的交易谈判时，厂商有可能使用或试图使用完全价格歧视。但事实上，因为垄断厂商往往不能明确知道消费者所愿意支付的最高价格，就算能够知道，向每一个消费者索取不同的金额也很困难。所以，在实践中不可能实施完全的一级价格歧视。

二、一级价格歧视的均衡条件

一级价格歧视的均衡条件是：$P = MC$。当消费者为每一单位产品所愿意支付的最高价格大于 MC 时，厂商增加产量就可以增加利润。因为厂商为垄断厂商，消费者愿意支付的最高价格（即为厂商所定的价格）为厂商的边际收益，当 $MR > MC$，厂商当然会增加产量，直到 $MR = MC$ 为止。消费者剩余全部转化为垄断利润，此时的均衡价格和均衡数量完全等同于完全竞争市场上的情况。因此，一级价格歧视下的资源配置是有效率的，尽管此时垄断厂商剥夺了全部的消费者剩余。

三、一级价格歧视的福利效应

完全价格歧视下，社会总福利为消费者剩余（为零）和生产者所得到的剩余（阴影部分的面积）之和，而社会总福利就为图中阴影部分的面积（见图 7.1）。如果不考虑收入分配的负面效应，此时社会达到了最大福利，没有福利的损失，也就是说，完全价格歧视是帕累托最优的。但由于完全价格歧视只对边际消费者收取等于边际成本的价格，对其他消费者索取较高的价格，以至于消费者剩余荡然无存，而生产者剩余却达到最大，这样便影响了收入分配。

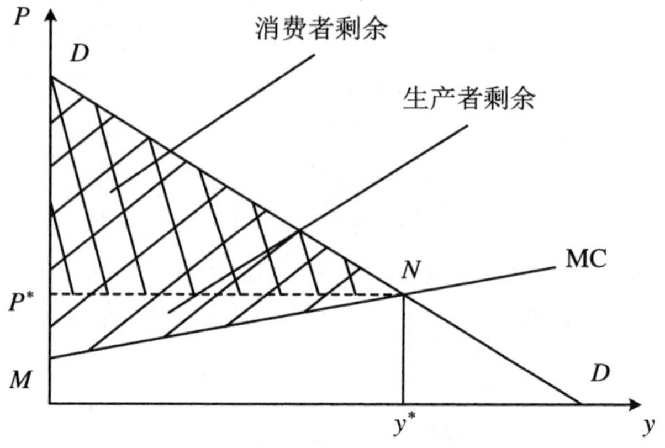

图 7.1　一级价格歧视的福利分析

第三节　二级价格歧视

一、二级价格歧视的含义

二级价格歧视是指垄断厂商根据不同的购买量和消费者确定的价格。在二级价格歧视下，购买相同数量产品的每个人都支付相同的价格，因此，不是不同的人之间，而是不同的产量之间存在价格歧视。

当消费者在某种产品上的支出不随购买数量增加而是线性（成比例）地递增，即商品单价随消费者购买数量而不同时，销售者就是运用非线性定价方式实施了二级价格歧视，因此，二级价格歧视也称作非线性定价。

二级价格歧视的实质是产品价格与购买者的身份无关，只与购买者自身在不同产品之间的自我选择有关，价格取决于购买数量、质量及产品组合等有关消费内容。实施二级价格歧视的垄断厂商利润会增加，部分消费者剩余被垄断者占有。因此，厂商实施这种价格歧视首先要解决的是定价结构问题，即设计出适合的价格表，以使消费者根据自己的效用，“自我选择”进入适当的等级。

在日常生活中，二级价格歧视比较普遍，公共事业部门普遍采用这种形式的价格歧视，如电力公司和供水公司实行的分段定价等。

案例短析

麦当劳套餐

许多厂商常常将不同产品搭配在一起出售，如麦当劳套餐、办理手机开户业务送手机等。消费者如果要分开购买配套中的产品，各产品单价的加总价格会高出很多。

如表 7.1 所示，如果麦当劳对这两个产品分开出价，汉堡包的最高售价只能是 10 元，薯条的最高售价只能是3元。两种产品的总价格是13元，两个（类）消费者都购买这两种产品，共收费是26元；消费者A对两种产品的总目标价格是15元，消费者B是14元。如果麦当劳将汉堡包和薯条配成套餐以14元出售，消费者B与A都肯定会购买。麦当劳从两个消费者的套餐销售中获得28元，而不是分开卖的26元。如果消费者对几类产品的偏好与目标价格有所差异，商家又不能采取价格歧视定价，那么，搭配出售定价会使得商家比分开出售获得更高的利益。

表7.1　麦当劳套餐售价

	巨无霸汉堡包	薯条
消费者A	12元	3元
消费者B	10元	4元

二、二级价格歧视的策略

二级价格歧视的策略通常包括两部定价和捆绑销售等。

（一）两部定价

1．两部定价含义

所谓两部定价，是指价格中既包括一笔和消费量无关的固定费用，即月租费，又包括一笔按消费量计算的可变费用，即从量费。它要求消费者先交纳一笔固定的进入费，然后再根据消费量支付使用费，即总价格。如电力公司对大顾客收取的容量电价和电量电价，以及电信公司对固定电话或移动电话顾客收取的月租费和通话费。

由于两部定价法具有“以收支平衡为条件实现经济福利最大化”性质，所以，现在几乎所有受管制的行业（特别是电力、城市煤气、自来水、电话等自然垄断行业），都普遍采用这种定价方法。

2．两部收费的组成

两部收费由两部分组成：一部分是消费者为获得某种商品或服务的使用权而支付的固定费用，这部分费用与消费数量无关；另一部分是与消费数量直接相关的使用费。对厂商来说，就面临一个抉择问题：是制定一个高固定费和低使用费的定价模式，还是相反？怎样做才能获得更多的消费者剩余？

3．两部收费的方法

（1）消费者同类型时的两部收费。通过这样的两部制定价方法，厂商实现了同完全价格歧视一样的目标。

（2）消费者多类型时的两部收费。当消费者呈现多种类型时，对厂商来说，单一类型的两部收费制通常不是最佳的选择，厂商一般会设计不同类型的两部收费制，以使不同类型的消费者能进行自我选择。这种自我选择机制必须满足两个基本原则，一是参与约束，即两部收费必须不能超过消费者的支付意愿，否则他们不会参与购买；二是激励相容约束，每个消费者选择的是自己类型的两部收费而不是他人类型的。对高需求类型的消费者来说，由于购买数量比较大，低单位使用费的定价方式是其更乐意接受的；对低需求类型的消费者来说，由于购买数量不大，或只是偶尔购买，则单位使用费高点他们也能接受，低入门费更为可取。如餐馆向顾客提供自助餐以及点餐服务。

案例短析

不同等级的机位定价

某一市场调查发现(表 7.2),美国的不同种类飞机舱位的乘客对价格的敏感度(价格需求弹性)差别很大。

表 7.2 舱位等级的需求弹性

舱位类别	头等舱	普通舱	时间限制舱
价格弹性	−0.3	−0.4	−0.9

这就说明为什么头等舱价格比限制舱价格要高出几倍,而实际运作成本并不会高出几倍;即使各航空公司之间竞争激烈,机票价格在不断下降,各类舱位的乘客仍然有明确的需求价格弹性上的差异。因此,不同舱位的价格差还是明显存在,而且极大。如果能在市场上清楚地辨别不同消费者的需求弹性,就有可能以相对较低的追加成本来设计区别于其他产品的产品,从而通过区别定价来获得较高利润。

(二)捆绑销售(搭配销售)

1. 捆绑销售的含义

捆绑销售是共生营销的一种形式,指产品或服务的商家在促销过程中进行合作,将两个或两个以上的产品及服务打包出售,从而扩大它们的销售,提高影响力。捆绑销售作为一种跨行业和跨品牌的营销方法,越来越频繁地被企业重视和运用,如微软公司将其视窗操作系统和浏览器"探索者"的捆绑定价销售。

2. 捆绑销售形式

根据捆绑销售产品之间的相关性,一般将捆绑销售划分为以下几种形式:

第一种是将非相关性产品进行捆绑销售。零售商可能将它的产品同竞争性的另一种产品进行组合捆绑,被捆绑的产品之间不一定具有相关性或互补性,需要的只是销售捆绑产品给厂商带来的关于消费者对其基本产品感知价值的信息。因此,在这种状况下捆绑产品之间并没有必然联系,但一般它们的产品效应、销售终端、消费对象等方面有一致性。非相关性产品的捆绑销售在一些商场促销活动或者多元化企业中表现得较为明显。

第二种是同质产品的捆绑销售。按照捆绑产品组合的不同,又可以把它划分为单一产品的组合出售和混合产品的组合出售。在垄断厂商的同质商品捆绑销售案例中,既可提供混合捆绑商品的销售组合,例如航空公司在提供单程机票的同时也提供对应的往返机票;又可只提供几个同质商品的纯捆绑商品组合,例如在酒吧里面啤酒必须成打进行买卖,而后者在一些规模经济较为普遍的行业更容易出现。无论是纯捆绑或混合捆绑,对其有偏好的消费者而言或许可以带来单位商品消费的减少从而提高消费者效用,但对垄断厂商而言,多数情况是为留住顾客榨取更大的消费者剩余价值。

第三种是具有互补性产品的捆绑销售。即被捆绑销售的产品在用途或性能上具有互补性,譬如旅行团对游客的旅行线路进行全程安排,美容院对其提供的整套美容方案进行销售,饭店将不同的菜品搭配成套餐进行销售等。互补式产品的捆绑销售形式已经越来越广泛,早已突破了传统上的产品之间互补的概念范围。

3. 捆绑销售实施手段

在实际操作中，根据上述捆绑销售的形式，厂商主要有以下几种方式进行捆绑销售：

一是给消费者优惠购买的权利来进行捆绑销售。也就是说，消费者在购买产品甲的同时，能够用比市场上更优惠的价格购买到产品乙。例如，消费者在汽车销售店购买汽车时，销售人员往往会推荐优惠后的各种车辆保险给购车者。还有我们在超市或者网上经常遇到的“第二件半价”等促销活动。

二是将捆绑产品统一标价进行销售。即产品甲和产品乙并不单独标价出售，而是捆绑后按照统一的价格共同出售。例如，移动通信公司销售的定制机中，有一种类型是将手机与手机卡绑定的，专卡专用，消费者如果要购买该手机或者选择该手机号，必须一起购买配套的 SIM 卡或手机才能使用。

三是将捆绑产品统一包装进行出售，也就是把产品甲和产品乙放在同一包装里出售给消费者。例如，商场超市中整套的电脑及鼠标、整打的酒品饮料，甚至是办理信用卡购车时的惠赠礼品活动。

案例短析

应用软件的捆绑销售

如一家软件公司，有两个不同的应用软件：文字处理软件和数字处理软件。软件的生产成本都是固定的，软件公司的主要目的在于使其收益最大化。现假设，只需要购买一种软件的用户各有 40 户（文字 40 户，数字处理 40 户），需要同时购买两种软件的有 20 户。收益最大化的一种可能是分开出售。最优价格为每种 50 元，每种软件可售出 40 件，总收益为 $50\times40+50\times40=4\ 000$（元）。

另一种战略，除了分开销售以外，还可将两种软件合在一起销售，价格为 60 元。这只有那些同时需要两种软件的人才会购买。而只需要一种软件的仍然以 50 元购买单一的软件。那些在单独销售时，不愿意花 100 元购买两种软件的顾客，却愿意以 60 元的价格购买销售包，收益为 $60\times20=1\ 200$（元）；结果这样两种战略组合，销售者从分别销售和组合销售中共获得 $4\ 000+1\ 200=5\ 200$（元），比无组合销售情况下的收益增加 30%。

总之，通过提供同一产品的不同规格或相关产品的不同组合，销售者可以间接区别不同类型的购买者。

三、二级价格歧视的福利效应

在二级价格歧视下，厂商除了能够获取来自产品本身的利润外，还得到了一部分的消费者剩余，因而所获利润比在垄断条件下要大。但由于厂商并没有得到消费者的全部剩余，所以利润要小于一级价格歧视下的利润。在福利效应上，虽然要比单纯的垄断有所改善，但不是社会最优的状态，而是存在一部分福利损失，因为此时其产品价格是高于边际成本的。

第四节 三级价格歧视

一、三级价格歧视的含义

三级价格歧视是指厂商根据购买者的不同特性将其区分为不同的消费者群体，并对不同群体的消费者索取不同价格的定价行为。在三级价格歧视中，购买者的特性是引导厂商进行选择的信号，价格可以看作购买者特性的函数，因此，这种价格歧视又被称为信号选择。三级价格歧视将消费者进行了分组(群)，并对每组(群)制定了不同的价格，此种行为也称为市场分割。

二、三级价格歧视的实施条件

一是厂商拥有足够的信息，能够分辨消费者属于哪一类消费者群体，并且知道每一类消费群体的总需求曲线；二是了解两类消费者群体总需求曲线的需求弹性差异；三是厂商能够阻止两个群体之间的转卖(或套利)行为。

在上述条件下，厂商以消费者的需求价格弹性差异为依据，将他们细分为一些相互分割、需求弹性不等的子市场，从而在不同的细分市场中收取不同的价格，以使其利润最大化。

三、三级价格歧视的定价

假设垄断厂商的边际成本和平均成本恒为 m，利润为

$$\pi = [p_1(q_1) - m]q_1 + [p_2(q_2) - m]q_2 \tag{7.1}$$

厂商分别在每一消费群体中实现利润最大化。通过对上式求一阶条件，可以得到

$$\mathrm{MR}_1 = p_1\left(1 + \frac{1}{\varepsilon_1}\right) = m, \quad \mathrm{MR}_2 = p_2\left(1 + \frac{1}{\varepsilon_2}\right) = m \tag{7.2}$$

$$\frac{p_1 - m}{p_1} = -\frac{1}{\varepsilon_1}, \quad \frac{p_2 - m}{p_2} = -\frac{1}{\varepsilon_2} \tag{7.3}$$

因此，厂商所定的每个消费群体价格超过边际成本的比例与该群体的需求弹性成反比。对两个消费群体索价比为

$$\frac{p_1}{p_2} = \frac{1 + \dfrac{1}{\varepsilon_2}}{1 + \dfrac{1}{\varepsilon_1}} \tag{7.4}$$

由式(7.4)可看出，若一群体的需求弹性越高，厂商对该群体索取的价格越低，越接近边际成本；反之，群体的需求弹性越低，厂商对该群体索取的价格越高。即为追求利润最大化而实施价格歧视的垄断厂商，对拥有较高的需求弹性和对价格比较敏感的消费者群体收取较低的价格或提供价格折扣。

四、三级价格歧视的实施方法

(1) 利用信息差异进行价格歧视。对不熟悉价格的顾客索取较高的价格，而对熟悉价格的顾客提供较低的价格。

（2）利用时间价值差异进行价格歧视。例如，电话费的分时间段收费，新产品刚推出时比迟些时候价格贵得多有时也属于这种情况（如早市）。

（3）以地理位置的差异为基础进行价格歧视。这是最为常见的三级价格歧视形式，利用地理位置产生的运输成本防止套售行为。

五、三级价格歧视的福利效应

泰勒尔认为，如果价格歧视不能增加总产出，它就会降低福利，这一点是很直观的。价格歧视使得消费者之间的边际替代率不同，因此，从社会角度看，如果目标是把既定数量的商品在消费者之间进行分配的话，它不如统一定价好。所以对整个社会来说，价格歧视更为有利的必要条件是它能够提高产量（即它减少了传统的垄断定价造成的扭曲）。

在三级价格歧视下，由于价格高于边际成本，因此，其福利不如完全竞争或完全价格歧视。但可能优于非价格歧视的垄断定价，也可能差于后者，这取决于成本曲线和需求曲线的形状。同时在三级价格歧视下，消费者的付出要比竞争情况下多，因而可能不利于社会的公正分配。

三级价格歧视的低效率来源于三个方面：一是产出低效率，即价格高于边际成本所导致的对产出的限制；二是消费低效率。由于消费者对同一产品支付不同价格，而消费者的边际支付意愿又不同，由于不能转卖，就没有利用进一步交易改善消费者福利的机会，从而导致消费低效率；三是资源的浪费。消费者为得到低价，可能不得不花费资源，而厂商从这种花费中又得不到好处。如消费者不得不排队才能获得低价，这就相当于浪费了时间。

如果歧视垄断的产出水平等于或低于非歧视垄断，则前者的福利不如后者，因为后者不产生消费低效率（前提是非垄断歧视的垄断厂商的定价足够低，以使所有集团都从它那里购买）。如果三级价格歧视下的产出高于非歧视垄断下的产出，则前者带来的福利可能比后者多。

六、三级价格歧视的实施手段

三级价格歧视要求厂商能根据某种特定的标准将消费者进行分类，明确每位消费者属于哪个类别，并针对不同的消费者群体采取逆弹性法则，对需求价格弹性大的消费者索取低价，对需求价格弹性小的消费者索取高价。三级价格歧视是三种价格歧视中最常用的价格歧视手段。在实践中，企业往往利用品牌差异、产品差异并结合其他营销手段来达到三级价格歧视的目的。

案例短析

电信企业实施三级价格歧视的手段

随着电信市场竞争的日益激烈，电信运营商的品牌竞争便成为焦点，客户对运营商品牌和服务（产品）品牌的忠诚度将成为竞争的核心。如中国移动、中国联通建立了“全球通”“如意通”等产品品牌，中国网通建立了“情传万家”服务品牌。但从总体上看，由于对消费者目标群体的细分程度不够，电信服务细分品牌的建立仍不够充分，还存在着对一些品牌的宣传力度不足、客户认知度不高等问题。

规模较大的电信运营企业可以实施多品牌策略，拥有多个品牌，形成品牌群。这样可以利用不同的品牌、针对不同档次的消费者制订出不同的价格。如果企业规模较小，难以支撑多个品牌，也可以在一个品牌下采用多个品种、推出多个系列。只要产品有差别，并将有差别的产品个性化，形成不同品种或不同系列，利用品种或系列之间的不同就可对消费者进行价格歧视。只有通过对主品牌和细分品牌的宣传，实现客户对不同品牌价值认知的差异，才能最终实现差异化定价策略。

通过提供差异化的、不同等级的服务，满足不同客户的服务需求(如为大客户提供个性化服务，为普通客户提供规范化服务等)，进而实现价格的差异化。超越通信业务以外的服务和产业链服务联盟是电信运营企业服务创新的探索方向。根据“二八理论”对大客户实行个性化服务、建立客户经理负责制，是开发和稳定大客户市场的关键。中国联通在这方面做了尝试和努力。通过建立各级大客户中心，为大客户提供上门服务、综合业务“一站式服务”，还为其提供交通港站和海关绿色通道等通信业务以外的服务，深受大客户的欢迎。

从优惠(折扣)券看价格歧视

我们经常可以通过各种渠道获取各种优惠券(卡)，如“此券(卡)可抵××元餐费”“凭此券(卡)可享受8.5折或9折优惠”等一些类似优惠券。为什么这些厂家不直接把饭菜价格降低部分，或者是直接将商品打××折，其中蕴含的原理就是优惠券(卡)可以使厂家对消费者实行价格歧视。

凡持该券的消费者在消费时比没有该券的消费者享受一定的优惠，这对低收入阶层的吸引力还是较大的。通过优惠券折扣，需求价格弹性高的消费者付较低的价格，而弹性低的消费者付较高的价格。这里，厂商不必自己区分高收入或低收入的顾客，而让顾客进行自我选择，这大大降低了价格歧视的信息要求。

无论是餐馆老板还是百货公司老总，他们都知道不是所有的顾客都愿意花时间去消费优惠券。工作繁忙又不差钱的白领阶层不大可能花时间专门去消费优惠券或折扣券，而且他们也愿意为许多物品支付较高的价格。相反，工薪阶层更有可能花时间去消费这种折扣券，且他们的支付意愿相对较低。因此，消费优惠券的意愿与人们的支付意愿密切相关。厂家通过向持有优惠券的人收取较低的价格，实际上就成功地实行了价格歧视。

实行价格歧视，对厂家到底有多大好处呢？他们为何会费尽心思地做各种优惠活动呢？我们以餐馆优惠券(卡)为例。假设某地一家羊肉汤馆的成本为2 000元，如果你是这家店的老板，你将如何定一碗羊肉汤的价格呢？定价格的第一步是估算羊肉汤的需求量。店里的伙计告诉你，餐馆附近的小区里有一批忠实的“汤迷”，他们愿意为一碗羊肉汤支付15元，约为500人；还有一部分人不是那么爱喝汤，他们最多愿意为一碗羊肉汤支付10元，约为100人。

下面，我们就来算一算餐馆的盈利情况，如果定价15元，那么来喝汤的就只有“汤迷”，老板的净收入为$15\times500-2\ 000=5\ 500$(元)。但是这种定价方案造成了无谓损失，有100人愿意花10元喝汤，且老板向他们提供就餐机会的成本几乎为0，因此当定价为15元的时候，就损失了1 000元的收入。怎样才能确保收入最大化呢，于是老板就想出了给喝羊肉汤意愿不强的消费者发放喝汤可以抵扣的优惠券，这样不但以15元的价格卖了500碗，而且以10元的价格卖了100碗，从而老板共获得：$15\times500+10\times100-2\ 000=6\ 500$(元)的净收入，显然较前一种情况多收入了1 000元。

由此看来,实行价格歧视是垄断厂商实现利润最大化的理性选择,实施价格歧视的厂商通过对有不同支付意愿的消费者进行分类,同时采取发放优惠券(卡)、抵扣券等方式促进相关消费群体前往消费,从而赚取更高的垄断利润。

第五节 垂直限制竞争行为

一、垂直限制竞争行为的含义

垂直限制竞争行为又称纵向限制竞争行为,是指两个或两个以上在同一产业中处于不同环节或层次而有交易关系的企业,如制造商与销售商、批发商与零售商,通过合同或其他形式实施的限制竞争行为。

二、垂直限制竞争行为的类型

现实中比较常见的垂直限制竞争行为有转售价格维持(resale price maintenance,RPM)、区域市场圈定(exclusive territories,ET)、独家代理(exclusive dealing)和搭售(tying)等具体形式。

(一) 转售价格维持

RPM是企业经常采用的一种涉及渠道的价格政策,是垂直限制的一种最为常见的形式。其基本含义就是指厂商对经销商的最终销售价格作出不得高于厂商出厂价的规定。设厂商的出厂价为 P_1,零售价为 P_2,若RPM价格为 $P_1 = P_2$,这时,零售商的利润为0,渠道的总利润为厂商的利润。RPM的形式有几种,上述的是基本形式,还可以表现为 $P_2 \leqslant P_1$。事实上,$P_2 > P_1$ 也可以看成一种转售价格维持RPM,但是,它的效果与前两种形式相比就大不相同了。正常情况下 $P_2 > P_1$ 是一个通例,但是如果以RPM的形式出现,就明显具有厂商和经销商合谋的特征,这一直是反垄断法(美国)和竞争法(欧洲)严厉打击的对象。但是从研究的角度来看,这些措施都是对价格加以限制,所以学者们习惯把厂商规定的最高和最低限价都归入RPM中。

为使转售价格维持在厂商规定的水平,企业通常根据不同情况采取三种主要方式:一是采用授权特许经营的方式,收取特许费;二是直接采取合同方式规定转售价格,对违规者进行处罚;三是采取数量限制的方式,通过规定每个时段(通常是月或者季度)的最低销售量,迫使经销商把价格压低到企业规定的水平。这三种措施虽然形式不同,但是在正确估算市场销量的基础上是等价的。

(二) 区域市场圈定

区域市场圈定也称为区域市场限制(territorial restrictions),是指制造厂商对经销商的销售区域进行划分,严禁区域内的经销商跨区域进行销售。区域市场圈定是与对经销商的选择紧密地联系在一起的。区域市场限制又可以分为绝对限制和补偿限制两种方式。

1. 绝对限制

即严格限制经销商的销售区域,禁止越区销售。这种政策通常是与厂商给予经销商以区域内独家经销权为代价的。但是,厂商又反过来会要求经销商不得代理任何竞争产品,并且承诺一定的销售量。

2. 补偿限制

即在发生越界销售时，销售所得利润要交给销售发生区域的经销商作为补偿。在我国，这种补偿往往被看作对越界销售的一种惩罚。

（三）独家代理

在厂商指定的销售区域内只选择一家经销商，由它独家代理厂商的产品，而通常经销商也要承担相应的义务，不得代理或经营其他相关的竞争性产品。

（四）搭售

搭售是指销售商在购买方购买其所需要的商品时，要求其以购买其他不需要的商品为条件，或者在销售一种商品时捆绑销售其他商品。

三、垂直限制竞争行为的特征

第一，行为当事人处于不同的经营层次，如制造商、批发商与零售商之间的协议，这种不同的经营层次通常称为上游和下游关系。

第二，垂直限制竞争行为通常采用协议或合同的形式，有时也会协调一致的行动。

第三，垂直限制竞争行为的直接目的是便利商品或服务的销售，对市场竞争的影响较为复杂，不像卡特尔那样明显弊大于利。

四、垂直限制对市场竞争的作用

（一）垂直限制对市场竞争的积极作用

垂直限制与横向限制竞争最大的区别在于，垂直限制竞争一般是非竞争者之间达成的协议，因此，首先应该肯定其对于市场竞争的积极意义。

第一，有利于企业进入市场，尤其是推动企业进入国外市场。一个国家的商品或者服务要进入另一个国家，生产商一般得花费比进入国内市场更大的投资。垂直限制竞争协议则可以为企业进入外国市场提供一定的保障。

第二，可以减少“搭便车”行为。生产商在一定地域内给个别销售商独家销售产品的权利，使该企业努力推销这种商品，尽量减少商品的运输成本和交易成本，对生产商、销售商和消费者都有利。

第三，有利于稳定价格。有些垂直限制表现为生产商限制销售商的转售价格，这种垂直的价格约束有利于遏制价格的抬高或暴涨。

第四，有助于改善售后服务。生产商在供货时要求销售商在销售产品后承担对商品的包修、包退和包换等责任，要求电器销售商提供安装和调试服务或者在一定时期内提供免费维修服务，等等。这种垂直限制有利于扩大销售和生产，对消费者有利，从而对市场竞争起着积极的推动作用。正因如此，一直以来垂直限制竞争受到较为普遍的肯定，而被限制得较少。

（二）垂直限制竞争对市场竞争的消极作用

第一，垂直限制竞争限制了品牌内部的竞争。品牌内部的竞争是同一品牌的不同分销商或者零售商之间的竞争。以在特定地区只委托一个销售商的独家销售为例，其对品牌内部的限制程度取决于其协议限制的严格程度。如果在特定地区只允许一个销售商销售，那么实际上就消除了竞争；如果允许其他地区的销售商进行销售，其限制的程度就越弱。限制品牌内部竞争的目的是维持较高的市场价格，因为销售商越多或者销售量越大，降价的可能性越大。

第二，封锁市场。如选择性销售制度间接地限制了贸易的自由流动，而独家销售协议直接地限制了贸易自由流动。销售商通过与生产商订立独家销售协议就取得了销售这种产品的垄断权，限制了这种商品的竞争，甚至完全排除竞争，从而使销售商封锁了相关产品的市场，其他同类产品的竞争者无法进入该市场。

第三，推动价格卡特尔。如果一个生产商限制其销售商的最低转售价格，这种垂直约束会推动商品的高价。因为，在存在价格约束的情况下，同一商品的销售商就不能开展价格竞争，实际上是在销售商之间建立起一个价格卡特尔。在市场没有替代品的情况下，这个价格就是一种垄断高价。维护最低转售价格的协议一般出现在垄断性的市场上，目的是维护生产商和销售商的高额垄断利润。因此，维护最低转售价格的协议对市场竞争有着严重的不利后果。此外，垂直价格约束因为可以固定销售商的价格，这种协议也有助于不同品牌的生产商在价格方面进行协调。在存在垂直价格约束的情况下，生产商之间的价格卡特尔会更持久和更稳定。总之，垂直价格限制对经营者的经营自由损害较大，不利于促进某个产品市场上的自由竞争，也不利于维护自由竞争的秩序，因此，各国反垄断法都禁止经营者从事这种行为。

上述垂直限制竞争的弊端，充分说明了对垂直限制竞争行为应进行适当的规制，目前欧美主要市场经济国家的竞争法对垂直限制竞争行为都进行了限制性规定。

案例短析

价格歧视在现实经济生活中的体现

价格歧视的实施方式与信息密切相关，一级价格歧视对信息量的要求最大，三级价格歧视次之，二级价格歧视对信息量的要求最小。现实生活中，一级价格歧视不大可能发生，而三级价格歧视和二级价格歧视非常普遍。

一、价格歧视在电信业中的体现

电信业定价实践中普遍存在着价格歧视的现象，具体表现在顾客购买其产品或服务时所面临的多种资费选择方式。选择资费的定价模式实际上是由多个两部资费定价方案组成，且两部资费中还可进一步包括分时段资费或分距离资费。所谓两部资费是指价格方案由两部分构成：一是与电信用户通信时间无关的基本费，如“月租费”；二是按通信时间支付的从量费。日常的工作生活规律决定了人们在不同时间段对通信服务需求的不同，通过在不同时段制定不同的资费标准，厂商达到了三级价格歧视的目的。进一步地说，通过制定包含多个两部定价的选择资费，对高需求者索取较低的边际价格（从量费）和较高的基本费，对低需求者索取较高的边际价格和较低基本费，厂商又达到了二级价格歧视的目的。可见，通过将分时段定价和两部定价相结合，电信业厂商实际上对用户同时实施了三级和二级价格歧视。

二、价格歧视在电子商务中的体现

与实物市场相比较，电子商务市场的价格歧视无论是表现形式还是适用程度都呈现出不同的特点。其具体表现为：一是个人化定价，对应于实物市场的一级价格歧视，即以不同的价格向每位用户出售，而销售商可以获得用户的全部详细资料；二是版本划分，对应于实物市场的二级价格歧视，即提供一个产品系列，让用户选择适合自己的版本；三是群体定价，对应于实物市场的三级价格歧视，即对不同群体的消费者设置不同的价格，网络外部效应、数字产品的锁定效应和共享效应使得在电子商务市场上实行三级价格歧视更加具有优势。

三、价格歧视在民航业中的体现

航空公司通过严格地运用一些限制条件，把具有不同支付意愿的旅客划分为不同的群体，达到了三级价格歧视的目的。在上述分类的基础上，再根据提供的服务等级不同，在质量维度上对消费者实行二级价格歧视。民航业实施价格歧视的主要措施有：针对低价格机票设定提前购买或最短停留期限，规定不能退换或不能完全退换；针对非经停航班、经停航班、衔接航班，在某些具体时刻实行折扣；采用吸引旅客购买经济舱的全价票，如提供头等舱及公务舱的服务，对经济舱全票价旅客提供附加服务等。航空公司通过以上方法使市场上的旅客更加明确分化为不同的群体，使群体之间的差异更加明显，从而在不同市场对基本相同的服务实行更有效的价格歧视。

内容摘要

◎ 价格歧视是一种价格差异，通常指商品或服务的提供者在向不同的消费者提供相同等级、相同质量的商品或服务时，在消费者之间实行不同的销售价格或收费标准。根据歧视程度的高低，价格歧视可以分为一级、二级和三级价格歧视。

◎ 一级价格歧视是指厂商根据消费者意愿为每单位商品付出的最高价格而为每单位产品制定不同的销售价格。一级价格歧视下，消费者剩余全部转化为垄断厂商的利润，但实现了资源配置的帕累托最优。

◎ 二级价格歧视也称作非线性定价，消费者在某种产品上的支出不随购买数量而线性地递增。二级价格歧视的策略通常包括两部定价和捆绑销售。

◎ 三级价格歧视是指厂商根据购买者的不同特性将其区分为不同的消费者群体，并对不同群体的消费者索取不同价格的定价行为。通常，三级价格歧视定价与需求弹性呈反方向变化。

◎ 垂直限制竞争行为是指两个或两个以上在同一产业中处于不同环节或层次而有交易关系的企业，通过合同或其他形式实施的限制竞争行为。比较常见的垂直限制竞争行为有转售价格维持、区域市场圈定、独家代理和搭售等具体形式。

关键词

价格歧视；一级价格歧视；二级价格歧视；三级价格歧视；两部定价；捆绑定价；信号选择；市场分割；垂直限制竞争行为

思考与练习

1. 简述价格歧视的内涵、实施条件和主要类型。
2. 简述一级价格歧视的内涵及福利效应。
3. 简述二级价格歧视的内涵及其策略。
4. 三级价格歧视的内涵及实施手段是什么?
5. 简述垂直限制竞争行为的含义、类型及特征。
6. 垂直限制竞争对市场竞争的作用如何?

第八章　寡 头 行 为

本章结构图

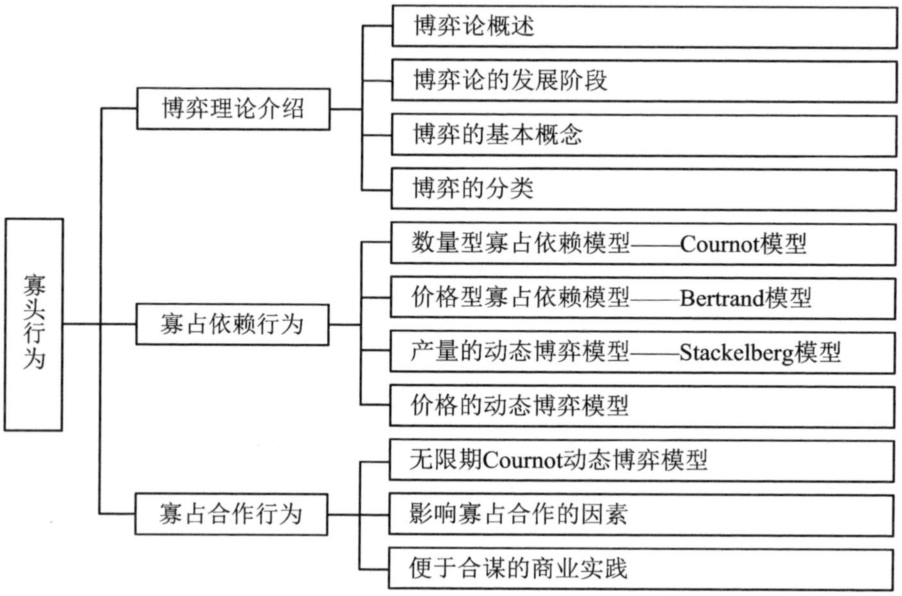

学习目标

通过本章学习，了解博弈论及新产业组织理论框架，掌握各种合作和非合作寡占理论模型及其应用。

第一节　博弈理论介绍

一、博弈论概述

博弈论(game theory)，又译成对策论、游戏论，是使用严谨的学术模型研究冲突和对抗条件下最优决策问题的理论，也是研究竞争的逻辑和规律的数学分支。博弈论考虑游戏中个体的预测行为和实际行为，并研究他们的优化策略。生物学家使用博弈理论来理解和预测进化论的某些结果。作为经济学的标准分析工具之一，博弈论在生物学、国际关系、计算机科学、政治学、军事战略、企业战略管理和其他许多学科中都有广泛的应用。

博弈论的思想源远流长，最早产生于我国古代。早在 2 000 多年前的春秋时期，孙武在《孙子兵法》中论述了 13 篇军事思想和治国策略，就孕育了丰富和深刻的博弈论思想。而最早的博弈论应用案例首推齐王和田忌赛马，孙膑为田忌谋划，巧胜齐王，这是博弈思想的成功应用。人类在自然界生存和发展，处处反映出人与人(利益主体)之间的种种矛盾和差异，不同的行为主体、不同的行为方式造成的利益冲突和合作成为人类社会活动的主体内容和发展主线。所以，更为广泛地讲，博弈论可以看作研究这些利益矛盾向统一和协调转化过程中的条件、方式和结果等问题的一门颇具数量分析特色的理论。

从一般意义上讲，经济系统是以人为基本元素和主体组成的系统，而人又有各种各样的利益，其中，经济利益起着决定性作用，这就使得经济系统和自然系统有着本质的区别。就此而言，博弈论思想在经济系统中产生并演化，乃至发展成为一门独立学科，绝非偶然。因为，从思想的深刻程度、认识方法与分析技术的科学化程度，博弈理论和分析方法比现有其他经济分析手段和模型技术都更贴近经济系统本质。因此，在经济学和博弈论这种具有天然联系的基础上产生了经济博弈论。

二、博弈论的发展阶段

遵循理论自身发展足迹，以博弈论学科体系本身的主要标志和特征为依据，这里将博弈论的发展阶段分成萌芽、创立、发展和辉煌四个阶段。在发展和辉煌阶段，不乏许多学者因在博弈理论上取得划时代的成就并获得了诺贝尔经济学奖。诺贝尔经济学奖在博弈论研究的聚焦，也从另一侧面说明博弈论在经济学学科发展上的重要性。

(一) 萌芽阶段

20 世纪 30 年代以前，人们在利益冲突方面的研究是分散的、零碎的，带有很大程度上的随意性，研究也没有形成统一的研究范式，但博弈论的思想萌芽就孕育在这些探索性研究之中。博弈论最初主要研究象棋、桥牌、赌博中的胜负问题，人们对博弈局势的把握只停留在经验上，没有向理论化方向发展。博弈论思想自古有之，中国古代的《孙子兵法》不仅是一部军事著作，而且算是最早的一部博弈论著作。

将博弈的思想明确用于经济领域，始于古诺(Cournot)、伯川德(Bertrand)和艾奇沃斯(Edgeworth)等人关于两寡头的产量和价格垄断、产品交易行为的研究，他们对不同的经济行为方式和案例建立了相应的博弈论模型，揭示了经济生活中蕴含的博弈特征，为经济博弈论的发展提供了思维雏形和有益尝试。

(二) 创立阶段

普遍公认，1944 年，冯·诺依曼和摩根斯坦共著的划时代巨著《博弈论与经济行为》是博弈论创立的重要标志。在《博弈论与经济行为》一书中，冯·诺依曼将二人博弈推广到 n 人博弈结构并将博弈论系统地应用于经济领域，从而奠定了这一学科的理论体系。同时提出了标准型、广义型和合作型等基本的博弈模型、解的概念和分析方法，奠定了经济博弈论的理论基础。纳什(Nash)利用不动点定理证明了均衡点的存在，明确提出"纳什均衡"这一基本概念，为博弈论均衡解的一般化奠定了坚实的基础。纳什的开创性论文《N 人博弈中的均衡点》(1950)、《非合作博弈》(1951)等，给出了纳什均衡的概念和均衡存在定理，后续理论研究主要是围绕这一核心问题展开。

（三）发展阶段

由于经济学家和数学家思维方式的差异，最初对博弈理论的诠释显得过于数学化，使得其对经济问题缺乏现实解释力，也使得非合作博弈在一段时间内处于低落状态，遭到冷遇。泽尔腾（Selten）将扩展型博弈推广到更普遍的动态博弈，给出了多步博弈和子博弈完美均衡的概念，发展了倒推法；海萨尼（Harsanyi）提出了不完全信息博弈和贝叶斯均衡概念。这些重大贡献，使得博弈理论的发展和完善在一些关键性环节上取得突破。1994 年，诺贝尔经济学奖授予加利福尼亚大学伯克利分校的海萨尼、普林斯顿大学的纳什和德国波恩大学的泽尔滕，以表彰这三位数学家在非合作博弈的均衡分析理论方面作出的开创性贡献，对博弈论和经济学产生的重大影响。

（四）辉煌阶段

进入 20 世纪 80 年代以来，博弈论的发展进入前所未有的辉煌阶段，不少学者因为对博弈论的突出贡献而获得诺贝尔经济学奖。1996 年，诺贝尔经济学奖授予英国剑桥大学的莫里斯（Mirrlees）与美国哥伦比亚大学的维克瑞（Vickrey）。前者在信息经济学理论领域作出了重大贡献，尤其是不对称信息条件下的经济激励理论；后者在信息经济学、激励理论、博弈论等方面都作出了重大贡献。2001 年，诺贝尔经济学奖授予加利福尼亚大学伯克利分校的阿克洛夫（Akerlof ）、美国斯坦福大学的斯宾塞（Spence）和美国哥伦比亚大学的斯蒂格利茨（Stiglitz）。他们的研究为不对称信息市场的一般理论奠定了基石，理论也迅速得到了应用，从传统的农业市场到现代的金融市场，他们的贡献构成现代信息经济学的核心部分。2005 年，诺贝尔经济学奖授予美国马里兰大学的谢林（Schelling）和耶路撒冷希伯来大学的奥曼（Aumann），二者通过博弈论分析促进了人们对冲突与合作的理解。2007 年，诺贝尔经济学奖授予美国明尼苏达大学的赫维茨（Hurwicz）、美国普林斯顿大学的马斯金（Maskin）以及美国芝加哥大学的迈尔森（Myerson），三者的研究为机制设计理论奠定了基础。2014 年，诺贝尔经济学奖授予法国经济学家泰勒尔，他在产业组织理论以及串谋问题上，采用了博弈论的思想，让理论和问题得以解决。

三、博弈的基本概念

博弈的基本概念有参与人、行动、信息、策略、支付和均衡。

（1）参与人（player）。参与人是指一个博弈的决策主体，他的目标是通过选择行动或策略以使自己的支付（效用）水平最大化。博弈的参与人可以是自然人、法人、国家或国家集团。除了一般意义上的参与人，为分析方便，通常把自然人作为虚拟参与人来处理。

（2）行动（action）。行动是参与人在某个决策时点上的决策变量，是参与人在进行决策时可供选择的方法、做法和经济活动的变量。参与人的行动可能是离散的，也可能是连续的。行动顺序对博弈结果十分重要。同样的参与人，同样的行动组合，由于行动顺序不同，导致每个参与人的最优选择不同，博弈的结果也不同。

（3）信息（information）。信息是参与人拥有的有关博弈的知识，特别是对自然的选择、其他参与人的特征和行动的知识或信息。信息集是描述参与人信息特征的一个基本概念，可以理解为参与人在特定时刻有关变量值的知识。

（4）策略（Strategy）。策略也叫战略，是参与人在给定信息集的情况下的行动规则，它规定参与人在什么时候和什么情况下应采取什么行动。因为,信息集包含了参与人关于其他参与人之前行动的知识,策略告诉我们参与人该如何对其他参与人的行动作出反应。因此,策略也被称作参与人的一整套的“相机行动方案”。

毛泽东常讲一句话:“人不犯我,我不犯人;人若犯我,我必犯人。”这是一个策略。用博弈论的语言可以概括为:这是一个双人博弈,有两个参与人:“人”和“我”。“人”先行动,“我”在观测到“人”的行动后选择行动。这时“人”有两个策略(此时等同于行动),即 $S_{人}=\{$犯,不犯$\}$,而“我”有四个策略,即 $S_{我}=\{$犯,犯$\}$、$S_{我}=\{$犯,不犯$\}$、$S_{我}=\{$不犯,犯$\}$、$S_{我}=\{$不犯,不犯$\}$。“我”的策略第一个元素对应“人”选择“犯”时我的行动,第二个元素对应“人”选择“不犯”时我的行动。因此,策略和行动是两个不同的概念,策略是一整套行为规则而不是行动本身。而在完全信息的静态博弈中,策略和行动是同义语。策略作为一种规则,它根据得到的其他参与人的特征和行动的信息来决定该参与人该如何行动。

(5) 支付(payoff)。支付是指特定的策略组合下参与人得到的确定效用水平,或者是得到的期望效用水平。它是参与人真正关心的东西,并且是所有参与人策略或行动的函数。

(6) 均衡(equilibrium)。均衡是所有参与人的最优战略组合或者行动组合。博弈均衡最基本的概念是纳什均衡(Nash equilibrium)。纳什均衡是在这样一种策略组合中,所有的参与者面临这样一种情况,当其他人不改变策略时,他此时的策略是最好的。也就是说,此时如果他改变策略,他的支付不会提高。在纳什均衡点上,每一个理性的参与者都不会有单独改变策略的冲动。后续研究的均衡概念都是建立在纳什均衡的基础上。需要说明的是,一个博弈可能有多个纳什均衡。

四、博弈的分类

博弈的分类根据不同的基准也有不同的分类。

从博弈双方是否存在具有约束力的合同,博弈主要可以分为合作博弈和非合作博弈。合作博弈和非合作博弈的区别在于相互发生作用的当事人之间有没有一个具有约束力的协议。如果有,就是合作博弈;如果没有,就是非合作博弈。

从行为的时间序列性,博弈进一步分为静态博弈、动态博弈两类。静态博弈是指在博弈中,参与人同时选择或虽非同时选择但后行动者并不知道先行动者采取了什么具体行动;动态博弈是指在博弈中,参与人的行动有先后顺序,且后行动者能够观察到先行动者所选择的行动。通俗的理解,“囚徒困境”就是同时决策的,属于静态博弈;而棋牌类游戏等决策或行动有先后次序的,属于动态博弈。

按照参与人对其他参与人的了解程度,博弈可分为完全信息博弈和不完全信息博弈。完全信息博弈是指在博弈过程中,每一位参与人对其他参与人的特征、策略空间及收益函数有准确的信息。不完全信息博弈是指如果参与人对其他参与人的特征、策略空间及收益函数信息了解得不够准确,或者不是对所有参与人的特征、策略空间及收益函数都有准确的信息,在这种情况下进行的博弈就是不完全信息博弈。

经济学家们通常所谈的博弈一般是指非合作博弈,因为合作博弈理论比非合作博弈复杂,在理论上的成熟度远远不如非合作博弈论。非合作博弈又分为完全信息静态博弈,完全信息动态博弈,不完全信息静态博弈,不完全信息动态博弈。与上述四种博弈相对应的均衡概念依次为:纳什均衡,子博弈精炼纳什均衡(subgame perfect Nash equilibrium),贝叶斯纳什均衡(Bayesian Nash equilibrium),精炼贝叶斯纳什均衡(perfect Bayesian Nash equilibrium)。表 8.1 根据信息和时间(行动顺序)两个维度对博弈进行分类,并列出对应的博弈均衡概念和理论的主要代表人物。

表 8.1 博弈的分类及均衡概念

信息 \ 行动顺序	静 态	动 态
完全信息	完全信息静态博弈 纳什均衡 纳什	完全信息的动态博弈 子博弈精炼纳什均衡 泽尔腾
不完全信息	不完全信息的静态博弈 贝叶斯纳什均衡 海萨尼	不完全信息的动态博弈 贝叶斯精炼纳什均衡 泽尔腾 克瑞普斯和威尔逊 泰勒尔

第二节 寡占依赖行为

寡占市场的特征是市场上只有少数几个厂商,它们独立行动但却意识到彼此的存在,每一个厂商都明白自己能影响市场价格从而影响竞争对手的利润。因此,寡占市场不同于竞争和垄断市场,是寡头们在决定自己最优行为(产量、价格、广告、研发等)时,必须考虑对手的反应方式。博弈论与寡头行为模型的研究具有天然一致性,根据博弈模型的传统分类,寡占行为模型分成寡占依赖行为模型和寡占合作行为模型,分别对应非合作博弈和合作博弈模型。本节先介绍寡占依赖行为模型,下一节再介绍寡占合作行为模型。

一、数量型寡占依赖模型——Cournot 模型

产业经济学对非合作寡占条件下的相互依赖问题的分析,一般采用两种模型。第一种是数量型寡占模型,厂商在决策生产多少后,让市场决定所销售的价格。该模型比较适合产品差异化较小的同质寡占市场,汽车产业是这方面的典型例子。第二种是价格型寡占模型,厂商预先决定价格并在这种价格水平下由市场决定所需的数量。该模型比较适用于有一定差别化但又有很强替代能力的异质产品市场,保险市场是这方面的典型例子。

(一) 双寡头 Cournot 模型

Cournot 模型最早由法国数学家古诺于 1838 年提出,是纳什均衡的最早版本。原始的 Cournot 模型假定生产矿泉水的市场只有两个卖者,相互间没有任何勾结行为,但相互间都知道对方将怎样行动,如此各自怎样确定最优的产量来实现利润最大化。Cournot 模型很容易推广到 3 人或者多人的情形。Cournot 模型基本假设如下:

(1) 厂商 1 和厂商 2 生产同质产品,产品完全替代,厂商信息完全。

(2) 市场需求函数 $P = P(Q)$,$Q = q_1 + q_2$。

(3) 厂商同时决策,每个厂商在决策自己产量时,假定对手产量保持不变。

（4）生产中无固定成本，边际成本保持不变。

为便于叙述，以下分析假定市场需求函数为线性形式，$p = a - bQ$，边际成本为常数 c。由于不存在固定成本且边际成本为常数，故平均成本也为常数 c。为求得 Cournot 模型的均衡解，先要求得各厂商的反应函数。给定厂商 2 的产量水平 q_2，厂商 1 的利润最大化产量水平由式(8.1)给出。

$$\underset{q_1}{\text{Max}}\pi_1 = q_1[a - b(q_1 + q_2)] - cq_1 \tag{8.1}$$

利润最大化一阶条件为：$a - b(q_1 + q_2) - bq_1 = c$，移项后得

$$q_1 = \frac{a - c}{2b} - \frac{q_2}{2} \tag{8.2}$$

式(8.2)就是厂商 1 的反应函数，同理可求得厂商 2 的反应函数式(8.3)。

$$q_2 = \frac{a - c}{2b} - \frac{q_1}{2} \tag{8.3}$$

将式(8.2)和式(8.3)联立，可解得双寡头 Cournot 模型的纳什均衡解。

$$q_1^* = q_2^* = \frac{1}{3}\frac{a - c}{b} = \frac{1}{3}Q^c \tag{8.4}$$

式中，$Q^c = \dfrac{a - c}{b}$表示竞争产量。图 8.1 是双寡头 Cournot 模型纳什均衡的图示解，即

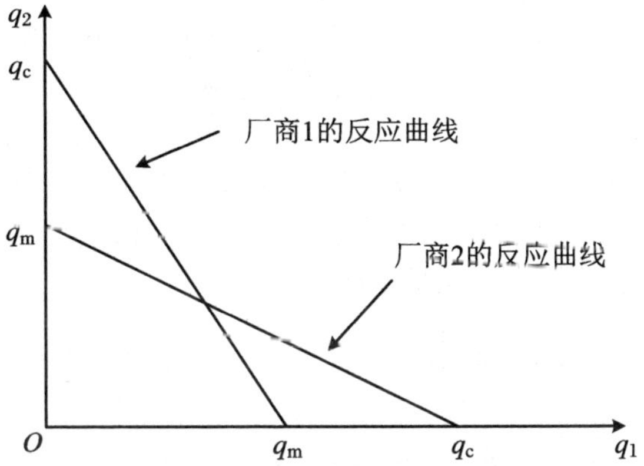

图 8.1　Cournot 竞争的纳什均衡解图示

为揭示双寡头 Cournot 模型纳什均衡的实质，进一步计算出古诺均衡时各厂商的利润，容易求得均衡时每个厂商的利润为$\pi_1^* = \pi_2^* = \dfrac{1}{9}\dfrac{(a - c)^2}{b}$。假设厂商 1 和厂商 2 签订一项有约束力的合同，此时相当于组成一个卡特尔类似的一个完全垄断者，各厂商分得垄断利润的一半，$\pi_1^k = \pi_2^k = \dfrac{1}{8}\dfrac{(a - c)^2}{b}$。再者，一个厂商遵循卡特尔协议，另一个厂商单方面偏离增加产量，则二者分别获得利润为$\dfrac{3}{32}\dfrac{(a - c)^2}{b}$，$\dfrac{9}{64}\dfrac{(a - c)^2}{b}$。表 8.2 列出了 Cournot 竞争、卡特尔和单方偏离动机下的均衡利润。

表 8.2 Cournot 竞争、卡特尔和单方偏离动机下的均衡利润(厂商 1)

合　　作	非　合　作
$\frac{1}{8}\frac{(a-c)^2}{b},\frac{1}{8}\frac{(a-c)^2}{b}$	$\frac{3}{32}\frac{(a-c)^2}{b},\frac{9}{64}\frac{(a-c)^2}{b}$
$\frac{9}{64}\frac{(a-c)^2}{b},\frac{3}{32}\frac{(a-c)^2}{b}$	$\frac{1}{9}\frac{(a-c)^2}{b},\frac{1}{9}\frac{(a-c)^2}{b}$

表 8.2 中(合作,合作),两寡头合谋后类似于一个垄断厂商那样行事,分享全部垄断利润;(非合作、非合作)为两寡头 Cournot 竞争利润;(合作、非合作)与(非合作、合作)皆为某个厂商假定对手执行卡特尔联合利润最大化产量后,自己单方偏离的产量组合下的利润。利用简单的相对优势划线法可以找出(非合作、非合作)为该博弈的纳什均衡,尽管在(合作、合作)策略组合下两个厂商的状况都可以变得更好。然而(合作、合作)策略组合并不是一个稳定解,每个厂商都有动机通过欺骗而获利。如若每个成员都有这种产量偏离动机,卡特尔最终就会崩溃。正因为如此,卡特尔具有与生俱来的不稳定性。不难看出,双寡头 Cournot 模型纳什均衡实质就是囚徒困境模型的翻版。

(二) n 个参与人的 Cournot 模型

Cournot 在其著作《财富理论中有关数学原理的研究》中创立了双边寡头垄断模型,后来这一模型被拓展到对多个厂商的研究。n 个参与人的 Cournot 模型假定:

(1) 行业中有 n 个厂商,每个厂商有相同的边际成本$C'(q_i)=c$。

(2) 产品是同质或无差异的。

(3) 没有潜在的竞争者进入行业,在观察期内行业内厂商数目保持不变。

(4) 每个厂商都以产量作为决策变量展开竞争,在选择产量时都假设其他厂商产量保持不变。利用推测变量的语言来说,就是推测变量值为 0。

(5) 市场需求函数记为线性的需求函数 $P=P(Q)=a-bQ$,这里 $Q=\sum_{i=1}^{n}q_i$,$i=1,2,\cdots,n$ 。

不失一般性,以第 1 个厂商为例,其利润最大化目标为

$$\max_{q_1}\pi_1(q_1,q_2,\cdots,q_n)=q_1p\left(\sum_{i=1}^{n}q_i\right)-C(q_1) \tag{8.5}$$

利润最大化一阶条件是

$$\mathrm{MR}_1=p\left(\sum_{i=1}^{n}q_i\right)+q_1p'\left(\sum_{i=1}^{n}q_i\right)\left(1+\frac{\partial q_2}{\partial q_1}+\cdots+\frac{\partial q_n}{\partial q_1}\right)=C'(q_1) \tag{8.6}$$

由于假定厂商同时选择产量,每个厂商对竞争对手的产量变化不作调整,故有$\frac{\partial q_n}{\partial q_1}=0$,$n\neq1$。结合线性需求函数 $P=a-bQ$ 和$C'(q_1)=c$,则有 $MR_1=a-b(2q_1+q_2+\cdots+q_n)=c$。反解出 q_1,即得厂商 1 的反应函数为

$$q_1=R(q_2,\cdots,q_n)=\frac{a-c}{2b}-\frac{1}{2}\left(\sum_{i=2}^{n}q_i\right) \tag{8.7}$$

考虑到对策性,均衡时一定有 $q_1^*=q_2^*=\cdots=q_n^*$,于是可以解得 n 个参与人的 Cournot 模型的纳什均衡解:$q_1^*=q_2^*=\cdots=q_n^*=\frac{1}{n+1}\frac{a-c}{b}$。不难发现这是双寡头 Cournot 结论

的一个简单推广。进一步还可以计算出此时行业总产量 $Q=\frac{n}{n+1}\frac{a-c}{b}=\frac{n}{n+1}Q^c$，当 $n\to\infty$，行业总产量趋近于竞争产量(市场容量)。因此，完全竞争的一个必要条件就是行业中有大量厂商。

（三）对 Cournot 模型的推广——推测变量或推测弹性的引入

Cournot 模型假设虽然比较苛刻，但它为研究寡头市场作出了开拓性贡献，成为构造现实竞争模型的基础。在此基础上，人们对其模型假设不断作出修正和放宽，提出诸多富有价值的模型。其中最为重要的推广是推测变量或推测弹性的引入，以修正原始 Cournot 模型中参与人假设在其他参与人不改变产量的前提下决定产量的基本假设。

定义推测变量 $\lambda_i=\sum_{j\neq i}\mathrm{d}q_j/\mathrm{d}q_i=0$，反映某厂商对其他所有竞争厂商对其产量变动 1 单位的产量变动总和的推测。在 Cournot 假设下，所有厂商的推测弹性值 λ 都等于 0。前面模型研究总是假定厂商完全同质，故各厂商对市场的支配力或市场势力等同。此处放宽厂商完全同质的假设，厂商间的差异体现在边际成本上。我们关注当厂商规模不等时，各厂商的市场势力情况。对于第 i 个厂商①，有

$$\mathrm{Max}\ \pi_i=pq_i-c_iq_i \tag{8.8}$$

利润最大化一阶条件要求利润对产量导数为零，注意到 p 也是 q_i 的函数

$$\frac{\mathrm{d}\pi_i}{\mathrm{d}q_i}=p+q_i\frac{\mathrm{d}p}{\mathrm{d}q_i}-c_i=0 \tag{8.9}$$

整理得

$$\frac{p-c_i}{p}=-\frac{q_i}{p}\frac{\mathrm{d}p}{\mathrm{d}q_i}=-\frac{q_i}{p}\frac{\mathrm{d}p}{\mathrm{d}Q}\frac{\mathrm{d}Q}{\mathrm{d}q_i} \tag{8.10}$$

式(8.10)中，$Q=\sum q_i$ 为行业总产出。在古诺假设下，$\frac{\mathrm{d}Q}{\mathrm{d}q_i}=\frac{\mathrm{d}q_i+\sum_{j\neq i}\mathrm{d}q_j}{\mathrm{d}q_i}=1+\lambda=1$，代入式(8.10) 中，得

$$\frac{p-c_i}{p}=-\frac{q_i}{p}\frac{\mathrm{d}p}{\mathrm{d}Q}=-\frac{pq_i}{pQ}\frac{\mathrm{d}p}{\mathrm{d}Q}\frac{Q}{p} \tag{8.11}$$

式(8.11)中，$\frac{pq_i}{pQ}=s_i$ 为第 i 个厂商的市场份额，$-\frac{\mathrm{d}p}{\mathrm{d}Q}\frac{Q}{p}=\frac{1}{E_\mathrm{d}}$ 即需求价格弹性的倒数，勒纳指数 $\frac{p-c_i}{p}=\eta_i$ 反映第 i 个厂商的市场势力程度，将该式整理得

$$\eta_i=\frac{p-c_i}{p}=\frac{s_i}{E_\mathrm{d}} \tag{8.12}$$

式(8.12)表明，当市场产品需求价格弹性(由消费者的偏好决定)不变时，某厂商的价格-成本加成即市场势力与其市场份额呈正比例变化。在 Cournot 模型中，虽然厂商独立行事，但大企业仍比小企业拥有更大的市场势力。不难发现式(8.12)是完全垄断厂商市场势力——勒纳指数的推广。

现在假设 $\lambda_i=\sum_{j\neq i}\mathrm{d}q_j/\mathrm{d}q_i\neq 0$，非合作寡占市场中企业的市场势力就变为

---

① 在同质性假设下，各厂商的价格都相等且都等于行业价格，$p=p_i$。

$$\frac{p-c_i}{p}=-\frac{q_i}{p}\frac{\mathrm{d}p}{\mathrm{d}Q}\frac{\mathrm{d}Q}{\mathrm{d}q_i}=-\frac{q_i}{Q}\frac{\mathrm{d}p}{\mathrm{d}Q}\frac{Q}{p}\frac{\mathrm{d}Q}{\mathrm{d}q_i}=\frac{s_i}{\varepsilon}(1+\lambda) \tag{8.13}$$

设 $\alpha=\frac{\mathrm{d}q_j}{q_j}/\frac{\mathrm{d}q_i}{q_i}$，$\alpha$ 称作推测弹性，表示企业 j 对来自企业 i 产量变动的反应程度，是另一种形式的推测变量。推测变量 λ 和推测弹性 α 的数学关联如下：

$$\lambda=\sum_{j\neq i}\mathrm{d}q_j/\mathrm{d}q_i=\alpha\frac{\sum_{j\neq i}\mathrm{d}q_j}{q_i}=\alpha\left(\frac{1}{s_i}-1\right)=\alpha\left(\frac{1-s_i}{s_i}\right) \tag{8.14}$$

代入式(8.13)中就可以得到

$$\frac{p-c}{p}=\frac{\alpha+(1-\alpha)s_i}{\varepsilon} \tag{8.15}$$

二、价格型寡占依赖模型——Bertrand 模型

(一) Bertrand 模型和 Bertrand 悖论

1883 年，Bertrand 对 Cournot 模型进行修正，他的寡占模型的特征是厂商先确定价格而不是产量。Cournot 模型一直强调市场集中和市场份额，并把它视为决定市场绩效的决定因素；与此相反，Bertrand 模型更注重将产品差别化作为决定市场绩效的主要因素①。模型假设如下：

(1) 两个企业 i 和 j 生产完全同质产品，产品具有完全可替代性。

(2) 厂商的决策变量是价格，每个厂商给定对手价格水平后决定自己的利润最大化价格。

(3) 两个企业生产的单位成本均为 c，且不随产量的变化而变化。

(4) 每个企业的产能无限，信息完全。这样，如果某个企业定价低于对手将获得全部市场份额；如果两家企业定价相等，那么各自分得市场需求量的一半。

令市场需求函数是 $D=D(p)$，企业 i 的市场需求函数可表示为

$$D_i(p_i,p_j)=\begin{cases}D(p_i), & p_i<p_j\\ \frac{1}{2}D(p_i), & p_i=p_j\\ 0, & p_i>p_j\end{cases} \tag{8.16}$$

由于各企业同时且非合作地定价，这就需要参与定价的企业在推测别人定价的基础上，通过自身最优定价实现利润最大化。根据纳什均衡的含义，对于企业 i 而言，其最优价格 p_i^* 必须满足 $\pi_i(p_i^*,p_j^*)\geqslant\pi_i(p_i,p_j^*)$；对于企业 j，最优价格 p_j^* 也必须满足 $\pi_j(p_i^*,p_j^*)\geqslant\pi_j(p_i^*,p_j)$。纳什均衡时，任何局中人没有单方面偏离均衡的动机，以此检验 Bertrand 模型的均衡解。

如果 $p_i^*>p_j^*>c$，那么按照模型假设企业 i 不会得到任何市场需求，利润为 0。这样企业 i 有激励将价格指定在比 p_j^* 略低的水平(介于 p_j^* 和 c 之间)，将可以获得全部市场，利润为正。由此可见，p_i^* 不是企业 i 的最优定价。同理，如果出现 $p_j^*>p_i^*>c$ 的情形，则企业 j 有单方面偏离的动机，也不构成纳什均衡。

如果 $p_i^*=p_j^*>c$，则两企业平分市场份额，企业 i 的利润为 $D(p_i^*)(p_i^*-c)/2$，而它如

① 当然 Bertrand 早期研究中假设产品同质，后续学者对此假设做了放宽，以解释 Bertrand 悖论。

果在此价格基础上将价格降至$p_i^* - \varepsilon$（ε 是一个充分小的正数），利润增至 $D(p_i^* - \varepsilon)(p_i^* - c - \varepsilon)$。可以证明，当 ε 充分小时，有

$$D(p_i^* - \varepsilon)(p_i^* - c - \varepsilon) > \frac{D(p_i^*)(p_i^* - c)}{2} \tag{8.17}$$

只要价格高于边际成本，企业 i 有持续动力把价格降至对手企业 j 的定价水平之下；同样，企业 j 也面临着企业 i 相同的情况。因此，Bertrand 竞争的均衡解是 $p_i^* = p_j^* = c$。企业都按照边际成本定价，不能取得超额利润。这一结论也可一般化为多个企业参与竞争的情形。

Bertrand 模型包含着深刻的内涵，颠覆了传统意义上的竞争观。它的基本结论是：即使在双寡头垄断市场上，只要两家企业展开价格竞争，就可以实现完全竞争的市场绩效。通俗地讲，“只要有两匹马，就能赛出最好的比赛成绩”。这一思想与古典经济学对竞争的理解相违背，似乎让人难以置信，因为它意味着一个行业哪怕只有少数几家企业，也不能操纵市场价格，人们把这一结论称作 Bertrand 悖论。

案例短析

电子邮箱服务的价格竞争

1976 年，英国女王就曾经发过一封电子邮件，她也成为使用电子邮件的较早客户之一。现在全世界共有超过 6.5 亿人在使用电子邮件，每天至少有 3 500 万封电子邮件被发送和接收。

早期提供电子邮箱服务是收费项目，而且价格不菲，供应商向用户提供各式各样的收费模式。由于电邮服务行业的进入壁垒较低，巨大的利润吸引大批供应商进入，激烈的竞争促使电邮服务价格急剧下降，到 21 世纪初期价格几乎降至为零，如同 Bertrand 模型所预期的那样。电子邮箱服务的特点有两个重要特征：零边际成本和产能无限，这是保证 Bcrtrand 均衡成立的前提。因此，电邮供应商走出 Bcrtrand 悖论只能从产品差别化入手，如向特殊用户如企业提供功能更全、更安全的电邮服务，借此向客户收取费用。

（二）对于 Bertrand 悖论的解释

一旦理论与行为实践的结果相违背，我们不应囿于理论本身，而应从形成理论的前提中去寻找。产生 Bertrand 悖论，关键在于模型假设，如果放宽假设，就不难理解为什么在现实经济中寡占厂商仍然具备价格操纵力。

第一，在 Bertrand 模型中，各厂商的产品具有完全替代性，这时竞争的维度只有一个，那就是价格。对于消费者而言，各个厂商的产品没有质量、设计、品牌的差别，厂商只要有价格优势就可以完全笼络用户。而在现实生活中，各个厂商的产品不仅存在客观差异，而且消费者还存在主观上不同的偏好。这样一来，纯粹的价格竞争就会有点缓和，具有差别化的企业制定略高价格也不会失去完全市场份额，最终寡占市场的均衡价格就会高于完全竞争价格。

第二，Bertrand 模型反映的是厂商之间的一次博弈，只要定价低于对手就可以占领整个市场。这时候如果厂商想通过缔结富有约束力的协议，高于完全竞争水平的价格获利就难以如愿以偿。因为，没有谁有动力遵循这一协议，即 $p_i^* = p_j^* > c$ 不是静态 Bertrand 模型的纳什均衡解。而在现实中，厂商之间的竞争和合作关系是长期存在的，彼此之间是重复博

弈，率先降价的企业会面临其他企业在后续阶段的报复。这样，为了避免在价格战中两败俱伤，厂商有可能走向串谋。即如果引入时间维度，$p_i^* = p_j^* > c$ 也有可能成为 Bertrand 模型的纳什均衡解。

第三，在 Bertrand 模型中，假定各厂商具有相同的边际成本，且不随产量的变化而变化。这时候厂商降价扩张产量不能享受到规模经济收益，不能降低产品的平均成本，而只能减少单位利润。在现实中，由于各个厂商生产工艺、供应渠道不同，由此形成不同的生产能力和产品成本，作为行业内的大厂商能够通过规模扩张、创新技术等途径降低单位成本，进而确立其主导地位，实行价格领导制，制定高于竞争水平的价格。

第四，Bertrand 模型中假定各厂商不存在生产能力约束，降价后单个企业生产完全可以满足全部市场需求。现实经济中，除了像移动通信、邮箱服务等数字化产品的厂商受产能约束较小外，传统工业经济或多或少都存在产能限制。可以证明，当厂商存在生产能力限制时，等于边际成本的价格并不是 Bertrand 均衡。

三、产量的动态博弈模型——Stackelberg 模型

在 Cournot 模型和 Bertrand 模型中，竞争厂商在市场上的地位是平等的，因而它们的行为是相似的。而且，它们的决策是同时的。当企业甲在作决策时，它并不知道企业乙的决策。但事实上，在大多数情形下，厂商之间的地位并不是对称的。市场地位的不对称引起了决策次序的不对称，通常，小企业先观察到大企业的行为，再决定自己的对策。德国经济学家 Stackelberg 建立的模型就反映了这种不对称的竞争。

在 Stackelberg 的寡头理论中，提出了将寡头厂商的角色定位为“领导者”与“追随者”的分析范式。一般来说，古诺模型中互为追随者的两个厂商势均力敌。而斯塔克尔伯格的寡头厂商模型中，一个是实力雄厚的领导者，另一个是实力相对较弱的追随者。该模型的基本假定条件：在一个寡头行业中有两个厂商，他们生产相同的产品，其中一个寡头厂商是处于支配地位的领导者，另一个是寡头厂商的追随者。另外，与古诺模型一样，每个厂商的决策变量都是产量，即每个厂商都会选择自己的最优产量来实现利润最大化。

（一）Stackelberg 模型

Stackelberg 模型是一个动态博弈模型，是一个产量领导模型，厂商之间存在着行动次序的区别。产量的决定依据以下次序：领导性厂商决定一个产量，跟随厂商可以观察到这个产量，然后根据领导性厂商的产量来决定他自己的产量。需要注意的是，领导性厂商在决定自己的产量的时候，充分了解跟随厂商会如何行动，这意味着领导性厂商知道跟随厂商的反应函数。因此，领导性厂商自然会预期到自己决定的产量对跟随厂商的影响。正是在考虑到这种影响的情况下，领导性厂商所决定的产量将是一个以跟随厂商的反应函数为约束的利润最大化产量。在 Stackelberg 模型中，跟随厂商的决策不再需要领导性厂商的反应函数。

假设领导性厂商 1 先决定它的产量，然后跟随厂商 2 知道厂商 1 的产量后再作出它的产量决策。在确定自己产量时，厂商 1 必须考虑厂商 2 将如何作出反应，其他假设与 Cournot 模型完全相同。根据动态博弈的逆向归纳法，在博弈第二阶段，厂商 2 在给定厂商 1 的产量水平后选择利润最大化产量。厂商 2 的利润最大化产量水平由式(8.18)给出。

$$\max_{q_2} \pi_2 = q_2[a - b(q_1 + q_2)] - cq_2 \tag{8.18}$$

利润最大化一阶条件为 $a-b(q_1+q_2)-bq_2=c$，移项后得

$$q_2=\frac{a-c}{2b}-\frac{q_1}{2} \tag{8.19}$$

式(8.19)即为追随厂商2的反应函数，厂商2的最优产量是厂商1产量的函数。由于信息完全，主导性厂商在博弈第一阶段进行最优产量决策时也会将厂商2的反应考虑在内。将式(8.19)代入主导性厂商1的利润函数 $\pi_1=q_1[a-b(q_1+q_2)]-cq_1$ 中，此举便是逆向倒推的过程，可得到

$$\pi_1=q_1\left[a-b\left(q_1+\frac{a-c}{2b}-\frac{q_1}{2}\right)\right]-cq_1 \tag{8.20}$$

式(8.20)对产量 q_1 取一阶导数，可解得均衡时主导性厂商1的产量 $q_1^d=\frac{a-c}{2b}$，代入反应函数式(8.19)中可解得追随厂商2的均衡产量 $q_2^f=\frac{a-c}{4b}$。容易验证，$\left(q_1=\frac{a-c}{2b},\ q_2=\frac{a-c}{2b}-\frac{q_1}{2}\right)$ 是两阶段 Stackelberg 模型的子博弈精炼纳什均衡。

（二）先行者优势

与 Cournot 模型比较，可以看出在 Stackelberg 模型中，产业的均衡产量要大于 Cournot 均衡产量，相应的市场价格也随之降低。也就是说，虽然厂商都是以产量作为竞争手段，但只要彼此之间存在行动先后顺序，整个市场的产出仍然会有所提高。进一步观察可以发现，在 Stackelberg 模型中，领导厂商的产量要大于 Cournot 模型中厂商的产量，但追随厂商产量低于 Cournot 模型中厂商的产量。这表明，市场产出的增加主要是通过先进入的主导性厂商实现的，其利润也高于跟随厂商。究其原因，在完全信息的 Stackelberg 动态博弈中，跟随厂商由于掌握领导厂商的产量信息，被迫缩小自己的产量规模，致使领导厂商占据先行者优势(first mover advantage)，而拥有信息优势的跟随厂商被置于竞争劣势。

后续研究发现，如果厂商之间进行价格而不是产量的动态竞争，则拥有信息优势的跟随厂商具有后动优势。由此看来，导致 Stackelberg 模型中跟随厂商的竞争劣势不是因为其拥有信息优势。从跟随厂商2的反应函数式(8.19)中不难看出，厂商2的最优产量是厂商1产量的减函数，而这一点恰恰被先行者理性预期到。数量型寡占模型中厂商间行动彼此“战略替代”，这才是先发优势的原因。

四、价格的动态博弈模型

设市场上有两家企业，生产不同质的产品，但两种产品具有较强的替代性。现在厂商进行价格的动态博弈，一个企业首先制定价格，另一个企业观察到这个价格后，再选择自己产品的价格。设企业1先行、企业2跟随，仍然应用逆向归纳法求子博弈精炼纳什均衡。

在博弈第二阶段，企业2观察到 p_1 后选择 p_2 使自己利润最大化，即求解利润最大化问题

$$\underset{p_2}{\text{Max}}\ \pi_2(p_1,p_2)=p_2q_2(p_1,p_2)-C_2[q_2(p_1,p_2)] \tag{8.21}$$

求解一阶条件可得企业2的反应函数：$p_2=R_2(p_1)$。在博弈第一阶段，企业1预期到企业2的反应函数 $p_2=R_2(p_1)$，选择价格 p_1，使其利润最大化，即求解

$$\underset{p_1}{\text{Max}}\ \pi_1[p_1,R_2(p_1)]=p_1q_1[p_1,R_2(p_1)]-C_1\{q_1[p_1,R_2(p_1)]\} \tag{8.22}$$

从式(8.22)出发,可解得p_1^*,从而可以子博弈精炼纳什均衡$[p_1^*, R_2(p_1)]$。

对于价格领先动态博弈,如果两个企业成本、需求函数相同,且反应曲线向上倾斜,则每个企业偏好价格跟随。换句话说,在价格的动态博弈中,信息优势方后动者拥有后发优势。先发优势往往是造成某种既定事实,而后发优势在源于"伺机而动"。此处为避免烦琐的证明过程,仅举一例来说明。设两企业具有对称的需求函数 $q_1 = 1 - p_1 + p_2$,$q_2 = 1 - p_2 + p_1$,且具有相同的成本函数 $C(q) = cq$。在博弈第二阶段,企业 2 观察到 p_1 后选择 p_2 使自己利润最大化,最大化自己的利润函数

$$\operatorname*{Max}_{p_2} \pi_2(p_1, p_2) = (p_2 - c)(1 - p_2 + p_1) \tag{8.23}$$

由一阶条件可得跟随厂商 2 的反应函数

$$p_2 = \frac{1}{2}(1 + c + p_1) \tag{8.24}$$

在博弈第一阶段,企业 1 预期到 $p_2 = \frac{1}{2}(1 + c + p_1)$,选择 p_1 使其利润最大化,有

$$\pi_1(p_1) = (p_1 - c)[1 - p_1 + p_2(p_1)] \tag{8.25}$$

由一阶条件$\frac{d\pi_1}{dp_1} = 0$,解得$p_1^* = \frac{3}{2} + c$。代入企业 2 的反应函数得$p_2^* = \frac{5}{4} + c$。于是进一步可计算出 $q_1^* = \frac{3}{4}$,$q_2^* = \frac{5}{4}$,$\pi_1^* = \frac{9}{8}$,$\pi_2^* = \frac{25}{16}$。易见,$\pi_2^* > \pi_1^*$,后动优势成立。从反应函数式(8.24)的构成可知,反应曲线向上倾斜。价格型寡占模型中厂商间行动彼此"战略互补",这才是后发优势的原因。

第三节 寡占合作行为

寡占合作行为是指企业为协调本行业各企业行动或限制竞争而采取的一些行为。对寡占合作行为的研究源于卡特尔合谋理论,博弈论的引入使得寡占合作行为的研究达到一个新的层次。斯密在《国富论》中就曾指出"同行的人即使为了娱乐或消遣也很少聚集在一起,而当他们会面时,不是在进行反对公共利益的共谋,就是在策划哄抬物价"。张伯伦推测"由于任何一方的削价结果都不可避免地减少它自己的利润,没有人会削价。尽管销售者是独立的,均衡的结果就像它们签订了垄断协议一样"。传统产业组织研究一直在静态框架下进行,从行业的集中度、产品差别化、成本的对策性和时间的偏好等分析合谋的稳定性问题。

博弈论的引入使合作策略性行为的研究达到一个新的层次,一些学者用博弈论的方法在动态框架下研究寡占合作行为。克瑞普斯认为,在重复的囚徒困境博弈中,合作的结果是可能发生的。尽管在一次博弈或者有限次博弈中,参与厂商都会选择非合作策略,从而陷入"囚徒困境"之中。只要在同一行业内的厂商一般并不清楚博弈什么时间终止,厂商间就可理解为无限次重复博弈。而在重复博弈中,每个厂商都会在欺骗获得短期高利润和合作获得长期稳定的低利润流之间选择,对时间偏好的折现率和厂商选择的策略都影响该博弈最终均衡。如果折现率足够低,亦即厂商对于未来利润和现在利润几乎等权重看待,就会弱化厂商欺骗动机,触发策略让每一个厂商能长久地维持合谋行为,这就是著名的佚名定理

(Folk Theorem)。[1]但外部环境的不确定性,如市场需求的意外波动、替代品生产厂商的大量涌入,都会导致卡特尔联盟的瓦解,所以,成功的卡特尔必须应对各种突发性状况,制定出维持协议执行的激励和监督机制。

一、无限期 Cournot 动态博弈模型

前文已经指出,双寡头 Cournot 静态博弈实质上就是"囚徒困境"在寡占市场上的应用。然而静态分析框架具有内在缺陷,它没有把寡占市场中厂商之间的动态长期竞争特点反映出来。每一个厂商所做的战略选择都是一次性的,不会根据对手的选择在时间序列上作出调整,这一状况不符合寡占厂商展开反复竞争、进行决策调整的事实。更为重要的是,静态分析仅仅指出了厂商间组成卡特尔联盟能够提高利润,但从一次博弈角度看,这种合作仅是一种美好的设想,并不构成纳什均衡。如果没有厂商愿意遵守协议,那么也就意味着卡特尔在现实中不会形成,或者说即便发生也会立即瓦解。对现实中的寡占合作为何存在的动因还是没有说清楚。

随着动态博弈分析方法的发展,经济学家开始关注时间序列和信息分布,以此阐明厂商达成合谋的利益动因。在卡特尔协议的维持方面,在一次性博弈情况下,企业背离协议的激励的确比遵守协议大得多。但是在无限期重复博弈中,企业会考虑自己背离协议使市场转向新的均衡,从而这一行为就不一定对其有利。因此,即使企业数目很多,默契或者合谋也是可能的。在具有足够大的惩罚威胁情况下,联合起来利润最大化将是一种均衡结果。

在动态重复博弈模型中,这里依然沿用静态模型的分析假设。假定寡占垄断市场只有两个企业 1 和企业 2,每个企业都以相同的边际成本 c 生产完全替代的产品,产量是企业进行竞争所作的决策变量。与静态的 Cournot 竞争不同的是,企业竞争不是一次性的,而是重复 T 次的序贯博弈(T 可以是有限数,也可以是无限数)。各阶段博弈没有"物质上的联系",在每一阶段,厂商都可以观测到竞争对手过去的产量水平。如果其中任何一个厂商从私利出发采取一次不合作行动,想蒙骗对手,就会导致对手永远的不合作。厂商追求各阶段利润现值之和最大化,δ 是反映厂商对时间偏好度的贴现因子。

表 8.2 列出 Cournot 竞争、卡特尔和单方偏离等不同情形下参与人的利润。我们知道,只进行一次 Cournot 竞争,(非合作,非合作)是纳什均衡,均衡结果是 $\left(\frac{1}{9}\frac{(a-c)^2}{b},\frac{1}{9}\frac{(a-c)^2}{b}\right)$。虽然存在帕累托改进,但在静态博弈中没有激励维持机制。现在对 Cournot 模型动态化,首先来看厂商之间有限次的重复博弈($T<\infty$)。按照动态博弈求解的逆向倒推法先确定厂商在第 T 期的均衡产量。由于各阶段没有物质上的联系,故而每一个厂商都力图在最后第 T 阶段实行静态利润最大化策略,每个厂商都会选择不合作为最优策略,均衡利润水平还是 $\frac{1}{9}\frac{(a-c)^2}{b}$。对 T 期以前的各时期来说,由于厂商的产量选择不影响后期利润水平,所以厂商都会选择当期个体利益最大化,以不合作为竞争策略。于是,按照逆向归纳法,从第 1 期到第 T 期,厂商都会像静态 Cournot 模型那样进行产量决策。有限次的动态博弈不改变一次性博弈的均衡结果。

当 $T\to\infty$ 时,即厂商之间的博弈将重复无数次时,尽管阶段博弈仍然维持 Cournot 模型

[1] Friedam 概括无名氏定理为:如果折现率足够小,那么重复博弈中的合作行为就可以维持并超过单期静态博弈中非合作收益的任何个体收益策略。

的结构，以不合作相对抗仍是博弈均衡结果，但它不再是唯一的均衡，厂商间的合作从愿望转化为现实。由于是无限期动态博弈，故逆向归纳法无法使用，厂商彼此的战略选择对均衡产生重大影响。为便于说明合作均衡的可能性，假定厂商奉行“人不犯我，我不犯人；人若犯我，我永犯人”的“冷酷”策略(grim strategy)。对手的一次背叛合作协议，将造成信任危机，触发厂商间永远不合作。不失一般性，假定某个厂商在第1阶段选择欺骗，如果下列条件满足，厂商将没有激励偏离合作均衡，即

$$\frac{(a-c)^2}{8b}+\delta\frac{(a-c)^2}{8b}+\delta^2\frac{(a-c)^2}{8b}+\cdots$$
$$\geqslant\frac{9(a-c)^2}{64b}+\delta\frac{(a-c)^2}{9b}+\delta^2\frac{(a-c)^2}{9b}+\cdots \tag{8.26}$$

求解上述式(8.26)，可得 $\delta^*\geqslant\frac{9}{17}$。可以证明，只要厂商对未来收益足够重视$\left(\text{贴现因子不低于}\frac{9}{17}\right)$，它们在动态博弈中采取机会主义行为的损失就会很大，厂商之间的默契合谋就会成为一个战略均衡。更为一般地，只要贴现因子大于$\frac{9}{17}$，任何介于 Cournot 产量和垄断产量之间的产量水平，即 $q_i\in\left[\frac{a-c}{4b},\frac{a-c}{3b}\right]$，都可以持续成为均衡产量。

二、影响寡占合作的因素①

(一) 市场集中度

以往经济学家在构建 Cournot 模型和 Bertrand 模型时，采取了不真实的行为假设，目的是避开建模困难。这些假设是：寡头们虽然认识到它们彼此间相互依赖，但同时又认为竞争对手对自己的产出或价格不会有反应，它们的行动都是建立在这种信念基础上的。

推测变量在一定程度上使得这一假设一般化，但是它过于简单，难以说明复杂的市场运行问题。张伯伦认为，寡头们绝对不会那么愚蠢，一旦集中度达到一个关键水平，寡头们就会认识到它们之间的相互依赖性，并使市场产出达到垄断程度。②这个过程不需要明显的合谋，只要对决策的直接或间接后果有一个简单的认知就可以了。张伯伦预期如果市场集中度达到一个关键水平，就可以在寡占市场中发现垄断价格。这一理论使用推测变量的语言来表述，推测变量参数 λ 会从 -1 跳跃到 $+1$。在该集中度水平以下，市场绩效是竞争的，超过临界集中度水平，市场绩效处于垄断状态。

这个关键集中度水平究竟有多高？我们从理论上无法给予一般的回答。对相互依赖的认知因产业不同而异，还与产品差别化、成本差异等其他特征相关。张伯伦的早期经验研究表明，当市场上最大的八家企业拥有超过 70%的市场份额，寡头们的相互依赖性就十分明显。最新的一项研究表明，当最大的两家厂商联合市场份额达到 25%～35%时，产业绩效就会从竞争向垄断转变。

(二) 产品差别化

当产品具有差别化时，卡特尔成员必须确定相对价格的全部计划，而不仅仅是确定一种

① 本部分编写内容参考刘志彪主编《产业经济学》(2003 年版)第 6 章“寡头合谋行为”。

② Chamberlin E H. The Theory of Monopolistic Competition[M]. Cambridge, MA: Harvard University Press, 1933.

单一价格。决定相对价格的需要使卡特尔缺乏稳定性。如果多样化的需求在整个卡特尔时期还在不停地发生变化，那么卡特尔的稳定性就更差。需求的变化会改变利润最大化的相对价格，每次都要调整相对价格，在调整的过程中，所有的讨价还价程序都要重来。

案例短析

产品差别化和 OPEC 运营

世界石油市场在这方面提供了一个非常好的例子。石油不是同质性产品，一些 OPEC 成员主要生产低比重、含硫低的轻型油，另一些成员则生产高比重、含硫高的重型油。开采含硫高的重型油的成本不仅要比开采含硫低的轻型油大很多，而且会产生一些低价值的矿产品混合物。而含硫量低的石油在精炼时引起的损耗和污染都较小。因此，在其他条件相同的情况下，含硫低的轻型油比含硫高的重型油更值得开采。在 1973 年世界石油危机发生初期，绝大多数美国精炼油厂的设备技术都是用于处理含硫量低的轻型油的。

因为这些原因，含硫低的轻型油在世界市场上的卖价要大大高于含硫高的重型油。在 OPEC 控制了世界石油市场之后，它就依据各国石油成本差异制定了价格表，但是不久 OPEC 就发现石油市场发生了变化。OPEC 在石油供给方面制造了人为的短缺，同时石油精炼厂商都想尽可能进入范围更为广泛的石油供给领域。在 OPEC 提高石油价格以后，工业化国家的石油精炼厂商纷纷以高昂的代价更新设备。目的是既能够炼含硫量低的油，又能够炼含硫量高的石油。结果对重型油的需求逐步增加，原先由轻型油主宰世界石油市场的格局有所变化。这种相对需求的变化，对 OPEC 石油定价产生了持续的压力。生产轻型油的 OPEC 成员，不情愿放弃预先设置的传统价格。需求变化所导致的价格差异，是 OPEC 石油部长之间争论不休的主要原因，也是整个 OPEC 时代持续的特征。

（三）成本差异

成本差异使卡特尔的稳定运行变得十分困难。对联合利润最大化的追求需要在卡特尔成员之间适当分配产出，以使边际成本对所有成员来说都是相同的。如果所有成员的边际成本各不相同，那么只要把产出从高边际成本生产者向低边际成本生产者转移，卡特尔就会增加其联合利润。

图 8.2 是以一个双寡头的卡特尔为例，说明为什么追求联合利润最大化需要所有卡特尔成员具有相同的边际成本。随着产出的增加，高成本厂商比低成本厂商的边际成本上升速度更快，所以卡特尔的联合利润最大化，需要高成本厂商比低成本厂商接受一个较低的产出和一个较低的市场份额。这种需要至少使卡特尔的稳定运行变得非常复杂化：低成本的厂商不得不收缩一些产量，以便对高成本的厂商作出一定的让步，维持他们之间的合作关系。但高成本厂商不可能愿意无条件地接受一个较低的市场份额，他们可能会觉得待在卡特尔内部进行讨价还价限制了他们长期的市场份额。如果是这种情况，继续接受卡特尔安排的较低的市场份额，以自己的损失换取整个卡特尔的联合利润最大化，无疑是在卡自己的喉咙。

（四）折现率

折现率是对时间偏好度的一种度量。一个具有低折现率的厂商对近期所获得的利润会给予较高的权重，而对较长时期所获得的利润则会给予较低的权重，这类厂商往往倾向于确立较高的短期价格，而不管高价格是否会引发进入壁垒以及在长期内降低利润。相反，一个具有高折现率的厂商，对长期所获得的利润几乎会与短期同样看待，这类厂商更可能倾向于限价策略，维护市场势力，在长期中取得经济利润。

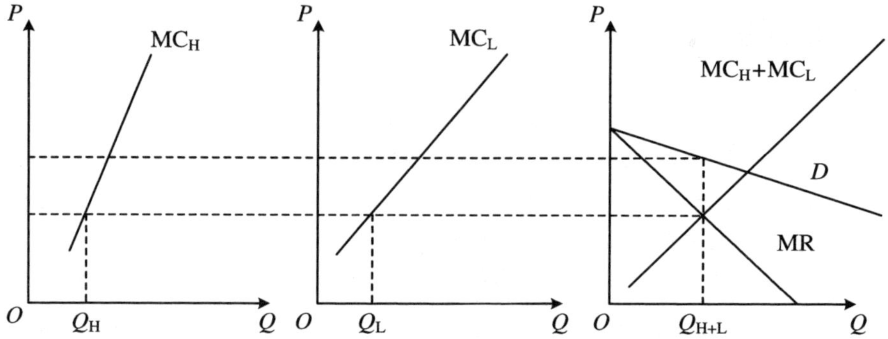

图 8.2　具有成本差异的联合利润最大化

当卡特尔成员对当前和未来的利润大致采取同样的权重时，说明卡特尔成员间确立了一种大致相同的价格，它就比较容易达成协议。如果对价格水平的确定有分歧，有人时间眼界短，愿意制定短期高价格，有人时间眼界长，想把价格定得低一些。那么制定价格协议的一般基础就难以找到。这种情况对 OPEC 成员来说再吻合不过了。一些 OPEC 成员，如沙特阿拉伯、科威特、阿拉伯联合酋长国等，拥有丰富的石油资源，人口又少，现代化水平较高，生活富裕。这些国家深知进入 21 世纪之后它们是世界石油市场上的主要力量。另一些石油生产国，如印度尼西亚、尼日利亚、阿尔及利亚等，储备的石油资源有限、人口众多，具有加速发展自己经济的需要，这些国家希望的是尽快提高自己在发展中国家的地位，从石油销售中尽可能快地取得尽可能多的收入，以支持国家工业化。因此，实践证明，后一类国家的政府决策的时间往往比较短，即使 OPEC 在未来丧失对世界石油市场的控制权，它们也倾向于对石油价格索取短期的垄断价格。

综上所述，成本差异使卡特尔协议难以维持。虽然在中等程度集中的市场上，厂商有可能认识到他们之间的相互依赖关系，但是他们不可能心照不宣地实现联合利润最大化目标，除非他们生产标准化产品，具有相同的成本结构，以及拥有相同的折现率。如果这些条件满足，市场越集中，他们达成协议的可能性越大。就此而言的政策含义是，解散处于主导性地位的厂商或者阻止这种主导地位的形成，应是政府的一项重要工作。寡头们可能会成功地行使一些市场势力，但是寡头们在协调过程中存在的问题表明，寡头们取得的利润一般低于最大化的联合利润。在同样的条件下，阻止主导性厂商地位形成的并购政策也可能在一定程度上有助于提高市场的绩效。

三、便于合谋的商业实践

由于卡特尔具有天然的不稳定性，寡头们在商业实践中“发明”了许多商业实践，消除了因商业摩擦产生的“误会”，力图增强卡特尔的稳定性。

（一）共同成本手册与多产品定价公式

在寡头厂商明确合谋中，一个显而易见的难题是产品的异质性问题。这种异质性可以有以下两种情形：一是不同厂商的产品是不完全替代品。比如配置基本一致的 DELL 笔记本电脑和 IBM 笔记本电脑尽管基本功能一样，但是对于某些消费者来说，可能对其中某一品牌带有偏好。另一种情况是生产多种产品型号的厂商，他们的产品实际上是同质的，但是有多条生产线，产品范围不同。比如生产纸板箱的厂商中，他们生产不同尺寸和硬度的纸箱，在该产业中，互相竞争的厂商的产品线几乎是一样的。

前一种情形在现实生活中是难以避免的，厂商也已经习惯了制定产品差别化的策略。在这种情况下，合谋厂商可以使用共同成本手册来制定价格。产品是由零部件构成的，零部件一般是标准化的，厂商可以通过规定零部件的价格加总来计算产品的价格。使用共同成本手册的厂商保证了生产者价格基准的同一性，违反这一基准就被视为背叛行为。

后一种情形可以用多产品公式定价法来解决。比如纸板箱行业，定价就可以用每立方米多少钱来解决。厂商可以协定一个基本单元价格，这个基本单元价格在合谋厂商间是通用的，价格的变动是同比例的，厂商只需用尺寸乘以基本价格单元就可以定价。

（二）转售价格维持

转售价格维持（RPM）通常是指供应商与零售商之间的上下游价格控制关系。如果零售商不按供应商的建议价格销售商品，供应商就拒绝供货。理论界关于转售价格维持到底是一种制造商共谋还是零售商合作行为一直存在争议。

一派的观点是：转售价格维持是便利上游制造商合谋的商业惯例。在制造商合谋的过程中会出现这样一个问题，零售商的成本是不同的，那么市场上零售价格变动是由于制造商定价不同造成的，还是由于销售商成本变化或零售加成额变化而造成的呢？这一般难以辨别。这样即使制造商制定了统一价格，背叛行为根本无从判别，因为某个厂商可以矢口否认这是零售环节造成的，完全不是他的过失，但暗中却偷偷降价。转售价格维持通过消除价格波动使背叛行为易于察觉，因为它要求销售价格不得低于一个底线。另一派观点认为转售价格维持是下游销售商之间的合作行为。这时上游供应商成为实际上的监督人，一旦发现零售商有任何超越价格底线就停止供货，则给予惩罚。

需要说明的是，转售价格维持一般是供应商规定零售商的价格下限，但它还包括供应商向分销商或零售商设定价格上限甚至固定价格的权力。

（三）基点定价

基点定价是引起了经济学家广泛关注的一种合谋行为。关于此做法到底是增强了合谋的稳定性还是使合谋更困难，不同学者各执一词。不过传统的论述是支持前者的观点，即基点定价是便利合谋的一种手段。基点定价对那些产品运输成本相对于产品价值而言较高的工业中较常见，如水泥、钢材、木材和食糖行业。基点定价实质上是解决了由于厂商所处地点不同所带来的合谋的困难。基点定价使总的交货价格等于交货定价基点的通行市场价格，加上从该地开始计算的运费，这样就防止厂商将折扣暗含在运费当中。

有些行业，寡头厂商在地理分布上是很分散的，如果运输费用比较可观的话，厂商间达成和维持合谋的协议执行就变得困难重重了。在基点定价下，离产地较近的顾客支付的价格通常要高于货品的价格加上实际运输成本之和，反之则相反。

斯蒂格勒证明了需求随地理分布变化而变化时，基点定价是共谋机制的次优选择；而 FOB 将导致厂商只选择在附近的地点销售，实现自然的市场细分。厂商采用 FOB 定价法的话使得需求不旺地区的某厂商有动机削价去占领较远的领地，所以，不利于合谋。而在使用基点定价的情况下，厂商通过运费吸收的方式允许厂商进入别人的自然领地从而自然分配行业销售比例。无论需求在地区间分配如何不均匀，厂商都可以自行安排销售。此外，本森等还证明了基点定价能够减少执行成本。当所有厂商都采用基点定价的时候，他们就能够轻易地察觉一个厂商的欺骗行为，因为该厂商的背叛行为使所有厂商都能够很快受到影响，从而群起而改之。而当运用FOB的时候，一些厂商降低价格只会影响某一地区的产品销售，那么别的地区厂商就不会有惩罚它的动机。

（四）一致-竞争条款

现实中有两种形式的一致-竞争条款（meeting-competition clauses）。一种是“不一致就解除”条款，供应商与顾客间签订合同规定供应商将与竞争对手的价格一致，若不一致就解除消费者购买的义务，消费者就可以寻找更优惠的供应商。另一种“不解除”条款使得供应商对消费者的承诺以合同的形式保存下来，但是没有解除的条款。一致-竞争条款实质上是将顾客作为监督人，这种机制激励顾客去监督和报告竞争对手的价格。这样察觉的价格偏离行为就容易多了，并且竞争对手率先降价的激励也没有了，因为这样他将失去所有的顾客。

（五）价格领导

价格领导是指行业的价格变化总是由某一厂商率先作出的，然后这个变化立即被其他厂商所采纳。价格领导解决了选择合谋结果的问题，领导者的价格就是合谋的价格。很多行业表现出这种模式：一家或少数几家厂商正式决定价格，其他厂商则跟随，通常有几天的时间延滞。由领导厂商发起的价格变动有很大的凝聚力，并且不存在阻碍作用或者不同意见的厂商时，就存在着有效的价格领导。行业中厂商的数量越少，价格领导就越有效。我们这里讨论两种主要的价格领导方式：晴雨表式价格领导和支配式价格领导。

在支配式价格领导的情况下，一家厂商因为自己的规模较大，顾客忠诚度相对于其他竞争者高、成本较低而把自己定为一个价格领导者，随后这个领导厂商的行动就如同在它的细分市场中的垄断者一样，把价格定在利润最大化的水平上。这时就存在一个问题：领导厂商采取这个策略，是什么推动跟随厂商接受已确定的价格呢？在某些情况下跟随厂商是由于害怕低成本厂商的激烈报复而确定的。而在晴雨表式的价格领导中，一家厂商宣布价格变动，并希望被其他厂商所接受，这个价格领导厂商不必是行业中的最大公司。他只是正确地首先对变化的需求和成本条件作出反应，从而使提出的价格变动能够被接受并且具有刚性。

罗腾伯格等证明了在寡头行业中价格领导是在需求不对称的情况下超级博弈的一个均衡结果。他们认为价格领导是拥有较多信息的厂商首先设定价格，跟随厂商随后跟进的均衡。在这个博弈中，领导厂商威胁跟随厂商不跟进就将给予价格战的惩罚。

（六）预告价格变动

预告价格变动实际上是减小了率先实行价格变动的负担的风险。一个厂商率先提价会面临其他厂商不跟进的风险，那么其市场份额就会大大缩减。如果先行提价的厂商要比缓慢跟随而动的对手厂商多承担一笔损失的话，就没有哪个厂商愿意充当价格领袖。预告价格变动就是解决这个问题的一种方法。该行业的其他厂商可以在提价生效前决定是否跟从。如果对手均决定不跟进，提倡提价的厂商就可以不实施提价。在需求下降的情况下，先削价的厂商相对后削价的厂商会获利更多，因此，每家厂商都会争相降价。由于提前通知价格下调，保证没有厂商会从先行削价中获利就能缓解厂商们的削价冲动。

（七）最惠国待遇条款

最惠国待遇条款是易于理解的。销售商向所有顾客作出承诺，卖方不会以更低的价格销售给其他购买者。有追溯效力的条款保证了现行的消费者也可以因未来的价格折扣而获利。这种类型的最惠国待遇条款具有双重效力。首先，它类似于厂商的一种保险条款——我不会打折扣，因为一旦打折扣，我还必须将这部分折扣送还给原来的消费者，这就加大了惩罚的力度；同时，它增强了消费者监督的激励，因为消费者一旦发现厂商向别的消费者提供折扣，就有追索的权利，这就降低了厂商降价的动力。

（八）行业协会

行业协会是最常见的厂商明确合谋的手段。波斯纳曾经指出，美国所有的反垄断案中，43%涉及了行业协会。行业协会的功能是多重的，包括了代表行业中所有厂商与政府沟通、游说，使得价格变动的提案获得大多数厂商认可，公布产品的标准，发布行业数据，设立道德标准，出版行业期刊、报纸，定期集会等。很显然，行业协会提供了一个信息交换的平台。此外，会员资格、质量标准、产品代码、资质认证、行业道德标准都可以成为合谋协议制定和执行的工具。例如，某家厂商有背叛行为，行业协会可以采取极端的做法将其赶出该会以示惩罚。

（九）交换信息

厂商间互有的信息越完全，达成和维持合谋协议就相对容易。不确定性使得协议维持较难，交换信息减少了信息的不确定性。

厂商间交换成本和需求的信息使协定的制定变得更加容易。关于竞争对手的价格和产量的信息一旦公开就会使背叛行为更容易更快地被察觉。有时为了加快信息的传递速度，厂商们会采用公开价格策略。当价目单上的价格是公共信息的时候，厂商遵从的就是一个公开价格。有的时候，明确合作的厂商甚至会雇用代理人，使代理人有权审查实际交易的价格和厂商的财务状况等。

（十）分割市场与固定市场份额

有些寡头厂商通过分配给每一个厂商一定的购买者或者地理区域从而成功地维系了合谋。一旦有厂商降价，那么某一地区的销量就会减少，从而使背叛行为易于察觉。波斯纳发现6%～8%的反托拉斯案例涉及客户的分配。另外一种便利合谋的有效商业行为是固定市场份额。只要市场份额容易被观察到，当然就没有厂商愿意降价。由于易于被察觉，察觉到的厂商就可以调整产出水平保持在行业中的适当份额。所有的厂商都预期到这一反应，这样就没有厂商会增加自己产量的动机，因为，在遭到报复后只会减少了自己的利润。

内容摘要

◎ 博弈论是使用严谨的学术模型研究冲突和对抗条件下最优决策问题的理论，也是研究竞争的逻辑和规律的数学分支。博弈论是分析寡头模型的基本数学工具。

◎ 数量型寡占模型决策变量是产量，价格型寡占模型决策变量是价格。产量的动态博弈具有先行者优势，价格的动态博弈具有后发优势。

◎ 同质产品的价格竞争，均衡时各厂商定价等于边际成本，产生完全竞争的市场绩效，称作 Bertrand 悖论。在现实经济中，产品差别化、产能约束等因素制约了 Bertrand 均衡的实现。

◎ 有限次的重复博弈，寡头厂商选择非合作是纳什均衡解。只要折现率足够高，无限次重复博弈中寡头厂商可走出“囚徒困境”。影响合谋的因素有市场集中度、产品差别化、成本差异和折现率。

◎ 为便于合谋，寡头们总结出许多便于合谋的商业实践，试图增强卡特尔的稳定性。

关键词

博弈；纳什均衡；Cournot 模型；Bertrand 模型；推测变量；先行者优势；后发优势；佚名定理（无名氏定理）；转售价格维持

思考与练习

1. 简述博弈的基本要素。
2. Cournot 模型的主要结论有哪些？
3. 什么是 Bertrand 悖论？如何解释？
4. 为什么产量动态博弈中存在先行者优势，而价格动态博弈中存在后发优势？
5. 影响寡占合作的因素有哪些？
6. 试列举寡头厂商便于合谋的商业实践。

第九章　市场绩效

本章结构图

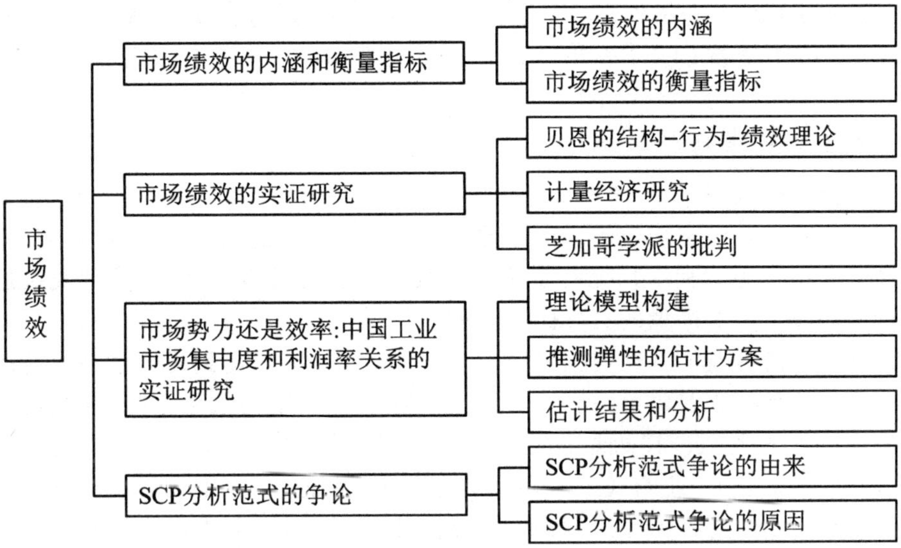

学习目标

通过本章学习，了解市场绩效的衡量指标，掌握市场绩效的影响因素，学会应用市场绩效理论解释产业经济现象。

第一节　市场绩效的内涵和衡量指标

一、市场绩效的内涵

市场绩效是指在特定的市场结构下，通过一定的市场行为使某一产业在价格、成本、产量、利润、产品质量及技术进步等方面达到的最终经济成果。它实际上反映的是在特定的市场结构和市场行为条件下市场运行的效率。市场绩效是一个综合概念，包括产业资源配置效率、产业的规模结构效率、产业技术进步程度和X-非效率。对市场绩效的理解，既要关注帕累托最优意义上的静态效率，也要从技术进步动态效率上去剖析。

（一）产业的资源配置效率

资源配置效率是同时从消费者的效用满足程度和生产者的生产效率高低的角度来考察资源的利用状态。它包括如下三个方面的内容：有限的消费品在消费者之间进行分配，使消费者获得的效用满足程度；有限的生产资源在生产者之间进行分配，使生产者所获得的产出程度；同时考虑生产者和消费者两个方面，即生产者利用有限的生产资源所得到的产出程度和消费者使用这些产出所获得的效用满足程度。

现代产业组织理论认为，资源配置效率是反映市场绩效好坏的最重要指标，该指标在实际中常常是利润率标准。在完全竞争条件下，价格由自由竞争的市场决定，长期内使价格趋向包括正常利润在内的最低费用水平，那么可以认为市场机制下的资源配置是合理的、正常的。然而，在寡头垄断市场条件下，若某一产业长时期得到高利润率，则意味着该产业存在过度垄断，阻碍了资源的流入，并导致了资源分配不合理，社会资源配置和利用效率低下。

（二）产业的规模结构效率

产业的规模结构效率，也称为产业组织的技术效率。由于规模经济的存在，资源在产业间的分配状况影响着资源利用效率。产业的规模结构效率就是从产业内规模经济效益实现程度的角度来考察资源的利用状况。规模经济效益的实现程度，通常用达到或接近经济规模的企业产量占整个产业产量的百分比来表示。

产业内规模经济效益的实现情况可以分为三种情形：① 未达到规模经济效益所必需的经济规模企业是市场的主要供给者。这表明该产业的规模结构效率不高，存在着大量低效率的小规模生产。② 达到或接近最优规模的企业是市场的主要供给者。这说明该产业充分获得了规模经济效益，产业的规模结构效率处于理想状态。③ 市场的主要供给者是超经济规模的大企业。由于这种超经济规模的过度集中，已经不能再使企业的长期平均成本降低，只是加强了企业的垄断力量，因而并不能提高产业的规模结构效率。

（三）产业技术进步程度

技术进步的含义有广义和狭义之分。广义的技术进步包括除资本投入和劳动投入之外的所有促进经济增长的因素。产业组织理论中所考查的技术进步是狭义的技术进步，主要包括发明、创新和扩散三个阶段。发明是指构思对人类生活或生产活动有用的新产品或新的生产方法以及解决相关的技术问题。创新是指发明被第一次应用并导致一种新产品或新的生产方法的出现。扩散是指新产品或新的生产方法被广泛采用。

技术进步渗透于产业组织的生产结构和生产行为的各个方面：产品差别与产业的技术特点密切相关，经济规模和必要资本壁垒与大容量、高效率的技术发展有关，企业集团化和系列化的发展、价格和非价格竞争的类型和程度等都与产业的技术进步类型、技术进步程度及条件存在着密切的关系。技术进步最终是通过经济增长的市场绩效表现出来的，它反映的是动态经济效率，因而也是衡量市场绩效的一个重要标准。

（四）X-非效率

哈佛大学来宾斯坦教授于 1966 年首次提出的 X-非效率理论，或称为内部低效率理论，也是反映市场绩效的一个指标。该理论认为，垄断性大企业由于外部市场竞争压力小，组织内部层次多、机构庞大，加上所有权与控制权的分离，它们往往并不追求成本最小化，这种现象统称为 X-非效率。来宾斯坦的 X-非效率理论涉及三个变量之间的关系：市场环境（*ME*）、企业组织（*EO*）和经济效率（*EE*），其中经济效率是市场环境和企业组织的函数，即 $EE = f(ME, EO)$。在变量 *ME* 给定（即没有市场竞争压力）的条件下，变量 *EE*（即 X-非效率的程度）就取决于变量 *EO*（即垄断厂商）适应环境的情况。X-非效率理论的整个分析框架是建立在“庇护下的厂商追求利润极小化”这个前提假设之上的，并一反传统理论中的“经济人”假设，将人性的弱点假定为“惰性”以及由此形成的“习惯”，即企业行为 = *f*（惰性，环境）。因此，在没有压力的市场环境中，最高决策者的行为模式是“极小化”型的，因而他就不可能把压力从最高层逐级向下传导下去（决策层-管理层-执行层-操作层）。于是，垄断企业全体员工的这种利润极小化行为模式就“集体”地构成了企业组织的行为模式。在没有压力的市场环境中，*EE* 的值就不可能是 X 效率，而只能是 X-非效率。

二、市场绩效的衡量指标

目前，普遍使用的衡量市场绩效的指标有三个，即收益率、价格-成本加成（勒纳指数）和托宾 *q* 值。[①]

（一）收益率

收益率是一种衡量每一元钱投资盈利多少的方法。在产业组织理论中的收益或利润是指经济利润，而不是会计利润。经济利润等于收入减去机会成本，而会计利润则是根据标准的会计原则所计算的利润。具体而言，经济利润等于收入减去劳动力、物资和资本成本。资本成本等于出租资产可获得的总租金，总租金等于以单位财产的租金率乘以资本量。经济租金与资本的租金率有密切的关系。资本的租金率是使资本的所有者在设备折旧以后所获得的一定收益率。折旧是资本在其使用期间所减少的经济价值，也可以称作经济折旧。

经济利润的计算公式为

$$\pi = R - \text{劳动力成本} - \text{原材料成本} \quad \text{资本成本} \tag{9.1}$$

式(9.1)中，R 是收入，资本成本是资本的租金率乘以资本价值。资本价值是 $p_k K$，其中 p_k 是资本价格，K 是资本存量。如果租金率为收益率 r 加上折旧率 δ，即为 $r + \delta$，那么经济利润的计算公式变为

$$\pi = R - \text{劳动力成本} - \text{原材料成本} - (r + \delta) p_k K \tag{9.2}$$

收益率是净收入除以资本价值，这里的净收入等于收入减去劳动力成本减去原材料成本减去折旧，即

$$r = \frac{R - \text{劳动力成本} - \text{原材料成本} - \delta p_k K}{p_k K} \tag{9.3}$$

微观经济学认为，在完全竞争的市场结构中，资源配置实现最优，该市场上所有企业都只能获得正常利润，且不同产业的利润率水平趋于一致。也就是说，产业间的平均利润率是衡量社会资源配置效率是否达到最优的一个基本定量指标。这是利用收益率衡量市场绩效的理论依据。用收益率衡量市场绩效的方法是：如果收益率越高，则意味着该产业获得了更多的超额利润，市场就越偏离完全竞争状态，资源的配置效率就越低；如果收益率越接近于正常利润，市场就越接近于完全竞争状态，资源配置效率就越高。当然，用收益率衡量市场绩效也存在不足，主要表现在两个方面：

---

① 本部分撰写内容参考王俊豪主编《产业经济学》（2008 年版）第八章“市场绩效”。

一是收益率衡量市场绩效的隐含前提是所有超额利润都是市场势力的结果，超额利润就是资源配置低效率的充分条件，本质上对社会福利的理解局限于静态效率。但是，作为超额利润的因素不仅仅是市场势力造成的，至少还包括：① 作为风险投资报酬的利润；② 有不可预期的需求和费用变化形成的预料外利润；③ 因成功的研发和技术进步而实现的创新利润。显然，将超额利润完全理解成市场势力的产物，并以此来判断市场绩效有一定的局限性。

二是收益率的计算本身也存在技术难题，主要有：① 由于会计定义取代经济定义的使用，资本经常没有被恰当的定义；② 折旧通常没有被适当的衡量；③ 由于广告和研发的影响是跨期的，对它们的估价较难准确反映；④ 通货膨胀的影响；⑤ 计算的收益率可能不恰当地包括了垄断利润；⑥ 可能计算了税前收益率而不是正确的税后收益率；⑦ 收益率可能没有经过恰当的风险调整等。①

（二）价格-成本加成

为避免有关收益率计算的问题，许多经济学家使用一种不同的方法来衡量市场绩效，这就是价格-成本加成，即勒纳指数。勒纳指数被定义成厂商将价格提高到边际成本以上的能力，公式如下：

$$L = \frac{p - MC}{p} \tag{9.4}$$

如果行业是完全垄断市场，垄断厂商根据利润最大化原则确定产量和价格，勒纳指数在数值上等于市场需求价格弹性的倒数，即

$$L = \frac{p - MC}{p} = \frac{1}{\varepsilon} \tag{9.5}$$

式(9.5)中，ε 是市场需求价格弹性。可以证明，垄断厂商均衡时的定产定价一定在需求富有弹性的区域进行，即 $\varepsilon > 1$。如此，勒纳指数的取值范围是 $0 < L < 1$。数值越大，反映价格对边际成本的偏离越大，意味着市场势力越大，市场竞争程度越低，资源的配置效率越糟糕；反之，数值越小，反映价格对边际成本的偏离越小，意味着市场势力越小，市场竞争程度越高，资源的配置效率越有效。

必须指出，勒纳指数作为市场绩效的衡量指标，本身也有不足。勒纳指数本身反映的是当市场存在支配能力时价格与边际成本的偏离程度，但是无法反映企业为了维持或者获得垄断地位采取的策略性定价行为，如限制性定价和掠夺性定价。在这两种情况下，勒纳指数很低甚至为 0，但并不表明市场是竞争的。另一方面，边际成本的数据很难获得，经常使用平均成本的数据代替，这时候勒纳指数就回到盈利率指标了。此外，勒纳指数只适用于完全垄断市场势力的测度，对现实生活中大量存在的寡头垄断势力就无能为力了。对于寡占市场势力的大小，不仅要考虑寡头厂商的数量，还要考虑厂商间的反应方式（推测弹性）的大小。这将是一个十分复杂的学术难题，有兴趣的读者可进一步延伸阅读本书作者在这方面的最新研究成果。②

---

① 丹尼斯・卡尔顿，杰弗里・佩罗夫. 现代产业组织[M]. 黄亚钧，等译. 上海：上海人民出版社，1997：482-487.

② 参见《不完全竞争行业市场势力的估计：对 Lerner 指数的拓展》一文，本书编者发表于《经济经纬》2015 年第 1 期。

（三）托宾 q 值

经济学家托宾于 1969 年提出了一个著名的系数，即托宾 q 值，是指一家企业的市场价值与这家企业资产的重置成本之比。如果用 R_1 表示企业的股票价值，R_2 表示企业的债券价值，Q 代表企业的重置成本，则托宾 q 值计算公式为

$$q = \frac{R_1 + R_2}{Q} \tag{9.6}$$

托宾 q 值最早是被用来作为企业投资决策的一个指标。当 $q<1$ 时，即企业市价小于企业重置成本，经营者将倾向于通过收购来实现企业扩张。厂商不会购买新的投资品，因此，投资支出便降低。当 $q>1$ 时，弃旧置新。企业市价高于企业的重置成本，企业发行较少的股票而买到较多的投资品，投资支出便会增加。当 $q=1$ 时，企业投资和资本成本达到动态(边际)均衡。

托宾 q 值后来被产业组织理论研究者作为市场绩效的衡量指标，基于以下考虑，在一个完全竞争的市场，该市场中所有企业的 q 值都等于 1，企业的市场价值等于企业实际所拥有的资产价值。当 $q>1$ 并且市场可以自由进入时，新的企业将有动机进入这个产业。原有企业也会扩张，因为投资回报率较高。如果进入壁垒较低，那么新企业的进入和原企业的扩张将使得投资回报率下降，q 值也随之减小。于是，某行业 q 值长期、持续地高于 1，则说明该产业有垄断势力，社会福利损失越大，从而市场的运行绩效差。由于托宾 q 值计算所需的数据相对容易获得，托宾 q 值作为衡量市场绩效的指标应用比较广泛。

第二节　市场绩效的实证研究

一、贝恩的结构-行为-绩效理论

贝恩早期的开创性研究工作是现代产业经济学进行经验研究的出发点。他的贡献在于发展了静态限价模型，用结构和行为作为分析变量解释现实产业的获利能力。这里我们将主要考察他最有影响的经验研究工作。[①]

（一）贝恩的研究假设

寡占模型预言，随着市场集中度的提高和市场进入难度的加大，市场势力也会增强。贝恩试图同时检验进入条件和市场集中度对市场势力的影响，虽然他对此没有提出什么正规的数学模型，但是他试图检验的假设却与这些寡占模型之间具有高度的一致性，贝恩所建立的假设是[②]：

进入条件对价格-成本加成幅度和利润的影响，很清楚是取决于产业内卖方集中度这一因素。我们预期可以用简单的实证关系证明进入条件与利润之间的关系，在具有高的和中等程度的进入壁垒的产业中，当卖方集中度高到一定程度时，就足以支持合谋。

贝恩也预期到进入壁垒和集中度对利润率的影响，他认为获益的将首先是产业内的大

---

① 本部分撰写内容参考刘志彪主编《产业经济学》(2003 年版)第 7 章“结构、行为与获利能力的实证研究”。

② Bain J S. Barriers to New Competition[M]. Cambridge, MA: Harvard University Press, 1956: 191.

厂商[①]：

关于进入条件和利润率之间预期联系的出现，可以明确的是，最确切的受益主体是产业内的大厂商或者主导性厂商。一般来说，他们相对于潜在的进入者具有总量上的优势，最可能用最低或者接近于最低的平均成本经营。小厂商往往拥有低效率的小工厂，或者低效率的厂商规模，或者相对于潜在进入者的小的产品差别化，因此，预期其利润率会低于拥有主导性地位的厂商。

在前面有关章节中我们指出，“拥有大市场份额的厂商比小市场份额的厂商能更好地行使市场势力”，贝恩的上述预期与该结论具有一致性。总的来说，贝恩从以下三个方面对集中度-利润率假说做了经验检验：

(1) 集中会导致合谋。

(2) 如果进入是困难的，那么合谋将会增加利润。

(3) 这些效应主要可以通过大厂商来观察。

(二) 贝恩的研究样本

贝恩研究了 20 个制造业产业。之所以把自己的研究限制在制造业范围，是因为他认为进入条件对市场势力的影响，对制造业与其他产业部门(如采矿和零售分配部门)有很大的不同。换句话说，贝恩并不想把不同性质的产业混合在一起进行研究。贝恩慎重地挑选了那些拥有较高集中度的大产业。他解释道，挑选 20 个产业是因为实证工作的限制，如果收集全部产业的详细信息，那么工作量将巨大。

(三) 测量问题

贝恩把四厂商销售集中率作为市场集中度的测量指标，后来的理论工作，如寡占模型通常把赫芬因德指数作为衡量与市场势力相联系的集中度指标，贝恩没有使用赫因德指数，并不意味着利用四厂商集中率会影响其结论。

在检验结构-行为-绩效模型时，贝恩同样遇到了一个难以解决的问题，就是为了要检验市场势力，需要对获利能力进行衡量。从理论上说，勒纳指数在测量市场势力时具有很大的优越性，但是通常在计算勒纳指数时有关边际成本的资料不容易得到。正因为如此，贝恩用公司股票的会计利润率作为获利能力的近似替代指标。由于贝恩期望市场势力与集中度的关系主要由大企业来体现，所以就每个产业样本他选择了四个主导性厂商，并把这些大企业的平均利润率作为市场势力变量来看待。

(四) 进入条件

贝恩对他所选择的 20 个产业样本中的进入条件进行了详细研究。对每一个产业都分别考虑了构成进入壁垒因素的影响，如规模经济、产品差别以及资本需求的影响等。

1. 规模经济

贝恩主要考察每种产业中规模经济性质的两个方面。第一，作为产业产出的一部分，最小最优规模(MES)究竟有多大。在贝恩看来，假如一个具有最小最优规模的厂商进入后，导致价格下降到了一定的程度，以至于现有厂商都认识到进入已经发生，那么这种最小最优规模就大到了足以妨碍进入的程度。贝恩认为，在绝大部分产业进入中，最小最优规模的生产能力只要占到产业产出的 5%以上，就会吸引竞争对手的注意。第二，当进入规模在最小最

① Bain J S. Barriers to New Competition[M]. Cambridge, MA: Harvard University Press, 1956: 191.

优规模以下时，平均成本就会大幅度增加。如果厂商不能或者不愿意以最小最优规模的生产能力进入产业，它就只能以一个较小的规模进入，其平均成本将会高于现有厂商。这是非常不合理的，这意味着现有厂商具备了限制价格的能力和地位。

贝恩还评估了影响进入条件的其他因素，如多工厂经营的经济性和流通的规模经济性。如果多工厂经营是经济的，进入者就可能不得不用横向一体化的方式进入，如建立不同区位的市场。如果存在着流通上的规模经济性，进入者就可能不得不用纵向一体化的方式进入，即把几个相关市场垂直一体化。由于这些活动相对于竞争性市场来说，都会扩大进入所需要的投资规模，所以它们会使进入变得更为困难。

2. 产品差别化

贝恩认为产品差别化从以下三个方面阻碍进入：

首先，在具有产品差别的市场中，可以预料到相对于新进入的企业，买者对老厂商的品牌更为熟悉。为克服这一偏好，新进入者每获得一美元的销售额必须比已有企业付出更多的销售努力。如果新进入者简单地与老厂商进行广告竞赛，它就不得不以更低的价格吸引消费者。在这两种情况下，老厂商就创造了限价的差额：老厂商既具有一定的提价空间又可以使进入变成无利可图，产品差别化成为厂商用来获得或维持主导性地位的策略。因此，为了使进入变得更为困难，厂商往往倾向于通过做广告来培养消费者对自己品牌的偏好度和忠诚度。

其次，如果在销售中也存在大规模的经济性，那么做广告的需要可能会增加最小最优规模（这里最小最优规模的定义为生产和促销的最小平均成本）。

最后，由于促销活动能否成功总是要打上一个问号，因此，利用金融市场就会面临很高的资本成本。在创建品牌对新厂商来说非常重要的产业中，这是一种额外的风险成本。

3. 老厂商的绝对成本优势

不仅仅是进入时的产量规模可能低于最小最优规模水平，实际上在任何一个产出水平上，新厂商相对于老厂商都可能面临更高的成本。老厂商可能已经控制了关键原材料的来源渠道，金融市场可能会对新厂商收取额外的风险保证金，以补偿其破产的可能性和贷款不能收回的巨大风险。一个厂商在最小最优规模的基础上经营所需要的投资额越大，这种额外的风险保证金也会越高。据此，贝恩通过计算建立一个最小最优规模水平的工厂所要的投资，评估了新厂商绝对成本的劣势。同时他也计算了多工厂经营或垂直一体化经营对资本的绝对需求量。

贝恩对进入条件的考察是主观的，将进入壁垒分成三个来源，即规模经济、产品差别和绝对成本优势。按照进入壁垒的性质，他把样本产业分成三组：① 很高进入壁垒的产业，是指那些在位老厂商可能在最低成本基础上将价格提高 10%以上都不会导致进入的产业；② 高进入壁垒的产业，上述提价不会导致进入的提价在 7%的产业；③ 中等程度到低进入壁垒的产业，同样的百分点不超过 4%，极端情况下低到 1%左右的产业。

不难看出，贝恩对产业的划分存在很大的主观随意性，这种研究工作的可信度并不高。因为研究成果很大程度上依赖于研究者对产业性质的主观判断。面对同样的研究资料，其他研究者可能采取不同的产业划分方法，从而得出进入条件性质完全不同的结论。表 9.1 总结了贝恩按照其对产业的划分，给出样本产业的利润率和集中度数据。

表 9.1 进入壁垒、利润率和集中度:贝恩的研究(1947—1951 年)

分 类	产 业	利润率	四厂商集中度
很高的进入壁垒	汽车	23.9%	90%
	香烟	12.6%	90%
	含酒精的饮料	18.6%	75%
	打字机	18.0%	79%
	自来水笔	21.8%	57%
	平均	19.0%	78%
高进入壁垒	铜	14.6%	92%
	钢铁	11.2%	45%
	农机和拖拉机	13.4%	36%
	原油精炼	12.9%	37%
	肥皂	15.8%	79%
	男用鞋	13.4%	28%
	石膏产品	15.4%	85%
	金属容器	10.7%	78%
	平均	13.4%	60%
中等程度到低进入壁垒	罐头水果蔬菜	9.8%	27%
	水泥	14.3%	30%
	面粉	10.1%	29%
	肉类包装	5.1%	41%
	人造丝	18.0%	78%
	女用鞋	11.0%	28%
	轮胎与橡胶	12.7%	77%
	平均	11.6%	44%

(五) 贝恩的结论

表 9.1 表明,贝恩对 20 个产业样本研究给出的主要结论是十分明显的。①

在进入壁垒很高的产业中,大企业一般可以比进入壁垒相对低的同类企业获得较高的利润率。在贝恩的样本中,更高的进入壁垒与更大企业的获利能力之间存在着紧密的联系。

市场集中度对获利能力具有正效应。特别是在进入壁垒高的第二组产业中,集中率越高,大企业的利润率越高。

这里所介绍的仅仅是贝恩的一些有影响的研究。后来也有许多学者重新推敲过这些研

① Bain J S. Relation of Profit to Industry Concentration: American Manufacturing 1936—1940[J]. The Quarterly Journal of Economics, 1951, 65(3): 293-324.

究，结论基本上与贝恩早期结论相一致。芝加哥学派的学者对这些研究进行过猛烈的批评，他们主要认为，贝恩所选择的产业一般来说并不能真正代表制造业，他的研究工作所覆盖的时期也是不均衡的。后来随着计量经济学技术的发展，研究者纷纷运用不同的技术去处理贝恩所强调的同样的问题。

二、计量经济研究

20 世纪 60 年代之后，产业经济学家对结构-绩效关系的计量经济研究都集中在产业层面，只有较少一部分研究利用了公司层面的数据。我们将分别考察这两种研究形式。

（一）产业层面的研究

1. 柯林斯和普林斯顿的研究

柯林斯和普林斯顿在 1969 年的计量经济研究比较有影响，其研究数据来自 1963 年制造业标准产业分类所提供的 417 个产业样本。

与贝恩一样，柯林斯和普林斯顿同样面临着不能够直接使用勒纳指数来反映市场势力的问题。他们认为在某些条件下可以用总的销售利润率去代替价格-边际成本加成率，用以反映市场势力程度。众所周知，垄断者的市场势力用勒纳指数表示是

$$L = \frac{p - \mathrm{MC}}{p} \tag{9.7}$$

同样我们知道，如果规模报酬不变，平均成本就等于边际成本。由于在制造业中，规模报酬不变在绝大部分时期都是普遍现象，所以我们在对现实判断的基础上，假定规模报酬不变，有

$$\mathrm{MC} = \mathrm{AC} = \frac{wL + \lambda\theta^k K}{Q} \tag{9.8}$$

上式表明平均成本由两部分构成：每单位产出的劳动成本（wL）和每单位产出的资本租金成本（$\lambda\theta^k K$）。将式(9.8)代入至式(9.7)，适当整理后可得到

$$\frac{pQ - wL}{pQ} = \frac{1}{\varepsilon} + \lambda\frac{\theta^k K}{pQ} \tag{9.9}$$

式(9.9)就是柯林斯和普林斯顿对其制造业样本进行估计的数理关系式。左边是对获利能力的测量，相当于销售毛利润率。由于西方国家统计体系中定期分类公布制造业每个产业的销售额（pQ）指标和工资支付（wL）指标，这样价格-成本加成率（PCM）就可以在每个产业基础上分别计算。

式(9.9)右边最后一项 $\frac{\theta^k K}{pQ}$ 是每美元销售额中含有的资本价值，即资本销售比率（KSR）。因为在竞争条件下资本将会取得一个正常报酬，所以即使在没有市场势力的情况下，只要生产的技术趋向于资本密集化，销售利润率（如同价格-成本加成率）就会提高，KSR 控制着不同资本密集度的产业之间销售利润率的差异。计算 KSR 所需要的数据，也由国家统计部门在每年的制造业年鉴中发布。

式(9.9)中右边的第一项是需求价格弹性的倒数，是产业中垄断者行使市场势力的最高限。寡占理论认为，销售额越集中，产业就越接近于寡占市场，它能够反映默契的合谋情况（推测变量接近于 1）。如果我们用线性模型来反映市场集中度与市场势力之间的关系，那么就可以用产业层面的数据来估计式(9.9)，可得

$$\mathrm{PCM} = c_0 + c_1\mathrm{CR}_4 + c_2\mathrm{KSR} \tag{9.10}$$

柯林斯和普林斯顿在实际估计时，在式(9.10)中加一个生产地理分布的变量，这样做的目的是对集中率指标进行调整，因为产业实际上是分布于各个区域的，而统计部门公布该指标时则是以整个国家为基础进行计算的。在一些容量较小的市场中，以国家为基础计算的集中率要低于市场的平均水平。为简化分析，这部分研究结果予以省略。柯林斯和普林斯顿也承认，他们对式(9.10)的检验有两个局限。

第一，在他们的样本中，当估计市场集中对价格-成本加成率的平均效应时，他们没有分产业考虑进入条件的差异。贝恩研究工作的主要结论是，集中度和进入条件二者都会表现出对市场势力的作用。因此，不考虑产业间进入条件的差异，可能是一个严重的潜在疏忽。

他们觉得，较低的集中度意味着进入壁垒也较低，所以集中率部分地反映了进入条件的差异。进一步看，他们用式(9.10)对生产品和消费品分别进行了估计，期望作为进入壁垒主要来源的产品差别化对生产品的重要性要比消费品低。工业品购买者对产品的特性具有相当的知识，不太可能像个人决策那样容易受到广告的支配。如果在生产品产业中，产品差别化是一种较低的进入壁垒，那么把产业样本划分为生产品和消费品产业，就能适当地考虑进入条件在产业间的差异，但这只是一种将就的权宜方法。

第二，柯林斯和普林斯顿研究的另一个不足之处是，他们没有在分产业的基础上测量需求的价格弹性。既然需求的价格弹性界定了市场势力程度的上限，那么那种具有高需求价格弹性的高集中度产业，其价格-成本加成率会小于那些具有低需求价格弹性的同等集中度的产业。这就使集中度对市场势力影响的估计变得非常难以精确化。表 9.2 概括了他们研究的主要结论。[①]

表 9.2　柯林斯和普林斯顿的研究结论:所有样本

生产品产业	$PCM = 19.48 + 0.033^{a} CR_4 + 0.133KSR$	$R^2 = 0.26$
消费品产业	$PCM = 17.36 + 0.199^{b} CR_4 + 0.103KSR$	$R^2 = 0.38$

注:a 表示 1%的显著性水平,b 表示 10%的显著性水平。

用于估计资本租金成本影响的资本产出比系数 KSR，对生产品产业来说是 13.3%，而对消费品产业是 10.3%，一般认为这是较合理的估计。

至于对所涉及的结构-绩效关系，四厂商销售集中率的系数有重要的意义。该系数检验“市场集中度对市场势力具有正效应”的理论假设。对消费品产业来说，集中率的系数不仅大而且在统计上高度显著。四厂商销售集中率增加 10 个百分点，比如说从 40%增加到 50%，平均会使价格-成本加成率增加 1.99 个百分点。对生产品产业，估计的集中率对价格-成本加成率的平均效应小但在统计上通过显著性检验。对这些产业来说，四厂商销售集中率增加 10 个百分点，平均只会使价格-成本加成率增加 0.33 个百分点。

柯林斯和普林斯顿对这两类产业的估计是很精确的。既然生产品产业中产品差别的重要性低于消费品产业，因此，他们预期到了生产品产业的进入门槛一定是比较低的。

与贝恩一样，柯林斯和普林斯顿也期望“集中度-市场势力”间的关系主要能体现产业中大厂商的作用。他们认为，就销售集中所进行的默契的或暗中的合谋，受益的只能是大厂商，特别是当大厂商相对于小厂商而言，具有成本和产品差别化优势的时候情况更是如此。

柯林斯和普林斯顿指出，最大厂商的价格-成本加成率，实际上主导着产业层面的价格-

① Cowing K ,Waterson M. Price-Cost Margins and Market Structure[J]. Economica,1976, 43(5):267-274.

成本加成率的平均水平。一方面，如果大厂商比小厂商的效率高，在价格-成本加成率与集中度的关系上，就不需要借助任何市场势力。另一方面，如果集中会提高大厂商平均的价格-成本加成率水平，结果所反映的就是市场势力效应而不是效率的差别。这就是他们为什么要分别对大小厂商用式(9.10)进行检验的道理。估计结果参见表 9.3。

表 9.3　集中度对最大和最小厂商加成的效应

	大厂商加成的最大值	小厂商加成的最大值
生产品产业		
最大四家厂商	0.017	−0.021
其他所有厂商	0.002	−0.009
消费品产业		
最大四家厂商	0.190[a]	0.091[b]
其他所有厂商	0.061	0.047

注：a 表示 1%的显著性水平，b 表示 10%的显著性水平。

对生产品产业来说，估计的集中度对价格-成本加成率的影响，不如表 9.3 中的大，实际上对小厂商的估计值还是负的，而且其统计意义并不精确。在 94 个消费品产业中，最大四家厂商的价格-成本加成率要比其他所有厂商和小厂商高很多。用式(9.10)估计的 CR_4 的系数是 0.190，这几乎与表 9.2 中的第 2 行的 0.199 一样大。在另外 48 家被划入小厂商的消费品产业中，其中的最大四家厂商的价格-加成率，要比其划入大厂商中的所有其他厂商高，用式(9.10)估计的集中度系数分别是 0.091 和 0.061。在消费品产业中，虽然小厂商的集中度对价格-成本加成率的估计效应是正的，但是其统计意义不精确。

换句话来说，就是对消费品产业，柯林斯和普林斯顿的发现与其预期是一致的，即市场势力会增加大企业的价格-成本加成率，大企业比小企业具有更大的加成率。但是他们同时也指出，这种产业中具有高集中度特征并不意味着大企业可以比小企业具有更大的加成能力。柯林斯和普林斯顿的研究结论是，只有在小企业面临一些竞争劣势的地方，集中度才会提高价格-成本加成率水平。集中应对价格-成本加成率最显著的影响表现在消费品产业，说明产品差别化是这类产业中小企业竞争劣势的最重要的来源。这一结果与寡占模型的论述完全一致。如果小企业在成本水平和产品差别化方面具有大企业所不具备的竞争优势，即使大企业已经进行了合谋和限产，小企业也可以扩张自己的产量，甚至即使这种市场是集中的，领导性厂商也没有行使市场势力的余地。

2. 斯恰兰德和韦斯的研究

如前文所述，柯林斯和普林斯顿的研究没有明显处理产业间进入条件的差异。为解决这一问题，许多研究人员都试图对他们的研究工作进行扩展，其中斯恰兰德和韦斯的研究具有代表性。这两人研究的仍然是 1963 年的制造业，所用的产业样本数目也大致一样。

斯恰兰德和韦斯利用公布的制造业统计数据，从工厂规模分布的信息中估计最小最优规模度。他们把规模分布位于中间的工厂作为平均工厂规模，用这些数据作为 MES 的估计值。

为了处理产业间产品差异不同的问题，斯恰兰德和韦斯利用产业平均的每美元销售收入中广告支出变量衡量产品差异化。与贝恩对进入壁垒的主观判断不同，该研究使用了诸如广告强度 ASR 和最小最优规模度 MES 等客观指标。

斯恰兰德和韦斯的研究结果显示，在决定价格-成本加成率时，产品差异度是非常重要的。对消费品产业来说，ASR 的平均值可能小于 4%，其范围在 0～29%之间。ASR 增加 1 个百分点，如从 4%增加到 5%，这一变化对消费品产业而言将平均带来 1.396 个百分点的价格-成本加成率变化。这种价格-成本加成率的变化，几乎相当于柯林斯和普林斯顿模型中 CR_4 增加 10 个百分点的效应。①

斯恰兰德和韦斯发现，集中度对价格-成本加成率的影响程度，仅有柯林斯和普林斯顿所估计的一半。在斯恰兰德和韦斯的模型中，CR_4 增加 10 个百分点，只能引起消费品产业中价格-成本加成率的 0.95 个百分点变化，而柯林斯和普林斯顿的估计值为 1.99。

对生产品产业来说，ASR 的平均值大约是 1%，变动范围为 0～4%。ASR 增加 1 个百分点所带来的效应是巨大的。按斯恰兰德和韦斯的估计，生产品产业中 ASR 增加 1 个百分点，能导致该产业中价格-成本加成率 1.778 个百分点的变化。虽然产品差异度的重要性生产品产业不如消费品产业，或至少生产品产业中的广告较少，但是生产品产业一旦投放广告，就会大大地提高该产业的价格-成本加成率。可以发现，从表 9.4 的第一个方程中加进 ASR 变量之后，集中度对加成率的效应几乎翻了一倍，从原来柯林斯和普林斯顿估计的 0.033 增加到目前斯恰兰德和韦斯估计的 0.060。

表 9.4 斯恰兰德和韦斯的研究成果

生产品产业	$PCM = 17.23 + 0.060^{c} CR_4 + 0.119^{a} KSR + 1.778^{a} ASR + 0.142 MES$
消费品产业	$PCM = 17.83 + 0.095^{c} CR_4 - 0.004 KSR + 1.396^{a} ASR + 0.520^{b} MES$

注：a、b、c 分别表示 1%、5%、10%的显著性水平。

从统计意义上来说，斯恰兰德和韦斯对 MES 估计结果比 ASR 弱。对生产品产业来说，他们没有发现 MES 对该产业的价格-成本加成率有什么显著性的效应。就消费品产业，MES 对该产业的价格-成本加成率具有中等程度的显著性效应。在斯恰兰德和韦斯的消费品产业样本中，MES 的平均值大约占消费品产业产出的 4%，最大幅度为 18%。把 MES 加倍，从 4%变为 8%，结果将会使价格-成本加成率增加 2.08(4×0.52)个百分点，这一效应相当于集中率增加 20 个百分点(20×0.095＝1.9)，或者相当于 ASR 增加 1.5 个百分点(1.5×1.396＝2.094)。因此，对消费品产业而言，斯恰兰德和韦斯认为 MES 对价格-成本加成率的影响是重要的。

综上所述，斯恰兰德和韦斯的研究显示了广告强度对价格-成本加成率强烈的正效应，市场集中度和规模经济对此只具有较弱的正效应。正如贝恩所预期的那样，最适宜行使市场势力的市场是集中性市场，只有在这种市场中，厂商可以在大规模基础上经营，才可以对消费者培育品牌形象。

(二) 公司层面的研究

过去绝大多数结构-绩效关系的经验研究，使用的是产业层面的数据。主要原因是，产业层面的数据比较容易从向公众发布的制造业统计中获得。也有一小部分研究者试图用公司的数据研究结构-绩效关系。用公司层面的数据进行研究的优势是，它使我们可以考察市

① Strickland A D, Weiss L W. Advertising, Concentration, and Price-Cost Margins[J]. Journal of Political Economy, 1976, 84(5): 1 109-1 121.

场份额的变化对市场绩效的效应，而不仅仅只是市场集中度对市场绩效的影响。本书已经说明，市场份额是决定市场势力极关键的结构性因素之一。

谢菲尔德是利用公司层面的数据进行研究的早期有影响的代表。谢菲尔德的研究包括231个大企业，它们几乎是美国1960—1969年的500强公司。

与贝恩一样，谢菲尔德把税后利润对股东股权的百分比作为对获利能力的测量。由于采用的是公司层面的数据，因此，他可以把市场份额对市场势力的影响与市场集中度的这种效应区分开来。谢菲尔德用两个变量来处理进入条件的差异：第一个变量是广告强度(ASR)，第二个变量是公司的规模。前者表示公司享有的产品差别化优势，后者用资产价值反映，表示公司进入产业所需要的绝对资本量，它是另一种形式的进入壁垒。

谢菲尔德的研究成果如表9.5所示。谢菲尔德发现市场份额对税后利润率具有很大的正效应。平均的市场份额大约是21%，平均利润率小于12%。平均来说，当市场份额从21%增加到25%时，会使利润率增加将近1个百分点(4×0.24=0.96)。[①]

在谢菲尔德的样本中，四厂商销售集中率增加35.5个百分点，才会使利润率增加到同样的效应(35.5×0.027=0.96)。由于他的样本中四厂商集中率的平均值相当高，达到了63%，所以要该指标增加35.5个百分点，不是一个容易达到的数字。谢菲尔德的研究结果表明，市场份额比市场集中度对利润率的效应更为重要。

表9.5　谢菲尔德的研究成果

$$\frac{P-T}{SE}=6.67^{a}+0.240^{a}MS+0.027^{c}CR_4+0.250ASR-0.300^{c}KSR\quad R^2=0.504$$

注：a、c分别表示1%、10%的显著性水平。

对ASR的研究，肯定了贝恩关于进入壁垒的理论。虽然谢菲尔德的样本中ASR平均只达到2.5%，但是某些公司的广告支出水平要大大高于这个数值。根据表9.5来计算，可以发现，公司如果仅以平均的广告强度即2.5%投入广告，就会增加利润率0.625个百分点(2.5×0.25)，这大致相当于市场份额增加2.6(2.6×0.24=0.624)、CR_4增加23个百分点(23×0.027=0.621)的效应。

谢菲尔德对公司规模的研究结论缺乏可靠性。他的估计表明，在考虑了市场份额、集中度以及广告强度的效应之后，大公司的获利能力比小公司差。这不是谢菲尔德所期望的结果。他解释说，这是因为存在规模的不经济性，随着公司规模日益增大，管理会失去对经营的有效控制能力，大公司的成本就会上升。后来其他人的研究发现，公司规模对利润率的效应与谢菲尔德的研究结论相反。

案例短析

中国电影产业的市场结构和绩效分析

数据显示，2009年，中影、华夏、保利博纳、西影华谊四大发行公司市场占比CR_4为75.7%，可见中国电影发行公司的市场集中度相对较高。2010年，凭借着对进口分账片的垄断发行权、强大的发行能力以及广泛的院线资源，中影集团的发行市场遥遥领先于其他公

① Shepherd W G. The Elements of Market Structure[J]. Review of Economics and Statistics, 1972, 54(1): 25-37.

司，稳居第一。

院线方面，市场集中度相对集中。目前，在国家电影主管部门备案注册的电影院线共37条。2010年，全国票房总额为101.72亿元，其中，排名前五位的院线——万达、中影星美、上海联合、中影南方新干线、北京新影联票房份额达53.67%。其中，万达影线以一年新增100块屏幕的速度扩张。

三、芝加哥学派的批判

前面的经验研究所阐述的基本结论，如市场集中度对获利能力只有较小的效应，市场份额和产品差别化对其有较大的效应，得到了学术界的广泛接受。但是如何对其解释一直是产业组织理论界争论的焦点，并直接影响了反垄断执法的方向。典型的是，哈佛学派和芝加哥学派分别给出"合谋"规范和"效率"规范两种完全不同的解释。在芝加哥学派对哈佛学派的批判性研究中，德姆赛茨的研究最具有代表性。

（一）市场势力与效率：德姆赛茨的研究

20世纪70年代所出现的争论中，最重要的批评与德姆赛茨的研究有关。他认为通常所说的市场份额和市场势力对大企业利润率的影响，反映的是大企业的经营效率而不是市场势力的作用（德姆赛茨）。[①]

在会计利润率方面，可能出现的持续的差异现象反映了这样一种事实：一些产品被拥有大市场份额的厂商更有效率地生产出来了，同时在另一些产业中，市场份额并不是效率所必需的条件。那些坚信大规模生产具有优势，并且在营销和生产技术方面进行必要投资的厂商，将在时间和获得消费者的早期认同等方面拥有竞争优势，这些优势不是在短期内可以跨越的。市场容量一般不会总是增长得这么快，以至于可以不断地容纳这些少数企业。这些厂商可以比那些小企业用较低的单位成本生产。它们在这方面有优势，因其所达到的卓越地位而获得经济租金。这种租金可以通过会计利润来衡量。

显然，德姆赛茨对市场势力和利润率关系，依据是以效率为基础的解释，这与以前着重于描述主导性厂商通过策略性行为获得高利润的文献有很大不同。究竟哪些产业是集中的？拥有大厂商的产业具有竞争优势吗？对此，德姆赛茨的解释是（德姆赛茨）：

在信息和资源的移动有成本的世界里，如果一种差异性优势可以促使某些厂商在产出方面的扩张，该产业就会在竞争条件下逐步集中。这种扩张在增加集中度的同时，会增加所获得的利润率。引起集中度增加的成本优势，可能反映了规模经济，或者反映了自下倾斜移动的边际成本曲线，或者反映了用较低的成本满足需求的更好的生产情况。

其中的意思是：具有这种成本优势的大厂商可以比小厂商取得高得多的利润率，这不仅因为它们可以把价格维持在缺乏效率的小厂商的必要成本以上，而且因为其自身的成本也较低。产业平均利润率将由大厂商的利润率决定。这意味着集中度越高，产业平均利润率越高。经验研究发现，在市场份额、市场集中度与产业平均利润率之间存在着一种正向关系。在某些产业中，市场集中度和高利润率二者都起因于大规模经营的更高效率。市场集中度和利润率之间呈正向关系，并不表明默契的或明显的合谋状况。

---

① Demsetz H. Industrial Structure, Market Rivalry, and Public Policy[J]. Journal of Law & Economics, 1973, 16(1): 1-9.

(二) 市场势力与效率:经验研究

德姆赛茨的经验研究支持了他对集中度和利润率关系的解释。他的理由如下:合谋将使产业中所有厂商受益。假如集中就意味着合谋,那么集中性产业、小企业和大企业一样有高利润率。但是如果集中表示大企业的高效率,那么集中性产业中,就会出现只有大厂商的利润率偏高的情形。集中度变化中大小企业平均利润率比较见表 9.6,注意表中随着集中度的提高,大小厂商的平均利润率是如何变化的。表 9.6 中,R_1 表示资产规模小于 50 万美元的小规模企业等级的平均利润率,R_2 表示资产规模大于 5 000 万美元的大规模企业等级的平均利润率。

表 9.6 集中度变化中大小企业平均利润率比较

CR_4	产业数目	小企业平均利润率 R_1	大企业平均利润率 R_2
10%～20%	14	7.3%	8.0%
20%～30%	22	4.4%	10.6%
30%～40%	24	5.1%	11.7%
40%～50%	21	4.8%	9.4%
50%～60%	11	0.9%	12.2%
60%以上	3	5.0%	21.6%

从表 9.6 可直接看出,大厂商随着集中度的提高,利润率有上升的趋势,但没有证据表明这一趋势对小企业也存在。德姆赛茨把这一结果作为效率解释的依据,认为用市场势力来解释集中度与利润率之间的正向关系是错误的。

案例短析

在位企业优质资源的机会成本

德姆赛茨以城市中出租车牌照为例,说明拥有优质资源不会给在位企业带来绝对成本优势。出租车牌照的供给是固定的,而且也是经营出租车所必需的。牌照的限量供给阻碍了资源向该产业流动,使得出租车行业收益长期超过正常利润率水平。

德姆赛茨认为,由于牌照可以按照市场确定的价格进行买卖,因此,它不能为其拥有者带来绝对成本优势和经济利润。即便所有者是通过免费方式获得,其机会成本仍然是它的市场价格或者为其所有者带来的经济租金。考虑到这一机会成本,一个经营出租车行业的在位老企业并不具有将价格提高到平均成本以上的能力,因而也就不存在进入壁垒。据此,德姆赛茨认为,阻碍进入的不是在位企业的绝对成本优势,而是政府管理当局核发牌照的行政权力。

第三节 市场势力还是效率:中国工业市场集中度和利润率关系的实证研究

市场势力和效率的争论至关重要。如果是因为效率原因带来的高集中度、高利润率,那么我们认为是垄断所致并诉诸反托拉斯法无疑是惩罚先进;相反,如果是因为垄断带来的高利润和高集中度,而我们误认为是效率所致并加以鼓励和保护,会造成消费者福利的损失。本节以中国工业市场为对象,实证检验中国工业市场集中度和利润率的关系究竟是反映效率还是反映市场势力。

一、理论模型构建

假定某行业 N 个企业生产完全同质化的产品,企业的差别仅仅在它们的边际成本曲线 c_i,Clarke 和 Davies 推导了第 i 个企业的市场份额、边际成本和市场价格间的关系①,为

$$\frac{p - c_i}{p} = \frac{1}{E_d}[\alpha + (1 - \alpha) s_i] \tag{9.11}$$

式中,E_d 表示市场需求价格弹性,s_i 是第 i 个企业的产出市场份额,α 是默契合谋的程度,即每个企业相信其他企业对其产量变动的反应程度,它是另一种形式的推测变量

$$\alpha = \frac{dq_j/q_j}{dq_i/q_i} \tag{9.12}$$

α 的值很显然可以反映行业内企业间竞争和协作状况,如果 $\alpha>0$ 表明市场趋于垄断,$\alpha<0$ 表明市场向竞争靠拢,而 $\alpha=0$ 属于 Cournot 竞争。经验研究要点就是先通过一个很精巧的构思,估计出各行业的推测变量值,然后进一步考察推测弹性值与市场集中度变化的关联程度。

将式(9.11)两边同乘 s_i,假定边际成本等于平均成本,对整个行业加总得出

$$\frac{\pi}{R} = \frac{1}{E_d}[\alpha + (1 - \alpha)H] \tag{9.13}$$

式(9.13)中,π/R 表示以市场份额为权重的行业平均销售利润率,H 是赫芬因德指数,这两个变量都可观测。这个模型令人振奋的是,可以用非常简易和方便的方式将集中度与利润率关系的两种规范形式化。考虑到某个行业企业独立行动没有合谋,相当于 $\alpha=0$。

由式(9.13)直接得到 $\pi/R=H/E_d$,行业水平的盈利性与集中度正比例变化,这正是德姆赛茨倡导的效率规范。

此外,由式(9.11)可以看出每个企业盈利性和市场份额也是正相关的,这也与德姆赛茨大企业伴随着高利润观点一致。

再回到哈佛学派的合谋规范,高集中度导致高利润率是因为它能使合谋更为便利。从式(9.13)也能清楚看出,当 α 上升时,行业利润率也会提高,这与跨产业盈利性-集中度正向关系也是一致的。对式(9.13)求导得

---

① Clake D G. Econometric Measurement of the Duration of Advertising Effect on Scale[J]. Journal of Marketing Research,1976,13(4):345-357.

$$\frac{\partial\partial(\pi/R)}{\partial\alpha} = \frac{1-H}{E_d} > 0 \tag{9.14}$$

再结合结构主义集中便利合谋$\partial\alpha/\partial H>0$的事实，与式(9.14)相除得出

$$\frac{\partial\partial(\pi/R)}{\partial H} > 0 \tag{9.15}$$

式(9.15)体现的集中度和利润率正相关关系，是建立在集中度上升推测弹性值增加的分析基础上的，这正是结构学派的合谋规范。式(9.11)体现的是大企业能获得的高利润，而式(9.13)说明当行业合谋变得方便时，企业规模和利润率的关系被放大了。

二、推测弹性的估计方案

现在可以转入对推测弹性的估计了。基本估计方案有两种：

一是以式(9.13)为基础，以行业赫芬因德指数为解释变量，以企业市场份额为权重的平均利润率为被解释变量，这两个变量都可观测，建立简单一元线性回归方程：

$$\frac{\pi_i}{R} = c_0 + c_1 H_i + \varepsilon_i \tag{9.16}$$

对式(9.16)回归，可以估计出参数c_0和c_1的估计值，再利用$\alpha = c_0/(c_0+c_1)$反解出推测弹性。由于这种方案是以行业数据为样本点，因而估计出的推测弹性只能视作全部行业的平均推测弹性。

二是以式(9.11)为基础，以企业市场份额为解释变量，以价格-成本加成的替代变量销售利润率为被解释变量，建立线性回归方程：

$$\frac{p-c_i}{p} = c_0 + c_1 s_i + \varepsilon_i \tag{9.17}$$

式(9.11)中包含产品需求价格弹性项E_d不能直接观测，对行业产品的需求价格弹性的估算也涉及十分烦琐的技术问题。事实上，E_d不能直接观测并不影响估算企业间推测弹性的最终目的。需求价格弹性虽然未知，但在一定时期内总是保持相对稳定。令$c_0=\alpha/E_d$，$c_1=(1-\alpha)/E_d$，两式相除后反解出$\alpha=c_0/(c_0+c_1)$。这样通过企业层面数据估计式(9.17)参数c_0和c_1的估计值，就可以计算出某一具体行业内企业间推测弹性值。通过这个精巧的构思，有效解决产品需求价格弹性不能直接获得的难题，也是本方法精妙所在。

三、估计结果和分析

利用模型(9.17)对2004年中国54个小类工业行业进行回归，结果十分复杂。其中17个行业有显著的正向相关关系，8个行业是显著的负向相关关系，13个和16个行业分别存在正相关关系和负相关关系但不显著。进一步对于不显著的这些行业，加入市场份额平方项解释变量后重新回归，又有6个行业呈“U形”关系，5个行业呈“倒U形”关系。

利用已经建立的模型可以对这些结果作出解释。首先，行业内企业市场份额和盈利性无显著关系、负线性关系或者“倒U形”关系，很清楚不能用于支持德姆赛茨的效率规范，故从进一步研究的样本中排除。其次，6个行业的“U形”二次关系与规模经济模型一致，如果有关于成本曲线的充分信息，我们也可以估算出效率和市场势力的强度。但如果没有这些信息，就不可能得出任何判断，为了进一步分析也从样本中排除。

进一步研究市场份额和盈利性呈显著正向关系的17个行业。在表9.7中，我们给出了每个行业的c_0和c_1的估计值。借助模型(9.17)，利用$\alpha=c_0/(c_0+c_1)$计算出了各行业推测

弹性 α 值。依据 α 的经济含义，高的 α 值表明行业间企业趋向于合谋或市场势力带来绩效问题更突出。

仅仅通过各个行业的 α 值尚不能对合谋规范还是效率规范解释盈利性差异作出判断，对这场争论解决的核心在于各行业 α 估计值和相应行业集中度之间存不存在系统性关系。依照哈佛学派对集中和合谋的理解，应该能期望存在一个正向关系。而依照德姆赛茨的效率假说，应该不存在系统性联系。

依照前述模型，企业盈利性与市场份额比值仅与行业需求价格弹性相关，α 与市场份额之间不存在统计上系统性关系。令 $\alpha=0$，式(9.11)可简化为 $(p-c_i)/p=s_i/E_{\mathrm{d}}$，进一步变形得 $[(p-c_i)/p]/s_i=1/E_{\mathrm{d}}$。容易看出，如果企业间没有协调产出的合谋，那么企业盈利性与企业市场份额比仅与行业价格弹性相关，不存在盈利性与市场份额任何统计上显著相关性的理论基础。反过来，如果存在盈利性与市场份额统计上显著的相关性，就表明盈利性差异是合谋的系统性因素所致，结论就支持哈佛学派的合谋规范。

表 9.7　2004 年中国主要工业行业推测弹性估计值与市场集中度指标

行　业　名	C_0	C_1	α	CR_4	CR_8	H 指数
天然原油和天然气开采	29.7(8.01)[a]	141(2.65)[a]	0.174	0.522	0.678	0.1064
白酒酿造	8.03(3.65)[a]	60.8(1.89)[c]	0.117	0.408	0.496	0.0812
卷烟制造	5.48(2.82)[a]	237(4.18)[a]	0.023	0.274	0.411	0.0303
机械纸及纸板制造	5.65(4.69)[a]	133(2.67)[a]	0.041	0.128	0.19	0.0060
原油加工及石油制品制造	1.58(1.90)[c]	97.1(2.23)[b]	0.016	0.053	0.31	0.0159
初级形态塑料及合成树脂	4.88(3.53)[a]	150(9.76)[a]	0.032	0.235	0.279	0.0211
合成纤维单聚合体制造	2.88(1.73)[c]	45.8(6.29)[a]	0.060	0.527	0.607	0.11
钢压延加工	6.15(7.12)[a]	62.2(2.25)[b]	0.09	0.263	0.361	0.0315
汽车整车制造	4.02(6.04)[a]	39.7(1.60)	0.092	0.523	0.695	0.0941
改装汽车制造	3.43(2.33)[c]	43.6(2.74)[b]	0.073	0.196	0.243	0.0193
移动通信终端设备制造	1.20(2.05)[c]	76.0(22.6)[a]	0.016	0.336	0.393	0.0537
家用音响设备制造	1.50(2.07)[c]	44.0(3.11)[b]	0.033	0.234	0.303	0.017
火力发电	6.34(3.49)[a]	757(2.25)[b]	0.008	0.048	0.076	0.0013
棉化纤印染加工	1.94(1.22)	171.8(1.0)	0.011	0.08	0.115	0.0022
皮鞋制造	2.06(1.34)	222.0(1.55)	0.009	0.078	0.107	0.0021
棉化纤纺织加工	4.60(6.81)[a]	13.0(1.42)	0.261	0.096	0.114	0.0142
复混肥制造	1.09(0.53)	177(3.21)[a]	0.162	0.192	0.272	0.0142
化学药品原药制造	4.24(3.77)[a]	66.2(1.61)	0.060	0.188	0.251	0.0104
车辆飞机及机械轮胎	4.74(2.70)[b]	24.5(1.62)	0.162	0.23	0.363	0.0216
水泥制造	7.56(2.63)[b]	79.2(1.21)	0.087	0.04	0.059	0.0006
平板玻璃制造	6.86(1.54)	116.7(1.02)	0.056	0.201	0.431	0.0212
炼钢	3.64(4.42)[a]	48.6(1.42)	0.070	0.338	0.518	0.0433

续表

行　业　名	C_0	C_1	α	CR_4	CR_8	H 指数
常用有色金属压延加工	2.61(1.20)	213(2.86)[b]	0.012	0.108	0.16	0.0394
铁路机车和动车组制造	0.03(0.08)	24.4(2.86)[b]	0.001	0.339	0.596	0.0547
摩托车整车制造	1.20(1.40)	17.0(1.08)	0.066	0.396	0.576	0.0528
金属船舶制造	1.21(2.12)[c]	4.24(1.57)	0.222	0.345	0.486	0.0381
电线电缆制造	6.60(2.20)[c]	97.7(1.40)	0.063	0.058	0.094	0.0013
家用制冷电器制造	1.43(1.79)	3.21(1.72)	0.308	0.534	0.626	0.0858

注：显著正相关关系的 17 个行业中，铝冶炼和电动机制造行业对式(9.17)的回归系数应用文中方法反解出的推测弹性出现异端值，故没有在表 9.7 中列出，对式(9.18)的检验也要剔除这两个行业。考虑到 15 个行业样本容量太小，表 9.7 中同时列出市场份额与企业盈利性正相关 t 值大于 1 的另外 13 个行业，这样共有 28 个行业参与式(9.18)市场集中度与推测弹性关系的检验。

表 9.7 列出根据式(9.17)的回归结果并依据 $\alpha = c_0/(c_0 + c_1)$ 计算相应的推测弹性值，同时给出了行业各种市场结构指标，包括 CR_4、CR_8 和赫芬因德指数。利用估算出来的 α 值为被解释变量，以各种市场集中度指标为被解释变量，进一步研究市场结构的变动是否对 α 产生显著影响。典型的一个回归结果如下：

$$\alpha = 0.027 + 0.20 \times CR_4 \tag{9.18}$$

四企业市场集中度对于行业推测弹性或合谋程度有显著的正向影响，通过了 10% 的显著性水平。依据上文分析，2004 年中国工业行业集中度和盈利性的高度相关性给德姆赛茨的效率规范很少的支持，更多体现结构学派的合谋规范。

表 9.8 列出了以其他指标衡量集中度的回归结果。为便于比较，以资产利润率为基础核算的推测弹性相应回归结果一并给出。通用检验模型可写成

$$a_i = b_0 + b_1 MS_i + \varepsilon_i \tag{9.19}$$

表 9.8　行业市场结构与推测变量关系回归

销售利润率为基础计算推测弹性						资产利润率为基础计算推测弹性					
CR_4		CR_8		HHI		CR_4		CR_8		HHI	
b_0	b_1	b_0	b_1	b_0	b_1	b_0	b_1	b_0	b_1	b_0	b_1
0.027 (0.99)	0.20 (1.90)[c]	0.032 (1.04)	0.13 (1.47)	0.05 (2.47)[b]	0.78 (1.60)	0.037 (1.34)	0.15 (1.70)[c]	0.026 (0.81)	0.14 (1.74)[c]	0.06 (2.63)[b]	0.39 (0.95)

表 9.8 的回归结果进一步表明，无论选用哪种集中度指标，无论在核算推测弹性时选用销售利润率还是资产利润率，集中度对推测弹性都有较为显著的影响，表现在各集中度指标系数为正，且 t 检验值较高。再一次表明，在模型假设下，中国工业集中度和利润率的相关性更多支持哈佛学派的合谋规范。

第四节　SCP 分析范式的争论

一、SCP 分析范式争论的由来

在传统的哈佛学派的 SCP 分析范式中，市场结构是其基本决定因素，不同的市场结构产生不同的市场行为，二者共同决定市场配置资源绩效。在 SCP 分析范式中，结构、行为和绩效是单向的线性因果关系。但自 20 世纪 60 年代以来，SCP 分析范式成为理论界和反垄断实践中争论与批评的热点，这些批评主要来自芝加哥大学的经济学家们。正是在这一批判过程中，芝加哥学派崛起，并逐渐取得主流地位。其代表人物斯蒂格勒还因为对产业组织的开创性贡献而被授予 1982 年的诺贝尔经济学奖。

哈佛学派的"集中度-利润率"假说是芝加哥学派批判的焦点。他们认为，高度集中的市场结构中存在的高额利润是源于大企业的高效率，而非像哈佛学派所说的那样来自垄断势力。高度集中产业的高利润率与其说是资源配置非效率的指标，倒不如说是生产效率的结果。德姆赛茨指出，集中度和利润率的正相关性可能不反映高集中产业内主要企业相互勾结、提高价格的行为，倒是更能反映高集中产业内主要大企业的更高效率和更低成本。因为，如果市场集中和大企业的正相关关系是由于协调价格和价格上升造成的结果，那么按照这种逻辑，产业寡头垄断定价行为能获得利益，它们的利润率也应该同该产业的小企业或产业内不同规模的企业的利润率相关。德姆赛茨通过比较不同集中度水平、规模的企业，发现最小资产规模企业的利润率并没有随着集中程度的上升而提高。这表明，高集中度导致企业垄断、勾结定价，从而获得垄断利润的假设并不符合实际情况。布罗曾的研究也表明，在贝恩 1951 年最初研究的 42 个产业里，高集中度组产业群（$CR_4 \geq 70\%$）和较不集中的产业组群（$CR_4 \leq 70\%$）间存在的 4.3%的利润率差异，到 50 年代中期，这一差异已降至 1.1%的水平。据此，布罗曾认为，贝恩研究的样本处在非均衡时期。于是，在芝加哥学派看来，如果高度集中的市场出现高利润率，这只能说明是该市场大企业高效率经营的结果。因为，只要不是建立在高效率的经营基础上，都会招致其他企业大量进入而且利润率很快降至平均水平。例如，在高度集中的市场中，如果企业之间采取秘密卡特尔等共谋或协调行为，也只能获得短期超额利润。但是这种由于高度集中形成的市场势力导致垄断的产生，也只能是短期现象或者说非均衡现象。只要没有政府的管制，这种高度集中产生的高利润率会因为新企业的大量进入或者卡特尔协定的瓦解而难以长期为继。按照布罗曾的说法，在高度集中的市场上，企业获得高利润率是市场处在非均衡状态的暂时现象，它会随着市场趋于均衡而消失。既然高集中部门获得高利润率不是长期稳定现象，也就不存在高额垄断利润和作为其基础的垄断势力。

20 世纪 70 年代以来，由于可竞争市场理论、交易费用理论和博弈论等新理论、新方法的引入，产业组织研究的理论基础、分析手段和研究重点都发生了实质性变化，大大推动了产业组织理论的发展。新产业组织理论沿着 SCP 分析范式的方向发展成为"新产业组织学"，不再强调市场结构，而是突出市场行为的重要性，将市场的初始条件和市场行为看成外生变量，而将市场结构视为内生变量。逐渐从重视市场结构的研究转向重视行为的研究，即从"结构主义"转向"行为主义"。突破了传统产业组织理论的单向、静态分析框架，建立了双向、动态分析框架。因为从长期来看，市场结构是在变化的，而市场结构的变化是市场行为变化的结果，有时候市场绩效的变化也会直接影响市场结构的变化。例如，企业的技术进步影响产业的成本结构、产品差别和进入条件等方面，导致市场结构的变化；兼并行为会提高市场集中度；企业的价格策略会影响新企业进入等。因此，市场结构、市场行为和市场绩效之间是相互影响、相互作用的关系。从长期看，市场结构、市场行为和市场绩效不再是单向的因果关系，而是双向的因果关系。但一般来说，结构对行为、绩效的影响是主要的，而绩效对行为和结构的影响是从属地位的。

二、SCP分析范式争论的原因

对SCP分析范式诸多争议的原因在于不同产业的最优规模、企业数量、技术机会等方面都存在差别。在具体研究中，还有以下一些原因导致使用SCP分析范式出现结论差异。

（一）研究假设和变量的差异

不同学者在研究中所使用数据的不完全性以及错设变量，是产生不一致结果的重要原因。例如，集中度的误用会导致错误和矛盾，相关市场的界定也会影响研究结果。

变量误设的部分原因在于它们用不同的方式界定的。例如，大部分产业研究使用比市场范围宽得多的三位数产业组别。即使是四位数产业分类中，因为数据并不是与所有的经济现实都一致，在研究中只能选取部分产业。使用企业层面的数据好处在于可以考察市场份额而不是集中度对市场绩效的影响。市场份额是决定市场势力的决定性因素之一，但遗憾的是只有部分研究使用企业层面数据。

在研究中，变量选取差异同样会导致不同结果。例如，只有很少研究使用国际贸易数据，在经济联系日益密切的今天，这一数据非常重要。国际上的竞争降低了企业在国内市场上的优势。同时，买方集中、垂直一体化、多样化以及公共政策因素被大量忽略。如果考虑这些因素，则最终实证研究结果会有很大变化。这些因素可以产生影响，且随着产业变化而变化，将它们忽略会导致类似研究产生不同的结果。

（二）产业特征差异导致研究结果不同

贝恩曾经指出，集中度对生产资料行业获利能力的影响比其对消费资料市场获利能力的影响小。在某种程度上，这可能和生产资料产业的进入壁垒低有关。产品差别化作为进入壁垒产生的主要原因，相对于个体而言，对资本品购买者的重要性比较小。

很多学者指出，集中度和绩效之间的联系强度取决于所研究产业的性质。通过对1963年一个蕴含417个产业的四位数标准产业分类制造业样本的研究，柯林斯和普林斯顿得到以下结论：集中度对价格-成本加成的最重要影响出现在消费资料产业的大企业里面。对于该产业的小企业，集中度并没有转化为加大的价格-成本加成。只有当小企业处在竞争劣势时，市场集中度才提高价格-成本加成的事实表明：产品差别化是竞争优势（劣势）的一个重要来源。其他学者也发现产业特征差异对研究结果的影响。多莫维兹等研究强调了产业特征的差异。他发现1974—1981年间，在生产资料产业，获利能力和卖方集中度之间并不存在显著的联系；而对于消费品产业，获利能力和卖方集中度联系显著。①

① Domowitz I, Hubbard R G, Peterson B C. Business Cycles and the Relationship between Concentration and Price-cost Margins[J]. Rand Journal of Economics, 1986, 17(1): 1-17.

（三）忽略宏观环境对结构-绩效关系的影响

研究发现，集中度和绩效存在不同的关系，这是必然现象，因为不同的研究处在商业周期的不同时间点上进行。韦斯认为，在早期的跨部门研究中所强调的集中度-利润率关系的强度似乎随着时间的变化而变化，因此需要将商业周期考虑进去。多莫维兹等通过蕴含284个产业样本的研究，发现在1958—1981年，产业价格-成本加成与卖方集中度的关系被大大削弱了。同时，相对于以衰退的20世纪70年代为基础的横截面研究结果，在基于繁荣年代横截面研究结果中，获利能力和集中度的联系更强一些。他的解释是在20世纪70年代，低迷的需求连同上升的成本挤压了集中性产业的利润率。相对于小企业，大企业有更高的资本销售比，在经济衰退期更容易受到来自市场需求的冲击。

内容摘要

◎ 市场绩效是指在特定的市场结构下，通过一定的市场行为使某一产业在价格、成本、产量、利润、产品质量及技术进步等方面达到的最终经济成果。

◎ 早期对市场绩效的实证研究主要采取跨部门大样本研究，后期也出现公司层面的研究。对市场绩效决定因素的主要实证研究表明：集中度对盈利能力解释有限，产品差别化的解释作用更强。

◎ 关于集中度和盈利性正相关关系的解释，哈佛学派和芝加哥学派给出“合谋”规范和“效率”规范两种截然不同的理论解释。通过对中国工业经济的实证检验，更多支持哈佛学派的“合谋”规范。

◎ 对SCP分析范式的争论原因有：变量选取差异、产业特征差异和宏观经济环境的影响。

关键词

市场绩效；勒纳指数；X-非效率；托宾 q 值；MES；推测弹性；价格-成本加成；效率规范；合谋规范

思考与练习

1. 简述市场绩效的内涵和衡量指标。
2. 进入壁垒的构成因素有哪些？
3. 比较集中度-利润率关系解释的“合谋”规范和“效率”规范。
4. 简述哈佛学派和芝加哥学派关于市场绩效的基本观点。
5. 简述SCP分析范式争论的原因。

第十章　产业结构的演进

本章结构图

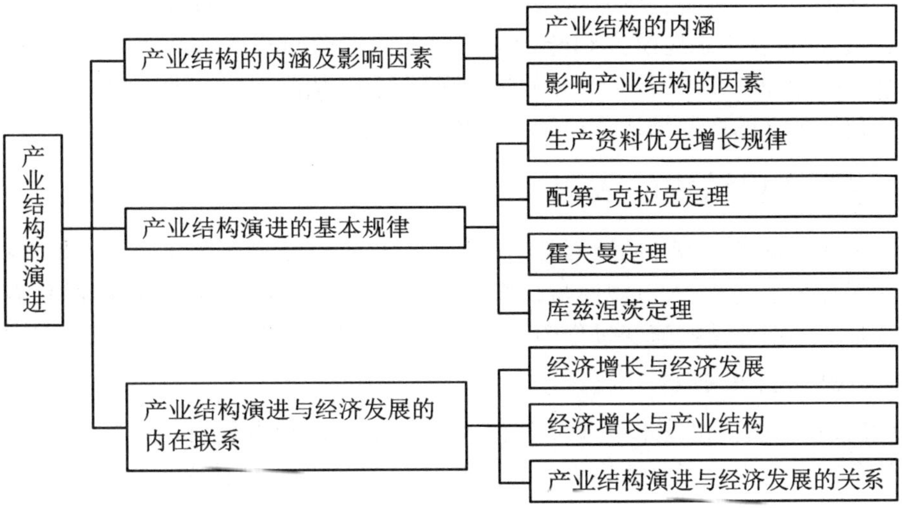

学习目标

通过本章学习，了解产业结构演进规律的主要内容，掌握产业结构演进规律的内在动因、经济结构和经济增长的关系，学会运用产业经济演进规律解释产业经济现象。

第一节　产业结构的内涵及影响因素

研究和揭示产业结构变动的规律是产业结构理论的主要任务。社会经济发展的过程也是产业结构演进的过程，产业结构在许多经济和非经济因素的作用下形成和变动，极大地影响着经济的发展。只有正确地把握产业结构变动的规律，才能制定恰当的产业政策，更好地发挥产业结构对经济发展的促进作用。

一、产业结构的内涵

结构一词的含义是指某个整体的各个组成部分的搭配和排列状态，它较早地被应用于自然科学中。在经济领域,产业结构这个概念始于20世纪40年代。

产业结构是指各产业的构成及各产业之间的联系和比例关系。在经济发展过程中,由于分工越来越细,因而产生了越来越多的生产部门。这些不同的生产部门,受到各种因素的影响和制约,会在增长速度、就业人数、占经济总量的比重、对经济增长的推动作用等方面表现出很大的差异。因此,在一个经济实体当中(一般以国家或地区为单位),在每个具体的经济发展阶段、发展时点上,组成国民经济的产业部门是大不一样的。各产业部门的构成及相互之间的联系、比例关系都不相同,对经济增长的贡献也不同。因此,我们把包括产业的构成、各产业之间的相互关系在内的结构特征概括为产业结构。

产业结构可以从两个角度来考察:一是从"质"的角度动态地揭示了产业间技术经济联系与联系方式不断发生变化的趋势,揭示了经济发展过程的国民经济各部门中,起主导或支柱地位的产业部门的不断替代的规律及其相应的"结构"效益,从而形成狭义的产业结构理论;二是从"量"的角度静态地研究和分析一定时期内产业间联系与联系方式的技术经济数量比例关系,即产业间"投入"与"产出"的量的比例关系,从而形成产业关联理论。广义的产业结构理论包括狭义的产业结构理论和产业关联理论。

二、影响产业结构的因素

一切决定和影响经济增长的因素都会在不同程度上对产业结构的变动产生直接或间接的影响。知识与技术创新、人口规模与结构、经济体制、自然资源禀赋、资本规模、需求结构、国际贸易等是一国产业结构演变过程中的基本制约因素。下面介绍几个重要的因素。

(一)知识与技术创新

知识创新、技术创新和技术进步是经济增长的主要推动力量,也是产业结构变迁的动力。科学技术发展是影响产业结构变化的最主要因素,具体表现在以下两个方面:

1. 技术革命催生新产业

技术革命、技术创新和技术扩散都对产业结构的升级产生影响,特别是技术革命,往往导致一些新的产业部门的诞生。按照一般的划分,人类社会经历了四次技术革命。第一次技术革命的主要标志是纺织机器的发明和蒸汽机的广泛使用,机器工业代替以手工劳动为基础的工厂手工业,促进了人类社会从农业社会向工业社会的转变,生产力发生了质的突破。纺织工业的兴起、运输业的跃进(轮船和火车)、钢铁和机械工业的崛起都是第一次技术革命的成果。在农业方面,人们开始用蒸汽泵大量地灌溉农田,并用它来推动石磨加工农产品,农业生产机械化开始起步。人类的能源结构从以木材为主转向以煤炭为主,工业动力从以人力、水力、风力为主演进到以蒸汽动力为主。第二次技术革命始于19世纪70年代,其主要标志是电力的广泛使用,发电机和电动机的发明,使生产力再次跃升。在内燃机技术基础上建立了汽车工业和航空工业;电力工业崛起带动发电、输电、配电系统的诞生,"弱电"技术促进了电信业、广播业的兴起。第三次技术革命始于20世纪50年代,以原子能的利用、电子计算机的诞生和发展、高分子合成技术及空间技术等为标志。原子能技术出现,带动一大批生产和应用原子能工业的崛起,其中有与原子能相关的机械设备、材料、燃料等工业。高分子合成技术引致塑料、橡胶、纤维、合成材料工业的发展。计算机技术发展和计算机广泛使用,使社会管理和企业管理的信息系统得以普遍建立,信息产业逐渐成为主导产业。显而易见,这次技术革命带来了产业结构进一步调整和升级。第四次技术革命发端于20世纪80年代,通常也称为新技术革命,以生物工程技术、信息网络技术、软件技术、新材料技术

(如纳米技术)等为主要标志,这次新技术革命仍在开展之中,对其具体内容目前仍然说法不一。近20年来,高新技术的涌现和高新技术产业的崛起,对产业结构升级产生了重大影响,也为知识经济的兴起和发展奠定了技术基础。特别值得注意的是,信息网络技术和以生命科学为基础的生物技术、基因技术将对各次产业的发展起到日益重要的作用。技术革命促成产业由劳动密集型向资本和技术密集型转变。第一次技术革命中的纺织工业基本上是属于劳动密集型产业,而在第二次技术革命中发展起来的汽车、化工、钢铁等产业群则具有资本密集的特征,在第三次技术革命和第四次技术革命中诞生的新产业,如计算机工业、航天工业等,属于知识技术密集或资本密集型产业。新技术革命不仅促成了各个时期主导产业的变化,使各产业在产业结构中的地位发生变动,而且促进劳动力就业结构的调整。

2. 技术创新促进产业发展

科学技术要成为推动经济增长的主要力量,必须从知识形态转化为物质形态,从潜在的生产力转化为现实生产力,而这一转化正是在技术创新这一环节实现的。技术创新是一个不间断的过程,从动态角度看,技术创新过程是由科学研究形成新的发明,新产品开发、试制和生产,试产营销等环节构成的。技术创新是产业成长和发展的推动力量。技术创新促进产业发展的例子不胜枚举,就农业而言,现代农业与传统农业相比,其科技含量不可同日而语。现代农业科技在形成自己完整体系的同时,其他众多门类的自然科学与社会科学、技术科学与经济科学不断向农业科学渗透、交融,从而形成许多新的交叉点,拓宽了农业生产领域,推动现代农业持续发展。

(二)自然资源禀赋

自然资源是社会生产过程所依赖的外界自然条件。一国自然资源的禀赋状况(包括地理位置、土地状况、矿藏总量及分布、水资源、气候等)对一国产业结构和经济发展有重要影响。经济最早在寒带地区和沿海地区得到发展,当今许多发达国家的自然资源条件优越,印证了自然资源的重要性。自然条件的好坏直接影响一国农业的发展。而地下资源状况,直接影响采掘工业、燃料动力工业的结构。石油输出国组织(OPEC)成员国的产业结构与澳大利亚、新西兰、韩国等国家的产业结构差异十分显著。在产业结构转换的过程中,确实受惠于其国内的自然资源禀赋。但自然资源禀赋绝不是决定性因素,自然资源条件好的国家可能经济发展差别很大。因而,自然资源的拥有状况往往并不被一些经济学家视作一国或地区工业化发展与结构转换的道路,如日本、新加坡等。特别是日本这样自然资源奇缺的国家却在30年时间里跻身世界经济强国前列。从20世纪初开始,阿根廷跻身高收入国家,其生活水平当时远远高于意大利,而在第二次世界大战后更是如此。虽然阿根廷拥有世界上最高产的土地和大量矿产,但近年来,阿根廷的经济衰退,从侧面说明拥有大量自然资源并不能保证持续发展。自然资源状况对产业结构的影响是相对的,随着科学技术的进步,将使许多原来难以采掘的资源得到开发,并能开展综合利用和节约代用天然原料;通过国际贸易可以弥补国内资源的短缺,缓解自然资源对一国地区产业结构的制约。从纵向发展过程来看,对大部分国家而言,作为工业化发展与经济增长的初始条件或先决条件,自然资源禀赋在一国产业结构转换过程中的不同阶段,其作用与影响是不同的。越是在初期、中期阶段,其影响与作用可能越大。当初级产品生产的比较优势被制造业所取代,从而完成了起飞与初期阶段向中期阶段过渡时,它的作用与影响会趋于减小。

案例短析

长江三角洲产业结构同构现象

近年来,长江三角洲的产业过度竞争现象日益受到学术界和经济管理部门的关注,多数意见认为,该地区产业结构雷同,相似系数过高,从而导致过度竞争,因此亟须加强区域间的产业政策协调,以避免过度竞争。目前的研究大多是以三次产业分类法对长江三角洲地区的产业结构进行分析,深入一些的以工业结构为分析对象,得出该地区产业结构的相似系数过高以至于引起过度竞争的结论。以2002年长江三角洲各城市三次产业结构为例(见表10.1),经过计算得出长江三角洲各城市2002年三次产业结构相似系数,如表10.1、表10.2所示。请结合本案例,讨论珠三角地区的产业结构问题。

表10.1　长江三角洲各城市2002年三次产业构成

城 市	第一产业	第二产业	第三产业
上 海	1.6%	47.4%	51.0%
南 京	4.8%	47.3%	47.9%
苏 州	4.4%	58.2%	37.4%
无 锡	3.6%	54.9%	41.5%
常 州	6.4%	56.8%	36.8%
镇 江	6.2%	55.8%	38.0%
南 通	15.9%	49.4%	34.7%
扬 州	12.7%	48.8%	38.6%
泰 州	14.2%	49.5%	36.3%
杭 州	6.4%	50.6%	43.0%
宁 波	7.0%	55.3%	37.7%
嘉 兴	8.7%	57.2%	34.1%
湖 州	12.2%	54.1%	33.7%
绍 兴	8.6%	58.1%	33.3%
舟 山	22.5%	36.5%	41.0%
台 州	10.5%	57.3%	32.2%

资料来源:根据2003年长江珠江三角洲及港澳特别行政区相关统计年鉴(中国统计出版社)整理。

表10.2　2002年长江三角洲各城市三次产业结构相似系数

城市	南京	苏州	无锡	常州	镇江	南通	扬州	泰州	杭州	宁波	嘉兴	湖州	绍兴	舟山	台州
上 海	1.00	0.97	0.98	0.97	0.97	0.95	0.97	0.96	0.99	0.97	0.95	0.95	0.95	0.93	0.94
南 京		0.98	0.99	0.98	0.98	0.97	0.98	0.98	1.00	0.98	0.97	0.97	0.96	0.95	0.96
苏 州			1.00	1.00	1.00	0.98	0.99	0.98	0.99	1.00	1.00	0.99	1.00	0.91	0.99

续表

城市	南京	苏州	无锡	常州	镇江	南通	扬州	泰州	杭州	宁波	嘉兴	湖州	绍兴	舟山	台州
无 锡				0.84	0.85	0.85	0.89	0.87	0.93	0.85	0.82	0.83	0.81	0.98	0.80
常 州					1.00	0.99	0.99	0.99	0.99	1.00	1.00	1.00	1.00	0.92	1.00
镇 江						0.99	0.99	0.99	0.99	1.00	1.00	0.99	1.00	0.93	0.99
南 通							1.00	1.00	0.98	0.99	0.99	1.00	0.99	0.97	0.99
扬 州								1.00	0.99	0.99	0.99	0.99	0.99	0.97	0.99
泰 州									0.99	0.99	0.99	1.00	0.99	0.97	0.99
杭 州										0.99	0.99	0.99	0.98	0.95	0.98
宁 波											1.00	1.00	1.00	0.93	0.99
嘉 兴												1.00	1.00	0.92	1.00
湖 州													1.00	0.94	1.00
绍 兴														0.92	1.00
舟 山															0.92

（三）需求结构

需求是在某一时期内每一种价格下消费者愿意而且能够购买的某种商品量或劳务量。需求是购买欲望和购买能力的统一，缺少任何一个都不能成为需求。总需求是一定时期内一个经济中各部门所愿意支出的总量，包括消费者、企业和政府支出的总和，也可以分解为消费、投资、政府购买和净出口。在凯恩斯之前，经济学家所信奉的是“供给创造需求”的萨伊定理，但20世纪30年代大危机的现实彻底否定了萨伊定理，经济学中发生了以需求为分析中心的凯恩斯革命。人们关于需求总量和需求结构对一国经济增长、供给结构、产业结构影响的认识进一步深化。从影响产业结构变动的角度来看，个人消费结构、中间需求和最终需求的比例、消费和投资的比例、投资结构、净出口等因素的变动均对产业发展产生不同程度的影响。值得注意的是，在短缺经济条件下与过剩经济条件下，需求结构对产业结构和供给结构的影响存在明显差异；居民收入水平与收入分配决定消费规模和消费结构层次，决定是否会产生排浪式消费，进而影响产业结构。

（四）人口规模与结构

人口规模具有数量与质量两个方面的规定。人口数量是指一国某一时点上人口总量，质量指的是在既定的人口总量中不同的构成。在自然资源、资本数量与可利用技术既定的条件下，经济增长的速度或一定时期国民产出的增加取决于可利用的劳动数量。劳动力数量增加来源于人口自然增长、劳动参工率提高（尤其是妇女劳动参工率提高）、移民和劳动时间延长。在经济发展初期，人口增长迅速，经济中劳动的作用主要表现为劳动力数量的增加。发达国家在工业化初期推动其产业结构转换的起始阶段，曾经受到了劳动力供给不足的制约。在经济发展到一定阶段后，劳动力质量（劳动者身体与文化素质）起主要作用，而劳动力质量的提高主要源于人力资本投资。在现实经济生活中，产业结构的变动或某个地区的兴衰都会迫使劳动力流动，引起摩擦性失业。一方面，衰退行业劳动力需求减少引起大量失业；另一方面，一些新兴行业由于缺乏合格的劳动力而存在岗位空缺的现象。

（五）国际贸易

国际贸易是在开放条件下，造成产业结构变动的外部因素，它对产业结构的影响，主要是通过国际比较利益机制实现的。一般来说，各国间产品生产的相对优势，会随着时间的推移会引起进出口结构的变动，进而带动国内产业结构、消费结构和贸易结构的变动。国际贸易的发展和经济全球化的推进，促进了产业的国际转移。在封闭经济中，产业结构调整和产业结构升级并不伴随着对外产业转移，而是在一国范围内由发达地区向欠发达地区转移。国际产业转移是开放经济的产物，也是国际竞争日趋激烈的必然结果。

除上述因素外，一国资本的积累程度、国际投资规模（包括本国资金的流出和国外资金的流入）、经济体制（计划经济或市场经济）、产业政策、历史条件、战争与和平环境等，都会不同程度地影响一国的产业结构。这些影响产业结构的因素都不是孤立存在的，彼此可能互相促进、互相制约，综合地影响和决定现有产业结构及它的变化规律。

第二节　产业结构演进的基本规律

随着经济的发展，产业结构不断由低级向高级演进，产业联系不断由简单向复杂转化，这两个方面不断推动产业结构向合理化方向发展。虽然一国产业结构的演变受许多经济和非经济因素影响，其演进过程因地因时而异，但也存在一些共同发展的趋势。纵观许多国家的产业结构的历史，人们已认识并总结出产业结构变迁的一些规律。只有正确把握产业结构变迁的规律，才能科学地制定产业政策，促进经济发展。一般而言，产业结构变迁的规律有以下几个方面。

一、生产资料优先增长规律

马克思在分析社会资本再生产的实现条件时，提出了社会使用更多的劳动用于生产资料生产的规律性，即生产资料优先增长规律。列宁则深入分析了物质生产两大部类之间的相互关系和变动趋势，明确指出：资本发展的规律就是不变资本比可变资本增长得快，也就是说，新形成的资本愈来愈多地转入制造生产资料的社会经济部门。因而，这一部门必然比制造消费品的部门增长得快。所以，个人消费品在资本主义生产总额中所占的地位日益缩小。增长最快的是制造生产资料的生产资料生产，其次是制造消费资料的生产资料生产，最慢的是消费资料的生产。生产资料优先增长规律的客观必然性在于，技术进步会引起资本有机构成的提高，资本有机构成的提高又会使得不变资本相对更快地增长，对生产资料的需求也就增加更快，必然要求生产资料生产更快地增长，以满足更快增长的生产资料需求。

二、配第-克拉克定理

17 世纪的英国经济学家威廉·配第在其代表作《政治算术》一书中指出："工业的收益比农业多得多，而商业的收益比工业多得多。"①配第举例说，英格兰的农民一周可以赚 4 个先令，而一个海员的工资加上伙食等其他形式的收入可以达到每周 12 个先令，因此一个海

① 配第．配第经济著作选集[M]．陈冬野，马清槐，周锦如，译．北京：商务印书馆，1981：19.

员的收入是一个农民的三倍。配第还指出，当时的荷兰由于大部分的人口从事制造业和商业，因此，荷兰的人均收入要大大高于欧洲其他国家。配第对各个产业收入不同的描述，揭示了产业间收入相对差异的规律性，被后人称为配第定理。

在产业结构理论中，最著名的理论之一是英国经济学家克拉克提出来的有关经济发展中就业人口在三次产业中的分布结构如何变化的理论。克拉克提出，随着经济的发展，第一产业的就业人口比重将不断减少，而第二、第三产业的就业人口比重将增加。这一发现被称为"配第-克拉克定理"，在克拉克看来，他的发现是对几个世纪以前配第的理论再现。

克拉克对产业结构演变规律的探讨，是以若干国家在时间的推移中发生的变化为依据的。这种时间序列意味着经济发展，与不断提高的人均国民收入水平相对应。克拉克在分析产业结构演变时，首先使用了劳动力这一指标，考察了伴随着经济发展，劳动力在各产业中的分布状况所发生的变化。以将全部经济活动划分为第一产业、第二产业和第三产业为基本框架。在上述前提的限定之下，克拉克搜集和整理了若干国家按照年代的推移，劳动力在第一、第二、第三产业之间转移的统计资料，得出如下结论：随着经济的发展，即随着人均国民收入水平的提高，劳动力首先由第一产业向第二产业推移；当人均国民收入进一步提高时，劳动力便向第三产业推移；劳动力在产业间的分布情况，第一产业将减少，第二、第三产业将增加。

为什么劳动力会从第一产业向第二、第三产业推移？克拉克认为，这是由于经济发展中各产业之间出现收入（含附加价值）的相对差异造成的。这一原因已为配第所阐述，所以克拉克认为，他所发现的规律不过是印证了配第的观点而已。"配第-克拉克定理"不仅可以从一个国家经济发展的时间序列分析中得到印证，而且还可以从处于不同发展水平的国家在同一时点上的横断面比较中得到类似的结论。也就是说，人均国民收入水平越高的国家，第一产业的劳动力比重相对越小，而第二、第三产业劳动力比重相对越大；人均国民收入水平越低的国家，第一产业劳动力比重相对越大，而第二、第三次产业劳动力比重相对越小。

随人均国民收入增加，第一产业劳动力比重趋于减小，主要从以下两个方面进行分析：从需求角度看，第一产业的属性是农业，农产品是人们的生活必需品。受恩格尔定理作用，人们对生活必需品需求的增加不一定会同人们收入增加的程度同步增加，农产品需求的收入弹性不断下降，而其他产业的产品和服务的需求收入弹性在上升。随着这种消费结构的变化，国民收入的产出结构就要发生变化，从而引起国民收入在产业间的相对比重发生变化。另外，产业之间收入弹性使其在价格和获得附加价值上处于不利地位，从而进一步引起国民收入与产业间的相对比重发生变化。在第一产业的国民收入相对比重不断减少的情况下，若不把该产业的劳动力减下来，相对人均国民收入就会进一步降低。

从供给角度看，第一和第二产业之间，也就是在农业和工业之间，技术进步的可能性有很大差别。农业生产受自然界影响较大，农业技术进步要比工业生产困难得多。而且对农业投资很容易出现一个限度，达到此限度后就出现"报酬递减"现象。即随着产量的增加，单位产量的生产费用反而上升。从农业自身来看，农业劳动生产率的提高也是农业劳动力相对比重减少的一个重要原因。由于技术进步，农业劳动生产率也在不断提高，然而农业生产的土地等自然资源是有限的，所以随着劳动生产率提高，有限农业资源所能容纳的农业劳动力不断减少，并转入其他产业。

案例短析

改革开放后中国的产业结构调整

改革开放以来，伴随经济总量的快速增长，我国产业结构经历了两次大的调整。一次发生在1989—1991年，短短三年时间的治理整顿是针对经济过热所进行的被动调整；另一次始于“九五”初期的1996年，这次调整是经济出现“软着陆”后所采取的主动调整。经过“九五”时期的努力，我国在成功抵御东南亚金融危机冲击、积累反通胀和反通缩两方面经验、保持国民经济适度增长的同时，在产业结构调整方面也取得了实质性的进展。改革开放后我国三次产业结构构成变化见表10.3。

表10.3　改革开放后我国三次产业构成变化

时　　间	GDP	第一产业		第二产业		第三产业	
	亿元	亿元	构成	亿元	构成	亿元	构成
“六五”时期 (1981—1985)平均	6 445	2 021	31.4%	2 851	44.2%	1 573	24.4%
“七五”时期 (1986—1990)平均	14 510	3 809	26.2%	6 265	43.2%	4 436	30.6%
“八五”时期 (1991—1995)平均	37 626	7 884	21.0%	17 628	46.9%	12 113	32.2%
“九五”时期 (1996—2000)平均	78 401	14 255	18.2%	39 072	49.8%	25 074	32.0%
“十五”时期 (2001—2005)平均	135 822	17 381	12.8%	62 436	45.9%	56 004	41.3%
“十一五”时期 (2006—2010)平均	314 045	33 702	10.7%	149 003	47.5%	131 340	41.8%

三、霍夫曼定理

德国经济学家霍夫曼在1931年出版的《工业化阶段和类型》一书中，提出了著名的霍夫曼定理。霍夫曼把工业产业分为三大类：一是消费资料产业，包括食品工业、纺织工业、皮革工业、家具工业等；二是资本资料产业，包括冶金工业、运输机械工业、一般机械工业、化学工业等；三是其他产业，包括橡胶工业、木材工业、造纸工业、印刷工业等。这种分类的目的在于研究消费资料产业和资本资料产业的关系。

霍夫曼根据历史经验观察到，虽然许多国家的国情不同，但工业化的过程都有共同的趋势：食品和纺织等消费品部门总是最先发展的，冶金和机械等资本品部门随后得到发展。后者虽然起步晚，但发展速度快于前者。因此，随工业化推进，消费品部门与资本品部门的净产值之比是逐渐趋于下降的。霍夫曼认为，衡量经济发展的标准不是产值的绝对水平，也不是人均的产值和资本存量的增长，而是经济中制造业部门的若干产业的增长率之间的关系。

即衡量标准是“消费品部门与资本品部门之间净产值的比例”，这个比例后来被称为“霍夫曼系数”。霍夫曼定理是指在工业化过程中，消费品所占比重不断下降、资本品所占比重不断上升，即霍夫曼系数不断下降的趋势。霍夫曼把工业化过程分为四个阶段，见表 10.4。

表 10.4 霍夫曼的工业化阶段

工业化阶段	霍夫曼系数
第一阶段	5(±1)
第二阶段	2.5(±1)
第三阶段	1(±1)
第四阶段	1 以下

霍夫曼认为，在工业化的第一阶段，消费资料工业在整个制造业中占有优势地位，其净产值平均为资本资料中工业净产值的 5 倍。到了第四阶段，情况发生逆转，资本资料工业净产值开始大于消费资料工业净产值。

四、库兹涅茨定理

美国经济学家库兹涅茨在继承克拉克研究成果的基础上，进一步收集和整理了 20 多个国家的庞大数据，从国民收入和劳动力在产业间的分布这两个方面，对伴随经济发展的产业结构作了分析研究。库兹涅茨把第一、二、三次产业分别称为农业部门（含农业、林业、渔业等）、工业部门（含矿业、制造业、建筑业、电力、煤气、供水、运输、邮电等）和服务部门（含商业、银行、保险、不动产业、政府机关、国防及其他服务产业）。

库兹涅茨从纵向角度研究了各个产业的产值和劳动力在总量中所占比重的变化趋势。结论是：对于发达国家而言，国内生产总值在三次产业中的分布趋势是类似的。农业部门的份额显著下降，工业部门的份额显著上升，服务部门的份额略微的而且不是始终如一地上升。总劳动力在三次产业中的分布变化趋势与国内生产总值的分布变化趋势大致相同，只是劳动力在第二次产业中所占比重的上升趋势不够明显，而在第三次产业中的比重则显著上升。对于后起国家和不发达国家而言，产业结构的变化趋势与发达国家的情况大致相同。从横断面角度比较了不同国家三次产业在总产值和总劳动力所占份额的分布规律，库兹涅茨得出了与纵向分析大致相同的结论。

库滋涅茨还揭示了三个部门所创造的产值与所占用的劳动力之间比例关系的变化趋势。他指出，人均国民收入水平越低的国家，农业部门与工业部门、服务部门的比较劳动生产率差距越大。①其原因是不发达国家多为农业国，农业劳动力比重大，发达国家多为工业国，农业劳动力比重小。因此，穷国变成富国，必须大力发展非农产业，并加速农业劳动力向非农业领域转移。

日本学者宫泽健一整理了库兹涅茨的研究成果，并用图表将其见解清晰地描绘出来，见表 10.5。②

① 比较劳动生产率即某一部门或产业的相对国民收入，等于该部门的国民收入的相对比重与该部门的劳动力的相对比重之比。

② 宫泽健一. 产业经济学[M]. 东京：东洋经济新报社，1989：57.

表 10.5　库兹涅茨产业结构演进规律

比较对象	劳动力相对比重		国民收入的相对比重		相对国民收入	
分析方法	时间序列	横断面	时间序列	横断面	时间序列	横断面
农业	下降	下降	下降	下降	下降(1 以下)	几乎不变(1 以下)
工业	不确定	上升	上升	上升	上升(1 以上)	下降(1 以下)
服务业	上升	上升	不确定	微升(确定)	下降(1 以下)	下降(1 以下)

第三节　产业结构演进与经济发展的内在联系

一、经济增长与经济发展

经济增长与经济发展是两个有差异的概念，一般而言，经济增长通常多指量的增加，而经济发展，除了指量的增加外，更多地关注结构的变化。

发展经济学认为，经济增长特指更多的产出，经济发展不仅指更多的产出，还指和以前相比产出的种类有所不同以及产品生产和分配所依赖的技术和体制安排上的变革。更进一步来说，增长意味着以更多的投入或更高的效率去获得更多的产出。发展的含义则不止这些，它还意味着产出结构的变化以及生产过程中各种投入量分布的变化。

应当把经济增长和经济发展这两个概念加以区别。经济增长仅仅指一国或一地区在一定时期包括产品或劳务在内的产出的增长。经济发展则意味着随着产出的增长而出现的经济、社会和政治结构的变化，这些变化包括投入结构、产出结构、产出比重、分配状况、消费模式、社会福利、文教卫生、群众参与等在内的变化。可见，经济增长的内涵较狭窄，是一个偏重数量的概念，而经济发展的内涵较广，则是一个既包含数量又包含质量的概念。

二、经济增长与产业结构

现代经济发展的历程显示，一个国家经济发展的过程，不仅体现为国内生产总值的增长，还必然伴随着产业结构的优化。在这个过程中，总量与结构是紧密联系、相互作用的。总量与结构是社会经济发展总过程的两个基本变量。总量主要反映国民经济发展水平与动态的数量参数，如国内生产总值、国民收入、总供给与总需求等。结构即产业结构，主要是指国民经济各产业之间和产业内部各部门之间的联系和数量比例关系。经济发展是总量与结构相互作用的结果。

(一) 总量与结构相互制约

首先，总量增长取决于结构的状态。一般而言，总量增长取决于人力、资金、技术设备等的激励及其有效配置，而结构状态在很大程度上决定了资源配置的效果。如果产业结构比较均衡，与国内需求、国际市场需求相适应，与技术的发展相适应，主导产业是劳动生产率增长较快的产业，则资源配置是合理的，能保证总量的持续增长。如果产业结构严重失衡，又与国内外需求不适应，其技术水平远落后于当代技术的发展，则资源配置效果是低下的，总量增长必然是缓慢和不稳定的。

其次，总量增长依赖于结构转换，总量增长又必然导致结构变动。总量增长依赖于结构转变，主要体现为总量增长依靠具有高于平均增长率的新兴产业来支撑。由于原有部分产业在经历成熟期之后，会遇到市场饱和与技术进步潜力枯竭的阻碍，增长率必然日趋下降。在结构转换过程中，技术革命导致具有强大生命力和广阔前景的新兴产业产生。这些产业的迅速发展，带动了整个经济的增长。反过来，当总量增长达到一定程度，人均国民收入发生显著变动，使消费需求结构发生重大变化，就必然要求产业结构（它决定着供给结构）相应地发生变化。这种结构变动，不但是由需求变动所拉动，而且在人均 GNP 上升到一定程度时，产业结构所面临的供给环境也会发生重大变化，从而供给因素也在推动产业结构转变。

最后，总量增长越迅速，结构变换率也越高。一个国家的 GNP 增长迅速，人均收入上升快，需求结构变化也更迅速，同时产业结构所面临的供给环境变化也会加快。尤其是当 GNP 提高到一定水平时，全社会的研发支出会大幅度增加，从而加快了技术革新，促进了新产业的成长和壮大，这些变化必然导致结构的高变换率。

（二）总量与结构在经济运行中的相对地位

总量与结构是经济运行中的两个不同侧面。在经济发展不同时期，总量矛盾（指总供给与需求的矛盾）与结构矛盾（产业结构与社会需求结构的矛盾）往往处于不同地位。在一个国家实现初步工业化之前，总量矛盾往往是经济发展中的主要方面。因为这时期社会供给总量往往短缺，尤其是工业品。多数产业又处在幼稚时期，这时期总量的增长主要依靠增加投入来实现。在初步工业化之后，结构矛盾常常上升为经济发展中的主要矛盾。这时期社会总供给已达到一定规模，人均国民收入上升到一定水平，需求结构不断发生重大变化，原有工业结构对需求的变化已难以适应。随着技术进步和市场条件的变化，原有产业已经历了几十年的发展，正进入成熟后期和衰退期，其增长逐步减缓甚至出现负增长，这时如果不实行结构转换，总量增长就不能获得新的基础和推动力量。

（三）不同的总量水平具有不同的结构类型

在大国经济中，当总量增长达到几个特殊值域时，产业结构的变动往往具有一些显著特征。在人均国内生产总值 1 000 美元以下时期，第一产业的比重逐渐下降，第二产业的比重迅速上升，第三产业的比重缓慢上升；在人均国内生产总值超过 1 000 美元时，第二产业的比重开始下降，第三产业的比重迅速上升。从第二产业内部结构变换率看，在人均国内生产总值 100～300 美元时期，结构变动不显著；在 300～1 000 美元时期，制造业则具有高变换率。这一特征在日本最为明显，日本在 20 世纪五六十年代完成了主导产业第一次大转换，从而实现了“经济起飞”。经济发展过程具有客观的阶段性，不同的发展阶段有着不同的结构特征。

三、产业结构演进与经济发展的关系

经济发展内生决定着产业结构的演进，产业结构的演进标志着经济发展的不同水平。经济发展从需求和供给两个方面决定着产业结构的演进方向。

从需求的方面看，人类经济活动的目的，就是满足其不断增长的各种需求。因此，作为反映经济活动最终结果的产业结构，也就表现出为了不断地满足这些需求而进行着变化。如在农业经济社会，生产力极低，解决温饱问题是人类经济活动的主要目的。与此相对应，种植业、养殖业和捕捞业是当时社会的主要产业；在温饱得到基本解决后，为了增强从大自

然获得财富的能力，必须使劳动器官得到延伸，首先是体力的延伸。因而在紧接着的工业经济社会，满足人类体力延伸需求的机械工业以及与此关联的其他制造业得到了迅猛的发展，人类体力的延伸达到了前所未有的境地；在体力得到延伸的同时，人类也考虑了对脑力劳动的替代。计算机的发明，使一些重复性的脑力劳动得到了很大的解放。智能型工具的出现，又开始在向更深度的替代脑力劳动进军。一个以计算机产业、网络产业等为产业特征的知识经济社会也在全球范围内初见端倪。

从供给的角度讲，生产要素(包括技术要素)是制约产业发展，从而也是影响产业结构转变的主要因素之一。如在农业经济社会，生产力极为低下，在经济活动中对劳动力的依赖性极强。因此，在这一时期，产业结构的突出表征是劳动力集约型的产业占据了主要的地位；到了工业经济时代，人类借助于机器这一体力的延伸，在 100 多年的时间内，创造的财富“比过去一切时代所创造的全部生产力还要多，还要大”。产业发展的要素也逐步从依赖劳动力转向依赖资本，资本集约型产业在产业结构中越来越占据主要地位；随着知识经济时代的到来，知识和技术要素在产业发展中的作用越发突出，可以预料，在知识经济社会，知识集约型的产业将取代资本集约型产业，成为知识经济社会产业结构的主要支柱。经济发展的不同阶段与相应的产业结构变动关系可参见表 10.6。

表 10.6 经济发展阶段与产业结构变迁对应表

经济发展阶段	农业经济社会	工业经济社会	知识经济社会
年代	19 世纪 60 年代以前	19 世纪 60 年代—20 世纪 70 年代	20 世纪 70 年代以后
生产目的	解决温饱	体力的延伸	脑力的延伸
主要生产资料	土地	资本	知识
生产技术	手工工具	纺织机、蒸汽机、各类机床、电动机、内燃机	计算机、因特网、生物技术、新材料等
技术特征	手工劳动	机械化、电动化、自动化	电子化、信息化、智能化
主要产业	种植业、养殖业、捕捞业	纺织工业、机械工业、钢铁工业、汽车工业、能源工业	信息制造业、信息传播业、信息服务业、新材料工业、生物工程产业
产业对生产要素的依赖性	以劳动力要素(特别是体力劳动为主)	早期以劳动力要素为主，以后逐步转向资本要素	对技术(或者脑力劳动)的依赖程度越来越大

案例短析

中国产业结构演进的二元路线

我国处于社会主义初级阶段，二元经济结构影响和制约着经济发展。由此，我国的经济发展面临着工业化和现代化的两重任务。在产业结构转换和高度化的过程中，必然反映着工业化和现代化的二重性内容。一方面，按照工业化的历史使命来实现产业结构转换；另一方面，又要在产业结构变动中完成现代化的时代课题。这样，就使得我国产业结构转换表现出两重化的演进路线。

在第一、二、三产业的结构转换中，呈现出第一产业向第二产业转换并同第三产业迅速发展趋势并存的二元状态。在传统经济体制下，第三产业的发展受到非经济性的压抑。现在，第三产业的迅速发展，一方面是释放过去被压抑的发展速度，另一方面是适应现代化进程的需要。第三产业中的知识(信息)产业、金融业、建筑业、交通运输业等是国民经济走向现代化所必须优先发展的部门。同时，在整个产业结构转换中，农业人口向非农产业的迅速转移，成为另一重的结构转换现象。

在工业产业结构转换中，呈现出劳动密集型向资金密集型产业转换同技术密集型产业兴起的二元转换状态。一方面，我国城市工业已经发展到重工业阶段，并且出现电子工业、宇航工业、生物工程等高技术产业兴盛的趋向。另一方面，城市工业中的劳动密集型产业也在迅速地扩张，开始向资金密集型产业过渡。在工业结构内部的相互依赖关系中，呈现以城市工业为主的高技术加工工业和乡村工业为主的低技术加工工业并行发展的二元转换状态。

二元化的结构转换是我国社会历史的客观条件所决定的，将在整个工业化、现代化建设过程中表现出来。一方面，这可能是我国经济发展比较便捷的道路；另一方面，也将可能带来我国经济发展过程中的各种困难和问题。

内容摘要

◎ 产业结构是指各产业的构成及各产业之间的联系和比例关系。

◎ 产业结构的影响因素有知识与技术创新、自然资源禀赋、需求结构、人口规模与结构、国际贸易等。

◎ 产业结构演进的基本规律有：配第-克拉克定理、霍夫曼定理、库兹涅茨定理。

◎ 经济发展是总量与结构相互作用的结果。经济发展的要求决定着产业结构的演进，而产业结构的演进又标志着经济发展的不同水平，经济发展从需求和供给两个方面决定着产业结构的演进方向。

关键词

产业结构；产业结构演进；配第-克拉克定理；霍夫曼定理；库兹涅茨定理；经济增长；经济发展；产业同构

思考与练习

1. 简述产业结构的演进规律的具体内容。
2. 决定产业结构的影响因素有哪些？
3. 简述产业结构与经济增长、经济发展的关系。
4. 产业结构演进的基本动因有哪些？

第十一章　产业结构优化

本章结构图

- 产业结构优化
  - 产业结构优化概述
    - 产业结构优化的含义
    - 产业结构优化的内容
    - 产业结构效应
    - 产业结构优化的机理
    - 产业结构优化的机制和路径
  - 产业结构合理化
    - 产业结构合理化的含义
    - 产业结构合理化的内容
    - 产业结构合理化的标准
    - 产业结构合理化的判别方法
    - 产业结构合理化的测定
  - 产业结构高级化
    - 产业结构高级化的含义及特征
    - 产业结构高级化的基本内容
    - 产业结构高级化的衡量方法
    - 产业结构高级化的机制
    - 创新与产业结构高级化
  - 主导产业选择
    - 主导产业的内涵
    - 主导产业的转换与发展
    - 主导产业的选择基准
    - 优势产业、支柱产业与主导产业
    - 我国主导产业的选择标准

学习目标

通过本章学习，理解产业结构优化的含义及其主要内容，了解产业结构合理化和高级化的内涵、内容及其衡量标准，了解技术创新和产业结构高级化的关系，掌握主导产业的内涵及其衡量基准。

第一节　产业结构优化概述

一、产业结构优化的含义

产业结构优化是指推动产业结构合理化和高级化发展的过程，是实现产业结构与资源供给结构、技术结构、需求结构相适应的状态。产业结构合理化是指产业与产业之间协调能力的加强和关联水平的提高，主要依据产业技术经济关联的客观比例关系，遵循再生产过程比例性需求，促进国民经济各产业间的协调发展，使各产业发展与整个国民经济发展相适应。产业结构高级化，又称产业结构高度化、现代化，是遵循产业结构演化规律，通过技术进步，使产业结构整体素质和效率向更高层次不断演进的趋势和过程。产业结构合理化是产业结构高度化的基础，产业结构高度化是产业结构合理化的必然结果。推进产业结构优化升级是我国经济社会发展进程中的一项长期任务。

产业结构优化过程就是通过政府的有关产业政策调整和发挥市场机制作用，影响产业结构变化的供给结构和需求结构，使资本、劳动力、土地和技术等生产要素从低附加值、低效率和高消耗的生产部门或产业链环节退出，继而转向高附加值、高效率、低消耗的生产部门或产业链环节的过程，由此来实现资源优化配置，推进产业结构的合理化和高级化发展。具体地说，其内涵包括以下四个要点：

第一，产业结构优化是一个动态过程，是产业结构逐步趋于合理、不断升级的过程。在一国经济发展的不同阶段，产业结构优化的衡量标准不同。

第二，产业结构优化的原则是产业间协调发展和最高效率原则。

第三，产业结构优化的目标是资源配置最优化和宏观经济效益最大化。

第四，产业结构合理化和产业结构高级化是相互联系、相互影响的。

产业结构合理化和产业结构高级化是相互联系、相互影响的。产业结构合理化是产业结构高级化的前提条件。如果产业结构长期处于失衡状态，就不可能有产业结构高级化的发展，同时，产业结构合理化也总是一定高度基础上的合理化。产业结构合理化主要从静态状况或在一定阶段上要求优化产业结构，产业结构高级化主要从动态趋势要求优化产业结构，它是一个渐进的长期发展过程。产业结构高级化是产业结构从一种合理化状态上升到更高层次合理化状态的发展过程。因此，产业结构高级化是产业结构合理化的必然结果，产业结构有序演进的过程就是合理化与高度化辩证统一的过程。

二、产业结构优化的内容

产业结构优化的目标主要是要实现产业结构的高度化和合理化，最终实现经济的持续快速增长。从产业结构优化的对象角度来说，主要包括以下几个方面内容：

（一）供给结构的优化

供给结构是指在一定价格条件下作为生产要素的资本、劳动力、技术、自然资源等在国民经济各产业间可以供应的比例，以及以这种供给关系为联结纽带的产业关联关系。

（二）需求结构的优化

需求结构是指在一定的收入水平条件下，政府、企业、家庭或个人所能承担的对各产业产品或服务的需求比例，以及以这种需求为联结纽带的产业关联关系。它包括政府（公共）需求结构、企业需求结构、家庭需求结构或个人需求结构，以及以上各种需求的比例。

（三）国际贸易结构的优化

国际贸易结构是指国民经济各产业产品或服务的进出口比例，以及以这种进出口关系为联结纽带的产业关联关系。国际贸易结构不仅包括不同产业间的进口结构和出口结构，也包括同一产业间的进出口结构（即进口和出口的比例）。

（四）国际投资结构的优化

国际投资包括本国资本的流出，即本国企业在外国的投资，以及外国资本的流入，即外国企业在本国的投资。对外投资会导致本国产业的对外转移，外国投资则促使国外产业的对内转移，这两方面都会引起国内产业结构的变化。国际投资结构是指对外投资与外国投资的比例结构，以及对外投资在不同产业之间的比例和外国投资在本国不同产业之间的比例及其各种派生的结构指标。产业结构优化也要对国际投资结构进行优化。

三、产业结构效应

产业结构效应，是指产业结构变化的作用对经济增长所产生的效果，即对经济增长发挥着一种特殊的作用。由于产业结构的特殊功能，产业结构的高变换率能够导致经济总量的高增长率。促进产业结构优化有利于发挥产业结构效应，推动和保持经济的增长率。产业结构效应主要包括产业的关联效应和产业的扩散效应。

（一）产业的关联效应

美国经济学家阿尔伯特·赫希曼在他的《经济发展战略》一书中详细分析了产业之间的关联效应。产业关联效应就是指一个产业的生产、产值、技术等方面的变化通过它的前向关联关系和后向关联关系对其他产业部门产生直接和间接的影响。前向关联效应就是指一个产业在生产、产值、技术等方面的变化引起它为其供应投入品的部门在这些方面的变化，或导致新技术的出现，新产业部门的创建等。后向关联效应就是指一个产业在生产、产值、技术等方面的变化引起为它提供投入品的部门在这些方面的变化。例如，由于该产业自身对投入品的需求增加或要求提高而引起提供这些投入品的供应部门扩大投资规模、提高产品质量、完善管理、加快技术进步等变化。

（二）产业的扩散效应

美国经济学家罗斯托在他的《从起飞进入持续增长的经济学》一书中阐述了主导产业的扩散效应概念。根据他的阐述，扩散效应是指某些产业部门在各个历史间歇的增长中，“不合比例增长”的作用对其他关联产业产生的影响。这具体表现在三个方面：回顾效应、旁侧效应和前向效应。

回顾效应是指主导部门的增长对那些向自己供应投入品的供应部门产生的影响。在主导部门或新部门处于高速增长阶段时,会对原材料和机器设备等投入品产生新的投入要求。这些投入,反过来又要求现代设计观念和方法的发展,从而带动了为其提供投入品的产业的发展。前向效应是指主导部门的成长诱导了新兴工业部门,新技术、新原料、新材料、新能源的出现,改善了自己供应其他产业产品的质量,或者通过削减其他工业部门的投入成本,提供进一步开发新产品和服务的条件,或者产生一个瓶颈问题。这样,主导部门产生了一种刺激,促进需要其供应品的产业的发展。旁侧效应是指主导部门的成长引起它周围地区在经济和社会方面的一系列变化,这些变化趋向于在广泛的方面推进工业化进程。主导部门的成长,提供更多的就业机会,城市人口增加,需要更多的服务,甚至促进各种制度的变革。这样,新主导部门的出现常常改变了它所在的整个地区。

四、产业结构优化的机理

机理是指作用机制和作用原理。产业结构优化对国民经济的作用机理,一般通过四个过程来实现:调整影响产业结构的决定因素→产业结构得到优化→产业结构效应发挥作用→国民经济得到持续快速发展。

调整产业结构的决定因素就是要调整供给结构、需求结构、国际贸易结构和国际投资结构,从而改变产业结构。产业结构优化既是产业结构调整的目的,又是产业结构调整的结果,产业结构优化包括产业结构的高度化和产业结构的合理化。产业结构的优化必然对经济增长产生积极的作用,国民经济在产业结构效应的积极作用下实现了快速增长。

五、产业结构优化的机制和路径

(一)产业结构优化的机制

产业结构优化的作用机制以市场机制为基础。社会经济发展的过程包括产业结构不断优化的过程,产业结构不断优化的过程也就是资源在各产业之间的配置不断优化的过程。因此,社会经济运行机制即资源配置方式,自然也是产业结构形成和优化的机制。

产业结构优化的作用机制也离不开政府调控的辅助。发达国家的产业结构优化升级,主要是通过市场机制的作用来实现的。但是,市场机制也存在事后调节的盲目性,难以解决公共部门和自然垄断行业的发展、外部不经济、贫富两极分化等“市场失灵”情况。为了弥补市场机制的不足,产业结构的形成和优化需要政府辅之以必要的调节和控制。

(二)产业结构优化的途径

首先,要发挥市场机制的作用。平均利润规律使资源按社会需要在部门间转移,从而促进产业结构的合理化。竞争规律使各产业不断改进技术,提高劳动生产率,朝着高级化的方向发展。

其次,要选择好主导产业。主导产业是经济发展的驱动轮,在它的带动下,整个经济才能发展。同时,主导产业也是形成合理和有效的产业结构的契机,产业结构必须以它为核心。主导产业要与本国的经济发展阶段、产业总体结构、技术发展水平和资源条件等国情相适应。

再次,要大力推进产业的技术进步,加快产业结构高级化的进程。技术进步对于形成新的产业分工、刺激需求结构改善、降低资源与能源的消耗、提高社会劳动生产率以及推进产业结构的演进与高级化，都具有决定性的意义。

最后，要实行政府宏观调控和适当的产业政策。国家宏观调控部门以国民经济和社会发展计划及产业政策为依据，对产业结构的变动经常进行监督和调控，对不符合产业结构优化要求的经济行为，采取经济、法律和行政手段及时加以调整。国家还可以通过适当的产业政策指导，对各种生产要素进行重组；鼓励或限制某些产业的发展，从而加速资源配置的优化过程。但产业政策的制定和实施应以不损害市场机制的内在机理为前提。

第二节　产业结构合理化

早在古典经济学时代，魁奈的经济学说中就有了产业结构合理化的思想萌芽。随后，马克思的两大部类理论，里昂惕夫的投入产出法都对产业结构合理化的内容做了深刻的阐述。这些理论的核心都是强调各产业部门必须按比例协调发展。

一、产业结构合理化的含义

产业结构合理化是指产业与产业之间协调能力的加强和关联水平的提高的过程。合理化就是要促进产业结构的动态均衡和产业素质的提高。合理化要解决的问题包括供给结构和需求结构的相互适应问题、三次产业以及各产业内部各部门之间发展的协调问题、产业结构效应如何充分发挥的问题。产业结构合理化要求在一定的发展阶段上，根据消费需求和资源条件，对初始不理想的产业结构进行有关变量的调整，使资源在产业间能够实现合理配置。

二、产业结构合理化的内容

产业协调是产业结构合理化的中心内容。产业结构的协调不是指产业间的绝对均衡，而是指各产业之间有较强的互补和谐关系和相互转换能力。只有强化产业间的协调，才能提高其结构的聚合质量，从而提高产业结构的整体效果。产业间的协调包括四个方面的内容。

（一）产业协调的内容

产业间的协调，包括产业素质之间协调、各产业之间的相对地位协调、产业之间的联系方式协调、供给与需求协调四个方面的内容。

1．产业素质之间协调

产业素质之间协调是指相关产业间是否存在技术水平的断层和劳动生产率的强烈反差。如果存在着断层和强烈反差，产业之间就会产生较大的摩擦，表现为不协调。一般用比较劳动生产率（即产业部门的国民收入份额与该部门的劳动力份额之比）来衡量产业间的协调程度。一般而言，如果某一产业的比较劳动生产率数值分布得比较集中又有层次性，说明该产业的素质比较高。若分布得很离散且无序，说明该产业的素质不协调。

2．各产业之间的相对地位协调

在一定的经济发展阶段上，各产业的经济作用以及相应的增长速度是不同的，因而各产业在产业结构中所处的地位是不同的，从而形成了各产业之间有序的排列组合。各产业相对地位的协调就是产业结构内部各产业的排列组合具有比较丰富的层次性，各产业之间的主次与发展的轻重缓急关系比较明确和适宜。如果各个产业主次不分，轻重无序，甚至出现产业结构的逆转，则说明各产业之间的相对地位是不协调的。

3. 产业之间的联系方式协调

产业之间存在着的投入与产出关系，表明了产业之间相互依赖和相互影响的关系。协调的产业之间相互联系方式有两个基本特征：一是相互服务，几个产业部门在投入产出联系的基础上互相提供帮助；二是相互促进，意味着一个产业的发展不能以削弱另一个的发展为代价。如果各产业之间能够做到相互服务和相互促进，那么它们之间的这种联系方式就是协调的。反之，则是不协调的。

4. 供给与需求协调

在需求正常变动的情况下，产业结构的协调将使其具有较强的适应性和应变能力，即通过自身的结构调整适应新的需求变动，使供给和需求之间无论是在数量上还是在结构上的差距都逐渐缩小，并且使供需之间的矛盾弱化。相反，如果对需求的正常变动，供给迟迟不能作出反应，造成长时间的供需不平衡，则说明产业间的结构是不协调的。

（二）产业结构不协调的原因

产业结构不协调的主要原因有供给结构的变化不能适应需求结构的变化和需求结构的变化不能适应供给结构的变化两个方面。

1. 供给结构的变化不能适应需求结构的变化

现实经济中，供给结构的变化不能适应需求结构的变化有三种表现：一是需求结构变化，供给结构不变，造成供应不足；二是需求结构变化，供给结构的变化滞后，造成供应滞后；三是需求结构变化，供给结构的变化过度，造成供应过剩。

2. 需求结构的变化不能适应供给结构的变化

现实经济中，需求结构的变化不能适应供给结构的变化也有三种表现：一是供给结构变化，需求结构不变，造成需求不足；二是供给结构变化，需求结构的变化滞后，造成需求滞后；三是供给结构变化，需求结构的变化过度，造成需求过度。

案例短析

我国的产业结构优化升级需从供给侧推动

当前我国经济下行压力加大，从内因看，主要是供给结构与市场需求脱节造成的，即供给不适应需求变化，有效供给不足。推进供给侧结构性改革，就是从生产端入手，推动经济结构调整、产业结构升级，以新供给创造新需求和新经济增长点。在供给侧结构性改革的框架下，经济发展主要依赖于社会总供给结构优化，而社会总供给结构优化又以产业结构优化升级为基础。因此，从供给侧推动产业结构调整和优化升级成为现阶段推动经济发展的根本。

首先，从供给侧推动产业结构优化升级，必须大力化解过剩产能。为适应新常态下的发展要求，我国的产业结构调整亟须加快步伐，特别是在化解产能过剩方面需加大力度。产能过剩不仅抑制产业自身的发展升级，还占用大量资源，导致新兴产业和新供给的增长受到严重制约。因此，化解过剩产能成为推动产业转型升级和经济发展的迫切要求，成为供给侧结构性改革的重点任务。一方面应通过淘汰落后技术，提高产业发展水平，提高全要素生产率，改善供给质量，增强有效供给能力；另一方面应通过兼并重组等方式推进产业整合，节约成本及资源，使更多的资金、技术、人力等生产要素投入到优势产业和企业，加快产业结构优化升级。

其次，从供给侧推动产业结构优化升级，必须依靠科技创新驱动。实践证明，产业结构优化升级的根本动因是科技创新，正是一大批具有引领性、颠覆性的新技术、新工具、新材料的出现，才有力推动了新经济成长和传统产业升级。一般地，产业形态越高端，生产组织管理形式越复杂，对科技进步的依赖程度就越高，可以说，科技创新与产业变革的深度融合已成为当代经济发展最突出的特征之一。正是基于这样的认识，党的十八大明确提出了加快实施创新驱动发展战略，这将极大地激发民众创业创新的潜能，引领和支持创新要素向产业集聚，推动产业向中高端方向发展，从而促进产业结构优化升级。

从国际上看，新一轮科技革命正在孕育兴起，科学技术对产业升级和经济发展的驱动作用越来越强。我国产业升级必须抓住全球新一轮科技革命和产业变革机遇，重视发挥科技创新的支撑和引领作用，高起点培育和发展以节能环保、新一代信息技术、生物技术、高端装备制造、新能源、新材料、新能源汽车等为代表的新兴产业。应围绕这些重点领域培育一批具有“三高”（产品档次高、科技含量高、市场占有率高）特点和长远发展潜力的骨干企业，通过这些骨干企业的品牌效应和带动作用促进我国产业整体转型升级。此外，发挥科技创新的支撑和引领作用，还应大力发展研发设计、金融保险、商务服务、物流配送、信息技术、科技服务等生产性服务业，为战略性新兴产业发展提供必要支撑和动力，从而推动产业结构优化升级。

（案例根据邱兆祥载于《人民日报》2016 年 8 月 24 日的文章《从供给侧推动产业结构优化升级》改编。）

三、产业结构合理化的标准

目前我国学术界，由于对产业结构合理化概念的理解不同，不同学者对产业结构合理化的标准也有着不同的看法。概括起来，大致上有产业结构合理化的单一标准说、三标准说、四标准说、六标准说和七标准说等几类观点。

（一）单一标准说

单一标准说即“结构聚合质量”标准。周振华提出“结构聚合质量”标准，认为较高的聚合质量来自产业间的协调，从而把“聚合质量”标准的实质用于产业间协调标准。

（二）三标准说

苏东水等认为，产业结构合理化有三个标准：适应需求结构标准、产业协调标准和结构效应标准。三标准说对应产业结构合理化要解决三个问题，即供给结构与需求结构相适应问题、三次产业间和各产业内部各部门之间发展的协调性问题、如何充分发挥产业结构效应问题。

（三）四标准说

史忠良等认为，产业结构合理化有四个标准：资源合理利用、充分利用国际分工、产业间协调发展、经济社会可持续发展。合理的产业结构主要体现在以下四个方面：① 充分有效地利用本国的人力、物力、财力、自然资源；② 国际分工的好处；③ 使国民经济各部门协调发展，社会的生产、分配、交换、消费顺畅进行，社会扩大再生产顺利发展；④ 国民经济持续稳定地增长，实现人口、资源、环境的良性循环。

（四）六标准说

李京文等认为产业结构合理化有 6 条标准，资源合理利用标准、产业协调发展标准、需求应变能力标准、经济效益最佳标准、充分吸收科技成果标准和充分利用国际分工标准。

（五）七标准说

李悦认为衡量产业结构的合理化有如下 7 个标准：发挥优势标准，比例协调标准，结构完整性标准，先进性标准，创汇能力标准，自我调节、应变能力标准和经济效益标准。同时强调产业结构合理化的"三个相适应"和"三个有利于"，即与我国仍处于社会主义初级阶段和社会主义市场经济相适应，与新技术革命相适应，与改革和开放相适应；有利于发展社会主义社会生产力，有利于提高社会主义国家的综合国力，有利于人民的富裕幸福。

总的来说，衡量产业结构是否合理的关键在于，判断产业之间是否具有因其内在的相互作用而产生的一种不同于各产业能力的整体能力。如果结构关系不协调，结构的整体能力就会降低，那么与之相应的产业结构就不合理。

四、产业结构合理化的判别方法

（一）用标准产业结构法判断

所谓的标准产业结构，是在大量历史数据的基础上通过实证分析而得到的，它反映了产业结构演变的一般规律。因此，可将其作为参照系，与某一被判断的结构进行比较，从而检验被判断的产业结构是否合理。

库兹涅茨在研究产业结构的演进规律时，不仅通过时间序列数据对产业结构的演进规律进行分析，而且还通过横截面数据对经济发展阶段与产业结构的对应关系进行研究。这种从截面研究产业结构的方法，为我们了解一国产业结构发展到何种高度提供了参考依据。利用这种方法，库兹涅茨提出了经济发展不同阶段的产业标准结构，根据标准结构就能了解一国经济发展到哪一阶段以及产业结构合理化程度。库兹涅茨的标准结构见表 11.1。

表 11.1 产业的标准结构

	1964 年币值的人均国民生产总值的基准水平（美元）								
	<100	100	200	300	400	500	800	1 000	>1 000
产业部门构成（部门产值占国内生产总值的比例）									
1. 第一产业	52.5	45.2	32.7	26.6	22.8	20.2	15.6	13.8	12.7
2. 制造业	12.5	14.9	21.5	25.1	27.6	29.4	33.1	34.7	37.9
3. 基础设施	5.3	6.1	7.2	7.9	8.5	8.9	9.8	10.2	10.9
4. 服务业	30.0	33.8	38.5	40.3	41.1	41.5	41.6	41.3	38.6
劳动力部门构成									
5. 初级产业	71.2	65.8	55.7	48.9	43.8	39.5	30.33	25.2	15.9
6. 制造业	7.8	9.1	16.4	20.6	23.5	25.8	30.3	32.5	36.8
7. 服务业	21.0	25.1	27.9	30.4	32.7	34.7	39.6	42.3	47.3

资料来源：根据周振华《产业结构优化论》（上海人民出版社 1992 年版）第 38 页的表改编。

使用库兹涅茨相似的方法，其他学者也提出过类似的“标准结构”，如钱纳里的产业结构标准模式、钱纳里-塞尔昆模型等。由于各国具体国情的不同，导致了对产业结构的要求也不尽相同。如大国和小国、工业先行国和工业后发国对产业结构的要求都有所不同。因此，有的学者认为以标准结构为参照系，至多只能给我们提供一种判断产业结构是否合理的粗线索，而不能成为其判断的根据。

（二）从结构合理化内涵的四个方面判断

1．产业能否合理和有效地利用资源

产业结构作为资源转换器，其功能就是对输入的各种生产要素按市场的需求转换为不同的产出。在此转换的过程中，显然转换的效率就是一个相当重要的指标。因此，对资源进行合理而有效的利用，也就成为判断一个产业结构是否合理的重要标志。对资源的合理而有效利用，主要是提高资源的使用效率，其关键就是技术进步。

2．产业间的比例关系是否协调

比例协调的产业结构，应当不存在明显的长线产业和短线产业。因为，无论是存在长线产业还是短线产业，都表明其对市场需求的不适应，也都是对资源的一种浪费。比例协调的产业结构，不可能存在瓶颈产业。瓶颈产业的存在，不但表明其对市场需求的严重不符，而且还极大地影响了整个产业结构系统的资源转换效率和产出能力。

3．产业之间的关联关系是否协调

由于产业之间存在相互依赖和相互影响的关系，若各产业之间能够做到相互服务和相互促进，则一定程度上可说明产业结构的合理性。

4．供给是否适应市场需求的变化

在市场经济条件下，经济活动的目的是满足市场的需求。因此，产业结构作为一个资源转换系统，其最基本的要求就是它的产出能满足市场的需求。对市场需求的适应程度，就成为判断一个产业结构是否合理的重要标准。

五、产业结构合理化的测定

（一）国际比较法

以钱纳里的标准产业结构为基础，将某一国家的产业结构与相同国内生产总值下的标准产业结构加以比较，当偏差较大时即认为此时的产业结构是不合理的。

（二）影子价格分析法

依据影子价格也可以衡量产业结构是否合理。具体地讲，用各产业部门的影子价格(线性规则方法计算出来的反映资源最优使用效果的价格)与其整体影子价格平均值的偏离程度来衡量产业结构是否合理。偏离度越小，则产业结构就越趋于合理。

（三）需求判断法

即判断各产业的实际生产能力与相应的对该产业产品的需求是否相符，若二者接近或大体接近，则目前的产业结构是合理的。判断产业结构能否随着需求结构的变化而自我调节，使产业结构与需求结构相适应。具体方法是：计算每一个产业的需求收入弹性和生产收入弹性，如果二者相等，表明该产业与社会需求相适应。若所有产业的需求收入弹性和生产收入弹性都相等，则说明整个产业结构与需求结构是相适应的，可认为此时的产业结构是合理的。

（四）结构效果法

以产业结构变化引起的国民经济总产出的变化来衡量产业结构是否向合理的方向变动，若结构变化使国民经济总产出获得相对增长、总利润相对增加，则表明产业结构的变动方向是合理的，反之，则是不合理的。

第三节　产业结构高级化

一、产业结构高级化的含义及特征

（一）产业结构高级化的含义

产业结构高级化是指遵循产业结构演化规律，通过技术进步，使产业结构整体素质和效率向更高的层次不断演进的趋势和过程。产业结构高级化强调技术集约化程度的提高，如从以第一产业为主的产业结构转变为以第二产业为主的产业结构意味着产业结构升级，或者在第二产业中由生产初级消费品的产业结构转变为生产资本品为主的产业结构也意味着产业结构升级。

（二）产业结构高级化的特征

产业结构高级化具有以下四个特征：第一，产业结构的发展顺着第一、二、三产业优势地位顺向递进的方向演进；第二，产业结构的发展顺着劳动密集型产业、资本密集型产业、技术（知识）密集型产业分别占优势地位顺向递进的方向演进；第三，产业结构的发展顺着低附加值产业向高附加值产业的方向演进；第四，产业结构的发展顺着低加工度产业占优势地位向高加工度产业占优势地位的方向演进。

二、产业结构高级化的基本内容

一般来说，产业结构高级化包括产业素质高级化、结构效应高级化、产业组织高级化和产业协调高级化等基本内容。

（一）产业素质高级化

产业素质高级化表现为新技术在各产业部门得到广泛的运用，技术密集度不断提高。此时，产业的劳动者素质和企业家的管理水平不断上升，各产业的产出能力、产出效率不断提高。

（二）结构效应高级化

结构效应高级化是指整个产业结构由第一次产业占优势顺次向第二次产业、第三次产业占优势的方向发展。在资源结构上，由劳动密集型占优势顺次向资金密集型、技术密集型占优势的方向发展。在加工工业中，制造初级产品的产业占优势逐步向制造中间产品、最终产品占优势的方向发展。

（三）产业组织高级化

产业组织高级化是指规模经济的利用程度大大提高，从分散的、小规模的竞争转向以联合或集团式的集中性大规模竞争的方向发展。产业间关系趋向复杂化，大中小型企业联系越来越密切，专业化协作越来越细，企业多元化经营范围越来越广。

（四）产业协调高级化

产业协调高级化是指产业开放度不断提高，通过国际投资、国际贸易、技术引进等国际交流方式，实现与产业系统外的物质能量的交换，在更高层次上实现结构均衡协调发展，建立国际协调型的产业结构。

三、产业结构高级化的衡量方法

衡量一国产业结构高级化有两种基本方法：一是截取不同的时点进行纵向比较；二是选取参照国进行横向比较。具体来讲，主要有以下几种方法：

（一）标准结构法

将各国的产业结构的平均高度作为参照系进行比较，以确定一国产业结构的高级化程度。库兹涅茨、钱纳里等经济学家在总结大量历史数据的基础上，通过统计回归分析得到了能大致反映产业结构演变一般规律的所谓产业结构的标准结构，如库兹涅茨的经济发展不同阶段的产业标准结构、钱纳里的产业结构标准模式、钱纳里-塞尔昆模型等。将一国的产业结构与他们测算的标准结构进行对比，以检验一国或地区的产业结构高度化程度（也可作为判断产业结构的合理化程度的参照标准）。

钱纳里通过对 1950—1970 年 101 个国家的统计资料进行归纳分析，提出著名的"世界发展模型"，由该发展模型求出一个经济发展的标准结构，即经济发展不同阶段所具有的经济结构的标准数值。他认为，在经济发展的不同阶段，有着不同的经济结构与之相对应。如当人均国民收入达到 400 美元时，农业的产值份额为 22.8%，工业的产值份额为 27.6%，服务业的产值份额为 41.1%，基础设施的产值份额为 8.5%。就业结构上，农业的就业份额为 43.8%，工业的就业份额为 23.5%，服务业的就业份额为 32.7%。

（二）相似性系数法

这是以某一国的产业结构为参照系，通过相似性系数法的计算，将本国的产业结构与参照国产业结构进行比较，以确定本国产业结构高级化程度的一种方法。

设 A 是被比较的产业结构，B 是参照系。x_{Ai}、x_{Bi} 分别是 i 产业在 A 和 B 中的比重，则产业结构 A 和参照系 B 之间的结构相似度 S_{AB} 可表示为

$$S_{AB}=\frac{\sum_{i=1}^{n}x_{Ai}\,x_{Bi}}{\sqrt{\sum_{i=1}^{n}x_{Ai}^{2}\sum_{i=1}^{n}x_{Bi}^{2}}} \tag{11.1}$$

我国学者曾以日本劳动力结构为参照，计算相似性系数，对中国产业结构的高级化进行过估计，认为 1992 年中国产业结构中的劳动力结构与日本 1930 年的结构高度相似，相似性系数达到 0.984 6。1989 年的产业结构则与日本 1925 年的水平基本相等，相似性系数为 0.926 8。

（三）高新技术产业比重法

在工业内部，可以用高新技术产业比重法来衡量产业结构高级化程度。因为产业结构高级化过程，也是传统产业比重不断降低和高新技术产业比重不断增大的过程。通过计算和比较不同年代高新技术产业、产值、销售收入等在全部工业中的比重，可以衡量产业结构

高级化的程度。发展中国家可以发达国家为参照对象，通过比较高新技术产业比重，来发现发展中国家产业结构高级化的相对水平和与发达国家的差距。

（四）附加值衡量法

所谓附加值，是指由原材料到最终产品所增加的价值，这是依据产业附加值的大小判断产业结构发展水平高低的方法。具体来说，附加值越大的产业在产业结构中占的比重越大，产业结构的高度化程度就越高。

（五）技术集约程度衡量法

技术集约程度衡量法是一种依据产业的技术集约程度的高低判断产业结构发展水平高低的方法。具体来说，产业结构的技术水平越高、技术基础越先进、技术密集型产业在产业结构中占的比重越大，产业结构的高度化程度越高。可以运用产业的资本有机构成、产业发展的技术贡献率、产业全要素生产率等指标衡量。这几个指标的数值越高，技术集约程度也就越高。

（六）产业软化度判别法

软化经济是 1983 年由日本经济结构变化和政策问题研究会首次提出。产业结构软化主要包括两个方面的内容：一是产业结构演进过程中，软产业（主要是指第三产业）比重不断上升，出现经济服务化趋势；二是随着工业结构的高度加工化和高技术化过程，在整个产业结构中对管理、技术和知识等软要素的依赖加深。按照日本标准，软化率大于 60%的为高软化产业，软化率在 40%～60%之间为低软化产业，而软化率低于 40%的产业是硬产业。具体在衡量产业结构的软化程度时，通常选取第三产业产值占 GDP 比重和第三产业就业人数占总就业人数的比重进行分析。

四、产业结构高级化的机制

产业结构的高级化是通过产业间优势地位的更迭来实现的。产业结构的高级化，是各个产业变动的综合结果。产业结构高级化以单个产业部门的变动为基础的，只有单个产业部门的变动才会引起并导致整个产业结构的变化。

从单个产业部门的变动来看，一般会经历“形成—扩张—成熟—衰退”的运动过程。产业形成的关键因素之一是产业创新和企业创新，而产业衰退的本质是产业创新能力的下降。可见，任何一个产业部门的发展都与创新相联系，表现出扩张与收缩的规律性。

一个国家的各产业部门可以依据其距离创新起源的远近来确定各自不同的相对地位。库兹涅茨研究发现，从较长的时间序列看，产业增长速度随着该产业扩张、成熟到衰落而处于高速增长、均速增长和低速增长的变动中。从任何一个时点上看，总会看到多种处于不同增长速度的产业，即低增长部门、高增长部门和潜在高增长部门同时存在。一般高增长部门由于距离创新起源更近而处于相对优势地位，在总产值中占有较大的份额，并支撑着整个经济的增长。

随着时间的推移，由于新的创新与创新的扩散，产业结构的变动呈现为高增长优势产业间的更迭。因此，产业结构的变动是通过产业间优势地位的更迭实现的，如图 11.1 所示。衡量产业优势地位主要有三种标准：一是附加价值，附加价值高的产业就是占有优势地位的产业；二是产业产值，产值比重大的产业就是优势产业；三是产业关联效应，受原材料供应影响较大的产业，如果后向关联效应大，就说明它是具有优势地位的产业。受最终需求影响较大的产业，如果前向关联效应大，就说明它是具有优势地位的产业。

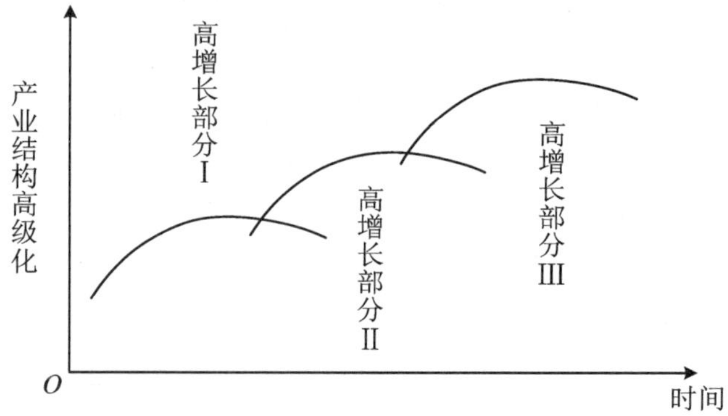

图 11.1 产业结构高度化过程

五、创新与产业结构高级化

（一）产业结构高级化的根本动因是技术创新

所谓创新，熊彼特认为就是指引入一种新的生产函数，以提高社会潜在的产出能力。具体表现为三个方面：创造出新的商品和服务；既定的劳动力和资金提高原有商品和服务的产出数量；具有一种扩散效应的功能且能促进经济的快速发展。技术创新是企业家抓住市场信息的潜在赢利机会，以获取商业利益为目标，重新组织生产条件和要素，建立起效能更强、效率更高和费用更低的生产经营系统，从而推出新的产品、新的工艺、开辟新的市场、获得新的原材料来源或建立企业新组织的过程。

技术创新的本质是将科学技术应用于产品、工艺以及其他商业用途上，以改变人们的生活方式，提高人们的生活质量。创新产生的经济效益只是创新的一个表现。正是在这一点上，熊彼特把发明与创新区分开来：发明只是一个新观念、新设想，只有将发明引进工业生产体系之中，发明才能转化为创新。技术创新的内容一般包括产品创新、工艺创新、设备创新、材料创新、生产组织与管理创新。历史证明，技术创新是产业结构升级并引起质变的强大推动力。

首先，产品创新促进了新产业的产生，从而实现产业结构的升级。从产业发展的近代史看，正是重大的技术创新推动了产业结构的高级化。例如，蒸汽机的发明、电力的发明、计算机的发明等，都带来了巨大的技术变革、技术进步和新产业的产生，并使得产业结构水平沿着农业产业为主导、工业产业为主导、信息产业为主导的方向不断升级。

其次，工艺创新促进劳动生产率的提高，从而实现产业结构升级。在手工技术的生产时代，无论是工业还是农业都是零散的、分散的、小规模的、相对封闭的生产方式，技术创新使得世界进入工业生产时代又进入信息经济时代，使得生产方式向着多样化、社会化、国际化的方向发展。同技术进步作为产业结构高级化的本质内容一样，生产方式的进步和社会化程度的提升同样是产业结构高级化的本质内容和重要表现。

最后，市场创新开拓了新的需求，从而推动了产业结构的高级化。由于技术创新创造了新的产出，新的产业满足了生产和生活中潜在的和更高层次的需求，这种旺盛的需求又刺激了新产业的扩张，从而直接推动了产业结构的升级。对新产业的旺盛需求，在生产领域来源于对提高效率的需求，在消费领域则来源于人的求新、求变的心理。新产业有很高的需求收入弹性，国民收入的增长更大部分用于对新产业的需求。旺盛的市场需求，使得新产业产品价格高涨，其获利水平远远高于全部产业的平均水平，从而引起社会资源迅速流入该产业，促使该产业不断扩张。无论新产业，还是用新技术改造后的传统产业，都因为需求的不断增长而不断扩张，这种扩张正是产业结构高级化的表现。

（二）创新对产业结构高级化的影响

从创新的内涵来看，创新不仅可以提高生产商品和服务的能力，而且可以增加品种。同时，创新的出现在产业结构效应的作用下引起关联产业的一系列的积极变化。因此，创新对产业结构既有直接影响，又有间接影响。

1. 创新对产业结构的直接影响

创新将引起生产要素在产业部门之间的转移，导致不同部门的扩张或收缩，从而促进产业结构的有序发展。一般来说，当创新带来的是新产品开发或原有产品的改善，会吸引生产要素流入该部门，这种方式的创新将倾向于该产业部门的扩张，例如，20 世纪 20 年代汽车工业的发展就是如此。当创新仅仅是导致了原有产品的生产效率提高时，如果这些产品的需求弹性较小，那么这将促使该部门的生产要素向外流出。

2. 创新对产业结构的间接影响

创新对产业结构变化的间接影响有两种方式：一是创新通过对生产要素相对收益的影响而间接影响产业结构的变化；二是创新通过对生活条件和工作条件的改变而间接影响产业结构的变化。

总之，创新是产业结构高级化的动力，一个国家的创新活力和能力是其产业结构有序发展的核心动因。

（三）技术创新促进产业结构升级的具体途径

1. 技术创新促进了劳动分工精细化，实现劳动力就业结构升级

随着技术创新的推进，体力劳动力的比例降低，脑力劳动力的比例上升，从而改变了劳动力就业结构。体力劳动力与脑力劳动力的比例，在机械化初期为 9∶1，机械化阶段为 6∶4，自动化阶段为 1∶9。技术创新既可以创造出一些新的职业，也可能使某些职业消失。

2. 技术创新能够提高劳动生产率，使不同行业的劳动生产率出现差异

由于不同行业的经济技术基础和技术机会不同，技术创新的产生及其对行业的影响存在着很大差异，这种差异可以通过劳动生产率的差异反映出来。作为技术创新的结果，哪个行业的劳动生产率高，哪个行业的社会必要劳动时间就会低于整个社会的平均必要劳动时间，就会获得更多的利润，从而导致生产要素在不同行业间流动，最终促使产业结构发生变化。

3. 技术创新提升需求结构从而促进产业结构升级

技术创新与需求结构之间存在极强的互动关系。技术创新改变了生活条件，需求对新产品作出反应，会造成新的需求压力；技术创新能满足消费需求，使居民用于文化娱乐、教育培训等享受和发展需要上的支出比例上升，带动服务业发展；技术创新能够满足生产需求升级，拉动固定资产投资，从而改变生产技术基础和生产结构；技术创新还可以改变出口需求结构，如由“进口替代”转向“出口替代”再到“出口导向”。

4. 技术创新催生一批新产业，同时也削减了一些旧产业，引起主导产业的变更

第一次技术革命产生了现代纺织、炼焦和钢铁业，使人类社会进入机械时代。第三次技术革命则催生出一大批以微电子等信息技术为核心的高技术产业，这些产业逐渐在经济中

居于主导地位，从而引起新一轮主导产业的变更。新材料、新能源、新工艺的开发与利用，又会使某些传统产业的重要性渐渐减弱甚至退出历史舞台。技术创新既能使某些产业消亡，又能催生新产业，引起主导产业的变更。

案例短析

中国经济结构调整方向与目标

如何推进经济结构战略性调整？以下将从一个综合的多维视角进行分析。

一、中国经济结构的多维观察与比较

经济作为一个系统，存在着诸多观察比较的维度、层次，一个维度或者层次的变化很可能会同时影响到其他维度或者层次的变化。故而，经济结构观察与比较需要从系统出发，从多个维度、多个层次、多个方向展开。与此同时，每个国家都有自身特殊的内外部环境，简单以某个发达经济体作为参照物，作出的判断容易偏离实际。判断一国经济结构是否合理，需要全面了解自身经济内外部环境，了解各类因素如何影响经济结构演进。

为此，我们利用世界银行数据库、联合国国民账户数据库和经合组织数据库的数据，从产业结构、需求结构和收入结构三个维度，对中国、美国、日本、巴西、印度以及世界经济高收入国家、中等收入国家和低收入国家经济结构进行了宏观、中观和微观三个层面的观察和比较。结果显示，中国经济结构虽与发达经济体以及其他发展中大国存在差异，但这种差异是中国在寻求工业化的特定历史阶段的必然选择，也是中国充分发挥自身竞争优势的必然选择，在经济意义上具备一定的合理性。

从产业结构来看，中国三大部门发展均衡性明显高于世界平均水平，其中工业部门是中国的专业化部门，其相对经济地位高于世界平均水平，也高于其他主要经济体。以工业为主导产业是我国能耗水平居高不下、环境污染问题日益严峻的根源。但这样的产业结构与我国在全球经济中追赶者的地位是相匹配的。

从需求结构来看，中国最终消费率显著低于世界平均水平，经济增长对投资的依赖显著高于其他主要经济体。中国属于中等收入发展中国家，正处于工业化中后期，较高的国民储蓄率既是经济发展的必然结果，又是保持经济较快增长的必要条件。中国作为追赶者，国内需求规模和结构都无法满足产业多样化的需要，必须寻求外部市场。只有出口保持高速增长，产业多样化才能快速推进，否则新增生产能力无法消化。

二、中国经济结构调整方向与目标

党的十八大报告指出，推进经济结构战略性调整，必须以改善需求结构、优化产业结构、促进区域协调发展、推进城镇化为重点。产业结构调整应以产业技术结构调整为基本方向，将提升自身国际产业链地位作为主要目标。产业技术结构调整主要沿着两个方向展开：一是推动传统产业的技术结构升级，二是推动新产业、新产品、新技术创新。工业部门技术结构调整要着重推进新技术广泛应用和传统工艺流程改造，鼓励技术开发和产品创新，引导生产要素更多流入复杂技术工业部门和行业。服务部门技术结构调整要在利用新技术对物流、运输等传统行业进行升级改造的同时，大力发展金融保险、信息传输等技术复杂的现代服务行业，特别注意包括工业设计在内的各种生产性服务业的发展。

（一）需求结构调整应将提高投资效率作为着力点，但不宜把降低投资率作为目标

目前，我国居民消费已基本实现温饱开始向“享受型”消费过渡，消费规模增长和结构升

级对产业结构调整和国民经济增长的拉动作用逐步显现。但也要看到,我国工业化进程尚未最终完成,基础设施建设、软件、设备和技术改造投资潜在需求空间巨大。将扩大消费需求作为需求结构调整的最终目标是适宜的,但现阶段不宜以抑制投资增长为代价。在未来相当长的一段时间,我国投资还会保持一个较高速度的增长,而且也应维持一个较快的增长速度。政府投资是效率最低的投资方式,提高投资效率要着重降低政府投资比重。与此同时,目前我国仅靠国内需求尚不足以承担推动产业结构调整和国民经济持续增长的任务,还必须充分发挥外部市场的作用。扩大内需不能以牺牲出口增长为代价,出口结构优化必须以持续较快的出口增长为前提,不能采取逆市场行动、人为制造贸易平衡。

(二) 在产业结构调整过程中,政府应当给自己一个恰当的定位

国内外经验表明,经济结构的形成和调整受制于复杂的经济因素本身,受制于经济发展规律本身,不可以依靠行政规划而设定。行政干预常常难以达到预期效果,甚至往往起到了相反的作用,扭曲增加了交易成本,降低了整体效率。目前,中国经济结构正在遵循自己的规律发展变化,其演进方向与预期目标基本相符,只是调整速度不能满足人们的热切愿望。政府要学会克制行政干预冲动,将应由市场解决的问题交给市场去调节。要着力于制度改革与创新,为市场经济提供更有力的制度保障,推动形成更加开放、更加公平的市场环境。只有市场调节功能发挥更为充分,经济要素结合更加有效,经济结构才能沿着不断增进效率与公平的方向更快调整。

(案例来源:根据邱琼、欧阳俊于 2013 年 1 月 14 日发表在《学习时报》的文章整理。)

第四节　主导产业选择

一、主导产业的内涵

(一) 主导产业的含义

主导产业是指在产业结构中,处于主要的支配地位,比重较大,综合效益较高,与其他产业关联度高,对国民经济的驱动作用较大,具有较大的增长潜力的产业。主导产业在经济发展的一定阶段上,本身成长性很高,并具有很高的创新率,能迅速引入技术创新,对一定阶段的技术进步和产业结构升级转换具有重大的关键性的导向作用和推动作用,对经济增长具有很强的带动性和扩散性的产业。从产业的生命周期观点来看,主导产业一般处于成长期。处于成熟期的是支柱产业,处于初创期的是先导产业。

(二) 主导产业的主要特点

第一,主导产业是能对较多产业产生带动和推动作用的产业,是前后向关联和旁侧关联度较大的产业。

第二,由于主导产业的存在及其作用会受特定的资源、制度和历史文化的约束,因此,不同的国家或同一个国家不同的经济发展阶段主导产业也是不一样的,它会受所依赖的资源、体制、环境等因素的变化而演替。例如,日本的主导产业演替顺序是:纺织工业→钢铁、机械、化学工业→汽车、家电工业→电子工业等高技术产业。

第三,主导产业应具有序列演替性。由于主导产业应能够诱发相继的新一代主导产业,

因此，特定阶段的主导产业是在具体条件下选择的结果。一旦条件变化，原有的主导产业群对经济的带动作用就会弱化，被新一代的主导产业所替代。

第四，主导产业应具有多层次性。由于发展中国家在产业结构调整和优化过程中，既要解决产业结构的合理化问题，又要解决产业结构的高度化问题，因此，处在战略地位的主导产业应该是一个主导产业群，并呈现多层次的特点，实现多重化的目标。

（三）主导产业的作用、形成条件及实现形式

1．主导产业的作用

产业结构高级化与主导产业的转换有着特殊的关系。罗斯托把主导产业的作用概括为以下三个方面：一是依靠科学技术进步，获得新的生产函数；二是形成持续高速增长的增长率；三是具有较强的扩散效应，对其他产业乃至所有产业的增长具有决定性的影响。

2．主导产业形成的条件

主导产业及其综合体的形成是与一国经济的发展阶段相适应的，在发达国家工业化各个阶段上明显地表现出主导产业及其综合体的有序转换。从产业发展的历史进程来看，无论哪个国家及其在何种经济发展阶段上，主导产业及其综合体的形成、发展和转换，都是推动其整体经济发展的根本因素和原动力。同时，主导产业的形成是有一定条件的。罗斯托认为，主导产业的形成必须具备如下条件：一是足够的资本积累；二是充足的市场需求；三是技术创新和制度创新。

3．主导产业的实现形式

从世界各国的实践来看，主导产业的实现无外乎是市场自发调节和政府积极干预两种形式。采取市场自发调节形式的国家认为，市场竞争和供求关系足以促进具有竞争能力的产业的发展。产业结构的高度化也可以通过市场供求和价格机制来实现，没有必要制定产业规划和为对某些主导产业进行扶持而制定产业政策。同时认为，政府对选择主导产业的认识不如市场力量更有权威性。采取政府积极干预形式的国家通过制定产业政策，选择主导产业和确定产业发展序列，不断促进产业结构的高度化。

二、主导产业的转换与发展

通过观察产业结构演变的历史，可以发现不同的经济发展阶段对应着不同的产业结构，而不同产业结构的突出特点是有不同的主导产业。罗斯托在他的《经济增长阶段》和《政治和增长阶段》两部著作中将人类社会的经济成长分为六个不同阶段，并指出了每一阶段的主导产业，见表 11.2。

表 11.2　罗斯托的经济成长阶段相应的主导产业

经济成长阶段	相应主导产业
传统社会阶段	以农业为主体
为起飞准备条件的阶段	仍以农业为主体
起飞阶段	纺织工业
成熟阶段	钢铁、电力、煤炭、通用机械、化肥工业
高额群众消费阶段	汽车制造业
追求生活质量阶段	以公共服务业和私人服务业为代表的生活质量部门

经济增长阶段的更替表现为主导产业次序的变化，产业结构的演进和升级。因此，具有更高效率和速度的主导产业完全取代现有的主导产业，是产业结构高级化的基本表现形式。实践表明，主导产业的转换和发展经过五个不同的历史发展阶段，如表 11.3 所示。

表 11.3　主导产业转换和发展的五个历史发展阶段

阶　段	主导产业部门	主导产业群体或综合体
第一阶段	棉纺工业	纺织工业、冶炼工业、采煤工业、早期制造业和交通运输业
第二阶段	钢铁工业、铁路修建业	钢铁工业、采煤工业、造船工业、纺织工业、机器制造、铁路运输业、轮船运输业及其他工业
第三阶段	电力、汽车、化工和钢铁工业	电力工业、电器工业、机械制造业、化学工业、汽车工业以及第二个主导产业群各产业
第四阶段	汽车、石油、钢铁和耐用消费品工业	耐用消费品工业、宇航工业、计算机工业、原子能工业、合成材料工业以及第三个主导产业群各产业
第五阶段	信息产业	新材料工业、新能源工业、生物工程、宇航工业等新兴产业以及第四个主导产业群各产业

上述主导产业发展的五个历史阶段说明，在经济发展的历史长河中，产业结构的高度化是主导产业及其群体不断更替、转换的一个历史演进过程，是一个产业结构由低级到高级、由简单到复杂的渐进过程。在这个过程中，主体需要的满足和主体发展中不同阶段的不可逾越性，以及社会生产力发展中技术的不同阶段之间的不可间断性，决定了发展中国家在选择和确定主导产业及其群体以及进行主导产业和主导产业群的建设时，一方面必须循序渐进，另一方面也可以兼收并蓄。

三、主导产业的选择基准

主导产业是经济发展的驱动轮，整个经济和其他各产业部门只有在它的带动下才能高速增长。同时，主导产业也是形成合理和有效的产业结构的契机，产业结构必须以它为核心才能快速向高级化推进。正因为如此，正确选择主导产业就成了各国促进产业结构发展的重要课题。选择主导产业，首先涉及的就是选择标准问题，即主导产业的选择基准。

（一）赫希曼基准

美国发展经济学家赫希曼在其名著《经济发展战略》中，依据投入产出的基本原理，提出了依后向联系水平确定主导产业的准则。赫希曼主张主导产业部门的选择应依照工业部门后向联系系数的大小顺序排列。赫希曼基准的意义在于：首先，突出后向联系意味着主导产业部门的选择以最终产品的制造部门为主，这样主导产业部门的市场需求就有保证。其次，主导产业部门具有强烈的中间产品需求倾向，为支持主导产业部门增长的中间投入部门提供了市场。因此，主导产业部门通过需求扩大的连锁效应，可带动经济的有效增长。

可以看出，赫希曼基准的出发点在于，在不发达国家，由于资本相对不足，而且对扩大资本形成能力的要求相当迫切，所以，基础产业的成长要靠市场需求带动供给。因此，可以把赫希曼基准理解为以需求带动供给增长的不平衡结构的选择战略。

（二）罗斯托基准

美国经济学家罗斯托在《从起飞进入持续增长的经济学》一书中将主导产业部门在经济起飞中的作用概括为三个方面：一是后向联系效应，即新部门处于高速增长时期，会对原材料和机器产生新的投入需求，从而带动一批工业部门的迅速发展；二是旁侧效应，即主导部门会引起周围的一系列变化，这些变化趋向于更广泛地推进工业化；三是前向联系效应，即主导部门通过增加有效供给促进经济发展。例如，降低其他工业部门的中间投入成本，为其他部门提供新产品、新服务等。罗斯托认为，应该选择具有较强扩散效应（前向、后向、旁侧）的产业作为主导产业，将主导产业的产业优势辐射传递到产业关联链上的各产业中，以带动整个产业结构的升级，促进区域经济的全面发展。可见，罗斯托基准是依据产业部门间供给和需求的联系程度来确定主导产业部门的。

赫希曼基准和罗斯托基准都是依产业间的关联度大小来确定主导产业部门的，它们的着眼点都在于主导产业的带动或推进作用。因此，也有人把这两个基准合称为产业关联度基准。

（三）筱原两基准

日本著名经济学家筱原三代平在1957年对主导产业选择的研究时，提出了需要引入需求收入弹性基准与生产率上升率基准，简称筱原两基准。

1. 收入弹性基准

收入弹性基准是指从社会需求来看，使产业结构与随着国民收入增长而增长的需求结构相适应的原则。收入弹性，又称需求收入弹性，是在价格不变的前提下，某产业的产品需求的增加率和人均国民收入的增加率之比，反映了该产业的产品社会需求随着国民收入的增长而增长的趋势。收入弹性相对高的产品，其社会需求也相对高。应优先发展收入弹性高的产业和产品，因为产品收入弹性高的产业部门，有着广阔的市场，而广阔的市场正是产业进一步发展的先决条件。

一般地，农产品的收入弹性持续低于工业品的收入弹性，轻工业产品的收入弹性又不断低于重工业产品。在工业化的不同阶段，不同产业的产品，其收入弹性是不同的。因此，产品的收入弹性既可以揭示工业结构在某一时点上变化的趋势和方向，也可反映各工业部门在不同时点上的阶段性和结构性的变化。因而产品的收入弹性是判定某产业发展前景和对经济牵动度的一个重要指标。

2. 生产率上升率基准

一般而言，技术进步是造成生产率上升的主要原因。在技术上首先出现突破性进展的产业部门常常会迅速地增长和发展，能保持较高的生产率上升率，所占的国民收入比重也随之增加。因此，生产率上升率基准就具体表现为技术进步率基准。生产率上升较快的产业，即技术进步速度较快的产业，也是投入产生效率较高的产业，其受有限资源的限制也较小，此时这一产业就可能在相对国民收入上占有越来越大的优势。按生产率上升率基准选择主导产业，就是要选择那些技术进步快、技术要素密集的产业，因此，也被称为比较技术进步率基准。这一基准反映了主导产业迅速有效地吸收技术进步成果的特征，优先发展全要素生产率上升快的产业，有利于技术进步、提高创汇能力、改善贸易条件和贸易结构，提高整个经济资源的使用效率。

从两个基准的内涵来看，产品的收入弹性基准是基于社会需求结构对产业结构的影响而言的，生产率上升率是从社会供给结构对产业结构的影响来说的。二者不是孤立无关的，而是有着内在的联系。首先，从供给方面看，如果仅有较高的技术进步率，未必能支持较高的生产率上升率，较高的生产上升率是以较好的销售条件为基础的，也就是说要以不断扩大的需求为基础。如果生产费用的下降与价格下降同步，则劳动生产率也不会上升。其次，从需求方面看，收入弹性较高的部门，意味着它有广阔的市场，广阔的市场是大批量生产的先决条件。而工业部门的技术进步和大批量生产存在着必然的联系。同时，大批量生产带来的生产成本下降又是扩大需求必不可少的条件。正因为两个基准之间这种内在联系，二者表现的特性是一致的，要么都高，要么都低。

3. 两基准理论的基本前提

收入弹性基准要求把积累投向收入弹性大的行业或部门，因为这些行业或部门有广阔的市场需求，便于利用规模经济效益，迅速地提高利润率。生产率上升基准要求积累投向生产率（指全要素生产率）上升最快的行业或部门，因为这些行业或部门由于生产率上升快，单位成本下降最快，在工资一定的条件下，该行业或部门的利润也必然上升最快。两基准理论以下列条件为基本前提：一是基础产业相当完善，不存在瓶颈制约。或者即使存在一定程度的瓶颈制约，但要素具有充分的流动性，资源能够在短期内迅速向颈瓶部门转移，尽快缓解瓶颈状态；二是产业发展中不存在技术约束；三是不存在资金约束。如果这些条件不满足，两基准理论就未必成立，利用两基准理论选择优先发展产业也未必可行。

四、优势产业、支柱产业与主导产业

在产业经济分析中，经常出现优势产业、支柱产业和主导产业三个概念，十分容易混淆（图 11.2）。事实上，三者都是国民经济发展的中流砥柱，但侧重点不尽相同。

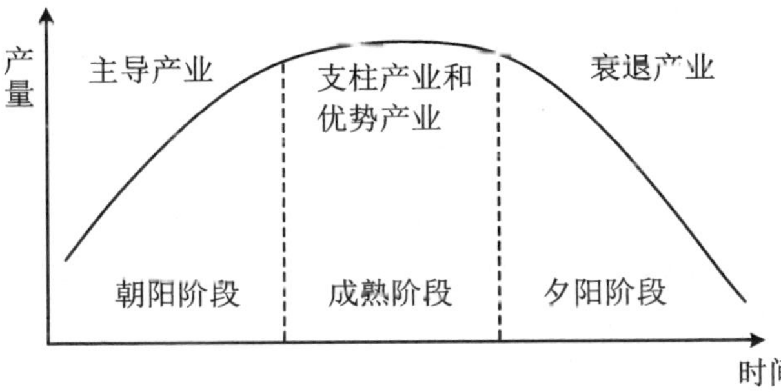

图 11.2　产业生命周期

优势产业则是指那些在当前经济总量中产出占有一定的份额，运行状态良好、资源配置基本合理，资本营运效率较高，在一定空间区域和时间范围内有较高投入产出比率的产业。在产业生命周期曲线中，优势产业一般处于发展的中后期到成熟的中期这一区间，它对整个经济的拉动作用处于或即将处于鼎盛时期，同时也处于后劲不足的衰退前夕，对经济的带动期已经很短暂了。优势产业强调资源的天然禀赋、资源的合理配置以及经济行为的运行状态。只有当它们都得到了比较好的结合，才有可能形成优势产业。

支柱产业指的是净产出在国民经济中占有较大比重的产业。支柱产业严格来说仍属于优势产业的范畴，但优势产业不一定都能成为支柱产业，因为它更强调某一产业在整个经济总量中所占的份额及其对相关产业的带动作用。一种或一类产业要演化成为支柱产业，必须经历一个漫长的生长、发育、竞争、淘汰、成熟的过程，只有那些经过残酷竞争而生存下来且得到不断壮大、经济规模在区域经济总量中占有较大份额的产业，才有可能成为一定区域中的支柱产业。

从产业生命周期理论看，一般情况下，主导产业处于幼稚期到发展期之间，而支柱产业和优势产业处于成熟期，有些则已经步入衰退期。在整个经济发展过程中，主导产业将发挥越来越大的作用，而支柱产业和优势产业却可能已经走上了下坡路。根据发展经济学理论，对于即将走上衰退期的产业，尽管它仍然较强大，但也没有必要通过各种方式去维持其作为支柱产业和优势产业的地位。因为这种维持的机会成本极高，它既有可能延误新的支柱产业的形成，也有可能影响整个产业结构的升级。

优势产业、支柱产业和主导产业，各自强调的目标利益也不相同。主导产业着眼于未来的长期发展，强调创新、未来的发展优势和带动效应；支柱产业、优势产业则立足于现实经济的效率和规模，注重可靠性和效益。主导产业未必是当前经济中有较大影响的产业，其当前资源利用效率也可能较低、投入产出率也难尽人意；支柱产业、优势产业则一定是在现实经济中占有较大份额、对 GDP 的贡献率较高、投入产出比较好的产业。

五、我国主导产业的选择标准

（一）需求潜力大

主导产业的产品应在国内和国际市场具有较大量、长期、稳定的需求，当然首先是针对国内市场。市场需求是所选择的主导产业生存、发展和壮大的必要条件，没有足够的市场需求拉动，主导产业很快就会衰落。

（二）技术进步快且适用性强

主导产业的选择必须特别重视技术进步的作用，所选择的主导部门应当能够集中地体现技术进步的主要方向和发展趋势。与此同时，还应注意到，受科技和教育水平的制约，中国的整个产业技术水平还很低，不能过分追求高技术。中国的科技与经济发展本来就有多层次的特点，技术进步也具有不同层次的内涵，并非一定具有最高水平。所以，中国选择主导产业，必须考虑到技术发展的多层次性和协调性，选择具有启动关联作用的“适用技术”。

（三）部门带动性强

主导产业的选择必须充分考虑它对相关产业的带动作用，它应具有较大的前、后向联系和影响。通过这种关联产生对一系列部门的带动与推进作用，并使这些部门派生出对其他部门的进一步促进作用，从而产生经济发展中的连锁反应和加速效应。

（四）就业效果好

中国人口众多，劳动力相对过剩。这既是丰富的劳动力资源，又造成了巨大的就业压力。因此，选择的主导产业应具有强大的劳动力吸纳能力，能创造大量就业机会，这样既可以缓解就业压力，又充分发挥中国劳动力资源丰富这一比较利益优势。

（五）有进口替代或出口创汇能力

虽然中国主导产业应以国内市场作为主体市场，但在开放条件下，还必须具有国际竞争意识，重视国际贸易的作用。主导产业应在立足国内市场的基础上，有外向发展潜力，能在国际市场上形成较强的竞争能力，从而既增加有效供给时间，又可为国家换取外汇。在选择主导产业时还应注意选择那些有一定技术基础，但产品长期大量依赖进口的产业加以重点扶植，尽快实现产品的进口替代，并能在此基础上，不断提高技术水平，增强对引进技术的吸收、转化、创新能力，闯出一条进口依赖-进口替代-出口创汇的道路。

案例短析

中国经济新常态下产业结构优化升级研究

一、中国经济新常态与产业结构升级

（一）中国经济新常态解析

2014年5月，习近平在河南考察时首次提出“中国经济新常态”这一词，指出“中国目前的经济发展特征适应新常态，应当保持战略上的平常心态”。2014年11月，习近平在APEC（全称为亚太经合组织）工商领导人峰会上首次系统阐述了中国经济新常态的主要特点，指出中国经济新常态包括速度、结构和动力三大特征。速度是指中国经济增长的速度应当从“高速”转为“中高速”；结构是指中国经济增长的结构应当“不断优化升级”；动力是指中国经济增长的驱动应当从“要素、投资”转为“创新”，即靠创新赢发展。2014年12月5日，中央政治局会议公报中指出：“我国已经进入经济发展新常态，在经济社会发展过程中将面临很多困难和挑战，要主动适应经济发展新常态，保持经济运行在合理区间”。中国经济新常态已经成为指引中国经济增长的重要标尺，要适应中国经济新常态的发展，产业结构必须加速优化升级。

（二）中国经济新常态下的产业结构优化升级

经济结构优化升级作为中国经济新常态的重要特点之一，在经济新常态下，其发展前景必须更加稳定。据中国统计局统计，2014年第1～3季度，中国居民消费对经济增长的贡献率大于投资的贡献率，为48.5%。第三产业增加值占经济总量的比重继续大于第二产业，为46.7%，且有进一步扩大的趋势。装备制造业和高新技术产业增速明显快于工业平均值，分别为11.1%和12.3%。单位GDP能耗明显下降，较2013年同期下降了4.6%。从以上数据可以看出，中国经济不仅从质量上较以往更好，而且从结构上也较以往更优。

二、中国产业结构优化升级中面临的主要问题

（一）居民消费对经济增长的贡献率仍然有限

消费、出口和投资是拉动经济增长的三驾马车，但是从出口和投资来看，效果不明显。从出口来看，当前，由于国际经济形势不良，国际金融危机时有发生，国外消费不佳严重影响我国的商品出口，进而影响经济增长；从投资来看，国内的投资主要是粗放型投资，这种投资一定程度上会引发经济和社会问题。从我国经济新常态来看，出口和投资已经不能适应当前经济发展，而不断扩大内需成为经济增长的重要举措。但是从2014年相关数据来看，消费对经济增长的贡献率还很有限。2010—2012年我国第二、三产业指数同比有较大下滑，尤其是第二产业指数下滑的更快，2013—2014年虽然有所回升，但是第二产业发展疲态已经很明显。

（二）环境污染与产能化解的矛盾突出

目前我国导致环境污染的行业主要有钢铁、电解铝、船舶、玻璃、水泥等，而这些行业恰恰是经济增长的支柱行业，这些行业产能利用率长期不足80%。2013年粗钢产能利用率仅为72%，这样高能耗导致的环境污染直接影响了人们的生活质量。如果大力度关停这些高

能耗行业务势必会影响我国经济的增速。据相关部门统计，2013 年河北省压减钢铁产能 788 万吨，2014 年压减钢铁产能达 1 500 万吨，这样大幅度压减过剩产能直接导致 2014 年一季度国内生产总值下降至 4.2%。

（三）传统行业与金融行业利润相差悬殊

在我国全部上市公司当中，非金融类企业比重高达 85%，但是所获利润比重不到 45%，尤其是我国传统行业，利润不足 10%，甚至有很多传统行业年年亏损，与金融类企业利润相差悬殊。据相关数据统计，2012—2014 年钢铁行业利润同比分别下降 125%、324% 和 238%，煤炭行业利润同比分别下降 11%、29% 和 27%，机械行业利润同比分别下降 37%、12% 和 22%。

（四）科技型企业发展仍然缓慢

2012 年发布的《中国创新型企业发展报告》显示，截至 2011 年年末，我国共有创新型试点企业 542 家，这些企业所获得的有效发明专利高达 9 万多件，占全国数量的 10%，研究开发经费财政投入高达 3 939.8 亿元，实现主营业务收入 21.5 万亿元。但是这跟国外发达国家比，差距仍然很大，2011 年美国研究开发支出占国内生产总值的比重高达 4.64%，我国仅为 1.87%，高出我国 2.77 个百分点，从每年申请的专利数上看，仅占美国的 30%，占日本的 50%。

三、中国经济新常态下产业结构优化升级的对策建议

（一）优化传统产业供给结构

要优化传统产业供给结构首先就应当化解绝对过剩，加大淘汰供给绝对过剩的传统行业，重点治理钢铁、电解铝、玻璃、水泥等绝对过剩行业，不断化解过剩产能的矛盾。例如，对于钢铁行业，其供给已经出现绝对过剩的现象，加之钢铁企业长期亏损和环境污染，必须加大淘汰力度。2014 年钢铁行业共淘汰落后产能 4 869 万吨，水泥行业共淘汰落后产能 5 149 万吨。除了淘汰之外，还应当积极引导结构性过剩产业优化升级，不断挖掘有效需求，进一步提升技术手段，大力发展绿色能源，不断优化传统产业供给结构。

（二）大力发展战略性新兴产业和支柱产业

2010 年国务院确定七大战略性新兴产业，分别为节能环保、新能源、新材料、新能源汽车、生物、高端装备制造业、新一代信息技术。并且确定了节能环保、生物、高端装备制造业、新一代信息技术将在 2020 年将成为我国国民经济的四个支柱产业。因此，在目前中国经济新常态下，应当大力发展七大战略性新兴产业和四大未来支柱产业。到 2020 年，力争使四大支柱产业增加值占国内生产总值的比重达 30% 以上，成为我国产业结构优化升级的中坚力量。在发展这些产业的同时，辅佐发展海洋产业，并协助其与其他战略产业相互结合，共同发展，力争实现独立新方向。

（三）进一步促进服务业发展

由于受到资源等因素的约束，目前我国服务业在结构和供给总量上都存在很大问题，服务业潜在的需求一直没有被有效地释放。因此，要进一步促进服务业发展，尤其是促进现代服务业、高附加值的生产性服务业和生活性服务业发展。不断加快生产性服务业和生活性服务业优化升级，进而拉动内需和促进经济增长。

一方面，大力发展生产性服务业，尤其是要重点发展售后服务、商务服务、研发设计、市场营销、产品设计等服务业。不断通过金融创新、技术创新、科技创新、研发创新等手段提高

生产性服务业的现代化水平，不断提高生产性服务业的附加值。另一方面，不断满足生活性服务业的现代化需要，大力发展养老健康服务、饮食调理服务、医疗用药服务、身体保健服务、护理监测服务、娱乐健身服务、健康保险服务等现代化的生活服务行业。通过市场化机制不断改革创新，不断增加健康服务业和养老服务的有效供给。

（四）大力推进装备制造业自主创新国产化

制造业在一个国家经济发展中居于不可替代的重要作用，发达国家陆续出台了一系列振兴制造业的政策。我国目前还没有明确提出促进制造业发展的政策，但是也引起了党中央的高度重视，习近平总书记十分重视对我国制造业的考察，尤其是在东北老工业基地考察时强调要大力推进装备制造业自主创新国产化，全面振兴东北老工业基地，深入实施创新驱动发展战略，不断提高装备制造业核心竞争力。大力发展中航通用飞机、大连船舶重工等装备制造业，辅佐发展东软集团、威盛电子等电子信息制造业。不断提高生物医药、新材料、新能源汽车、航天航空、信息智能等领域的研发水平。

（五）不断提高科技创新水平

在中国经济新常态下，科技创新是推动产业结构优化升级的关键。中国没有享受到前几次世界科技革命带来的成果，在当今经济新常态下，中国不仅要借鉴世界发达国家的科技成果，更应当不断提高自身的科技创新水平，有效利用科技创新成果，加速我国产业结构优化升级。不断提高科技创新水平，主要从以下两个方面入手：一是不断提高技术水平，突破数字化制造及设计与3D打印的核心技术；二是从应用领域上，新材料应当主要应用于节能照明、汽车、航空航天等高科技设备。建立创新制造中心，为科技创新提供平台。

（案例来源：《商业经济》2015年第2期，作者：杨晓光。）

内容摘要

◎ 产业结构优化是指推动产业结构合理化和高级化发展的过程，是实现产业结构与资源供给结构、技术结构、需求结构相适应的状态。

◎ 产业结构合理化是指产业与产业之间协调能力的加强和关联水平的提高，主要依据产业技术经济关联的客观比例关系，遵循再生产过程的比例性需求，促进国民经济各产业间的协调发展，使各产业发展与整个国民经济发展相适应。

◎ 产业结构高级化是遵循产业结构演化规律，通过技术进步，使产业结构整体素质和效率向更高层次不断演进的趋势和过程。

◎ 标准产业结构法是判断产业结构是否合理的通常方法。

◎ 主导产业是指在产业结构中，处于主要的支配地位，比重较大，综合效益较高，与其他产业关联度高，对国民经济的驱动作用较大，具有较大增长潜力的产业。

关键词

产业结构优化；产业结构效应；产业结构合理化；产业结构高级化；主导产业；赫希曼基准；罗斯托基准；筱原两基准

思考与练习

1. 简述产业结构优化的内涵和主要内容。

2. 简述产业结构合理化的内涵及判定方法。

3. 简述产业结构高级化的内涵及衡量方法。

4. 产业结构高级化的动因是什么?

5. 简述主导产业的含义及特征,主导产业与支柱产业、优势产业有什么异同?

6. 选择主导产业的基准有哪些?

7. 利用你所掌握的知识,分析我国现阶段应选择哪些产业作为主导产业,说明你的理由。

8. 产业集聚理论有哪些? 简述其主要观点。

第十二章　产业组织政策

本章结构图

- 产业组织政策
  - 产业组织政策概述
    - 产业组织政策的内涵
    - 产业组织政策的分类
    - 产业组织政策的目标
    - 产业组织政策的手段
    - 产业组织政策的作用
  - 规模经济政策
    - 规模经济政策的概述
    - 规模经济政策的具体内容
    - 规模经济政策实例
  - 反垄断政策
    - 反垄断政策的主要内容
    - 反垄断政策的必要性
    - 发达国家的反垄断政策
  - 自然垄断行业的政府规制
    - 自然垄断行业的概念和特点
    - 政府规制的内涵
    - 自然垄断行业政府规制的目的
    - 自然垄断行业的规制内容
  - 有效竞争理论
    - 有效竞争的提出背景
    - 有效竞争的概念
    - 有效竞争的衡量标准
    - 企业适度规模理论
    - 适度竞争理论

学习目标

通过本章学习，掌握产业组织政策的基本目标，规模经济政策、反垄断政策、政府规制以及有效竞争理论，了解从产业特征变化的角度探讨产业组织政策的动态性，学会应用产业组织理论解释反垄断和规模经济政策。

第一节　产业组织政策概述

一、产业组织政策的内涵

在市场经济中，产业组织理论的存在有助于充分协调好企业的经济规模与行业保持竞争活力之间的矛盾，发挥市场机制的积极作用，促使同行业的企业间既能够获得规模经济带来的诸多好处，同时又可以避免垄断的出现，从而实现有效竞争的格局。

产业组织政策以产业组织理论为基础，产业组织政策包括市场结构、市场行为、市场绩效三方面内容。其中市场绩效构成了产业组织政策目标，市场结构是实现产业组织政策的前提条件，而市场行为则是实现产业组织政策的重要途径。

在不同时期，产业组织政策的目标内容及其侧重点不同。比如以市场绩效为例，市场绩效的衡量指标主要包括产业利润率、稳定就业与物价、所得分配公正、技术进步等，这些指标在不同时期反映出来的情况不同。

依产业组织政策的手段与实现途径来看，产业组织政策间是相互联系的，要注重政策手段之间的内在联系。例如，促进竞争与限制竞争政策同是产业组织政策的组成部分。众所周知，促进竞争的极端情形下有可能会产生过度竞争的现象，这不利于资源的有效分配；但是，如果限制竞争以倡导规模经济，则又可能会导致垄断，这样也会降低资源的分配效率。所以说，一定要将促进竞争政策与限制竞争政策有机地结合起来，找到二者之间最合适的契合点。规范适度的市场结构和市场行为也是将各产业组织政策进行有机结合的关键点。

综上所述，产业组织政策是政府为解决产业内企业间的矛盾，为实现规模经济效益和开展有效竞争而制定的一系列政策的总和。例如，鼓励企业联合、建立反垄断法与反不正当竞争法等等。同时产业组织政策也是由政府制定的干预市场结构和市场行为，调节企业间关系的公共政策，目的是获得优良的市场环境和效果。产业组织政策是市场经济实践的产物，它产生的根本原因在于，单凭市场力量不能够自发地避免过度的竞争，同时也不可以防止大规模的企业凭借其垄断的地位，通过不断采取共谋、卡特尔和价格歧视等不正当手段以获取高额利润，从而抑制市场竞争。因此，政府需以立法形式制定一些政策法规，以规范企业的市场行为，维护正常的市场秩序。

二、产业组织政策的分类

产业组织政策的分类方法主要有两种：一种是以政策导向为标准；另一种是以政策对象为标准。

以政策导向为标准，产业组织政策分为以下两类：

(1) 促进竞争政策。该政策旨在鼓励竞争、限制垄断，在一定程度上促进了市场竞争，维护了正常的市场秩序，其中主要包括反垄断和反不正当竞争政策等。

(2) 产业组织合理化政策。该政策倡导企业专业化生产，并注重发挥其规模经济效益，旨在限制市场过度竞争，其中主要包括政府的直接规制政策、中小企业政策等。

以政策对象为标准，产业组织政策可分为以下两类：

(1) 市场结构控制政策。该政策是从市场结构的方面禁止或限制垄断，以促进行业的市场竞争，比如控制经营者集中政策、降低市场进入壁垒等。

(2) 市场行为控制政策。该政策主要是从市场行为角度防范或制止妨碍市场竞争的情况、不公平交易现象以及诈骗、行贿等不道德商业行为的发生，如反不正当竞争政策。

三、产业组织政策的目标

产业组织政策的目标可分为一般目标、特有目标和具体目标。

(一) 一般目标

经济政策之间都存在一定的内在联系，各经济政策目标也有共同之处。产业组织政策的一般目标体现的是产业组织政策与其他经济政策的共有目标，其主要包括促进更大的经济平等、保证充分就业、避免通货膨胀、保持对外收支平衡以及加速经济增长五个目标。

(二) 特有目标

产业组织政策目标与其他经济政策目标除了存在共同之处以外，作为一种特殊的经济政策，也有其特有目标。产业组织政策的特有目标主要是维护正常的市场秩序，促使市场形成有效竞争环境；同时注重充分利用专业化和规模经济效益，以提高市场绩效，不断促进产业内资源的优化配置。

(三) 具体目标

产业组织政策的具体目标是其一般目标和特有目标在不同时期、不同政策内容上的一种具体化和细分化，它包括了一般目标和特有目标，其主要体现在以下五个方面：

(1) 企业的适度规模经营。企业应达到一定规模，并能够充分有效地利用规模经济，积极发挥规模经济效益，市场主要由那些达到经济规模的企业提供商品供给。对这些企业来说，还应该保持较高的开工率。

(2) 长期利润率趋于正常水平。在市场经济中，某些产业或企业不应出现长期获得超额利润或者长期亏损的现象。即从长期来看，各产业或企业的资本利润率处于保持均等的正常利润率水平。

(3) 动态技术效率得到应有的提升。产业保持一定的技术进步速度，以获得动态效率的提升，主要体现在高新技术的研发和引进以及技术革新活动有效并且比较充分。

(4) 销售费用处在正常合理的水平。主要是指尽量减少产品销售环节，最大限度地降低产品销售过程中发生的各种费用，尤其是浪费性广告支出。

(5) 产品具有一定差别化，满足细分市场。市场产品种类具有多样性，同时产品的质量和服务水平也较高，以此满足细分市场的消费者需求并提高消费者的福利水平。

四、产业组织政策的手段

产业组织政策实施的具体手段和措施主要包括控制市场结构、控制市场行为和直接改善不合理的资源配置三大类。

（一）控制市场结构

控制市场结构是指对各产业市场结构的变动进行监测和控制，以促使市场结构保持合理性。它主要包括以下四个方面的措施：

（1）改善市场结构的政策措施。例如，对处于垄断地位的企业进行一定的分割，旨在降低卖方的集中度；适当降低行业的进入壁垒，促进市场竞争；减少不合理的产品差别，保证产品质量。

（2）预防形成垄断性市场结构的政策措施。如建立企业合并的预审制度，且该预审制度的制定内容一定要严格、规范；对中小企业要进行一定的扶持，促进中小企业健康发展。

（3）由于某些资源的稀缺性，对这类产业实施一定的限制政策，目的是保证资源的合理充分利用，防止因过度竞争而降低资源配置效率和社会福利。

（4）积极鼓励那些适合大批量生产且规模经济效应比较明显的产业进行集中生产，防止因过度竞争造成的资源浪费，积极发挥规模经济效应。

（二）控制市场行为

控制市场行为是指对企业的市场行为进行监督和控制，以防止垄断势力的逐渐扩大，保障市场公平竞争。具体来说，包括以下三个方面的措施：

（1）禁止和限制竞争者的共谋、卡特尔及不正当的价格歧视，维护市场的正常秩序。

（2）通过政府、公益组织以及大众媒介，时刻对卖方商品的价格、质量等进行监督，以保障并维护消费者的利益。

（3）对欺骗、行贿、中伤竞争者的各种不正当行为进行限制并惩罚，不断优化市场竞争环境。

（三）直接改善不合理的资源配置

直接改善不合理的资源配置主要体现在政府对市场失灵领域的直接干预，主要手段有：

（1）政府直接投资于基础设施部门或“瓶颈”产业。

（2）对赢利较少或风险比较大的重大技术开发项目提供一定的资金支持。

（3）增加对教育、科研和技术推广的公共投资等，以此保障这些产业的持续健康发展。

五、产业组织政策的作用

产业组织政策旨在解决产业内的企业发展过程中存在的问题和矛盾，并寻求产业发展的最佳资源分配状态，它在国民经济发展中的作用主要体现在以下四个方面：

（一）注重企业间的专业化协作，促进企业规模经济水平的提升

产业组织政策的实施能够保护企业竞争活力并使其充分利用规模经济。实现企业规模扩大化的有效途径是专业化协作，通过充分有效地利用社会劳动，促进企业间的专业化协作，逐渐扩大企业的生产规模，以提高企业规模经济效应。比如，生产的标准化、减少同类产品的品种；减少单个企业生产产品的品种数，限制品种；对落后的技术设备进行更新改造，提升其技术水平；限制零件和原材料的采购方法和采购数量的起点等。这些政策能够达到鼓励企业实行专业化分工，从而实现大批量生产的目的。

（二）鼓励和保护市场竞争，通过竞争的压力以推动企业不断改善经营管理，提高技术水平，降低生产成本，促进企业生产效率的提升

在商品经济条件下，通过实施适当的产业组织政策，可以保护和促进企业间的竞争，促使企业通过市场竞争不断提高自身的能力。同时倡导优胜劣汰，对那些落后且经济效益较差的企业进行淘汰，以逐渐提升产业发展效率和国民经济的发展水平。例如，通过制定反垄断法保护市场竞争，以降低市场上卖者的集中度，或者降低行业或企业的进入门槛，鼓励优秀的新企业进入市场；禁止对不同销售对象实行差别价格，保障消费者利益；禁止企业间进行合谋、垄断，维护市场秩序，促进市场自由竞争。

（三）调整并优化产业结构，实现产业结构的高度化

由于现代社会科技日新月异，同时市场需求变化多端，产业结构需要不断进行升级改造。在此过程中，需要积极研发并引进高新技术，提高产业发展效率，优化产业结构，实现产业结构的高度化。

为促使产业结构实现高度化，需要建立合理的产业组织政策，通过制定合理的产业组织政策，引导社会资源的流向，实现资源的优化配置，以此促进产业结构向高度化转换。如通过建立保护性政策以扶持某些新兴产业，鼓励新兴产业的发展；通过财政、信贷及税收政策，引导社会资金的流向；通过某些产业技术经济标准的制定，调整和控制企业的初始规模；通过实施企业破产法、股份制等政策法规，以实现企业间的兼并与联合等。

（四）保护本国产业的发展，提高本国产业的国际竞争力

新兴产业的发展需要国家制定一定的保护政策，保障新兴产业的健康发展，并逐渐提升该产业在国际上的竞争力，以避免在其发展初期受到国外进口商品的强烈冲击。这就涉及贸易保护政策和产业保护政策，这两种政策都是产业组织政策的重要内容，积极准确地制定并运用这些保护政策，对这些产业的发展而言具有良好的效果。一方面能够保持与国外经济的合作与往来，另一方面可以保护本国这些新兴产业的发展，并提高它们的国际竞争力。具体措施包括限制某些产品进口的品种或数量；对不同进口产品制定不同的关税税率；必要时适度提高关税税率等。

案例短析

中国汽车企业的产业组织政策

与国际汽车工业产业组织的基本格局相比较，中国汽车工业的产业组织水平较低。首先，从目前来看，中国生产汽车企业数量几乎等于美、日、欧所有汽车厂家数量之和，产量却不及这些国家一个大企业的产量。其次，中国整车生产企业之间、整车生产企业和零部件企业之间的专业化分工程度还很低，“大而全、小而全”问题依然存在。部分大型汽车企业的产品覆盖面大，单一产品产量的规模却不是很大。最后，整车生产企业产品不配套，零部件厂家更为分散，专业化水平和技术开发能力非常低。与日本相比，几种主要零部件的产量仅及日本的几十分之一甚至几百分之一。

对于汽车产业组织政策的制定，要考虑引入竞争机制，维护市场的竞争活力，因此，要对内放开也要对外开放；汽车工业发展到一定阶段，要适当提高集中度，形成一定的规模经济，以利于汽车产业的发展。汽车是资金和技术密集型产业，而且是可竞争性产业，具有很高的

规模经济效应。政府的作用应主要着眼于完善市场机制，通过必要的产业组织政策，为汽车企业创造平等竞争的市场环境和资源合理快速流动的条件，在此基础上推动企业之间的并购和联合，促进汽车工业的产业集中、"自主"品牌和规模经济的早日实现。制定我国汽车产业的组织政策既要注意维护市场竞争又要实现规模经济。对于企业联盟问题，不应该通过行政手段搞所谓的强强联合，而要通过正常的市场竞争手段，自然淘汰一些落后企业，促进企业之间的自主联盟和重组，这是决定企业联盟具有生命力的关键。

第二节　规模经济政策

一、规模经济政策的概述

规模经济政策是产业组织政策的重要内容。规模经济是指产品的单位成本随着企业规模的扩大而出现不断降低的状况。技术经济和企业经营是影响规模经济的两大基本要素。在产业组织理论中，作为对市场绩效考察的一个方面，规模经济是一个较为重要的指标，所考察的对象一般不是指具体的某个企业组织而是指整个行业。

规模经济政策的基本目标是保证企业能够充分利用规模经济，降低企业的单位产品成本。政府制定企业成立的最小经济规模标准，对于那些达不到规模经济要求标准的新企业实行禁止进入政策。同时，对于产业内原有规模偏小，尚未形成规模经济的企业，政府则要求其必须通过企业兼并或企业联合等方式，进一步扩大企业的生产经营规模，以实现规模经济效应。该政策的主要功能是以法律形式设置行业的行政进入壁垒，在一定程度上抑制一些企业盲目进入某一行业，以避免市场企业间形成过度竞争的局面。

二、规模经济政策的具体内容

对规模经济政策的主要内容进行梳理、整合可见，该政策主要包括以下三个方面的内容。

（一）企业的并购政策

通过企业并购政策，积极促进产业内的众多现有企业进行并购、吸收、合并，虽然该种方式减少了市场上企业的数量，但可以在较大程度上提高市场的集中度，扩大现存企业的规模。此政策可以在一定程度上抑制企业间出现过度竞争的情况。通过企业并购政策，市场上逐渐形成了大规模企业，组织大规模生产体系，降低企业生产成本，提高企业生产效率，以实现规模经济效应。

获得规模经济效应是企业兼并的重要动因，通过并购扩大经营规模可以降低产品平均成本，从而提高企业的利润。企业并购获得的规模经济效应主要体现在三个方面。一是财务上的规模经济效应。例如，企业并购后因大量购买的折扣可减少原材料采购成本；规模大、实力强可以得到较低利率的贷款；减少中间环节可降低促销费用等。二是技术上的规模经济效应。由于规模的扩大，生产设备专业化水平的提高，生产的自动化水平则会得以提高，这样一来，同等量产品的生产只需要较少的投入。三是"协同效应"。协同效应可以从互补性活动的联合生产中产生。例如，某家企业具有较强的研究与开发技术能力，而另一家企业人才资源丰富，人力资本水平较高，当这两家企业进行并购后，便会促进产业生产效率大幅提升，因而产生了一定的协同效应。

（二）企业的联合政策

企业联合主要是指企业间形成了专业化分工的合作关系，企业通过联合，提高了各自企业的劳动生产率，大大增强了企业的实力和竞争力。企业联合政策的实施有利于企业间竞争的有序化，企业生产的集中化，还可以极大地避免企业间的过度竞争，使得企业间的竞争程度适度化，以促进市场上企业整体生产效率的提升。

（三）提高进入壁垒

在市场上，当从事某一行业的企业不断增多时，该行业竞争就会加剧，这样就会导致行业中单个企业的利润减少，行业的规模经济难以实现。政府可以通过逐渐提高该行业的进入壁垒，抑制新的小规模企业的进入，以控制市场上该行业企业的数量。将重点放在做大、做强现有企业，提高企业技术水平、质量和生产效率，以实现行业的规模经济发展。

不同行业的特征不一，政府对规模经济政策的选择需要依据不同行业的特点。比如，在钢铁、化工、电力等装置型产业，政府主要采取企业并购的手段。通过企业的并购，再加上采用大型高效的生产设备和高新技术手段，提高企业生产效率，以达到实现规模经济的目的。而在汽车、机械制造、家用电器等装配型产业，由于这些产业主要靠生产线的自动化和连续化以实现规模经济，政府在这些产业主要采取促进企业联合的政策措施，促使整机生产企业和零配件生产企业密切配合，以发挥各自企业的功能及其优势，从而实现企业的规模经济效应。

三、规模经济政策实例

（一）日本的规模经济政策

20 世纪 50 年代，日本经济迅速恢复，市场需求急剧增长，新企业进入市场较容易。当时日本技术水平普遍落后，技术引进较容易，能够在短时期获得高额利润。对于新引进的技术，短时期不能形成技术垄断，国际资本对日本也未形成垄断威胁，因此，产生了“过度竞争”的问题。一时间，日本新企业大量重复建立，同时达到较高规模的企业数量较少。企业为了争夺市场，在价格、引进技术设备、生产的产品等方面相互竞争，导致市场资源配置严重不合理。通过重复建立新企业，引进新技术，致使生产能力大量过剩，设备利用效率低下。然而在国际市场上，欧美国家企业规模水平远高于日本，日本企业缺乏一定的国际竞争力。为了适应国际竞争的需求，日本通过制定规模经济政策，加速本国企业规模的大型化以及集团化，不断促进企业的改组与合并，在 20 世纪 60 年代末，日本大批大型企业和企业集团快速成长，并且在世界上占有重要的地位，增强了日本企业和产品的国际竞争力。其中日本在石化、汽车和钢铁等行业都实行过旨在追求规模效应的产业组织政策。通过引导和支持这些产业中的骨干企业走向改组、联合，扩大了企业的生产规模，提高企业生产效率水平，从而增强了企业的国际竞争力。

（二）韩国的规模经济政策

第二次世界大战以后，韩国经济得以恢复，国家迫切需要在一定时期内实现工业化和现代化。由于当时国内生产资源有限，同时很多企业的规模较小，缺乏一定的资本积累，规模经济效应难以实现。20 世纪 60 年代，在实施了一段时间的“进口替代”战略后，韩国经济有了一定的基础，为了适应“出口导向”战略以及产业结构重工业化的需要，政府开始有意识地培育和扶植大企业和企业集团，力求建立大批量生产和流通体制，以充分利用规模经济，提高企业的国际竞争力，从而带动国民经济发展。

政府对产业发展有重要作用，由政府投资设立的公营企业在某些重要产业中占据主导地位，并代替民间资本发挥一部分市场主体的职能。从 1961 年起，韩国政府先后在铁路、通信、电力、钢铁、石油等社会基础设施和主导产业中设立企业。政府投资的这些企业在充实社会资本，奠定产业发展基础方面发挥了不可替代的作用。由于民间资本积累较为薄弱，韩国政府积极扶植民间企业和一些企业集团，以充当企业和产业发展的中坚。此时韩国政府采取以下政策措施：不断为大企业提供各种财政、金融优惠政策，鼓励企业的发展；帮助大企业引进外资与先进技术，提升企业生产技术水平；鼓励大企业和企业集团的国际化经营，提高企业国际竞争力；支持大企业集团对中小企业的兼并，实现规模经济效应；通过制定特定工业培育法，对企业开业、生产、扩张等活动进行政府管制，维护市场正常秩序。

案例短析

规模经济与我国农地制度的改革

我国农业在 20 世纪 50 年代中期开始走上合作化之路，几经周折，最终确定为集体所有集体经营的生产队体制。实行这种体制的目标，一是追求社会平等、消灭剥削，二是为了追求规模经济效益，克服小生产的规模不经济问题。但这种集体农作形式无法克服偷懒和“搭便车”问题，管理水平也跟不上，结果导致农业合作化以后到家庭农作制推广以前这段时间的低效率。为了摆脱集体农业的低效率局面，家庭农作制应运而生。但家庭农作制的形成没有多少理论准备，而是少数农民冒着巨大的政治风险，在口粮极度短缺的巨大生存压力下，从生产责任制形式开始，得到政府的认可后迅速推广。

由于从农地的公有公营到家庭农作制是生存压力逼出来的，所以对解决温饱问题特别有效。然而家庭农作制的制度效力在较短时间内就释放完毕，对农业现代化的实现就显得较为乏力。其中的主要原因是，家庭农作制不能获得规模经济效益，不能很好地解决农业生产小农户大市场的弊端，农民为农产品交易付出极高的成本，从而使得农业的比较效益仍然低下。要获得农业的规模经济效益，就必须使农业经营达到一定的规模。那么，农业经营的合理规模到底是多少呢？要给出一个确切的理论界线非常困难。因为对于不同的经济发展水平，不同的农业生态环境与地形地貌，不同的劳动与资本的替代关系等，都能够在一定程度上影响对农业规模的合理性判断。由于农业经营的合理规模受农业结构、不同区域以及地形地貌的影响，因此，可以考虑将全国分成若干个典型的农区，在不同的农区中还要根据农户的种植结构不同区分不同的农户类型，在此基础上分别研究农业经营的规模界限。

第三节　反垄断政策

反垄断政策就是用政府干预这只“看得见的手”来限制垄断组织这只“看得见的手”，以维护市场秩序，促进市场的公平竞争。反垄断政策是最早也是最重要的产业组织政策，该政策是政府对垄断性的市场结构、行为和效果的一种法律制约和政策限制，对于维护市场经济的正常秩序有着重要意义。

一、反垄断政策的主要内容

（一）禁止私人垄断和卡特尔协议

私人垄断是指个人、企业、财团通过兼并、收购或低价倾销的方式，对其他竞争对手不断地进行排挤、打压，以确立自己在市场中的垄断地位，从而提供整个市场供给。对于私人垄断，各国的反垄断法都是坚决禁止的。例如，美国的《谢尔曼法》规定，任何垄断或者企图垄断者，或与他人联合、串谋，借以垄断洲际之间、国际之间的贸易或商业活动者，都是一种犯罪行为。但是，这里需要强调的是，各国的反垄断法一般并不是反对一个或一个以上的企业在市场上占有支配地位，而只是禁止滥用本企业在市场上的支配地位。比如，对于那些通过高效率、低消耗以及行使专利权或特许权，或者由于历史原因形成的垄断并不会被禁止。

卡特尔协议指的是多个企业以垄断市场并获取高额利润为共同目的，在一定时期内，在划分市场、规定产量、确定价格等方面达成的正式或者非正式的协议。卡特尔协议又分为"纵向卡特尔协议"和"横向卡特尔协议"两种。对于纵向卡特尔协议，一些国家并未明文禁止。然而对于横向卡特尔协议，由于它在较大程度上限制了企业的生产能力，破坏了市场竞争和市场秩序，同时该种卡特尔协议极有可能会造成市场垄断的形成，因此，各国的反垄断法都会禁止该种卡特尔协议。

（二）禁止市场过度集中

市场的适度集中有利于发挥企业规模经济效应，但是过分集中又会产生垄断，从而限制竞争。企业兼并是实现市场集中的主要途径。就兼并来说，适当的企业兼并有利于企业扩大规模，取得规模经济效应，同时提高企业设备利用率，获取市场竞争的优势。但是，不当的企业兼并则会适得其反，这种企业兼并会减少甚至消灭竞争。原因有以下两个：一是竞争对手间的兼并，像联合控制价格的协议一样，一些本来处于支配地位的企业则能更有效地操纵市场；二是兼并会增加其他企业进入市场的障碍，减少潜在竞争者进入市场的机会。因此，各国的反垄断法禁止那些能够形成市场过度集中的企业兼并，以避免市场过度集中现象的出现。

（三）禁止滥用市场势力

滥用市场势力是指在市场中那些居支配地位的大企业或企业集团，依靠自身强大的企业规模和经济实力，对其他企业的经济行为进行有意的影响，从而妨碍市场的公平竞争，破坏市场秩序。企业滥用市场势力主要体现在以下六个方面：一是价格歧视，是指企业对同一产品，针对不同消费者收取不同的价格，而不是统一产品的价格。二是独家交易，它是指只允许销售某一家企业的产品，不可以销售其他同行竞争企业的产品。该种方式在一定程度上限制了消费者的消费渠道，同时对同行竞争企业不利，极大地破坏了市场的公平竞争。三是搭配销售，是指企业在销售某种产品时，同时搭配销售另一种消费者可能并不需要的产品，该行为具有一定的反竞争性质。四是维持转售价格，即供给企业强迫转售者收取指定的价格，控制转售者产品的价格水平。五是限定销售区域，是指企业只提供一定的产品供给量，在某一个或几个规定的区域内进行销售，显然这种方式不利于实现市场的充分竞争。六是公司董事通过交叉任职的方式，即一人同时兼任两家或两家以上公司的董事，使得各相关公司进行串谋，通过所谓的"强强联合"，排挤、打压市场上其他竞争企业，旨在维护大企业或企业集团自身的垄断地位。

虽然各国反垄断法的规定较为严格，但由于反垄断法在执行时，需要涉及大量的调查和审理工作，很多相关违法案件不可能得到及时的处理。所以说，实际上，反垄断法的效果并不是体现在对事后的法律处理，而是在于事先对有关违法企业的威慑和预防作用。另一方面，反垄断法基本上存在许多的例外条款，其中最突出的是专利垄断的问题。众所周知，专利权是政府授予发明者的"垄断"权利，在一定时期，某企业的专利是受到法律保护的，不能被其他企业使用，保护专利权的主要目的是鼓励社会的技术进步和创新。

二、反垄断政策的必要性

垄断就是独占和控制，会给社会经济发展带来极大的危害。首先，垄断阻碍价格机制在资源配置中的重要作用和生产要素的自由流动，使得资源难以优化配置；其次，垄断增加成本、产生"X-非效率"，加重非垄断企业和消费者的负担；再次，垄断形成不合理的收入分配，减弱技术创新和扩大生产的动力，甚至限制技术进步，引起生产和技术停滞。

提高市场绩效，实现产业内部资源优化配置，需要极力抵制垄断和不正当竞争，从而进一步促进市场的有效竞争。所谓有效竞争，是指产业组织处于一种既能够保持产业内部各企业之间的适度竞争，又能获得规模经济效应的状态。有效竞争是一种可以兼容竞争活力和规模经济效益的竞争。

由于市场机制不能完全避免垄断的出现，因此，政府需要制定一定的反垄断政策，以维护市场正常秩序，实行有效竞争，促进市场效率的提升，进一步提高产业的资源配置效率。

三、发达国家的反垄断政策

（一）美国的反垄断政策

美国政府通过制定反托拉斯法来限制一些企业的市场力量，并对企业间的竞争加以控制。反托拉斯法并非使垄断非法化，而是控制企业获取和维持市场力量的程度。美国关于反托拉斯法的法律主要有三部，即1890年制定的《谢尔曼法》，1914制定的《克莱顿法》以及1936年的《联邦贸易委员会法》。

1.《谢尔曼法》

早在1890年，美国国会就通过了反垄断的法律——《谢尔曼法》。该法案是美国制定的第一部反托拉斯法，也是美国历史上第一个授权联邦政府控制、干预经济的法案。《谢尔曼法》是反垄断的基本法，主要针对贸易中存在的垄断问题，重点是禁止垄断和共谋。《谢尔曼法》禁止任何限制交易的协议，规定凡是以托拉斯形式订立契约、实行合并或阴谋限制贸易的行为，旨在垄断洲际商业和贸易的任何一部分的垄断或试图垄断、联合或共谋犯罪的行为，均是非法的。违反该法的个人或组织，必须要受到民事的或刑事的制裁。

《谢尔曼法》奠定了反垄断法的坚实基础，至今，该法案仍然是美国反垄断的基本准则。但是，值得注意的是，该法案并没有明确地解释垄断行为和限制贸易活动的内涵，这为司法解释留下了较为广泛的空间，并且这种司法解释一定会受到国家经济背景的影响。

2.《克莱顿法》

1914年，美国政府制定了《克莱顿法》，该法案是对谢尔曼法的一种补充。《克莱顿法》主要是防止价格歧视以及通过产权重组形成排他性经营，该法案起到一种预防垄断的作用。具体表现在，该法案认定对于那些可以合理地预见可能会对竞争产生损害的行为，虽然其实际未产生损害，但都是违法的。具体来说，《克莱顿法》认定价格歧视、排他性和限制性合同、相互竞争公司之间交叉持股等行为是违法的，该法案禁止企业对不同的消费者实施价格歧视，但是允许对不同品质、不同等级或销售量的产品实施差别价格。除此之外，《克莱顿法》还限制削弱企业间竞争和形成垄断的产权交易。

《克莱顿法》中确定的“早期原则”显然比《谢尔曼法》更有利于预防和打击垄断行为。但是由于《克莱顿法》第七条只涉及获得竞争对手股票的并购，对资产并购并未作任何规定，这样使得资产收购处于反托拉斯法的管制之外，为了弥补法案的不足，美国国会相继对此进行了修正。

3.《联邦贸易委员会法》

《联邦贸易委员会法》的重点是对重组并购进行严格管理，以防止重组并购中出现的垄断行为。该法规定任何并购必须获得联邦贸易委员会或者司法部的批准。联邦贸易委员会和司法部联合执行反垄断法，共同提出了企业并购的一些准则，该准则概述了联邦贸易委员会和司法部对横向和纵向并购的相关规定。联邦贸易委员会禁止任何个人、合伙人和公司在市场交易活动中采用不公平竞争以及欺骗性手段进行兼并重组。

1938 年《惠勒-利法》修改了《联邦贸易委员会法》第 5 条，规定除了不正当竞争方法外，不正当或欺骗性的行为也属违法，此次修改的目的是将该法的适用范围进行扩大，包括了那些直接损害消费者利益的商业行为。1950 年《赛勒-凯弗维尔法》和 1980 年《反托拉斯诉讼程序改进法》对《联邦贸易委员会法》第 7 条进行修正。经过长期发展，美国反托拉斯法案得到了不断地修正与完善，反托拉斯法保障了政府经济政策的实施，保护了市场经济的正常运行。

对于垄断或托拉斯行为，美国采取的惩罚措施主要是解散或剥离、禁令、罚款、刑罚以及三倍赔偿等措施。

（二）原联邦德国反垄断政策

原联邦德国拥有世界上最完备的反垄断的竞争促进政策法规——《卡特尔法》，这一政策法规在较大程度上促进了市场竞争，维护了市场正常秩序。在该法案中有很多的例外条款，具体集中体现在对各种“合法卡特尔”的界定，其主要包括以下内容：

1. 专业化卡特尔

它是指不同企业间为了实现专业化分工，促进企业生产经营合理化而成立的卡特尔。专业化卡特尔具有节约成本和规模效益的好处，有利于提高企业原料使用及质量管理的效率水平。

2. 合理化卡特尔

它是指企业为了采用共同的技术成果或管理措施以便降低生产成本而成立的卡特尔。合理化卡特尔主要是通过企业间优质资源的共享，促进各企业生产效率的共同提升。

3. 采购协作卡特尔

它是指为了强化中小企业的竞争力，允许中小企业在自愿的基础上进行合作采购。采购协作卡特尔有助于加强企业间的采购协作与交流，降低企业的采购成本。

4. 中小企业合作卡特尔

它是指中小企业为了提高经营效率、增强企业竞争力而成立的卡特尔。中小企业卡特尔有利于市场力量之间的平衡，进而促进市场竞争，防止剥夺中小企业行为的发生。该种卡特尔的宗旨是加强中小企业之间的合作，以便更好地参与同大企业的竞争。

5. 结构危机卡特尔

它是指当市场需求持续萎缩、生产出现滑坡时，有关企业为了适应需求变化而调整生产能力以摆脱危机而成立的卡特尔。结构危机卡特尔有利于企业在较短的时期内回归正常运营状态。

6. 出口卡特尔

它是指为保障和促进出口而成立的，只涉及国外市场的卡特尔。

7. 进口卡特尔

它是指为了防止本国购货方在从国外进口商品时相互竞争而成立的卡特尔。

（三）日本反垄断政策

日本反垄断法的目标具有广泛的多重性，日本反垄断法禁止个体垄断、对贸易的不合理限制以及不公正的商业行为，鼓励自由和公平竞争以及企业的商业活动，增加就业水平，提高国民收入，从而促进国民经济的健康发展，保护消费者利益。日本反垄断法包含了对兼并的控制内容，比如禁止日本企业以下列两种方式进行兼并：一是在任何具体的贸易领域中，该兼并可能会在一定程度上限制市场自由竞争；二是企业在兼并或者采取统一的行动中，可能会行使一些不正当的商业行为。日本反垄断法具有鲜明的时代特征。二战后的一段时期，日本反垄断法的规定十分苛刻，随后该法案得到了修订，修订后的反垄断法变得比较放松，比如除了在法律上允许那些重要的卡特尔行为以外，还允许相互持股、董事兼职，缓和对兼并的种种限制。

日本不鼓励小企业的发展，同时大量应用了萧条卡特尔和合理化卡特尔，比如日本对特殊的小企业允许成立萧条卡特尔，对出口企业批准成立出口卡特尔。许多例外法打开了组建卡特尔的方便之门，这些卡特尔的组建不是由日本公正贸易委员会批准的，而是由掌管产业事务的部长批准的。同时，政府部门还对非卡特尔成员的活动进行限制，以便强化卡特尔的活动。日本也存在一些合理化的卡特尔，对卡特尔的合理化旨在达到某些社会目的。如果不实施合理化卡特尔，市场机制就可能会产生自动的调整作用，竞争的结果只能够让产业中最有效的公司生存下去，同时也会加速资源在产业内和产业间的转移。

日本在反垄断机构的设立方面，建立了公正贸易委员会(JFTC)，该委员会的职责与美国联邦贸易委员会十分相似。日本公正贸易委员会有权对那些不合理的贸易限制行为产生的利润采取相应比例的惩罚措施，同时为了改变垄断的市场格局。当需要恢复市场竞争时，日本公正贸易委员会可以强迫进行这种市场结构的变化，促进市场竞争。

日本引进西方国家的反托拉斯法，这些反托拉斯法经过不断发展与演变，已经具有明显的日本特色，日本政府已经找到了协调产业政策与反托拉斯法之间关系的方法。针对日本国情设立且处于不断修正中的反托拉斯法，对促进日本市场经济的公平竞争、维护市场正常秩序具有重要意义。

案例短析

中国企业间的价格协议

"价格协议"是一种典型的行业垄断行为，欧美各国政府不仅通过反垄断法对这种行为加以严格的禁止，而且有极为严厉的惩罚机制。"价格协议"这一在国外严格遭受政府管制的垄断行为，在我国却得到有关部门的许可，其行政行为有时明显与有关法律相冲突。如

《中华人民共和国价格法》第14条非常明确地规定："经营者不得有下列不正当价格行为：(一)相互串通，操纵市场价格，损害其他经营者或者消费者的合法权益……"但是当企业价格联盟频繁出现于市场的时候，价格管理部门却并不加以管制，尽管有《中华人民共和国价格法》的利剑，却没有真正发挥它的积极作用。更令人感到不可思议的是，在陕西联通公司和陕西移动公司这两大寡头订立"价格协议"的过程中，在明确有法可依的情况下，政府有关职能部门却不加以阻止，反而积极地撮合甚至参与其中。

在我国迫切希望尽快建立和完善社会主义市场经济体制的大背景下，这种"价格协议"下的企业和政府行为无疑会严重危害我国市场竞争机制的健全和发展，纵容、提倡乃至推广的行为必然贻害无穷。陕西联通公司和陕西移动公司之所以能达成价格联盟，一方面源自双方由来已久的价格战，另一方面也与政府主管部门的积极推动有关。在价格战进入白热化阶段后，双方的市场规模都不断扩大的同时，营业收入却徘徊不前，甚至出现利润负增长，企业损失巨大，由此诱发两寡头携手订立"自律协议"，将手机收费定在一个双方都有利可图的价格框架里。在政府有关部门的参与和支持下，以规范市场经济秩序、防止国有企业资产流失的名义出台，让多达2亿的消费者来买单。

无独有偶，《上海青年报》报道，"东南汽车"等四五家整车厂家于2004年8月1日签订一个"价格联盟"的协议，要求各自特约经销商的售价不能低于厂商的最低限。每家经销商在厂商那里存入3万～10万元不等的保证金，如果私自降价，厂商将把保证金罚没。报道称，结盟后"东南汽车"的所有车型最多只能让利2 000元，此前有经销商的让利幅度曾高达8 000元，违规经销商则面临着每辆车高达3万元的惩罚。其他联盟车型价格的让利幅度也缩减了30%～60%。一石激起千层浪，在新浪网的评论栏里，两天之内，就发表了800多条留言，其中绝大多数网友认为价格联盟不合理，是在搞价格垄断，甚至有人呼吁抵制买"东南汽车"等联盟厂家的产品。

近年来，以钢铁、彩电为发端，其后有变压器行业为提高变压器的售价而联合构建的"价格协议"、啤酒行业的"自律价"，又有空调联盟、民航机票价格联盟、电脑价格联盟，甚至还有券商们的佣金价格联盟，等等，一时间各类"价格联盟"和"协议"充斥于我国各类市场。"价格协议"不是在完善和规范市场秩序，而是在破坏和阻碍市场经济的正常发展，其实质是维护联盟成员的小集团利益并扭曲了市场机制，由此造成了巨额的社会成本。因此，我国政府应该切实将"价格协议"从反垄断的视角来寻求法律上的管制，必须要做到有法可依和违法必究。

第四节　自然垄断行业的政府规制

一、自然垄断行业的概念和特点

自然垄断行业是指，对于一定规模的市场需求，某单个企业与两家或更多的企业相比，能够以更低的成本提供某商品的生产与销售。在现实生活中，自然垄断行业主要以公用事业为主，如供水、供电、煤气供应等。一般地，这些自然垄断行业的原始投资较大，若任由市场竞争机制发挥作用，政府不加以适当的规制，可能会不利于社会福利状况的改进以及资源最优配置的实现。自然垄断行业主要有以下三个特点：

1. 庞大的网络系统

自然垄断行业在提供产品和服务时就具备了庞大的网络系统，这种网络系统规模越大，表示投资也就越大。同时若行业产品的需求量越大，分摊在单位产品上的成本就会越低，此时规模经济效应会越显著。

2. 极大的范围经济

自然垄断行业在生产时具有极大的范围经济。所谓范围经济，是指企业间的联合生产与销售比单独进行生产、销售可在较大程度上节省成本。通过联合生产或联合销售，固定的生产设备与配送装置可以得到充分利用。

3. 固定资本的沉淀性

由于自然垄断行业的固定资产投资额较大，且固定资本由于有较强的长期使用性质，因而折旧周期较长。同时由于难以将企业设备转用于其他用途，因而沉淀成本就较大。这样能够在一定程度上抑制新企业的进入，从而形成进入壁垒。

二、政府规制的内涵

政府规制是指政府根据一定的政策法规，对于市场活动进行限制或制约，如政府为了控制某些企业产品的价格、产品销售和生产决策而采取的各种行动，这就构成了政府对企业价格、市场进入等的规制。政府规制是政府对市场配置机制的直接干预，可能会改变商品和服务的生产、消费和分配行为。政府为了防止市场出现无效率的资源配置状态，且维护市场经济秩序并促进社会收入公平分配，通过采取各种手段和政策措施，对企业的进入和退出条件，产品价格，企业的服务质量以及投资、财务等方面的活动进行直接规制。

三、自然垄断行业政府规制的目的

总体来看，自然垄断行业政府规制的主要目的是防止因重复投资与过度竞争所带来的资源低效率配置，提高资源的利用水平和效率，并确保企业产品稳定供给，收入公平分配，物价稳定，以及企业或产业的健康发展。具体来说，它主要包括以下四个目标：

1. 资源的有效配置

自然垄断行业具有其行业的特性，政府需要防止这些垄断企业滥用市场力量。由于垄断价格高于产品的边际成本，因此，垄断会在一定程度上损害资源的有效配置，通过限制垄断价格，实行价格管制，能够促进市场资源的有效配置。

2. 收入的公平分配

若垄断企业进行支配性地确定价格，必然会使得消费者剩余的一部分成为企业利润，消费者利益受损，企业利润增加，社会收入进行了再分配。因此，从公平分配的角度看，政府需要限制垄断价格，以保护消费者的利益。同时垄断企业在向不同消费者提供同一产品或服务时，有可能会制定差别价格，又称“价格歧视”，同样是从收入的公平分配角度出发，有必要尽可能地限制某些不合理的差别价格。

3. 确保企业的内部效率

对于自然垄断行业来说，基本不会受到市场竞争压力的影响，这样反而会影响企业提高内部效率的积极性，因此，需要采取一些措施以提高企业的内部效率。具体来说，可采取以下几种措施：一是在现有技术水平下，实现生产要素的最优组合所带来的技术效率；二是以最优的生产规模进行生产所带来的生产效率；三是原材料和产品实现尽可能高的设备利用率所带来的设备利用效率。

4．企业财务的稳定化

若自然垄断企业不能从企业自身长期发展角度出发，进行适当投资，不仅可能会导致供给不足，而且也会在一定程度上影响企业的长期健康发展。因此，政府必须让企业能够筹措到一定的内、外部资金，为企业提供政策优惠，以便使其进行适当投资，保障企业长期稳健发展。

四、自然垄断行业的规制内容

（一）进入规制

这是指在自然垄断行业中，基于发挥规模经济和范围经济的效应考虑，在政策上允许一家企业或极少数几家企业进入该行业，并且限制其他企业的进入，设立行业进入壁垒，或者以防止市场过度竞争为出发点，由政府部门根据整个行业的供求情况来限制新企业的加入。进入规制是政府规制政策中最主要的内容，旨在限制市场过度竞争。进入规制的主要手段是对申请者进行严格的资格审查，对于资格审查合格者，由政府部门颁发许可证和工商营业执照。反之，不允许企业进入该行业。

（二）数量规制

这是指在自然垄断行业中，为了防止因投资或产出过多（过少）而造成产品价格波动和过度竞争而采取的直接规制。其主要内容体现在以下两个方面：

1．投资规制

为了规范企业的投资规模，政府对某些企业的投资规模进行直接规制，主要的规制方式体现在三个方面：一是对产业的投资计划进行严格审批，直接规定产业的投资决策和一系列审批程序，对其进行规范化；二是明文规定一些产业的投资额，比如对单个企业固定资产投资规模的上下限进行规定，同时规定新企业的最低投资规模等，保证企业的投资额；三是严格实行投资计划配额制度。在一定时期内，政府根据产业特性及发展情况，在规定产业固定资产最高投资规模限额之时，制定了产业内的各相关企业或新进入企业在某一时期的固定资产以及技术改造投资配额计划，企业需要根据投资计划配额制度进行生产。

2．产量规制

政府对一些产品的产量或服务量进行直接规制。主要的规制方式有：一是制定一个时期的产品生产计划，对产品的产量进行把控；二是当市场上产品的产出量不足时，严格规定单个企业的最低生产量，并制定相应的政策以促进企业或产业的发展，增加产品产量；三是若市场上产品产出过多，应减少产品的市场供给，需要严格规定单个企业或整个产业的最高生产量，同时实行产量配额制度。

（三）质量规制

由于自然垄断行业竞争程度较低，为了保证该行业的产品或服务的质量，政府需要制定一系列标准体系，规范该行业的产品或服务的质量，以避免自然垄断行业出现产品或服务质量低下的情况，这就是质量规制。其主要的规制方式有以下两种：一是制定相关产品或服务的质量标准体系以及规范制度，严格规定有关产品或服务必须要达到的质量标准；二是定期对有关产品或服务质量进行检查和监督，规范检查和监督程序，及时公布产品或服务的生产标准和条件，做到避免产品或服务质量低下现象的出现，并严格控制一些未达到标准的产品或服务进入市场中。

（四）设备规制

设备规制是指政府对自然垄断行业中企业的规模、技术使用、安全性能和环保标准实行的直接规制，旨在促进自然垄断行业设备和技术的更新，以满足质量规制和环境保护的要求，促进自然垄断行业健康、高效地发展。其主要的规制措施有：一是制定一定的标准体系，规定并严控自然垄断行业企业设备和服务设施的一系列标准；二是对企业设备进行公开登记和审核，并建立相应的制度；三是规定企业要在一定时期内进行设备更新或技术改造，促进自然垄断行业企业生产效率水平的提升。

（五）价格规制

价格规制指的是对自然垄断行业的产品或服务价格及其制定方法进行直接规制，旨在保证自然垄断行业企业产品或服务的市场价格处于比较合理的水平。一方面促使自然垄断行业的企业能够获得一定的利润；另一方面控制价格过高，以维护消费者的利益。价格规制的主要内容包括：规定企业的利润率；制定企业的生产成本核定方法；设定企业产品价格的上下限；对产品价格变动指定一系列的审批程序。

（六）退出规制

政府为了保障社会公共物品或服务的持续、稳定供给，不允许自然垄断行业的企业擅自撤出原生产与服务领域，因而对此设定一些制度限制，这就是退出规制。例如，在电力、煤气、自来水等行业，政府需要建立健全的退出机制，以防止这些公用事业行业出现供应不足或者中断的现象，为社会居民生活提供保障，并为这些行业的稳定发展保驾护航。

对自然垄断行业来说，政府规制在一定程度上制约了企业的自主经营，对发挥企业经营者的创新和创造能力不利。同时，政府规制存在一定的规制成本，可能会导致政府官员滥用职权，不利于政府行政的廉洁与高效的发挥。因此，政府部门可以适当对某些行业进行直接规制，尽量缩小直接规制的范围，并保证政府行政的廉洁与高效。若政府部门对多数行业一味地进行大范围的直接规制，物极必反，有可能会损害社会公众利益最大化目标的实现。

案例短析

燃油价格上涨及其影响

石油是生产生活的基础性产品，油价的高低直接影响到整体的经济效率和国民福利。尽管许多人对油价上涨满腹牢骚，但并没有多少人认真考虑过加到自己车里的汽油或柴油究竟是如何定价的？这种价格形成机制是否科学？居高不下的油价与国内的能源管制政策又有何种关联？多年来，我国政府在燃油市场的产品定价中一直发挥着非常关键的作用。燃油价格的连续上涨，对我国企业生产、居民消费乃至国民经济的运行产生了深远影响。油价上涨，给交通运输行业带来了巨大的成本压力。

显然，这与政府所采取的管制政策有关。目前，这一市场受到国家的严格控制，市场准入条件非常苛刻。1999 年前，我国许多企业都拥有成品油批发经营资格，但市场秩序较为混乱。1999—2000 年，原国家经贸委对成品油市场进行了为期两年的整顿，最终形成中石化和中石油两巨头南北分治，按地域划分势力范围的市场格局，成品油的批发权完全被收归两大石油公司。整顿清理后的全国成品油市场，由最初的 8 500 多家成品油批发企业缩水至2 500多家,7.8万个被保留的加油站中,中石油、中石化两大集团占去了半壁江山。此类管制政策有效地维护了我国石油企业的寡头垄断地位。掌握成品油批发权的中石油、中石化两大集团为了有效地控制企业利润,采取了利润留在批发环节,以批发补贴零售的做法。由此,批发价格定得较高,两大集团自己的加油站利润空间也在缩小,仅仅能维持正常运转,但两大集团通过系统内核算保持整体盈利。很显然,两大石油公司利用其市场支配地位,对它们之外的成品油企业实行了垄断或者变相垄断,在石油产品销售上实行内部价格,限制了石油业的有序、有效竞争。

我国应适当放松石油市场的准入管制,放开石油终端销售市场,建立科学的现代石油市场。同时鼓励组建新的大型石油企业走出国门开采石油,尽快实现我国石油供应的多元化,并且完善石油储备战略,确保原油不间断供给。

第五节　有效竞争理论

一、有效竞争的提出背景

有效竞争概念的提出与"马歇尔困境"有密切联系。1890年,马歇尔在其《经济学原理》一书中,认为大规模企业具有诸多好处,能够带来规模经济效应,在该书中,他极力肯定了规模经济效应。他指出,企业通过内部分工与合作,可以大幅提高工人的劳动技能和效率,促进机器设备专业化的改进;同时,对于大规模企业来说,由于其采购规模较大,大规模企业的采购成本能够得到一定程度的降低;在企业产品销售中,大规模企业能够减少销售费用;由于大规模企业生产品种的多样性,有利于满足消费者的不同需求;大规模企业可以充分发挥员工的才能,为其提供良好的发展平台,这样可以促进企业管理效率的提升。在肯定了规模经济效应的同时,马歇尔又指出,企业在极力追求规模经济时,可能会导致垄断的产生,这在较大程度上阻碍了市场竞争,不利于企业的自由竞争,最终会致使资源不能在市场价格机制的作用下自由地得以合理配置。

由此可见,规模经济和垄断是一对共生存在的矛盾,能够将二者协调好并不容易。因此,产业发展可能会面临两难的选择,即企业规模经济和产业竞争活力的选择,这就是人们所说的"马歇尔困境"。

二、有效竞争的概念

针对如何把企业规模经济和竞争活力有效地结合起来,以解决"马歇尔困境",1940年,克拉克提出了有效竞争的概念。他认为有效竞争是指将企业规模经济和竞争活力二者进行有效、合理地协调,以达到既能提高企业生产效率,又可以保障市场公平竞争的目的。

有效竞争是产业组织合理化的目标模式,对于有效竞争,需要协调好企业规模经济和竞争活力二者的关系。企业规模经济和竞争活力是影响企业和市场经济效率的重要因素,它们是以不同的途径谋求经济效率这一共同目标。倡导有效竞争旨在追求较高的经济效率,促进企业和市场经济的持续、健康、高效发展。

三、有效竞争的衡量标准

对于有效竞争的衡量标准，很多学者进行了深入研究与探讨，不同学者的观点不一。以下主要介绍两位美国学者——梅森和索斯尼克对有效竞争衡量标准的制定和归纳，以帮助我们了解关于有效竞争的一些衡量标准。

（一）梅森的研究

1957年，美国学者梅森经过大量关于有效竞争的研究，主要从市场结构和市场绩效两个方面制定了有效竞争的一系列标准，具体内容如下：

1. 市场结构标准

该标准旨在寻求建立有效竞争的市场结构，并且探究形成这种有效竞争市场结构的条件，其详细条件有以下三条：

（1）市场上的生产者和消费者数量较多。

（2）任一生产者和消费者生产和消费的数量占整个市场数额的比重较小。

（3）任何生产者和消费者都不存在“合谋”情况。

2. 市场绩效标准

这一条标准基于市场绩效的角度考虑，极力追求市场竞争的有效性，以建立有效竞争市场，其详细条件有以下四条：

（1）企业面临产品技术和生产工艺水平改进与提升的压力。

（2）企业生产成本降低时，产品价格也会进行下调。

（3）产品生产主要在最高效率规模的企业中进行，该企业的生产成本不一定是最低的。

（4）企业生产能力及其产量相配套，不存在相应设备和产品的浪费现象。

（二）索斯尼克的研究

1958年，美国学者索斯尼克从市场结构、市场行为和市场绩效三个方面提出了有效竞争的条件，具体内容如下：

市场结构标准，主要有以下三条：

（1）企业进入和退出市场较简单，不存在强行外在力量的驱使。

（2）市场上具有质量差别的产品，价格易于分辨。

（3）企业经营达到了规模经济的要求和效果。

市场行为标准，主要有以下四条：

（1）企业之间不存在相互勾结的情况出现。

（2）企业不采取打压以及排外性的措施进行不正当的竞争。

（3）企业在推销产品时，不存在欺诈行为。

（4）避免一些不利于市场竞争、有害的价格歧视现象出现。

市场绩效标准，主要有以下七条：

（1）企业的利润可以足够抵消原始投资的花费。

（2）企业产品的质量和数量根据消费者需求的变化而时刻变化。

（3）企业不断进行设备更新以及技术改造，促进企业生产效率水平的提升。

（4）企业的销售开支适当，不存在多余的开支。

（5）市场上各企业的生产具有较高的效率。

(6) 对于市场上能够为消费者提供最高效用的企业可以获得最多的报酬，倡导企业付出与回报的公平化。

(7) 企业产品价格的变动不会对产品价格变动周期或经济周期变动带来不稳定的影响。

四、企业适度规模理论

能否实现规模经济是企业规模是否适度的基本依据。规模经济主要包括了产品规模经济、工厂规模经济、企业规模经济和行业规模经济四个方面。在许多关于规模经济的文献中，指出平均成本实际上是平均生产成本，所以从其平均成本曲线可以看出企业生产成本在总成本中占绝大部分比重的产品规模经济和工厂规模经济。然而在现代的大企业中，企业在管理、协调和控制生产经营的过程中都会产生大量的交易成本，因此，由生产成本和交易成本构成的总成本和平均成本，在较大程度上决定企业层次的适度规模。

随着企业技术水平的逐渐提高与企业规模的不断扩大，企业发挥规模经济效应，这时企业的平均生产成本曲线会出现下降的态势，但是企业平均交易成本会增加，故平均交易成本曲线则会出现上升的趋势。总的平均成本曲线是由平均生产成本曲线和平均交易成本曲线相互叠加，从而形成的一条 U 形曲线。直观上看，这条 U 形曲线的最低点以及其附近的一定范围代表了企业的适度规模，企业在该种规模进行生产有利于发挥规模经济效应。

另外，根据谢勒的归纳、总结，确定企业适度规模的主要方法有利润分析法、工程法、统计成本分析法以及生存技术法。

五、适度竞争理论

众所周知，市场的垄断和过度竞争会在一定程度上损害市场经济以及产业的发展效率，因此，一般地，从市场公平竞争与产业健康、高效发展两个方面来看，鼓励市场适度竞争是各国市场经济追求的目标。适度竞争理论主要倡导市场经济的平稳发展，在维护市场活力的同时，抵制过多行业的垄断和过度竞争行为，为市场经济发展和产业发展营造一个良好的市场环境，促进市场和产业生产效率水平的提升。

适度竞争与市场集中度和产业进入壁垒这两个因素密切相关，从数学上看，适度竞争是市场集中度、产业进入壁垒的函数。具体来说，如果某一产业的市场集中度越高，表明产业的进入壁垒较高，体现在新企业进入该产业的难度越大，产业的竞争程度会越低。同时，提高某一产业的进入壁垒，会在较大程度上促使该产业市场集中度的提高，产业竞争程度降低。即如果市场集中度和产业进入壁垒均越高，则市场竞争程度会越低，反之亦然。由此可见，市场竞争度与市场集中度及产业进入壁垒之间存在一定的反向变动关系。

案例短析

我国电信市场的有效竞争

有效竞争是指将规模经济和竞争活力二者有效的协调起来，形成有利于长期均衡的竞争格局。建立电信市场的有效竞争是各国电信管制的目标。而当前我国电信市场竞争格局处于不均衡的局面，中国移动在电信市场的控制力量已十分明显。非对称管制是促使电信业竞争度尽量优化、尽可能贴近有效竞争的管制方法。非对称管制缓和了马歇尔冲突，使得竞争与规模能够在较大范围内兼容，形成高效的规模竞争。目前的电信业市场竞争面临新变化，而政府管制处于一种滞后的状态。在新环境下推出新的非对称管制政策将有助于缓解目前竞争失衡的局面。

为促进我国电信市场的形成有效竞争，政府部门可以主导建立运营商评价体系，包括确定细分市场、制定标准和定期评估机制，并且在此基础上提出一些具体的实施框架。尽快推出网址共享、异网漫游、号码可携和资费管制这四项非对称管制措施，同时对频谱、码号管制、限制市场份额等政策要谨慎推出。

内容摘要

◎ 产业组织政策是指为了获得理想的市场效果，由政府制定的干预市场结构和市场行为，调节企业间关系的公共政策。

◎ 规模经济政策是产业组织政策的重要内容，规模经济政策的基本目标是保证产业的企业能够充分利用规模经济，降低单位产品成本。

◎ 反垄断政策是最重要的产业组织政策，它是政府对垄断性的市场结构、行为和效果的一种法律制约和政策限制。它的主要内容包括禁止私人垄断和卡特尔协议、禁止市场过度集中、禁止滥用市场势力。

◎ 自然垄断行业的政府规制的主要目的是防止因重复投资与过度竞争所带来的资源低效率配置，并确保产品的稳定供给、收入的公正分配、物价的稳定，以及产业的健康发展。

◎ 有效竞争理论是对同一产业内企业间组织结构及其垄断、竞争态势的理想状态的综合描述，其两个决定因素即规模经济和竞争活力，都是实现资源有效配置、提高经济绩效的手段和途径，它们是以不同的途径实现经济效率这一共同目标。

关键词

产业组织政策；规模经济政策；企业并购；反垄断政策；《谢尔曼法》；《克莱顿法》；《联邦贸易委员会法》；自然垄断行业；政府规制；价格规制；退出规制；有效竞争；适度规模理论；适度竞争理论

思考与练习

1. 产业组织政策的概念、手段与目标是什么？
2. 简述规模经济政策的主要内容，并列举一些规模经济案例。
3. 反垄断政策的主要内容是什么？我国关于反垄断的法律条文有哪些？
4. 市场适度集中对产业经济发展有何作用？
5. 政府规制的内涵与目的是什么？
6. 自然垄断行业包括哪些？政府对自然垄断行业采取的规制措施有哪些？
7. 简述有效竞争理论的具体内容及其衡量标准。

第十三章　产业结构和产业布局政策

本章结构图

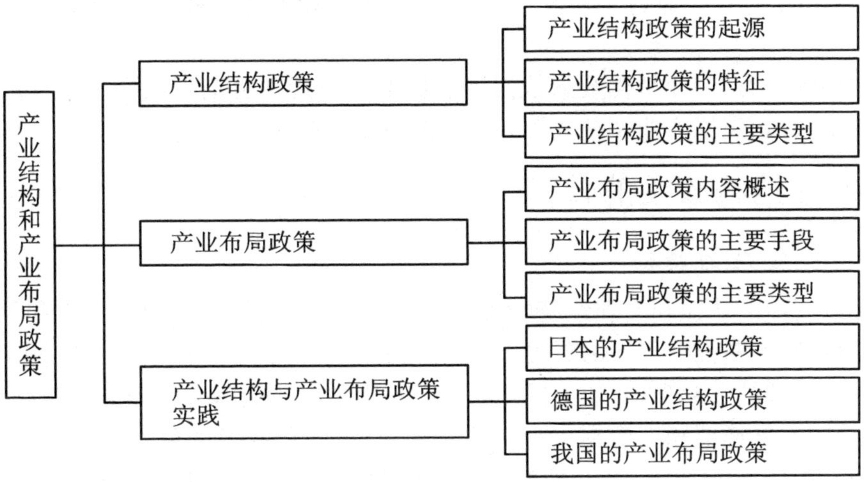

学习目标

通过本章学习，了解产业结构和布局政策的内涵，掌握产业结构政策的特征和功能等基本问题，学会应用产业结构和布局理论解释我国和日本的政策实践。

第一节　产业结构政策

一、产业结构政策的起源

产业结构政策的概念首先出现在二战后的日本。战后日本经济濒临崩溃，在这种情况下，日本政府通过制定产业结构高度化发展目标，设计产业结构高度化的途径，确定不同时期可带动整个国民经济起飞的主导产业，并通过政府采取强有力的措施来确保主导产业崛起，从而引导经济按既定目标发展。日本政府在不同时期实施各有侧重的产业结构政策，促进该国经济的迅速崛起，在短短 20 年中，走完了西方发达国家花费一二百年才走完的路。一些经济学家和世界组织认为日本经济发展的成功秘诀是靠产业政策的实施。从此，产业政策的概念开始流行，一些后起的资本主义国家如韩国也开始实施产业结构政策。

产业结构政策，是政府根据一定时期内本国产业结构演化趋势，按照产业结构高度化的演变规律，规定各产业在国民经济发展中的地位和作用，确定产业结构协调发展的比例关系，以求得经济增长和产业资源配置效率的改善。它包括对特定的产业、行业和产品所采取的扶植、鼓励、调整、保护或限制等一系列政策。

众所周知，经济现代化过程的核心内容就是工业化和城市化，工业化和城市化的进程必然伴随产业结构的变化，产业结构政策既是现在经济发展的必然要求，又是国家未来经济发展战略的体现。依托技术进步的产业结构高度化不仅是发展中国家实现赶超目标的必由之路，还是发达国家维持本国综合竞争力的重要法宝。理解产业结构政策的实质应遵循以下几点：实施产业结构政策的目的是促进产业结构优化；产业结构政策通常由政府制定并推动实施，而实践主力则是企业；产业结构政策制定的依据随着产业结构演变规律作出不断调整。

从具体内容上看，产业结构政策依据产业周期发展规律分为四类：主导产业选择政策、幼稚产业保护政策、衰退产业调整政策和战略产业扶持政策。

二、产业结构政策的特征

（一）供给管理的特征

宏观经济规律的认识和宏观经济学理论的演化，实质上就是对于需求方和供给方管理的研究此消彼长、不断推陈出新的历史。调节经济总量的需求管理政策，只有同关系产业结构调整的供给管理结合起来，才能确保政府更加有力地实行宏观经济政策，为社会总需求的规模、总供给的发展速度和规模框定一个适当的边界，促进经济的良性循环，使大部分商品逐步形成买方市场，进一步推动技术进步和合理竞争。因此，单方面地实行需求管理的政策，就会导致宏观目标与微观政策的失调，不能将发展经济和产业的政策落实到实处，也就不可能形成有效供给，真正解决总需求和总供给大致平衡的问题。必须配合包括产业结构政策在内的供给管理政策，才能形成现代宏观调控政策体系。

（二）促进社会资本量增加

产业结构成功转换的关键在于科技的创新驱动以及如何将技术转化为实际生产力。科技是第一生产力，为产业结构政策的实施提供了技术支持和物质基础。每一轮产业结构政策的制定，都是以在现有的资本存量上如何实现社会财富的增值为目标。这种价值增值包括两种手段：对资本存量结构的改造和对资本增量的绝对值的调整。前者依靠实施产业组织政策，通过企业兼并、改组、集团化经营等方式，促进要素重新配置；后者依靠实施产业结构政策和投资政策，通过投资兴建新兴产业，发展瓶颈产业，增加对传统产业的技术改造投资。通过对战略产业、支柱产业、一般产业和衰退产业发展序列的安排和采取相应的结构对策，在确保产业结构合理化和高度化的同时，促进社会资本增加和生产要素的合理配置。

（三）政府引导与市场竞争相结合

产业结构政策的实施主力仍然是企业。产业结构政策虽然不直接干预企业的经营活动，但它所提供的资源流向和产业转移空间，对企业具有指导性。如果说政府决定了产业结构调整的方向，那么企业则决定了产业结构政策落实的广度和深度。企业活动如果违反产业结构政策指引的方向，将会承受不利于企业发展的政策压力和后果。当然，实施产业结构政策也绝不是靠一纸简单的行政命令，而是通过规范产业活动空间，规定行为准则和参数调节机制（利率、税率、汇率、财政贴息和减免等），引导企业向产业结构合理化和高度化方向发展。

（四）全局性、战略性和长期性

产业结构政策决定了对未来经济发展的总体谋划，其主要内容就是有针对性地改造或退出衰退产业，正确选择战略产业，确定今后经济发展的重点。这与产业结构政策内容所规定的产业发展序列安排和结构对策密切相关。因此，产业结构政策要在发展战略的指导下，体现战略全局性的要求。另外，产业结构政策必须是中长期性的政策。它要兼顾国内外市场需求的变化以及根据所面临的机遇与挑战进行不断的调整，科学地、准确地谋划国家主要产业的走向和布局，分析在未来新的经济形势下产业结构可能出现的矛盾和新的运行特征。这是一个相当漫长的过程，其政策实施后的结果也不是一蹴而就的。市场反应的滞后性需要一个较长的观察期来评价政策的效果，并不断地修正政策漏洞以适应产业发展过程中的突发问题。因此，产业结构政策也是一个长期动态博弈的过程，具有全局性、战略性和长期性特征。

三、产业结构政策的主要类型

根据产业发展周期性规律，产业结构政策的演化通常要经历四个阶段，分别对应四种现代产业结构政策类型。

（一）主导产业选择政策

主导产业的概念最早是由美国经济学家罗斯托提出的，指的是在促进地区经济发展中起主导作用的产业，这些产业通常采用先进技术，增长率高，产业关联度强，对其他产业和整个国民经济发展有较强带动作用的产业。从量上看，主导产业是在国民产出或国民收入中占有较大比重或者将来有可能占有较大比重的产业部门；从质上看，能够对经济增长的速度与质量产生决定性影响，主导产业的选择反映了一个国家将走一条什么样类型的工业化道路，其发展势头足以影响整个国家工业化和现代化进程。

由于主导产业的选择受特定的资源、制度和国情的约束，不同国家或同一个国家在不同经济发展阶段主导产业都是不一样的，特定阶段的主导产业是具体条件下选择的结果。一旦条件变化，原有的主导产业群对经济带动作用就会弱化，被新一代的主导产业所替代，这意味着主导产业应具有序列演替性的特点。发展中国家在产业结构调整和优化过程中，既要解决产业结构的合理化问题，又要解决产业结构的高度化问题，因此主导产业的选择又呈现出多层次、多目标的特点。

经济学家提出了界定和选择主导产业的基准。主要有以下几种：一是赫希曼的产业关联基准。美国经济学家赫希曼在 1958 年出版的《经济发展战略》一书中，依据投入产出的基本原理，对产业间关联度与工业化的关系进行了详细的研究，提出了依据产业关联度确定主导产业的准则，即优先考虑那些对较多产业有带动和促进作用的产业；二是筱原三代平基准。日本著名学者筱原三代平在其论文《产业结构与投资分配》中首先提出来的两条基准，即需求收入弹性基准与生产率上升率基准。所谓需求收入弹性是指某种产品的需求增长率与人均收入增长率之比，反映随着国民收入增加而引起的对各产业最终需求的变化。只有需求收入弹性大的产业，在未来的发展中才能占有较高的市场份额，获得较高的利润。生产率上升率基准是指选择生产率上升快、技术水平高的产业部门为主导产业。生产率上升得快的产业，其技术进步的速度较快，能够吸引各种资源向该产业流动，从而促进该产业和国民经济快速健康发展。筱原三代平基准从供给与需求两个方面对主导产业的选择加以界定，其内容存在着互补关系，对战后日本实现赶超型经济发展战略在理论上作出了突出贡献；三是日本产业结构审议会基准。日本产业结构审议会根据当时的日本产业发展状况于1971年提出的，在选择新的主导产业时，应在筱原三代平基准的基础上加上两个新的基准——过密环境基准和劳动内容基准。过密环境基准是指应选择可防止环境污染、不会造成生产布局过密、人口密度过大的产业优先发展。劳动内容基准是指应选择能够提供更多安全舒适和稳定劳动岗位的产业优先发展。

（二）幼稚产业保护政策

幼稚产业是指某个国家的一个新兴产业，当其还处于最适度规模形成前的初创时期时，可能经不起外国同类产业的竞争。如果通过对该产业采取适当的保护政策，提高其竞争能力，将来可以具有比较优势，能够出口并对国民经济发展作出贡献的，就应采取过渡性的保护、扶植政策，主要运用关税保护之类手段来实现。幼稚产业保护理论是国际贸易中贸易保护主义的基本理论，最早是由美国政治家汉密尔顿于1791年提出，但是真正引起人们注意的是德国经济学李斯特的论述。李斯特在1841年出版的《政治经济学的国民体系》一书中，系统地提出了保护幼稚产业的贸易学说。幼稚产业表现出以下一些特征：该产业虽然暂时没有能力同国外较发达的同类产业竞争但却具有很大的发展潜力；该产业具有较大的产业关联度，对国内很多相关产业的发展有正的外部效应；在现阶段缺乏推动其发展的资金实力等。

对于何为幼稚产业并加以保护的界定，包括以下几个标准：一是穆勒标准。穆勒认为，如果某个产业由于缺乏技术方面的经验，生产率低下，生产成本高于国际市场价格而无法与外国企业竞争，在一定时期的保护下，该产业能够提高效率，在自由贸易条件下可以生存，并取得利润，该产业即为幼稚产业。另外，正当的保护应该有一定的期限，存续于向国外产业学习消化的过程中，并且最初为比较劣势的产业，经过一段时间保护后，有可能变为比较优势产业。二是巴斯塔布尔标准。该标准认为，受保护的产业在一定的保护期后能够成长自立，为保护、扶植幼稚产业所需要的社会成本不能超过该产业未来利润的现值总和，符合条件的即为幼稚产业。三是肯普标准。当某产业在被保护时期具有外部效应，即该产业技术为其他产业所获得因而使得本产业的利润无法增加，或将来利润无法补偿投资成本，国家应该予以保护。这种保护也是正当的，因为开创一种新的幼稚产业，先行企业本身投资大，风险大，成本高，而成功后又很容易被其他企业模仿，激烈的市场竞争使得先行企业无法获得超额利润以补偿开发期间所付出的代价。对于这种幼稚产业，政府应当采取保护措施，否则企业就不愿意投资。此外，日本产业经济学家小岛清认为，应根据要素禀赋比率和比较成本的动态变化，选择一国经济发展中应予保护的幼稚产业。只要是有利于国民经济发展的幼稚产业，即使不符合巴斯塔布尔或肯普准则，也是值得保护的。

（三）衰退产业调整政策

所谓衰退产业，是指在经历幼稚期、成长期和成熟期后，进入了产业生命周期的最后一个阶段——衰退期的产业。学界对何为衰退产业的定义有很多，比较有代表性的说法包括：迈克尔·波特教授认为产品销量在持续的一段时间内呈绝对下降趋势的产业是衰退产业；

亚瑟·伯恩斯认为产业增长的百分率随着产业年数的增长趋于下降的产业是衰退产业。总之，衰退产业通常表现为一国或一地区产业结构中不适应市场需求变化、不具备区位优势、缺乏竞争力、陷入停滞甚至萎缩的产业群。当产业处于衰退期时，往往伴随着产能过剩，产品销售不畅，人才、资金外流，技术进步缓慢或者创新无望而导致全行业效益较差甚至大面积亏损的现象。

当产业进入衰退期时，往往与企业破产、劳动者失业相联系，因而消极维持其生存或放任不管都不是长久之计，容易引起社会的不稳定。特别对于经济转型国家，如何适当地处置产业衰退问题，引导衰退产业收缩、撤退和转型是产业结构高度化过程中所面临的艰巨使命。对衰退产业调整政策的主要措施包括以下三个方面：

1. 加速折旧促进企业转型、劳动者转岗

加速折旧的目的主要是尽快淘汰落后、过剩产能，将有限的生产资源逐渐转移到新兴产业上，或者为以技术创新改造传统产业提供时间和空间。在产业转换过程中，政府也要利用好所掌握的公共服务和培训设施，对转产后不适应新工作技术要求的劳动者实行再培训，缓解结构性失业引起的劳动力供给不足对社会经济发展带来的负面影响。

2. 利用市场指导和贸易措施进行适当保护

不同类型的衰退产业需要不同的应对措施，并不能一味地强调退出。对于国民经济发展中不可或缺的衰退产业，政府应通过价格补贴、贸易保护等措施对其实施援助并择机对此产业未来扭亏能力进行重新评估，若长期盈利无望则坚决实行市场出清。

3. 放松政府管制，引入竞争机制，改善投资环境

对于国营或者政府主导的产业若进入衰退期，应适时、逐步放开投资管制，引进民间资本，加强竞争；或向国有企业引入现代职业经理人，更新经营理念，加强管理。

（四）战略产业扶持政策

战略性产业是指建立在重大前沿科技突破基础上，代表未来科技和产业发展新方向，体现当今世界知识经济、循环经济、低碳经济发展潮流，尚处于成长初期、未来发展潜力巨大，对经济社会具有全局带动和重大引领作用的产业。战略产业的成长必须具有战略意义，即受国家政策保护和扶持的某些产业必须具有能够成为未来经济发展中主导产业和支柱产业的可能性。这种可能性的决定因素，首先是产业本身技术特点、市场前景、成长潜力；其次才是国家资源特定条件、现有产业结构状况、产业本身获取资源的能力等。战略产业扶持政策是对战略产业的发展起鼓励、刺激和保护作用的产业政策，其制定和实施应在依靠市场机制的调节作用的同时充分发挥本国比较优势，并与政府政策优惠相结合，形成合力，扫除战略产业发展障碍。政府对于战略产业的扶持，在一定的时期内，要达到该产业能够成为主导产业或支柱产业的目的。扶持的具体措施包括：

1. 加大财税金融等政策扶持力度，引导和鼓励社会资金投入

设立战略性新兴产业发展专项资金，建立稳定的财政投入增长机制。制定完善促进战略性新兴产业发展的税收支持政策。鼓励金融机构加大信贷支持力度，发挥多层次资本市场的融资功能，大力发展创业投资和股权投资基金。

2. 积极培育市场，营造良好的市场环境

支持市场拓展和商业模式创新，建立行业标准和重要产品技术标准体系，完善市场准入制度。采取多种措施，积极培育市场，营造良好的市场环境。

3. 探索国际合作新机制，多层次、多渠道、多方式地推进国际科技合作与交流

引导外资投向战略性新兴产业，支持有条件的企业开展境外投资，提高国际投融资合作的质量和水平。积极支持战略产业领域的重点产品、技术和服务开拓国际市场。

案例短析

中国未来产业结构调整趋势

至2011年我国三次产业比重为10%、46.6%、43.4%，而同年三次产业从业人员的比例为34.8%、9.6%、35.7%，这种比例关系说明我国的第一产业从业人员比重过高，就业结构相对于产业结构的调整进步仍明显滞后，说明一定时期内我国还需要不断发展第二产业和第三产业，尤其是服务业，如物流产业的发展。绿色物流和电子网络化是现代物流发展的趋势，而开展农产品绿色物流的企业，就需要从业人员熟练掌握绿色物流技术、计算机及互联网技术、物流融资、结算与保险等方面的业务。我国也应加快以生产性服务业为主的服务业的发展，比如商务服务、研发、设计、软件、金融、信息服务、中介、物流配送等。发展现代服务业，还应关注以发展高端服务业为战略目标的服务业的转型升级，为生产者提供具有高技术密集度、高人力资本密集度、高产品差异度和高利润率的服务行业。

第二节　产业布局政策

一、产业布局政策内容概述

产业布局政策是指政府机构根据产业的经济技术特性、国情、国力状况和各类地区的综合条件，对若干重要产业的空间分布进行科学引导和合理调整的意图及其相关政策措施。宏观层面上，从纵向考察产业布局表现为各产业在一国或一地区的分布。从横向考察，它表现为各地区产业系统耦合而成的整个国家的产业体系。中、微观层次上，产业布局表现为产业在点、线、面、网上的分布与组合，形成多种类型的产业基地、产业带、经济集聚区和多层次的经济区域。产业布局政策反映了一定时期内产业布局发展目标及其形成机制，是保证布局目标得以实现的重大措施等在内的政策体系。产业布局政策是整个产业政策体系的重要组成部分，也是资源和生产要素空间合理配置、优化组合以保证产业发展目标实现的重要条件。

产业布局政策分为两个层次：国家产业布局政策和地区产业布局政策。前者主要是通过制定全国产业布局的战略规划，确定整体布局的框架，划分经济区带。一方面，确定各地区的产业发展方向和它们在全国整体布局中的地位；另一方面，确定不同地区开发的先后次序以及国家级经济开发区的发展模式和思路。国家层面的产业布局政策以国家直接投资方式，支持重点地区发展交通、能源和通信等基础服务，或直接介入当地有关产业的发展，以增强该地区经济自我积累的能力。后者主要是根据全国总体产业布局原则，结合本地区的区位优势，对本地区产业进行具体的规划布局，确定本地区不同类型、不同规模的产业基地布局。需要注意的是，在经济不发达时期，政府通常更强调产业布局的非均衡性。即强调优先发展某些地区，通过这些地区经济的超常规增长，带动其他地区以及整个国家经济的增长。

而当经济较为发达之后，政府则从维护经济公平和社会稳定等目标出发，偏重强调地区经济的均衡性。因此，除了个别特殊产业(如对环境保护有较大破坏的产业)之外，政府以不倾向于通过重点扶持某一地区的经济发展来带动国民经济增长，甚至在某些经济发达地区或产业高度集中地区实行一定程度的限制进入政策。

二、产业布局政策的主要手段

为了达到产业分布合理化的目的，产业布局政策以政府宏观指导为主，包括政府直接干预和间接引导两种手段。前者是政府对于企业布局行为进行直接干预，包括国家直接投资兴建企业以及对企业布局作出一些具体限制。后者是政府通过间接引导的方式改善待发展地区的整体环境，提供优惠条件吸引企业到这些地方去布局，包括财政、金融、移民和技术信息等具体措施。市场化改革方向要求产业布局手段应以间接引导为主。

(一) 财政政策

产业布局的财政政策包括税收政策、转移支付政策、直接投资政策和政府采购政策。税收政策是指不同地区实行差别税收政策，对需要开发的地区实行税收优惠；转移支付政策是指对需要开发的地区实行财政补贴；直接投资政策是指政府在需要开发的地区建立企业，或为其兴建基础设施，改善其投资环境；政府采购政策是指政府直接购买需开发地区所生产的产品，以带动该地区经济发展。

(二) 金融政策

产业布局的金融政策主要是指金融机构向需要发展的地区实施差别化金融倾斜政策，包括提供低息或者无息的贷款，或向有投资需求的企业提供担保等。金融政策通常也有一定的政府参与背景，很多时候由政策性银行，如国家开发银行、农业发展银行，充当金融政策的实施主体。

(三) 移民政策

产业布局的移民政策是指政府对人口迁徙所采取的各种政策总和。一般而言，欠发达地区区位条件相对较差，尤其是对专业人才的吸引力较差，而劳动力和专业人才又是地区发展必不可少条件之一，因而政府必须制定针对性移民或人口迁移政策，如提供高工资、高福利等吸引人才。在当前我国，具体表现为劳动力异地流动政策，政府的户籍、社会保障、子女教育等政策，对劳动力要素的区域布局产生重要影响。

(四) 技术信息政策

产业布局的技术信息政策是指政府为欠发达地区提供各种技术信息援助，包括技术低价或无价转让、人员培训、技术指导和信息咨询等。

三、产业布局政策的主要类型

(一) 产业布局投资政策

产业布局投资政策即不同地带产业的战略性投资安排，既包括产业自身方面的投资安排，也包括为吸引产业投资而进行的前期投资，如基础设施投资等。投资主体既包括国家的直接投资，也包括其他投资主体的产业投资。

(二) 产业布局调整政策

产业布局调整政策重点是非均衡的区域发展战略。例如，鼓励东部地区将重化工及一般加工性产业向中、西部转移,集中力量从事高新技术产业以及金融服务业等第三产业的发展,而中西部地区产业的发展方向主要是依赖本地资源为基础的原材料工业、能源工业,以满足东部经济发达地区的需要等。

(三) 产业布局组织政策

区域经济的发展与企业的规模及其带动作用密不可分,国家产业投资规模或企业规模的布局分布特征自然决定了区域产业的组织特征。产业内大中小企业规模的合理规划及其组织安排是产业布局组织结构合理的关键,这与区域经济的持续发展同样有关系。

(四) 产业布局导向与激励政策

产业布局导向与激励政策主要是为促使政府部门产业布局的发展战略而采取的一系列相关政策性安排。

此外,如果从产业布局的聚集与分散关系角度讲,产业布局政策还可以分为产业布局的集中政策(或非均衡产业布局政策)与产业布局的分散政策(或者说是均衡的产业布局政策)。

第三节　产业结构与产业布局政策实践

一、日本的产业结构政策

产业政策是日本政府宏观调控的重要内容之一。日本的产业政策自二战后开始出现,并随着日本经济发展的不同阶段、国际国内形势的变幻体现出不同的特征。

(一) 各时期产业结构政策的内容

1. 战后复兴时期(1946—1960 年)

二战后,日本经济体系受到严重打击,面临恢复生产、重建经济秩序、恢复物价稳定等任务,同时与世界的经济联系也有待恢复。这一时期产业政策应用得最为广泛,并对以后各期的产业政策产生了相当大的影响。这一时期的产业政策可划分为两个阶段:第一阶段发展战略主要是“产业立国”,即通过重要产业的复兴来推进整体经济增长和重启工业化过程。产业政策体现为“倾斜生产方式”,重点支持了钢铁和煤炭两个基础产业的发展;第二阶段发展战略主要是“产业合理化”政策,即通过引进技术、降低成本来促进工业发展。这一时期,日本经济的主要特征是资本缺乏,日本的产业政策开始以立法形式出现,重点支持了钢铁、煤炭、海运、电力、石化、合成纤维等行业。

2. 高速增长时期(1961—1970 年)

岸信内阁的《新长期经济计划》(1956—1962 年)第一次提出以“产业结构高级化”为基本经济政策。池田内阁的《国民收入倍增计划》(1961—1970 年)继续该政策,提出实施重化学工业的具体计划,并开始采用筱原两基准原则来筛选重点发展的产业。同时,成立以政府、企业与学者组成的产业结构审议会,充当承担产业结构制定的主要机构。在这一时期,日本企业面临着提升产业国际竞争力的内在要求,出现了反对市场过度竞争,通过规模经济降低成本的讨论。虽然日本同期也采用其他的政策手段,但产业结构政策的推行成为这一时期最显著的特征。

3．产业结构调整时期(1971—1980 年)

经过数十年高速增长，日本经济取得了长足的进步，并在 20 世纪 60 年代中期之后出现持续性贸易顺差。同时，大量的工业污染、消费垃圾、城市过度拥挤、社会福利和公共设施欠缺等问题也应运而生，外部的主要问题是两次石油危机对高耗能的工业，如炼铝、石化等行业，产生严重影响。在此情况下，日本调整了其产业政策的方向，主要体现在：首先，发展节约能源和高加工度化的产业，加强公共设施的配套建设。其次，产业结构将由资本密集的重化工业转向知识密集程度高的加工装配业，鼓励技术引进和研究。再次，对在石油危机之后处于衰退的产业，则采取成立萧条卡特尔、缩小生产规模、停产转产、鼓励海外转移等措施。最后，在应对贸易摩擦方面，日本在压力下逐步降低关税和简化关税手续，减少进口商品配额和限制，经济的开放程度不断增加。

4．国际化进展时期(1985—1999 年)

这一时期，日本提出了“创造性知识密集型”的产业政策和“环境、经济、社会可持续发展”的产业政策。日本以“科学领先、技术救国”的方针，调整产业结构、发展知识密集型产业，从以单一增长为目标转向以“生活大国”为目标，经济增长方式由出口主导型向内需主导型转变。

5．经济全球化时期(2000 年至今)

在“国际社会共同推进世界经济持续、协调发展”的信念指导下，日本在 21 世纪初推行“宏观结构调整、微观经济改革、产业结构政策”三位一体的经济结构改革。在产业结构中注重技术革新与国际竞争力的提高，确保能源供给与环境等方面的协调性，实现全体国民的生产富裕化。产业技术政策成为这一时期的主要特征。

历经半个世纪的转变，日本的产业政策已逐渐由战略性的产业政策向补充性的产业政策转移，政策目标由积极赶超转变为弥补市场失灵，政策手段上也由行政调控而逐渐转变为信息指导，通过发布产业结构展望的方式来引导产业结构的调整，企业成为推动产业结构调整的主体。

(二) 日本产业结构政策对我国的启示

结合我国目前经济中存在的诸多问题，我们可以从日本产业政策的变迁与理论中得到以下启示：

1．发展中国家在追赶先进国家时，既要发展劳动密集型产业、资本密集型产业，又要注重知识密集型产业

日本的雁行论可以说是对战后日本实施追赶性产业政策的理论概括，日本比较成功的工业产品都是在美国完成基础研究，再通过技术引进等方式在日本进行应用研究和商品化。日本在追赶战略的实施过程中既有经验又有教训，日本发挥“后发性优势”从国外大量引进技术，并在消化、吸收和改造之后应用于产业。从日本的经济成长过程来看，初期采取过劳动密集型的产业政策。在发展重化学工业时，采取资本密集型的产业政策取代劳动密集型的政策。当重化学工业得到迅速发展之后，日本又及时根据重化学工业发展所带来的社会问题与石油危机引起的冲击，提出了产业政策由资本密集型向知识密集型转变。

可见，日本根据社会经济发展的不同阶段采取了不同的产业政策。这种由劳动密集型→资本密集型→知识密集型分阶段推进的战略，能够稳打稳扎。这种产业结构政策的阶段性变化与其产业结构转换的具体进程也是基本一致的。

2. 后起国家在技术引进时要实行产业倾斜政策

后起国家在资金、熟练劳动力等方面与发达国家相比，都存在着差距。因此，在技术引进时，要将自己国家的生产要素现状、市场规模、社会文化环境、吸收创新能力等从总体上进行考虑，要突出重点，多渠道、多形式引进适用的先进技术。换言之，要明确社会经济发展的目标，根据本国国情和社会经济条件，全方位地选择适用的关键技术。既不能片面地追求高、精、尖技术的引进，又不能置本国的实际发展水平于不顾。一般来说，后起国家在经济发展初期，资源是非常稀缺的，所以采取倾斜式不平衡发展战略，重点选择先进适用的技术，优先发展某些产业，就能通过产业关联效应引领其他部门的出现和发展，实现社会、经济、文化、环境等目标的最佳综合效益。

3. 产业发展战略要产、官、学、研一体化

日本经济能够创造奇迹与产、官、学、研一体化战略分不开。为了实现经济增长，日本企业、政府、高校、科技机构紧密结合，通力合作。日本全国 400 多所大专院校的科研机构和实验室主要从事尖端技术的理论研究，700 多个国家级或地方级科研机构主要从事投资多、风险大、对社会经济发展和科技进步影响深远的重大课题的研究，17 000 多家企业机构主要从事生产技术的应用研究。各级政府从全局的角度进行规制与指导，运用法律、经济、行政等手段促进科技与经济紧密结合，使得科技开发直接服务于生产建设，促进了日本经济的高速增长。我国在发展经济过程中也应该借鉴这一做法。大学、科研院所虽然有高智能、高技术人才和科研成果，却无制造、规模生产和销售能力，要使科学技术转化为生产力，必须产、学、研紧密结合起来，使企业与高等院校、科研院所在风险共担、利益共享、优势互补、共同发展的形式下建立新的产业，或者共同开发新产品，从而促进国民经济增长。

二、德国的产业结构政策

德国是二战后迅速发展成为世界经济强国利用时间最短的国家。德国经济在战后表现抢眼的原因很多，一个重要的原因就是德国在充分发挥市场机制的调节作用的同时，十分关注技术进步下的产业结构调整，这对提升和优化我国的产业结构具有十分现实的借鉴意义。

（一）德国产业结构政策的重要阶段

德国三次产业结构的比重变化主要经历了以下几个阶段：

1. 20 世纪五六十年代

这一时期是德国工业快速发展时期，在这一时期，德国第一产业比重不断下降，第二产业比重不断上升。由于德国资源匮乏，国土狭小，只有依靠“加工贸易”的经济发展战略，即采用第二产业带动型的产业结构模式，才能推动经济的发展。二战以后，德国快速发展第二产业，到 1960 年第二产业在三大产业中占有明显的优势地位，这是典型的工业社会产业结构特征。1970 年，德国第二产业所占比重达到 57.6%，在国内生产总值中的比重已经大大超过了第一产业和第三产业的产值之和，达到最高值。

2. 20 世纪七八十年代

进入 20 世纪 70 年代后，由于德国经济的快速发展，德国劳动力价格逐渐上升，成本劣势逐渐凸显，劳动密集型制造业大量向外转移，使得国内经济产业结构开始发生改变。1975 年，第三产业比重达到 49.4%，第二产业比重为 47.7%，第三产业在国内生产总值中的比重开始超越第二产业，成为占比最高的产业。之后，第三产业比重继续上升，到 1980 年，德国三大产业比重分别为 2.2%、44.8%、53%，第三产业比重不仅超越了第二产业，而且超越了第一产业和第二产业比重之和。

3. 20世纪90年代至今

20世纪90年代以后，德国开始了以发展新经济产业为核心的世纪产业结构的调整。这一时期德国采取了相应的产业政策，对制造业的过快下降进行了干预，到了2005年，三次比例分别为0.96%、30.43%、68.61%，第二产业比重略有上升，第三产业比重略有下降，德国的干预产业政策取得了一定成效。历经1998年东南亚金融危机和2009年的欧债危机的影响，在欧洲其他国家复苏乏力的大背景下，2010年德国经济持续反弹，2012年底德国的失业率下降到6.9%，为19年来最低。

（二）德国产业结构调整对我国的启示

1. 制定积极的产业政策，在优化产业结构的同时，解决产能过剩问题

产业政策是涉及产业内部各层面的政策体系，共包括四个主要方面：产业结构政策、产业组织政策、产业布局政策和产业技术政策。通过这些政策的制定，有助于促进结构调整与升级，优化组织结构、产业布局，将结构调整和行业产能过剩紧密结合起来。

2. 大力发展服务业，尤其是生产性服务业和高端服务业

配第-克拉克定理指出，经济的发展和国民收入水平的提高会促使劳动力从第一产业释放出来，并转移向第二产业，随着经济发展水平的进一步提升，劳动力又会向第三产业发生转移。在德国，第三产业主要是依附第二产业出现的服务业。比如对德国所生产的机械设备而产生的整套技术解决方案，为企业提供的培训、设备的调试和售后服务等，这些服务业是不可能离开德国的制造业而单独存在的。客户在购买了德国的产品后，也就自然会选择德国的服务。这不仅延长了工业产业链，提高了"德国制造"的市场占有率，又进一步提高了产品的附加值，加强了客户对品牌的信任度和依赖度，取得了很好的经济效益。

3. 加大科技创新投入力度，加速推进产业结构的优化升级

产业结构升级的核心是产业技术创新能力的提升。德国经济的优势来源于通过技术的不断创新，促进工业技术革新，促进本国产业结构升级和比较优势向竞争优势的转变，增强企业国际竞争力。我国产业技术创新能力，包括产品和服务的知识含量和技术含量都比较偏低，需要加大科研经费投入。通过科技创新，可以推进产品结构的升级，改造传统产业，促进科技成果的转化，缩短科技成果转化的周期，推动新兴产业的崛起，培养新的经济增长点，同时也能使传统产业重新焕发出新的活力。

4. 重视人才在产业结构调整中的作用

21世纪以来，经济全球化趋势明显增强，科技革命迅猛发展，产业结构调整步伐日益加快，世界各国都在千方百计地争夺智力资源，人才已经成为一个国家社会发展最重要的因素。人才在各个产业中合理、均衡地分布，也会影响产业结构调整的速度。目前，我国人才结构不合理，高层次的复合型人才、高技术人才、高层次管理人才缺乏，这些都会影响我国产业结构优化的速度。尤其是某些新兴产业的发展更离不开人才的支持，所以，我国只有调整和优化人才结构，加快工业信息化进程，才能促进产业结构向更加合理化和高度化的方向迈进。

案例短析

以供给侧结构性改革为主线的产业结构调整

中国已先后颁布了《90年代国家产业政策纲要》和《当前国家重点鼓励发展的产业、产品和技术目录》,2008年金融危机过后,中国政府又出台了一系列的“保增长、扩内需、调结构”的产业政策,并出台了十大产业(汽车业、钢铁业、装备制造业、电子信息业、物流业等)振兴规划,这些对产业结构调整确实取得了一定效果。当前,我国产业结构调整中一个瓶颈问题就是传统产业领域的产能严重过剩,中国政府审时度势实行供给侧结构性改革,制定相应的产业政策,包括对下岗职工安置的各种扶持措施,以推动企业的兼并重组,实现产业的规模优势,把产业结构调整与化解产能过剩危机结合起来。进一步适应市场的竞争与变化,促进我国产业结构的优化。

三、我国的产业布局政策

我国产业布局的历史轨迹,表现为均衡发展向非均衡发展逐渐演变的过程,并具有明显的阶段性特征。

(一)改革开放前的均衡产业布局政策

新中国成立初期,占国土面积不到12%的东部沿海地区,聚集了全国70%以上的工业,上海、天津、青岛、广州、北京、南京、无锡等市的工业产值占整个工业产值的94%,内陆地区现代工业几乎一片空白。所以,新中国成立伊始,国家大规模向内地推行工业化,以求均衡发展。

当时的产业布局主要是以政策导向为主,重工业不仅在东北等老工业基地继续发展,而且在中西部也大规模推进重工业化过程,选择的布局地点也以战备为需要。因此,我国重工业化布局不具有比较优势特征,是缺乏效率和效益的重工业化。同时,这种生产力的均衡布局和地方工业自成体系,违背比较优势原则的政策,造成了我国工业体系“遍地开花”的局面。改革开放前我国政府对空间公平的追求是用整体的效率损失换取区域的均衡发展,表现为近三十年时间全国收入水平及消费水平都处于增长缓慢乃至停滞状态,表面较高的增长速度是在扭曲的产业结构和绩效较低的情况下实现的。

(二)改革开放后的非均衡产业布局政策

1978年以后,在对传统计划体制进行改革和实行对外开放的过程中,我国区域经济发展和产业布局的主导思想发生了根本变化,从侧重公平转向侧重效率,一改过去的均衡发展,实施区域经济倾斜发展战略,把建设的重点转向东部沿海地区。在引进外资、国家投资、优惠政策方面,产业布局政策都倾向于东部地区。非均衡的产业布局政策对我国经济发展产生了积极影响。首先,产业布局经历了从均衡到非均衡的转变后,在全国范围内呈现出自东向西梯度分布、由南向北展开的布局。其次,根据各地域的优势,初步形成了产业布局的地域分工。东部地带的12个省(市)区经济发达,工业结构偏向于加工工业,技术和资金密集度较高。中部九个省区,工业发展水平大幅度提高,原料工业和重加工工业较突出。西部九个省区,区内经济地理位置和自然条件较差,但拥有丰富的矿产资源,工业结构以采掘业为特色。最后,中心城市的辐射力增强,有效带动了周围区域经济的增长。东部地区的大中型城市，对周围地区的辐射和带动作用增强，形成了工业密集区域，如长江三角洲地区、环渤海地区、珠江三角洲地区。

但非均衡的产业布局也存在负面影响。首先，地区经济差距扩大，区域经济发展不平衡加剧。1980—1992年，中部与东部人均国内生产总值相对差距由31.2%扩大到了43.1%，西部与东部的人均国内生产总值的相对差距由43.8%扩大到50.5%。其次，区域经济摩擦、地区封锁日趋强化。自20世纪80年代初期财税实行“分灶吃饭”和分权体制改革以来，区域中的地方政府获得了相当大的权力。区际关系开始按市场规则行事，由于转轨时期新旧体制的摩擦，使区域经济形成活跃与紊乱并存的局面。再次，产业布局非区位化，引发区域产业结构趋同。在利润动机的诱导下，各地区纷纷加速发展投资少、见效快的加工工业，忽视基础产业，从而导致各地区产业结构雷同。在加工工业上，一些拥有先进技术和设备，有条件发展深加工和高技术产业的发达地区未能较快改造传统产业，振兴新兴产业，而是在某种程度上固守原有的一般加工水平，产业升级换代缓慢。而一些设备技术差的落后地区限制原材料流出，自搞加工，刻意追求高附加值，又往往依靠外汇进口元器件来支撑耐用消费品加工工业。结果导致资源产区和加工地区的产业结构从不同的起点出发，走向趋同。最后，注重地区经济倾斜，忽视产业倾斜。从比较利益理论和非均衡理论出发，给基础好的地区某些政策倾斜优惠是应该的、可行的。但是必须把地区倾斜与产业倾斜结合起来，着力培育地区增长点和产业增长点。我国在产业布局实践中对东部地区进行了全面倾斜，在一定程度上忽视了中西部地区的发展，特别是中西部地区的农业、能源、原料和交通运输等基础产业。

内容摘要

◎ 产业结构政策，是政府根据一定时期内本国产业结构演化趋势，按照产业结构高度化的演变规律，规定各产业在国民经济发展中的地位和作用，确定产业结构协调发展的比例关系，以求得经济增长和产业资源配置效率的改善。

◎ 产业结构政策依据产业周期发展规律分为四类：主导产业选择政策、幼稚产业保护政策、衰退产业调整政策和战略产业扶持政策。

◎ 主导产业的界定标准包括：赫希曼产业关联标准、筱原三代平基准和日本产业结构审议会基准等。

◎ 幼稚产业的界定标准包括：穆勒标准、巴斯塔布尔标准、肯普标准和小岛清标准等。

◎ 产业布局政策是指政府机构根据产业的经济技术特性、国情、国力状况和各类地区的综合条件，对若干重要产业的空间分布进行科学引导和合理调整的意图及其相关政策措施。

◎ 产业布局政策的主要类型包括：产业布局投资政策、产业布局调整政策、产业布局组织政策、产业布局导向与激励政策和地区均衡与非均衡发展政策。

关键词

产业结构；产业布局；雁行论；知识经济；产业立国；主导产业；幼稚产业保护；均衡与非均衡发展；赫希曼产业关联标准；筱原三代平基准；巴斯塔布尔标准；肯普标准；小岛清标准

思考与练习

1. 简述产业结构政策的主要内容。
2. 简述我国改革开放后产业布局的演变过程。
3. 简述产业结构政策与产业布局政策的区别与联系。
4. 简述主导产业界定的主要原则。
5. 幼稚产业的界定标准有哪些?

第十四章　高新技术产业的反垄断政策调整

本章结构图

- 高新技术产业的反垄断政策调整
  - 高新技术产业的动态竞争特点
    - 对静态竞争观在高新技术产业中的质疑
    - 传统行业与高新技术产业的竞争比较
    - 高新技术产业动态竞争的实证研究
  - 传统反垄断法的缺陷和政策启示
    - 传统反垄断法在高新技术产业中的适用缺陷
    - 高新技术产业反垄断政策启示
  - 反垄断经济学的思想演变
    - 结构主义时期
    - 效率主义时期
    - 策略主义时期
    - 反垄断经济学最新发展
  - 我国的反垄断政策
    - 主要条款
    - 我国《反垄断法》实施面临挑战
    - 我国反垄断政策未来调整

学习目标

通过本章学习，了解高新技术产业的动态竞争特点，在此基础上明确传统反垄断法对高新技术产业的适用缺陷。熟悉高新技术产业的经济运行规律，应用高新技术产业竞争理论解释、指导产业经济实践。

第一节　高新技术产业的动态竞争特点

一、对静态竞争观在高新技术产业中的质疑

高新技术产业以高新技术为基础，从事一种或多种高新技术及其产品的研究、开发、生产和技术服务的企业集合。这种产业所拥有的关键技术往往开发难度很大，但一旦开发成功，便具有高于一般的经济效益和社会效益，主要包括信息技术、生物技术、新材料技术三大领域。包括美国在内的绝大多数国家反垄断法都是在传统工业经济条件下制定的，而在知识经济时代，高新技术产业的国际竞争决定着一国未来的兴衰荣辱。高新技术产业强调动态竞争，对于市场边界的界定、创新特征乃至竞争的理解与以规模经济为基础的传统工业经济都有很大不同，严格套用传统反垄断标准无疑有缺陷。因此，比照传统工业经济，在梳理高新技术产业的动态竞争特点基础上给出高新技术产业反垄断政策调整建言尤为重要。

纵观西方经济学的发展史，结合各国反垄断政策的实践，对竞争和效率的价值观主要有以下两种观点：

第一种是认为竞争程度"越强越好"的传统经济学观点。认为好的高新技术产业同样应该是竞争性行业，该产业被假定成生产同一种产品，利用同一种技术，价格是竞争的唯一基础。竞争程度越强，产生的价格就越接近于产品生产的边际成本，在竞争者获得零经济利润的同时，也实现社会福利中的消费者剩余最大化。这种观点指导下发展高新技术产业，既反对具有垄断势力的高新技术企业行使市场势力的策略性行为，又不能容忍任何促进行业技术进步必要的合作研发、专利池等企业间联合创新行为。

第二种观点认为"越强越好"的竞争理念只适用于成熟的、静态的、稳定的传统工业经济，而与高度竞争、由技术驱动的高新技术产业并不相容。高新技术产业的动态竞争性质，传统的竞争模型在这里运用的范围十分有限。以知识为基础的高新技术产业，产业特征、质量、诚信度和服务等都是市场绩效的体现，特殊情况下比价格对消费者更重要。因此，高新技术产业的反垄断需要同时考查价格和性能的竞争，不能仅仅考虑价格因素。

二、传统行业与高新技术产业的竞争比较

相对于成熟稳定的传统行业，高新技术产业技术机会丰富，技术进步对研发投入有极高的敏感性，行业内企业有极高的研发激励的产业。[①] 与传统行业相比，高新技术产业表现出以下主要特征：

（一）从供给方规模经济到供需双方规模经济

传统产业组织分析中规模经济是从生产和供给角度，伴随着企业规模扩张单位经营成本下降。供给方规模经济在哈佛学派的SCP分析范式中处于核心位置，是进入壁垒的重要影响因素。在规模经济明显且市场趋于成熟的传统行业，进入者很难在最小最优规模水平(MES)上形成有效进入，从而为在位厂商构筑高进入壁垒。

---

① 技术机会是指通过研发投入扩大生产可能性边界的潜在可能性，用于衡量不同行业技术进步和创新速率对研发投入的敏感性。新古典经济学文献通常将技术机会定义为研发支出的新产品产出弹性。

传统工业经济的规模经济仅体现在生产领域，而高新技术产业的规模经济既体现在供给方规模经济，也体现在需求方规模经济上。需求方规模经济，也称作网络效应，本质上是一种消费的正外部性。在以知识为载体的高新技术产业中，普遍存在网络效应和正反馈现象。网络效应是指用户总量的增加不仅提高增量用户的效用，同时也增加已有的每个存量用户的效用水平。正反馈是指高新技术产业生产和消费遵循的“硬件＋软件”模式，某种商品使用者增加会提高另一种互补性商品使用者的价值。在网络效应和正反馈效应十分强烈的高新技术产业中容易产生“倾倒”效应，任何一个时点上市场同时存在互不兼容的产品都是不稳定的。用户基数大的厂商不断吸引其他厂商的用户，产生“滚雪球效应”，市场倾向仅存在单一厂商时才会均衡。这便是高新技术产业因网络外部性产生的“赢者通吃”效应，导致行业生产范式和标准迅速向主导性厂商收敛。正是需求方规模经济的存在，使得高新技术产业市场高度寡占不仅可以保证行业生产实现规模经济，也是产品消费的一种必要。

（二）从静态的价格竞争到动态的技术范式转移

在标准的新古典福利经济学分析框架下，充分竞争被赋予效率的含义。竞争越充分越能增进社会福利，充分竞争使价格趋向边际成本，资源配置才能实现帕累托最优。新古典竞争越充分越好的理念只适合传统行业，竞争形式主要是静态的价格竞争形式。厂商在行业总量需求既定的情形下，尽可能通过低价格获得更多的市场份额。

高新技术产业与成熟的传统工业行业的竞争和创新活动有本质区别。创新型产业竞争除了固有的残酷性和周期性以外，更具有不可预测性。对于传统行业，市场需求和结构相对稳定，技术创新活动多为累进制的连续性创新，一般是对现有产品生产方式或流程进行改良，基础性的技术原理和技术范式一般不会轻易改变。范式转移是指长期形成的思维习惯、价值观和技术路线的改变和转移，最早是由美国科技哲学家托马斯·库恩提出。典型的技术范式革命有宽屏上网的普及、BT 技术和 3G 技术等。

在高新技术产业中，不乏新进企业通过创新改变行业技术范式，获得主导性厂商地位的范例。微软公司通过 Windows 操作系统的开发取代此前广泛应用的 DOS 操作系统，迅速从 IBM 的子公司蜕变成为操作系统领域的主导性厂商。1839 年，第一张感光成像照片轰动了世界，推动化学成像行业的发展，造就了柯达、索尼等老牌相机生产国际大鳄。但随着数字技术发展，数码相机步入人们的生活并颠覆传统感光介质成像，成为行业主流技术范式，与此同时，尼康、佳能和三星等公司成为行业新宠。

案例短析

移动通信行业的“动态竞争”

在成本推动的传统成熟行业中，创新基本上沿着原有的技术路线进行，技术进步多以累进、改良型为主。而高新技术产业不仅技术进步快，且伴随着重大的技术革新乃至行业技术范式的转变，产业本身也在技术转变过程中逐渐演化。举例来说，移动通信技术目前已经历三次重大技术范式变革，从最早的数字模拟技术到 GSM 标准，再到 3G 标准，领导或顺应技术范式间断性变革的主导性厂商依次是 Motorola 公司和 Nokia 公司。从演化经济学角度看，高新技术产业这种间断性的技术范式转移实质上是产业演化过程中的重要拐点。

高新技术产业以范式转移为特征的动态竞争，质疑以古典经济学为理论基础的传统反垄断分析的适用性。传统反垄断分析假定技术和需求既定，关注现存市场结构和进入障碍。

而高新技术产业中,只有努力开发出新产品,才能保持竞争优势。因为技术范式为创新者颠覆在位者提供潜在机会,也使暂时的领导厂商不能像传统行业那样借助进入壁垒阻止进入,从而始终保持创新激励。在高新技术产业中,主导性厂商不能连续技术创新而丧失领导地位直至在竞争中"创造性毁灭"的例子比比皆是。印刷业的产业演化就是一例,该行业迄今历经了五次重大技术范式变革,没有任何一家企业能够连续在两代产品中保持领先地位,可见该行业动态竞争的残酷性。研究发现,高新技术产业发生重大技术变革后,只有25%的原有企业能在下一代产品市场存续。

因此,传统行业投资利润率在未来相当长时间内一般不会出现剧烈变动,既往投资的收益成本信息可为企业未来研发决策提供指导。而对于高新技术产业,创新活动类似于蛙跳,竞争的本质特征是引领行业技术的非连续、跳跃的范式转移。未来市场的竞争结构与现存市场结构无关,过往研发活动形成的利润率对现时研发决策并没有借鉴意义,创新活动变得更不可预测。不难理解,高新技术产业的"非连续、跳跃的技术范式转移"与熊彼特将创新内涵理解成"创造性毁灭过程"本质上是相通的。从静态的价格竞争到动态的技术范式转变,使人们有足够理由怀疑以静态的、完全竞争模型为基础的反垄断分析在高新技术产业的适用性。表15.1比较了传统工业经济与高新技术产业的主要特点。

表15.1　传统工业经济与高新技术产业的比较

比较内容		传统工业经济	高新技术产业
驱动机制		成本驱动	创新驱动
规模经济情况		生产的规模经济	生产和消费的规模经济
效率判断标准		静态的帕累托最优	动态的技术进步率
竞争特点	连续性	连续	非连续
	周期性	周期性	非周期性
	可否预测	可预测性强	不确定性
	技术特征	技术改良为主	技术范式转移

(三)从"市场内竞争"到"为市场竞争"

由于进入壁垒和流动性进入壁垒的存在,不仅限制潜在厂商在有效规模水平上进入,同时也阻碍市场份额在不同子组之间的流动。①对于传统的工业经济部门,市场结构相对稳定,行业内企业在给定的市场环境下为市场份额而战。市场和市场结构对企业而言都是外生的,传统行业内的企业竞争本质上是"市场内竞争"。

高新技术产业内竞争最形象的描述是新技术开发的序列竞赛,竞赛的胜者通常会获得市场的领导地位,但这并不意味着胜利者从此高枕无忧。为维持主导地位,厂商将不可避免地立刻参加下一轮的研发竞赛。也正因为如此,高新技术产业中不乏出现同一个主导性厂商在激烈竞争中,连续获胜保持产品市场领导地位的现象,但这并不意味着竞争的消亡。高新技术产业在间断的技术范式转变时,消费方式和消费习惯也会发生改变,市场结构甚至市场本身都处在动态变化中。市场结构不再是外生的,而是可以通过在位厂商的技术创新内

① Porter M E. The Structure within Industries and Companies Performance[J]. Review of Economics and Statistics, 1979,61(2):214-227.

生改变。企业竞争不再是市场份额的增减，成功的进入往往会导致主导性地位的更替而赢得整个市场，竞争演变成“为市场竞争”的形式。

可以说，从“市场内竞争”到“为市场竞争”的转变是高新技术产业区别于传统行业竞争最本质的概括。

三、高新技术产业动态竞争的实证研究

新古典经济学和结构学派认为竞争是一种状态，而奥地利学派将竞争描述成一个过程。[①]虽然 CR_n 和赫芬因德指数等集中度指标在标准产业组织分析和反垄断并购实践中得到广泛应用，但从本质上看二者都是竞争程度的静态指标，无法从动态角度衡量市场份额、企业位次的流动性。Baldwin 等研究加拿大制造业集中度和市场份额流动性关系，发现尽管总体上制造业集中度保持相对稳定，加权 CR_4 仅下降 1%，但通过行业进入、退出、市场份额收缩和扩张定义的行业不稳定指数高达 0.36。[②]集中度指标仅从静态角度测算了行业竞争的广度，动态的市场份额流动性和位次变动才是竞争强度的直接测度，反映了行业内企业间竞争的深度。如果说集中度指标衡量成本驱动、外生结构性进入壁垒作用很强的传统行业竞争程度尚存在不足，那么用其衡量高新技术产业的竞争程度就更是捉襟见肘。本部分以中国高新技术产业为例，从市场份额的流动角度对高新技术产业动态竞争特征进行实证研究。

（一）行业不稳定指数

市场份额流动性包括两个方面：一是市场份额从收缩企业向扩张企业转移的市场份额，二是进入企业和退出企业的市场份额。为考察中国高新技术产业市场份额的变动特征，将考察期 2009—2013 年内各行业企业分成三组。

（1）进入企业：属于 2013 年但不属于 2009 年，2013 年总市场份额记为 EN。

（2）退出企业：属于 2009 年但不属于 2013 年，2009 年总市场份额记为 EX。

（3）在位企业：既属于 2009 年又属于 2013 年。

在位企业分为扩张企业和收缩企业两类，其市场份额增减的绝对值分别记作 CNGN 和 CNLS。借鉴 Baldwin 的做法，行业不稳定指数 TURN 可综合在位企业市场份额变动和行业进入退出两个方面信息，包括进入、退出企业市场份额变化 TURNE 和在位厂商市场份额的收缩与扩张 TURNC。

$$\text{TURN} = \text{TURNE} + \text{TURNC} \tag{15.1}$$

$$\text{TURNE} = 0.5(\text{EN} + \text{EX}) \tag{15.2}$$

$$\text{TURNC} = 0.5(\text{CNGN} + \text{CNLS}) \tag{15.3}$$

目前我国高新技术产业管理代码共 8 位数，根据前两位数将高新技术产业分成电子信息、软件、航空航天等 11 个中类产业。根据行业不稳定指数定义，表 15.2 计算出各行业考察期内市场份额的流动情况。

---

① Reid G. Theories of Industrial Organization[M]. Oxford: Baisil Blackwell, 1987.

② Baldwin J R, Gorecki P K. Concentration and Mobility Statistics in Canada's Manufcturing Sector[J]. Journal of Industrial Economics, 1994, 42(1): 93-103.

表 15.2　2009—2013 年中国高新技术产业市场份额流动情况

产 业 分 类	进入与退出 TURNE		收缩与扩张 TURNC		不稳定指数 TURN
	进入 EN	退出 EX	扩张 CNGN	收缩 CNLS	
电子信息	0.32	0.16	0.21	0.26	0.475
软件	0.41	0.36	0.18	0.21	0.58
航天航空	0.02	0.04	0.52	0.48	0.53
光机电一体化	0.71	0.54	0.69	0.48	1.21
生物医药器械	0.56	0.32	0.35	0.41	0.82
新材料	0.66	0.24	0.52	0.57	0.995
新能源	0.25	0.17	0.38	0.29	0.545
环境保护	0.44	0.37	0.29	0.31	0.705
地球空间海洋	0.14	0.09	0.23	0.18	0.32
核应用技术	0.05	0	0.27	0.23	0.275
现代农业技术	0.24	0.17	0.47	0.32	0.60
平　均	0.345	0.224	0.374	0.34	0.641

资料来源：根据 2009 年和 2013 年《中国高新技术产业统计年鉴》整理。

高新技术产业各行业不稳定指数从最低的核应用技术 0.275 到最高的光机电一体化 1.21 不等，平均值高达 0.641。而在样本考察期内以主营业务收入加权平均的 CR_4 仅增加 1.3%，表面稳定的高新技术产业背后隐藏着巨大的市场份额流动和企业位次变动，凸显静态的集中度指标衡量行业竞争程度的局限。作为比较，表 15.3 列出了 2004—2008 年部分传统行业市场份额变动情况，各指标定义和计算方法同上。

表 15.3　2004—2008 年中国部分传统行业市场份额流动情况

产业分类	进入与退出 TURNE		收缩与扩张 TURNC		不稳定指数 TURN
	进入 EN	退出 EX	扩张 CNGN	收缩 CNLS	
煤业开采洗选	0.053	0.03	0.037	0.108	0.114
白酒制造	0.086	0.012	0.01	0.185	0.147
纺织服装	0.04	0.059	0.02	0.02	0.07
氮肥制造	0.102	0.151	0.08	0.087	0.21
水泥制造	0.134	0.047	0.006	0.017	0.102
炼钢	0.188	0.237	0.06	0.07	0.278
钢压延加工	0.086	0.116	0.033	0.201	0.218
汽车整车制造	0.226	0.106	0.05	0.33	0.356
家用影视设备	0.1	0.183	0.141	0.051	0.238
火力发电	0.06	0.107	0.021	0.031	0.11

续表

产业分类	进入与退出 TURNE		收缩与扩张 TURNC		不稳定指数 TURN
	进入 EN	退出 EX	扩张 CNGN	收缩 CNLS	
金属船舶制造	0.219	0.07	0.02	0.287	0.30
平均	0.118	0.09	0.044	0.127	0.191

资料来源：根据全国第一、二次经济普查年鉴、《2005 年中国大企业年鉴》和《2009 年中国大中型企业年鉴》整理。①

比较表 15.2 和表 15.3 可知，高新技术产业的不稳定指数系统性高于传统行业。进一步来说，统计检验结果表明，高新技术产业不稳定指数显著高于传统行业，说明适用传统行业的反垄断标准和程序并不一定匹配高新技术产业。

第二节　传统反垄断法的缺陷和政策启示

一、传统反垄断法在高新技术产业中的适用缺陷

传统反垄断标准和程序适用于以规模经济为基础、成本驱动的传统工业经济。对以创新驱动的高新技术产业，传统反垄断执法标准和程序都存在缺陷，表现在市场界定、市场势力测度和进入壁垒等方面。

（一）市场界定

市场界定是反垄断诉讼分析的起点，许多反垄断案之所以存在争议，归根结底，都可从市场界定上找原因。②如果市场界定的太宽，也就不存在什么市场势力；反之如果市场界定的太窄，则随处都是市场势力。传统反垄断实践中，主要应用假设垄断测试进行市场界定。虽然这种方法有一定的经济学理论基础，但应用到高新技术产业的市场界定时存在许多缺陷。假设垄断测试基本思想是垄断企业价格上涨后，替代将根据交叉弹性大小和地理范围远近依次进行。美国 1982 年《并购指南》给出详尽的 SSNIP(small but significant non-transitory increase in price)操作方法，成为目前市场界定的主流方法。假定垄断者对目标产品（或区域）进行不低于一年的小幅涨价（一般在 5%左右），如果其他产品（或区域）的强烈替代使其无利可图，该产品（或区域）就应该纳入产品市场（或区域市场）的范围。这就需要继续扩大集合内产品（或区域）的范围，直至提价对垄断者有利可图。市场的界定就是同一地区其他厂商产品（或毗邻市场产品）与其展开对等竞争的最狭窄的市场。

需求替代的可能性边界是 SSNIP 方法的关键，假设垄断测试的中心问题是确认竞争性替代产品和需求交叉弹性的测算。对于非专业技术人员而言，无论经济学家还是法学家，想在高度差别化的高新技术产品间确定是否存在替代关系以及替代程度，将是十分困难的事情。在反垄断司法实践中，SSNIP 测试基本思路是如果客户因产品提价而转向竞争性卖者的产品，则说明该行业存在替代竞争，否则说明存在市场势力。一般说来 SSNIP 测试比较适

① 2005 年中国大企业年鉴和 2009 年中国大中型企业年鉴核算的分别是 2004 年和 2008 年数据。

② 市场界定是著名的微软垄断案争论焦点。原告网景公司倾向将 PC 行业相关市场界定成 PC 用户和浏览器兼容的操作系统，而被告坚持微软和网景公司的竞争是平台的竞争。

用以价格为竞争工具、以市场份额为竞争目标的传统行业。但对以产品差异化(通过研发实现)为竞争工具、以引领和创建市场为竞争目标的高新技术产业,SSNIP 方法很难适用。原因是对产品高度差异化的高新技术产品市场,市场往往被高度细分,许多产品往往是为了满足某个群体用户的个性化需求特定设置。客户将被供应商锁定,此时即便具有个性化的产品市场存在激烈竞争,供应商的提价也不会导致用户需求转移。于是,需求替代为基本思路的假设垄断测试和 SSNIP 法用于高新技术产业市场界定存在缺陷。

高新技术产业中重要的不是在现有产品中寻找替代品的可能性,而是创新竞赛中争夺未来产品开发。在竞争激烈的高新技术产业中,谁能将消费者潜在的需求通过技术实现,谁就能领跑行业。从这一意义上讲,衡量高新技术产业竞争程度并不是现有厂商出售相近替代品的能力,而是同一市场中的其他厂商致力于下一代产品开发的可能性。因此,高新技术产业的市场界定应该基于现有厂商通过研发努力开发下一代产品的重叠程度,现有产业组织理论框架下很难界定高新技术产业的市场范围。

案例短析

奇虎 360 诉腾讯案中的"相关市场界定"

被誉为中国"互联网反垄断第一案"的 360 诉腾讯滥用市场支配地位案,于 2014 年 10 月 16 日落下帷幕,最高院维持原判,认为后者不构成垄断。该案是我国互联网历史上诉讼标的额最大的垄断案件,涉诉双方均为我国互联网领域中的领军公司,被业界称为"3Q"大战。与大多数反垄断案例一样,相关市场的界定成为该案的争论焦点。奇虎 360 认为"中国的即时通信市场"构成一个独立市场,并强调这是中国的法庭,境外的判例是不准确的。腾讯在法庭上认为,即时通信、社交网站等都是属于平台级的产品,都是在全球范围内参与竞争,相关地域市场适用于全球市场。业内专家认为,这个案件的判决是关于市场界定的一个重要里程碑,将从司法角度划清正当竞争与垄断市场之间的界限,促进互联网的良性竞争。

(二) 市场势力的测度

市场势力测度最理想的工具当属 Lerner 指数,用厂商将价格提高至边际成本以上的比例衡量市场力量。但边际成本数据通常很难获得,且如何将企业的市场势力加总到行业,理论上仍存在分歧,实践中很少使用 Lerner 指数衡量市场势力。在 Bain 的集中度-合谋-利润率假说下,哈佛学派主张使用利润率数据衡量市场势力,很长一段时间成为美国反托拉斯实践的主要方法。在竞争使资产收益率趋同的均衡理念下,如果某个行业享有长期、稳定的超额利润,则一定是在位厂商构筑进入壁垒或滥用市场支配地位的结果,反垄断法对二者都不能容忍。将利润率直接测度市场势力显然存在弊端,正如芝加哥学派批判的那样,高利润率不是在位厂商合谋后行使市场势力的结果,而是大企业经营效率的体现。

用利润率衡量市场势力如果说在传统行业尚存在争论,那么对高新技术产业,研发的事后高利润与垄断势力更是毫不相关,甚至是一种必要。利润也不再是正常的投资收益,而是对厂商从事高风险研发活动的一种风险补贴。事实上,如果没有获得这些超额利润的预期,便没有企业参与研发竞赛。

(三) 进入壁垒

对于传统行业而言,垄断势力的存在不仅要求主导性厂商没有现存竞争压力,同时要免受潜在进入者的进入威慑。进入壁垒成为集中度外另一个影响行业竞争程度的结构性因素，垄断势力的存在要求潜在进入企业短期内很难在MES水平上进入。Bain认为高集中度并不是高利润率的充分条件，和高进入壁垒的结合才能保证垄断者享有高利润。①

传统行业的产业组织分析和反垄断实践中，对进入壁垒高低的衡量是分析核心。反垄断部门应高度关注市场集中且进入壁垒很高的行业并购行为，而对进入壁垒很低的行业（即使现在市场集中度很高），潜在的竞争压力会对在位厂商的行为形成牵制，约束主导性厂商滥用市场支配力的行为。在传统行业中，进入者的潜在竞争压力要想形成约束力，所需的规模水平不能低于MES，通常需要相当大的市场份额为前提。而在高新技术产业领域，进入者是否进入某一市场取决于未来能否获得市场主导地位。

与传统行业比较，高新技术产业的进入壁垒的构成和影响因素都不同，其在反垄断执法中的重要性也不断削弱。传统行业的进入壁垒的形成主要是外生结构性因素，如规模经济壁垒、必要的资本量和绝对成本优势。而在高新技术产业，外生结构性壁垒对进入影响变得相对不重要，因为潜在进入者可以通过技术创新实现技术范式的改变，颠覆在位大厂商的主导性地位。此时，在位主导性厂商的策略性行为形成的内生性进入壁垒对进入和由此产生的社会福利变得尤为重要。

二、高新技术产业反垄断政策启示

国际上主要国家和地区的反垄断法都是在近一个世纪以前制定的，执法标准基于传统工业经济。如今，发达国家已步入后工业化社会，知识经济初见端倪，高新技术产业发展决定着一国在国际竞争中的兴衰荣辱。以高新技术产业为主体的创新型产业与传统行业在市场界定、进入壁垒、竞争和创新特点等都存在本质区别，不禁使人们质疑以传统工业经济为基础制定的竞争政策在高新技术产业的适用性。传统部门竞争是"市场内竞争"，市场结构是外生的；而在以知识、信息为载体的高新技术产业，市场在创新竞赛中处于不断的动态变化中，企业"为市场竞争"，市场结构是内生的。传统行业反垄断关注的是给定资源的配置效率，对于创新型产业，更重要的是竞争强度如何影响创新速率以获得的动态效率。目前，世界上尚没有任何一个国家专门针对高新技术产业制定的反垄断法，这既无必要也不可能。在发展和变革为特征的高新技术产业中提出完善的反垄断分析技术，特别是动态社会福利标准，目前来看时机尚未成熟。国外高新技术产业有影响力的反垄断案例，对我国高新技术产业反垄断执法也有一定启示。

（一）要摒弃竞争"越充分、越强越好"的传统经济学理念

对于以规模经济、成本驱动为基础的传统行业，价格成为主要竞争变量，充分的竞争方能保证价格趋于边际成本，实现静态的资源配置帕累托最优。因此，竞争"越充分、越强越好"的理念比较适用于成熟稳定的传统行业，而与强调动态竞争、创新驱动的高新技术产业并不匹配。本书对中国高新技术产业的市场份额流动性分析表明，表面稳定的市场结构隐藏着巨大的市场份额的流转，静态的集中度指标很难准确测度高新技术产业的动态竞争程度。高新技术产业技术进步以非连续的"蛙跳"为主要特征，企业可以通过研发的技术范式转变实现创新进入，行业市场份额迅速"倾倒"出现新领导者或寡头割据局面。技术范式转

① Bain J S. Relation of Profit to Industry Concentration: American Manufacturing 1936—1940[J]. The Quarterly Journal of Economics, 1951, 65(3): 293-324.

变为创新者颠覆在位者提供潜在机会,也使在位厂商始终保持创新激励。

(二)切忌将传统行业的反垄断标准和程序简单套用到高新技术产业

高新技术产业的竞争具有颠覆性、动态性和非连续性特点,无论是市场范围、进入壁垒和排他性行为的界定,与传统行业都有很大的不同,不能将适用于传统行业的反垄断标准和程序简单套用到高新技术产业的反垄断诉讼中。以市场范围的界定为例,之所以将过去的反垄断政策视为适用于静态的传统行业,是因为仅考虑到某一时点上市场的竞争者数量和规模分布。而高新技术产业以技术范式转移为特征的动态竞争,竞争并不在现有厂商间进行,而是与未来厂商的新产品,市场界定因此要考虑"视界"特征。高新技术产业市场界定首先要考虑"视界",也就是时间眼界。一些重大的技术范式转移的创新,其"视界"至少向前扩展4~5年。其次还要考虑创新的频率和强度,对于新产品和新技术层出不穷的高新技术产业,垄断势力就不可能存在,虽然市场份额或垄断利润很高。

(三)竞争政策目标要从理想的市场结构转向促进创新

当我们把创新理解成一种"过程"时,处在寻求和学习新经济机会变革时期的企业会异常脆弱。竞争政策制定部门必须在新市场机会的培育期内对创新企业予以政策引领和支持,密切关注企业资本结构的变化。即便出现销售和分配的横向协议给企业带来的暂时高利润率,需将其视为补偿创新成本的手段,而不是合谋或滥用市场支配地位。面对不确定性行业内企业间自发形成某种协作机制,如专利池制度,其目的并不一定是攫取创新获益,而是为未来补偿研发收益提供某种"通道"以维持创新投资联盟。类似于这种市场信息交换和研发活动中的协作,反垄断当局应该鼓励以促进企业创新投资,容忍专利池和技术许可等新的资源组织形式。虽然高新技术产业中横向协作会提升市场集中度,但有益于企业创新。退一步讲,即便协作带来的市场势力产生静态效率损失,但获得的动态效率增进是多倍的。在高新技术产业中,竞争政策的目标需从追求理想的市场结构向促进创新转变。

第三节　反垄断经济学的思想演变

反垄断法作为维护市场竞争的专门立法,其制定实施和演变都是以反垄断经济学理论为基础。通常法学追求公平公正,经济学追求效率,反垄断经济学就是为制定竞争政策提供经济理论和方法支撑的一门交叉科学。反垄断法需要经济学提供立法的理性基础,拓展了经济理论的应用范围。回顾世界各国尤其是反垄断诞生摇篮的美国反垄断演进的历史,每一次反垄断思想演变背后无一不是因为反垄断经济学思想的演变。反垄断经济学领域的资深学者 Kwoka 曾坦言:"反垄断经济学在反托拉斯执法过程中的重要性已经确立。现在反托拉斯政策颁布和法院最终裁决越来越以经济学分析尤其是以最前沿的反垄断经济学分析为基础。对某项反托拉斯最终裁决无论是支持者还是批评者,都使用竞争和效率术语来论证自身观点,都承认经济理论所发挥的关键作用"。[①]

反垄断经济学的思想可以追溯至亚当·斯密主张的古典主义经济自由主义,斯密认为个人合约自由和不受限制的竞争能保护消费者免受经济权利滥用之害。早期的博弈论模型

① 克伍卡·怀特. 反托拉斯革命[M]. 4版. 林平,藏旭恒,等译. 北京:经济科学出版社,2007:4-5.

也曾讨论寡头垄断对均衡价格、产量和社会福利的影响。Cournot 模型的基本结论是产出低于竞争产出,价格高于竞争价格。产品无差异的 Bertrand 模型预言尽管市场上只有两个厂商,也能实现资源配置效率古典经济学意义上的最优,市场结构并不构成社会福利最大化的障碍。马歇尔在《经济学原理》一书中充分肯定了规模经济的作用,同时也认识到在市场规律作用下企业无休止地盲目扩张会内生出垄断,从而降低经济运行效率,企业缺乏竞争活力。在马歇尔看来,规模经济和竞争活力对社会是一个两难选择,这就是闻名的"马歇尔冲突"。可以说,产业组织理论,在某种意义上就是为了解释和解决马歇尔冲突,并在这个背景下演绎成一门经济学分支科学。虽然这些学者的早期理论已蕴含了反垄断思想,但并没有形成完整的反垄断经济学理论体系。学界一般将哈佛学派的结构主义理论视为真正反垄断经济学的开始。本节按照反垄断经济学发展的脉络将其分为三个部分重叠的时期:结构主义时期、效率主义时期和策略主义时期,并阐述每个时期的反垄断基本思想。

一、结构主义时期

20 世纪 30—60 年代,以梅森初创、贝恩极大完成、最终谢勒完善补充的哈佛学派产业组织 SCP 分析范式成为产业组织主流分析方法。哈佛学派强调市场结构决定市场行为并最终影响产业配置资源绩效,因而这一时期被冠以"结构主义时期"。认为高度集中的行业便于企业间展开明确或默契的合谋,借助于外生进入壁垒,从而将价格长期保持在竞争水平之上。结构主义认为高度集中的市场结构破坏了自由竞争的微观基础,导致经济运行低效,相应在反垄断政策主张强烈要求实施反垄断政策。反垄断经济思想奉行"结构操纵",主张肢解具有市场优势的企业,不论何种形式的并购都要考虑由此带来的结构变化。二战以后,哈佛学派的结构主义思想成为了正统的产业组织理论,也成为了美国积极推行反垄断政策的指导思想。典型的事实是 1968 年总统特别咨询委员会关于反托拉斯政策的报告书中,认为现行反垄断法对于寡占市场的规制力过于薄弱。虽然有效的反托拉斯法律制度应该能带来竞争的市场行为和竞争的市场结构,但从长期来看,竞争的市场结构将为竞争的市场行为创造条件。因而比较竞争行为,竞争的市场结构更重要。结构操纵色彩在 1945 年著名的美国铝业公司反垄断案中表现得最为明显。虽然美国铝业公司通过铝面临大量替代材料的竞争和投资收益从未超过正常收益率为自己辩护,但是 Hand 法官最终裁决有罪。理由是该公司拥有 90%的市场份额,具有潜在实施垄断化的能力,虽然没有证据表明该公司对现有铝业市场产生不利后果,关键是铝业公司已经形成了该行业的事实垄断。司法部在判词中写道:国会没有区分好的垄断和坏的垄断,垄断本身就是违法。结构操纵思想在美国 1968 年最早的并购指南中显露无遗,该指南以四企业集中度 75%为界线,将市场分成高度集中市场和低集中度市场,根据并购前后市场集中度的变动额视为是否起诉某项并购的标准,即通常所说的安全港规则(safety harbour)。

二、效率主义时期

正当哈佛学派的 SCP 分析范式和反垄断结构操纵思想成为主流分析方法时,来自芝加哥大学的一批自由经济学者德姆塞茨、威廉姆森、波斯纳、鲍莫尔和斯蒂格勒等提出了以效率为基础的完全不同于结构分析的产业组织分析范式,这一时期也被冠以"效率主义时期"。芝加哥学派崇尚市场自由竞争,理论分析仍以新古典经济学均衡价格理论为基础,竞争的优胜劣汰功能使资源向优势企业集中,其高利润率不是勾结或行使市场力量的结果而是大企业高效运营的结果。芝加哥学派主张经济效率应是竞争政策的唯一目标，反垄断的指导思想应从结构分析转变为行为为基础的效率分析。结构操纵思想简单地将市场份额视为垄断是否有罪的标准表面上是在促进竞争，实际上是对竞争的损害和抑制。因为垄断从来都不是作为竞争的对立面出现，垄断是内生于市场竞争的，是竞争形式的深化。竞争在一定意义上就是市场占有率的竞争，效率较高的企业在市场竞争中获得更高市场份额正是竞争力的体现，稀缺的社会资源应该更多集中在这些优势企业手中才符合经济学成本效益原则。如果因为较高的市场份额就去制裁它，无异于打击先进，保护落后，“永远把下金蛋的鹅拖到反托拉斯的切肉墩子上去”。

芝加哥学派的代表人物威廉姆森的学术思想在美国历次并购指南修订中得到充分体现。威廉姆森长期致力于并购的福利分析，认为经营者集中的审查本质上是并购带来的市场势力和成本节约的权衡。人们很早就已经认识到，一方面并购通过允许资产从被兼并企业向兼并企业转移增进经济效率，另一方面并购尤其是横向并购通过兼并直接竞争者后会损害消费者福利，因为消费者的选择受到限制。为了解决这一难题，威廉姆森1968年建立了一个精巧的既增强市场势力又产生效率的并购分析权衡模型，被学界现在称为“威廉姆森权衡（Williamson tradeoff）模型”。至少在并购前没有市场势力或很小的情形下，该模型显示出并购后即便是相当小的成本下降也能足够抵消相当大的价格上升。威廉姆森模型的政策含义十分明显，当反垄断执法机构面临市场势力和效率两难选择时，政策制定应首先考虑效率。应当指出，这种对并购的福利悖论进行定量化分析，总会因为需求和成本数据和交易成本问题的存在使经济分析变得十分困难，对此威廉姆森也坦言并谦称其为“幼稚权衡模型”（naive tradeoff model）。美国1968年以后修订的并购指南开始考虑效率分析在反垄断执法过程中的作用。1984年并购指导准则中，当司法部在决定是否起诉某项并购时效率因素必不可少，一旦企业并购受到反垄断诉讼，效率就可以成为其抗辩的重要理由。

三、策略主义时期

正当哈佛学派和芝加哥学派围绕着反垄断是集中于结构还是效率争论时，一些后芝加哥学派的学者则集中于垄断的可持续性和垄断行为的可行性问题，提出了以博弈论分析方法为核心的策略主义，反垄断经济学由此演变到策略主义时期。策略主义一方面否定哈佛学派视市场结构既定，企业只能被动适应外生市场环境，拓展哈佛学派对进入壁垒的理解，提出策略性进入壁垒，市场结构是企业间策略互动的内生结果。另一方面，策略主义也摒弃芝加哥学派对完美市场机制的笃信，认为由于信息不对称、沉淀成本、网络效应和策略性行为等因素影响，现实的市场不再是完美的，政府通过反垄断法进行适度反垄断干预维持市场竞争机制是必要的。由于在进行产业分析时，博弈论成为共同语言，并应用新的经验分析技术来检验理论为案件裁决提供支持，这一学派也被称为新产业组织理论，代表人物有泰勒尔、夏皮罗和司马兰西等。

策略主义理论对于美国并购指南的修订也产生了一定程度的影响。1992年修订的《横向并购指南》中对横向并购的竞争效应不仅要分析需求替代还要考虑供给替代，不仅要考虑并购的合谋效应还要考虑并购的单边效应，并进一步依据沉淀成本分为无承诺进入和承诺进入，从进入的及时性、可能性和充分性对进入导致的供给替代条件进行细致分析。

四、反垄断经济学最新发展

20 世纪七八十年代，面对产业组织理论的新发展，联邦法院调整了反垄断部分条款，同时执行机构也改变了反垄断诉讼选择标准。反垄断经济思想的发展通常与芝加哥学派相联系，直接导致现行反垄断政策与 20 世纪五六十年代相比，开始质疑市场集中度和市场势力简单因果关系，重新审视纵向约束或纵向协议的效率增进作用。本部分就四个方面问题：相关市场界定、并购效率、进入条件和并购的单边效应，联系当前反垄断经济学的发展分析它们对反垄断执法的影响。这些经济理论的发展已经在 1997 年美国司法部和联邦贸易委员会颁布的《横向并购指南》中得到部分体现。该指南自 1968 年第一次颁布以来已历经数次调整，每次调整都有鲜明的反垄断经济思想发展的烙印。虽然在反托拉斯诉讼中法官并不需要恪守该指南，但该指南无疑对美国历次反垄断裁决产生重要影响。

（一）相关市场界定

无论是垄断行为还是经营者集中，相关市场界定是反垄断审查中的基础工作。假定垄断者测试是通过需求替代难易程度界定相关市场的一种分析思路，应用计量模型分析相关产业数据，假定垄断企业可以将价格持久地（通常为一年）提高到竞争水平以上并获利的最小产品集合和地理范围，从而界定相关产品市场。垄断企业的价格上涨会导致消费者通过与之相关的产品或毗邻地理市场的消费替代，并且通常情形下替代最先发生在需求交叉价格弹性高的替代品和最近的地理市场。随着价格上升幅度增加和时间推移，替代依次发生在交叉弹性小和更远的地理市场。反垄断审查机构首先从某一目标产品（或目标区域）开始，在其他条件不变的情形下，假设垄断企业对目标产品（或目标区域）进行持久地（通常为一年）小幅涨价（通常为 5%～10%）。如果其他产品（或区域市场）的强烈替代使其提价无利可图，就需要继续扩大产品市场（或区域市场）的范围。随着产品集合和地理市场的扩大，集合内产品与集合外产品的替代性越弱，最终涨价有利可图，此时的产品集合（或区域市场）就构成相关产品市场（或相关地理市场）。简言之，相关产品市场是毗邻市场产品或同一地区其他厂商产品与其展开对等竞争的最狭窄的市场。从反垄断目的看，地理市场是区域内生产企业维持显著高价格而不被竞争对手替代的最小区域范围，如果该区域内所有企业联合成一个垄断企业的话。

具体界定相关市场时，1982 年并购指南给出更为详尽的 SSNIP 操作方法，称作"小但显著的非暂时性提价"，并陆续被加拿大、澳大利亚和欧盟等国家和地区采用，成为目前市场界定的主流方法。对 1982 年并购指南相关市场界定的批评是该方法不能通过数据分析而严格地应用。然而不久便很快认识到这些批评站不住脚，假定垄断测试可以应用完全直接的方式如关键需求弹性（critical elasticity of demand）或关键损失分析（critical loss analysis）解决此类问题。关键需求弹性即为假定垄断厂商在目标市场上显著提高价格并且维持市场势力价格变动的最高幅度，如 5%。关键损失为假定垄断厂商愿意承受的因提高价格后市场份额最高减少额。

（二）并购效率分析的新发展

在分析某项收购对竞争的可能效应时，反垄断执法机构如何考虑兼并产生的成本下降或者其他效率增进因素呢？早期的司法程序对于兼并者效率增进的抗辩通常持怀疑态度，但 1997 年改版后的兼并指南中联邦执行机构采用新的方法，该方法与 Williamson 对兼并的社会福利效应分析框架相一致。

调整以后的指南意识到并购能产生相互冲突的两种动机：一方面兼并使得操纵市场势力更为便利从而导致高价格；另一方面兼并带来的成本下降使兼并后企业展开更有侵略性的竞争（在动态视角下，兼并指南甚至考虑兼并后企业对创新速度和产品革新的影响）。某项并购的净效应取决于二者力量的相对比较。并购指南聚焦于价格，强调兼并对消费者福利的净效应，在某些场合，执行机构还可以选择考虑兼并对相关市场生产效率的影响。

估计并购中价格上升和价格下降动机的相对大小可以通过传递比（pass-through Rate）表示，亦即并购后企业将成本变化中多大份额传递到价格中。传递比越低，必须有更高的边际成本下降程度用以克服反竞争动机产生价格提高给消费者福利带来的负面影响，最终产生价格下降的净效应。强调边际成本而非固定成本下降是基于固定成本下降对企业在竞争中的价格决策不产生边际影响，尽管社会因固定成本下降使资源流向其他部门而受益。同时提出企业特定传递比（firm-specific pass-though rate）概念，某些效率增进只有并购企业才能获得，并购才会导致特定企业成本下降（不会传到行业其他企业）。于是对于并购传递比的估计通常是企业特定性的，假定其他竞争对手边际成本保持不变，某个特定企业因并购产品价格变动与边际成本变动的比例。一般而言，企业特定的传递比比行业整体成本变动传递到价格中的比例亦即行业整体传递比低（indurstry-wide pass-though rate）。的确如此，在极端情形下，当竞争者是一个价格领导者时，该企业对特定成本下降丝毫不改变价格，除非整个行业的成本受到影响。企业特定传递比与行业整体传递比的差异对反垄断执行机构裁决某项并购是否合法扮演重要角色。

（三）进入条件的新发展

供给替代或进入能够对在位厂商的市场势力实施产生威慑和牵制作用，这是芝加哥学派批判结构学派只关注消费者需求替代对在位厂商竞争影响而忽略潜在进入的供给替代作用，也是芝加哥学派对新竞争理论的重要贡献。1982 年，《并购指南》首次将进入纳入并购效应的分析框架，并置于一个十分显要的位置。可竞争市场理论突出沉淀成本支出对在位企业市场势力影响的重要性。如果固定成本没有沉淀性，进入者和在位者有着相同的可变成本，该市场即为可竞争市场，此时即便是卖方高度集中的市场也能展开充分竞争。①但如果进入产生不可回收的沉没成本，在位者面临进入时可迅速降低价格，预期到进入后收益不能弥补沉淀成本，潜在的进入者在选择进入时会变得迟迟不前。②

1992 年的《并购指南》充分吸收了可竞争市场理论和新产业组织策略性进入壁垒理论，引入沉淀成本，将进入区分为无承诺进入（uncommitted entry）和承诺进入（committed entry）。前者是指在相关市场上出现显著而非暂时性的价格上升后一年内发生，且不需要花费显著沉淀成本的进入，后者是指在相关市场上出现显著而非暂时性价格上升后一年内不能发生或导致的显著的沉淀成本的进入。联邦执行机构决定某项反竞争的兼并的行业沉淀成本是否会威慑或阻碍新企业进入，需从进入的及时性、可能性和充分性对进入导致的供给替代条件进行细致分析。这就需要调查在最小生存规模上经营的新进入者是否能够制定

---

① Baumol W J. Contestable Markets: An Uprising in the Theory of Industry Structure[J]. American Economic Review, 1982, 72(1): 1-15.

② Schwartz M, Robert J R. Contestable Markets: An Uprising in the Theory of Industry Structure: Comment[J]. American Economic Review, 1983, 73(3): 488-490.

兼并前价格并保持一定程度的盈利性。[①]并购指南的这项要求是注意到如果新进入者的生存产量太大以至于市场不降低价格无法吸收，或者在位者有足够产能扩张阻止进入者获得必要的生存产量时，新竞争崇尚的潜在竞争可以有效解决兼并产生的市场势力问题的机制也就不复存在。基于同样理由，并购指南检测进入可能性使用的价格应是并购前价格，尽管作为一项反竞争的兼并价格一般要上升。这是因为潜在进入者要想能解决竞争问题仅当价格能够重新回到兼并前水平，因而与并购分析相关的潜在竞争可能性估计应以并购前价格为基准。

(四) 并购的单边效应

早期对并购的反竞争效应集中于横向并购使寡头间协作更便利或协作更有效，即关注并购的协同效应，近 20 年反垄断机构对并购审查中逐渐重视并购本身的单边效应。单边效应描述某项并购怎样通过提价使并购后企业获利，无须像协同效应那样假定对手反应后通过重复博弈得到某个均衡。单边效应理论最早由 1983 年萨兰特等在《横向并购的效率损失：市场结构中古诺-纳什均衡的外生变化效果》一文中提出，后经过夏皮罗等人完善形成较完整的理论体系。[②]单边效应理论并不深奥，借助于一个简单的实例就可解释。在一个产品差异化的市场中，不同企业的产品对消费者的替代性不同，产品间的竞争程度也不同。如果消费者认为是其最优选择和次优选择的两个企业兼并，并购的企业就可以从兼并中获得足够市场势力。因为消费者转换产品会牵制并购前任何一个企业对其产品提价，而并购后市场份额易手内部化能够将其中一种产品价格提高到并购前价格水平之上，从而损害竞争。1992 年修订的《并购指南》正式将单边效应理论纳入横向并购分析，规定对于双方市场份额超过 35%的横向并购，且有证据表明并购企业的产品是消费者最优和次优选择时，则必须进行单边效应分析，即便是并购企业市场份额落在并购安全港内。由此可以看出，单边效应分析实际上是对安全港规则只注重并购前后市场份额变动而忽视并购企业产品间替代关系的重要补充。当并购企业间产品比相关市场其他产品有更强的相似性时，并购企业的市场份额可能低估对竞争的影响。相反，市场份额自身也会高估其对竞争的影响，如果相关产品比市场中其他产品的相似性更低。目前美国并购审查中综合考虑并购的协同效应和单边效应，对大多数同质产品或差异化很小的产品的横向并购，多从协同效应角度分析其对竞争的限制效应；而对产品差异化且有证据表明是消费者的最优和次优选择的产品企业间横向并购或存在生产能力限制的同质产品并购案中，也会评估并购的单边效应。

第四节　我国的反垄断政策

早在反垄断法正式颁布以前，我国立法和行政主管部门就已颁布一些法规和条例，如反不正当竞争法、价格法等。虽然这些法律和条例为转型期我国市场经济的培育各自发挥了作用，但就促进竞争而言，这些分散的法律和条例无法适应市场经济发展的需要。事实上在 1990 年前后，政府就意识到制定一部完整的反垄断法的重要性。1998 年原国务院法制局就

---

① Salop S C. Measuring Ease of Entry[J]. Antitrust Bulletin, 1986, 31: 551-570.

② Salant S W, Switzer S, Reynolds R J. Losses from Horizontal Merger: The Effects of an Exogenous Change in Industry Structure on Cournot. Nash Equilibrium[J]. Quarterly Journal of Economics, 1983, 98(2): 185-213.

成立了反垄断法起草小组，提出了《反对垄断和不正当竞争暂行条例草案》，但由于客观原因，该项法规最终没有得到实施。2001年中国加入世贸组织加速了反垄断法的立法进程，同时国际因素在推动中国统一的竞争政策法律制定中也扮演了举足轻重的作用。经过近20年的争论，《中华人民共和国反垄断法》（简称《反垄断法》）终于在2007年8月30日颁布实施，并于次年8月1号正式生效。

一、主要条款

我国《反垄断法》共8章57条，分别在第二至第五章确立了四大主体制度，分别是禁止垄断协议、禁止滥用市场支配地位、经营者集中控制和禁止滥用行政权力排除限制竞争。前三项制度被称作《反垄断法》的“三大基石”或“三大支柱”，国外大部分国家和地区的竞争法都包含这三项主体法内容。第四项制度关于禁止滥用行政权力排除限制竞争的行为，实际上是关于行政性垄断的规定，该项制度体现我国竞争法特色所在。

（一）垄断协议

我国《反垄断法》所称垄断协议，是指排除、限制竞争的协议、决定或其他协同行为。垄断协议最早可以追溯到《谢尔曼法》，该法案由两个独立的条款构成，其中第一条是禁止妨碍贸易的合同、合并和合谋：“任何限制州与州之间、州与外国之间的贸易或者商业活动的合同、托拉斯或其他形式的联合或密谋，都被宣布为非法。”垄断协议与滥用市场支配地位虽都构成对竞争的损害，但垄断协议是两个或两个以上的经营者通过明确的协议或者其他形式产生实质性协同一致行为，这一点构成与滥用市场支配地位的重要区别，其实施主体必须有两个或两个以上法律上相互独立的经营实体。我国《反垄断法》第十三条明确禁止具有竞争关系的经营者之间达成横向垄断协议，经营者之间包括固定价格、限制产量、分割市场、限制新技术新产品和联合抵制等形式的协议被禁止。经营者之间达成的明确的或默契的合谋协议是一种比较典型的直接对竞争限制的垄断行为，也是各国反垄断法竭力调整和规制的对象。第十四条明确禁止了经营者与其交易相对人之间达成的纵向垄断协议，包括固定转售价格和限定转售最低价格。纵向垄断协议是处在市场不同阶段经营者之间的交易，通过签订长期具有约束力的合同，规定转售价格和转售条件等。在实践中常见的纵向垄断协议形式有转售价格维持、地域条款和客户条款等。经济理论认为纵向合同的竞争效应既有积极效应，如为企业进入市场提供一定保障、使外部成本内部化减少搭便车、避免双重加价、改善商品售后服务等；也有对竞争影响的消极效应，如有利于形成价格卡特尔，实施最低转卖价格的后果实际上是为销售商之间建立类似于价格卡特尔的组织。我国《反垄断法》禁止经营者与相对交易人达成纵向垄断协议。

（二）滥用市场支配地位

所谓市场支配地位，是指经营者在相关市场内具有能够控制商品价格、数量或者其他交易条件，或者能够阻止、影响其他经营者进入相关市场能力的市场地位。滥用市场支配地位既可以由某个企业单独实施，也可以是多企业共同实施，这是和垄断协议不同之处。对于市场支配地位的界定有不同的标准，包括市场绩效方案、市场行为方案和市场结构方案。单纯使用任何一个方案确定市场支配地位都有弊端，还需要考虑一些其他因素，如进入的承诺资产大小、企业垂直一体化程度、在位企业策略性进入壁垒等，各国反垄断司法实践中，结构方案往往被优先使用。我国《反垄断法》第十九条按结构标准给出推定市场支配地位的标准，一个经营者在相关市场市场份额超过1/2,两个经营者超过2/3,三个经营者超过3/4,有此情形之一的即可以推定为经营者具有市场支配地位。第十八条是认定经营者具有市场支配地位的非市场份额其他因素,包括经营者控制销售市场和原材料市场能力、经营者财力和技术条件、其他经营者的依赖程度、相关企业进入市场的难易程度等,一定程度上是对使用结构方案推定市场支配地位的补充。

根据多数国家的做法,市场支配地位本身并不违法,反垄断规制的是经营者滥用这种市场势力排除或限制竞争的垄断行为。从这一意义上讲,反垄断法并不是反垄断而是反垄断化,其镜像就是竞争法保护的是竞争而不是竞争者。有效的市场竞争至少包含三个前提条件:进入自由、择业自由和契约自由。进入自由是指市场是开放的,任何企业都可以进入法律允许的行业经营,参与市场竞争。择业自由即企业可以自主决定价格、产量、投资方向等日常经营活动。契约自由是指企业可以自由签订企业日常经营中的各种经营合同。在反垄断司法实践中,需要区分合法的合约自由和违法的合约自由之间的区别。反垄断法本身并没有规定市场支配地位违法,而借助和滥用市场支配地位对相对交易人产生严重影响才违反反垄断法。因此,在确立滥用市场支配地位的行为时,需要严格区分合法的利用市场支配地位和违法的利用市场支配地位之间的界限。各国反垄断司法实践表明这并不容易,包括我国在内的反垄断法也只是依据本国情况列出滥用市场支配地位的几种具体表现。例如,我国《反垄断法》第十七条禁止具有市场支配地位的企业从事下列滥用市场支配地位的行为:没有正当理由以不公正高价销售或低价购买、倾销、拒绝交易、限制交易对象和条件、搭配销售和价格歧视等。但任何列举都是有限的,不可能穷尽被列举的对象。在区分经营主体是否滥用市场支配地位时,可以根据行为的性质和特点作出判断。滥用市场支配地位是具有市场支配地位的企业凭借其这种地位,在一定的交易领域实质性地限制竞争,违背公共利益,明显损害消费者利益,从而为反垄断法所禁止的行为。在这里,滥用行为与市场支配地位之间有明显的因果关系,即企业之所以能够实施滥用行为,就是因为其具有了市场支配地位。同时,滥用市场支配地位的行为给市场有效竞争的确带来了危害,使同业竞争者和交易相对人的利益受到损害。

(三)经营者集中

经营者集中是指经营者合并,通过股权或资产方式取得其他经营者控制权,也可以通过合同方式对其他经营者控制权产生决定性影响。经营者集中在实践中常表现为企业并购,根据并购企业间关系分成横向并购、纵向并购和混合并购。由于只有横向并购会直接导致行业内竞争企业数目下降,故这也是各国反垄断法重点调整和规制的对象。经营者集中是当今经济生活中的普遍现象,兼并对经济福利的影响表现出两面性:一方面兼并是高效率团队取代低效率团队,能增进规模经济和降低成本;另一方面,兼并也可能强化企业的市场支配地位,助长垄断的排除和限制竞争效应。正因如此,经营者集中尤其是横向集中历来是各国竞争法的重点和难点所在,各国反垄断法的主要篇幅和其配套政策也都是围绕经营者集中展开的。

和大多数国家一样,我国《反垄断法》规定经营者集中的预先申报制度。《反垄断法》第二十一条规定:经营者集中达到国务院规定的申报标准的,经营者应当事先向反垄断执法机构申报,未申报的不得实施集中。出于条文简洁和日后随经济环境调整方便起见,我国《反垄断法》并没有直接规定经营者集中申报标准,这个权限留给了国务院。2008年8月1日,也就是《反垄断法》正式生效的当天,国务院颁布了《国务院关于经营者集中申报标准的规定》，规定：凡是参加集中的企业在全球营业额达到100亿元人民币并且至少两个企业在中国的营业额超过40亿元；或参加集中的企业在中国营业额超过20亿元，或至少两个企业达到4亿元以上，经营者需要向国务院商务部申报。《反垄断法》第二十七条又强调反垄断执法在审查经营者集中时应当考虑的因素，包括参与集中企业市场份额、相关市场集中度、集中对市场进入和技术进步的影响以及对其他经营者和国民经济发展的影响，这些因素对某项并购最终能否通过反垄断审查扮演举足轻重的角色。第二十八条是经营者集中的豁免条款，经营者如能够证明该集中对竞争产生的有利影响大于其不利影响，或符合社会公众利益，反垄断执法机构就可以作出对经营者集中不予禁止的决定。

（四）滥用行政权力排除限制竞争

《反垄断法》第三十二条限制行政机关不能利用行政权力限定或变相限定单位或个人购买其指定企业的产品。第三十二条禁止行政机关出于地方经济保护，滥用行政权力妨碍商品在地区间自由流通，如对外地商品歧视性收费、歧视性检验标准、设立行政许可、排斥或限制外地资金进入本地市场、规定歧视性价格等。滥用行政权力的具体行为虽不同，但在本质上都是一种歧视行为，对市场条件下本应该有相同市场地位的不同生产者或不同区域的生产者利用公权实施不平等待遇，后果是竞争扭曲，妨碍统一、开放、有序的全国市场形成，社会资源不能在更大的范围内得到优化配置。

值得一提的是，我国《反垄断法》虽然禁止滥用行政权力排除限制竞争，但并没有将行政垄断的管辖权像经济垄断一样交给反垄断执法机关。《反垄断法》第五十一条规定，“行政机关和公共组织滥用行政权力，实施排除、限制竞争行为的，由上级机关责令改正；对直接负责的主管人员和其他直接责任人员，依法给予处分。”显然，这会影响反垄断执法的权威性和威慑力，面对行政垄断，《反垄断法》酷似“一只没有牙齿的老虎”。但《反垄断法》中关于行政垄断的规定仍然意义重大，它表明立法和社会主流对行政垄断的基本态度，也利于竞争文化的培育。

案例短析

司法判决首次对行政垄断说不

2015年舆论热词注定要与“反垄断”紧密相联了。就在美国高通公司因滥用市场支配地位被处罚60亿元后不久，国内首例针对行政垄断的行政诉讼一审判决新鲜出炉。一直备受业界高度关注的深圳市斯维尔科技有限公司，诉广东省教育厅涉嫌行政垄断一案有了一审结果。2015年2月2日，广州市中级人民法院认定省教育厅在“工程造价基本技能赛项”省级比赛中，指定广联达股份软件有限公司软件为独家参赛软件的行为违反《反垄断法》规定。这是《反垄断法》实施近7年以来，我国首次产生诉行政垄断的司法判决，无疑是我国《反垄断法》实施中具有里程碑意义的事件。

二、我国《反垄断法》实施面临挑战

虽然从《反垄断法》起草至最终实施历时13年，但是经济转型和市场化改革尚未完成，再加上《反垄断法》错综复杂的自身特点，我国新颁布的《反垄断法》可能存在这样或那样的不完善之处，反垄断执法也会遇到挑战。

（一）复杂的执法体系

我国反垄断执法面临的首要问题是缺乏一个执法机关的明确规定。根据《反垄断法》第十条，国务院规定的承担反垄断执法职责的机构依照本法规定，负责反垄断执法工作。《反垄断法》本身并没有规定反垄断执法机构的具体职能分工，根据国务院沿袭过去分工惯例出台“三定”方案，由商务部、国家工商总局和国家发改委三家机构共同完成反垄断执法。具体分工是商务部负责审查经营者集中，国家发改委和国家工商总局负责审查垄断协议和滥用市场支配地位，二者之间的界限在于是否涉及价格，涉及价格的垄断协议是由国家发改委负责，其余的由国家工商总局负责。有时这些执法机构的职能会相互重叠。举例来说，如果国内某具有市场支配地位的企业对产品定价有《反垄断法》禁止的行为，同时施加了其他第十七条禁止的不合理行为，国家发改委和国家工商总局都有权利对该企业进行反垄断审查。进一步，如果该企业寻求与另外一个企业合并，而该合并达到申报标准，则商务部也会牵涉进来。商务部对市场支配地位是否成立的观点可能与国家工商总局的观点不一致，这就会导致混乱、低效率和冲突。这样的执法机制会使得企业处在一个难以预测的三头“怪龙”的怜悯之中，多家机构分头执法的局面毫无疑问会影响《反垄断法》的效力和权威。

（二）宽泛而又模糊的条款

宽泛而又模糊的条款需要解释是常见的，即便是美国的反托拉斯法立法。虽然“宽泛”条款为日后随着经济思想和经济环境的变化做适当调整留下空间，从而具有潜在的好处，但是我国《反垄断法》中的关键术语和条款，如第十二条关于相关市场的定义、某些章节对侵犯的认定似是而非的条款都给潜在的滥用留下空间，也使得执法机构实施应用出现不连续性。第五十五条关于知识产权法和反垄断法的关系太模糊，规定“经营者滥用知识产权，排除、限制竞争的行为，适合本法”。然而何谓滥用知识产权排除限制竞争行为，这就需要司法解释。总而言之，《反垄断法》仅是在非常抽象的情况下对垄断行为进行原则性规定，垄断协议、滥用市场支配地位和经营者集中控制都需要相应配套法规释义。对于意在收购国内企业的跨国公司，特别是敏感部门，存在的一个重要顾虑是没有明确何为国家安全。毫无疑问这些不确定性会影响《反垄断法》执法的彻底性和《反垄断法》“蒙面正义女神”原则的体现。需要及时颁布更为具体细致的应用规则，为国内外企业提供在反垄断法体系下企业市场经营活动是否合法以及具体程序的标准。

深知反垄断法条款的宽泛和模糊性，令人欣喜的是我国反垄断执法机构开始起草和颁布具体实施规则以完善《反垄断法》。2008 年 8 月 1 日，也就是《反垄断法》正式生效的当天，国务院颁布了关于经营者集中申报标准的规定，也就是通常所说的并购门槛，有了这个门槛方能依法受理案件。2009 年 5 月 24 日，反垄断委员会颁布了相关市场的界定的具体指导原则，为执法机构在市场分析中提供具体的指导。相关市场的确定非常重要，无论是垄断协议的判定、滥用市场支配地位的确定，还是经营者集中过程中垄断地位的确定，相关市场的界定都是分析起点。遵循美国和欧盟已经确立的方法和技术，指导原则将需求和供给两方面的交叉弹性检验首次应用于界定相关市场。对于一些复杂的案例，市场界定模糊或有争议时，还可以应用假设垄断者测试。该指南界定相关市场体现的经济思想和应用方法在国际上是统一的，基本规则都是一样。商务部在其网站上公布了一系列经营者向反垄断执行机构申报集中应提交的文件、资料细则。国家工商总局于 2009 年 5 月也公布了其调查涉及垄断协议和滥用市场支配地位的实施规定。国家发改委于 2009 年 9 月完成了反价格垄断的实施草案。这些实施细则的公布毫无疑问使得经营者对《反垄断法》的理解变得透明。但同时应清醒地认识到这些配套法规尚未形成完善的反垄断执法体系,《反垄断法》的颁布远非是反垄断立法的结束,未来仍然任重道远。比如说,虽然已经颁布经营者集中申报标准,但迄今尚没有颁布并购指南,这是对经营者集中审查和判定的重要依据。

(三)行政性垄断和战略性国有垄断部门的规制

对于经济垄断存在多头共管,而目前对我国市场经济竞争带来更大损害的行政垄断,反垄断法又酷似"一只没有牙齿的老虎"。《反垄断法》第五十一条明确规定行政机关和公共组织滥用行政权力,实施排除、限制竞争行为的,由上级机关责令改正。在《反垄断法》起草酝酿过程中,对反垄断法仅调整经济垄断还是经济垄断和行政垄断一并调整一直存在争论,最终通过的《反垄断法》第八条明确规定,行政机关和法律、法规授权的具有管理公共事务职能的组织不得滥用行政权力,排除限制竞争,从而将行政垄断也纳入《反垄断法》调整的范围内。依笔者看来,充分竞争的前提条件是市场主体间地位平等,而行政垄断正是通过私权和公权的结合进入市场的,使得市场主体的平等关系不复存在,公平公正竞争也就无从谈起。行政性垄断在中国有着复杂的历史渊源,本质上是由计划经济体制向市场经济体制转轨过程中,公有制制度瓶颈刚性使得经济体制改革不够深入的原因所致。要想从根本上消除行政性垄断,仅仅通过制定一部反垄断法是远远不够的。需要进一步深化政治经济体制改革,使政企真正意义上分开,从根本上杜绝政府机关利用行政权力直接或间接作用于市场竞争活动。在经济体制改革未能彻底完成前,在反垄断法框架下对政府行政权力的限制是一个临时的阶段性措施。

摆在反垄断执法机构面前另一个难题是战略性国有垄断部门的规制问题。《反垄断法》第七条规定国有经济占控制地位的关系国民经济命脉和国家安全的行业以及依法实行专营专卖的行业,国家对其经营者的合法权利予以保护,并对经营者的经营行为及商品和服务的价格依法实施监管和调控,维护消费者权利,促进技术进步。《反垄断法》实际上肯定了战略性垄断部门垄断地位的合法性,虽然出于国民经济整体和经济安全考虑有一定合理成分,但分析人士普遍顾虑该款成为战略行业国有垄断部门实施垄断行为,滥用市场支配地位的保护伞。尤其是在目前的监管体制下,国有垄断部门的经济性垄断和主管部门的行政垄断往往结合在一起,会对竞争造成更大的损害和增加调整的难度。

三、我国反垄断政策未来调整

竞争政策的目标是促进竞争提高经济效率。经济效率的内涵很宽泛,既有资源配置的静态效率含义,又反映动态的技术进步成长率。在不同的经济环境下,静态效率和动态效率对社会福利的含义不同。因此,在讨论我国未来竞争政策建议时,需要联系当前我国竞争政策实施的内外部环境。总的来讲,我国当前实施竞争政策是在转轨经济、全球经济一体化和知识经济三个大的环境中进行。

(一)转轨经济的特殊性决定我国竞争政策既要反经济垄断更要反行政垄断

对于行政垄断的分类,学界并没有达成一致。反垄断领域著名学者王晓晔认为,我国当前的行政垄断形式有行业垄断、地区垄断和行政强制联合三种形式。行业垄断也称纵向条条垄断,是指政府部门滥用行政权力、对自己或与自己存在隶属关系的企业实施经营保护,禁止其他经营者在本行业经营的行为。地区垄断是指地方政府及其所属部门滥用行政权力限制外地商品进入本地市场，或者本地商品流向外地市场的行为。① 行政强制联合是政府部门破坏市场规律，对所辖行业或地区内企业进行兼并或者某种形式的企业联合。行政垄断本质上是旧的计划经济体制的遗留，是转轨经济中必然存在的暂时现象，其最终将随着计划经济向市场经济转型成功而消失。行政垄断既然是一种体制现象，其根治就不可能仅通过制定一部反垄断法彻底解决，对此必须要有清醒的认识。

中国转轨经济的特殊性决定了我国竞争政策既要反经济垄断更要反行政垄断。就目前我国经济发展水平来看经济垄断现象并不严重，因为企业规模普遍偏小，竞争行业内很少出现独占或寡占市场，反而过度竞争和恶性竞争却是很多行业的常态。当前我国行政垄断比经济垄断对竞争的损害要大得多，反垄断重点应该放在行政垄断上。地区垄断是最典型也是最严重的行政垄断，尤其是财政分权后更为严重。地方政府用行政命令排斥、限制外地商品进入本地以保护本地企业市场份额，虽然对地方经济发展“有利”，但不利于资源在全国市场上优化配置。反垄断执法对于地区垄断亦用“本身违法”原则，即不论何种形式何种原因的地区垄断都必须禁止。对于行业垄断，某些关系到国家经济命脉和国家安全的产业依照《反垄断法》第七条实行专营专卖，对此必须区别对待。至于行政强制联合的反垄断需谨慎，亦用“合理推理”原则，鼓励有利于区域经济整合或行业整体发展的横向联合，杜绝凌驾于市场规律之上利用行政手段的“拉郎配”。

（二）经济一体化要求竞争政策立足本国、放眼世界

经济一体化对一国竞争政策带来的难题是如何协调国内竞争政策和产业政策。竞争政策鼓励经济自由、促进机会均提高经济效率，通常是通过鼓励进入和限制在位企业过分膨胀营造竞争环境。产业政策是政府依据产业演变规律推动产业结构优化，应用政策手段鼓励主导产业和支柱产业做大做强，对幼稚产业成长期适度保护。由于竞争政策和产业政策在政策目标和政策工具上存在一定冲突，二者之间的政策选择一直备受学界关注。长期以来，西方主流经济学将现代资本主义的繁荣归功于竞争政策的实施，而当战后日本经济的腾飞和亚洲新兴市场经济国家的成功使得人们开始重视产业政策。尽管日本战后发生经济奇迹的原因很多，如重视教育、鼓励研发和美国的扶持，但普遍认为日本战后经济能够在最短时间内崛起与其在各个时期实施正确的产业政策密切相关。经济全球化进一步将产业政策和竞争政策的协调推向风口浪尖，各国竞争政策不能固守企业国内绝对规模，而应以国际市场为标准强调其相对规模。一味强调竞争政策，实施严格的反垄断管制，肯定会削弱企业在国际市场上的竞争力，一些学者甚至认为严厉的《反垄断法》实施是由于美国企业 20 世纪 80 年代国际市场份额不断被日本企业吞噬所造成的。波音和道奇的合并也与美国司法部此前的并购指南冲突，因为并购前波音、空客和道奇的市场占有率分别是 60%、35%和 5%左右，大大超过司法部的并购安全港。但最终政府同意了该项并购，理由是并购有利于整合研发资源，巩固波音公司在商务客机国际市场上的控制力。显然，波音合并道奇显示出美国政府在全球化背景下竞争政策立足本国放眼世界市场的转变。

面对经济全球化，未来我国竞争政策实施也要立足本国放眼世界，核心是要协调好竞争政策和产业政策。就我国目前经济总体看，经济垄断问题并不严重，政策重点应放在产业政策上。经过 30 年的市场化改革，中国俨然已经成为制造业大国，但是离制造业强国路途仍

① 于立，吴绪亮. 产业组织与反垄断法[M]. 大连：东北财经大学出版社，2008：184.

然遥远。制约我国成为制造业强国的一个重要原因是我国企业规模普遍偏小，缺乏一批具有国际竞争力的大企业。需要政府一方面通过财税政策、金融政策扶持企业做大，鼓励企业横向联合和并购整合，另一方面对那些市场前景好的尚处在幼稚期的高新技术产业适度进行保护。大企业规模扩张固然会因为市场力量增强带来部分效率损失，但长期国际竞争力更具有战略意义。当然，企业间并购应以市场为导向，尊重竞争规律，意味着政府鼓励企业做大做强，单靠“拉郎配”式的兼并打造的“航空母舰”未必有竞争力。必须以市场为导向，同时兼顾中小企业的成长与发展，最终形成大中小企业并存和共生的准寡占型市场结构，这样才有益于提升行业整体竞争力。关于竞争政策和产业政策的协调，日本给我们留下不少借鉴。通商产业省在制定产业政策时总试图把反垄断要求考虑进来，精明的日本人早就在产业竞争力和维护竞争间找到权衡。

（三）知识经济时代竞争政策要从维护竞争转向促进创新

环顾当前世界各国竞争法都是在工业经济时代制定。企业在充分享受规模经济带来成本节约的同时，也带来了大企业的市场力量，产生了规模经济和垄断的矛盾亦即“马歇尔冲突”。世界各国反垄断法主旨就是尽可能协调规模经济和垄断的矛盾，达到兼顾规模经济和竞争活力的有效竞争状态。在工业经济时代企业竞争力主要是以规模经济为基础，在位企业一旦充分享受规模经济好处获得市场支配地位后，会借助规模经济壁垒和某些策略性行为阻碍新企业进入，市场力量就可以得到维持甚至增强。也正是在规模经济的庇护伞下，企业的竞争形式以静态的价格竞争为主，一旦在位大企业将价格降至进入者初始规模生存水平之下，进入将完全受阻。与之相适应的竞争立法取向主要是鼓励价格竞争，具有鲜明的结构主义特征。

与100多年前反垄断法制定所处的工业经济时代不同，人类已经步入知识经济时代，高新技术产业的国际竞争力决定着一国未来的发展前景。高新技术产业与传统产业相比较，无论是市场界定还是竞争内涵理解都发生了巨大变化。传统工业时代产业发展受规模经济驱动，而知识经济时代的高新技术产业主要是依靠技术创新驱动。在位小企业或者潜在进入厂商可以通过创新引领行业技术范式的转变，颠覆在位主导性厂商的支配地位，因此，行业的操纵能力与企业规模水平并不一定成比例。在这个市场上，基于边际价格-产出基础上的这种静态竞争形式变得不再是十分重要了，如何营造出创新的环境成为行业发展的根本。因此，知识经济时代竞争政策需要从维护竞争转向如何促进创新。著名的微软垄断案对未来我国高新技术产业竞争政策调整有重要的启示意义，固守传统反垄断结构主义理念无视高新技术产业背景可能会扼杀我国正处在幼稚期的高新技术产业发展。在高新技术产业，如果固守传统反垄断思想通过降低在位者利润鼓励进入，或许我们就没有微软案中反垄断干预和创新速率矛盾那样的难题，因为在这种体制下不可能产生“微软”这样的全球主导企业，也彻底丧失了发展高新技术产业立于世界民族之林的机会。

内容摘要

◎ 高新技术产业以高新技术为基础，从事一种或多种高新技术及其产品的研究、开发、生产和技术服务的企业集合。

◎ 传统工业经济的规模经济仅体现在生产领域，而高新技术产业的规模经济既体现在供给方规模经济，也体现在需求方规模经济。

◎ 传统反垄断标准和程序适用于以规模经济为基础、成本驱动的传统工业经济。对以创新驱动的高新技术产业而言，传统反垄断执法标准和程序都存在缺陷，表现在市场界定、市场势力测度和进入壁垒等方面。

◎ 反垄断经济学发展的脉络将其分为三个部分重叠的时期：结构主义时期、效率主义时期和策略主义时期。

◎ 我国未来反垄断实施需要联系当前我国竞争政策实施的内外部环境，总的来讲，需在转轨经济、全球经济一体化和知识经济三个大的环境中进行。

关键词

高新技术产业；需求方规模经济；技术范式；为市场竞争；SSNIP；结构操纵；安全港规则；威廉姆森权衡；横向并购指南；并购的单边效应

思考与练习

1. 简述高新技术产业的竞争特点，比较它与传统产业竞争有哪些不同。
2. 简述传统反垄断法在高新技术产业中的适用缺陷。
3. 简述高新技术产业反垄断政策启示。
4. 简述结构主义反垄断的安全港规则的全部内容。
5. 简述反垄断经济学的最新发展。
6. 简述我国反垄断政策的主要内容和面临的挑战。
7. 试问我国未来竞争政策实施需要联系的内外部环境有哪些？

第十五章　数字时代的竞争与产业挑战

本章结构图

- 数字时代的竞争与产业挑战
  - 数字时代的市场力量与监管
    - 数字时代的市场力量
    - 传统监管模式是否适用于科技公司
    - 结构性政策以及拆分
    - 竞争政策
    - 竞争政策与监管交叉
  - 保持竞争性的重要性
    - 保持多归属性/限制排他性要求
    - 避免“防御性收购”
  - 产业数字化与竞争政策
    - 谁应该拥有数据
    - 数据是进入壁垒吗？
    - 产业组织政策

学习目标

通过本章的学习，学生了解数字时代的市场力量与监管特征，熟悉产业数字化和数字产业化后竞争与反垄断政策如何实施。

第一节　数字时代的市场力量与监管

一、数字时代的市场力量[①]

人们对技术革命的态度已经从最初的热情让位于全球范围内的“技术冲击”。许多学者和政策制定者呼吁“驯服”大型科技平台，将其视为公用事业加以监管，进行拆分，严格反垄断执法，或出台大数据和人工智能方面的产业政策。

经济学家的普遍看法是，许多行业正在受到规模经济或范围经济、赢者通吃以及市场支配力量的实质性影响。人们享受直接的网络外部性（比如我们可以同时使用 Facebook 或 Twitter 等平台交互联系）或者间接的城市设施相关的外部性（如更多的用户使用搜索引擎、Waze 等应用程序或传输服务可以提高其服务质量）。市场竞争也可能受到高额固定成本的限制。例如，设计一个一流的算法、网络爬虫和索引（这些都是搜索引擎的必要条件，特别是如果该搜索引擎的目标是响应不常见的查询）是非常复杂的，因此在英语领域，实际上只有两个市场参与者——谷歌和 Bing，其中谷歌占据了市场支配地位。

网络外部性和高额固定成本造成的有限竞争给赢家带来了巨大的利润，同时也使得他们愿意长期亏损以获得未来的垄断地位。因此，我们可以看到像亚马逊长期亏损、优步通过补贴高薪招聘司机这类现象，也可以看到一些从未盈利的企业市值高得惊人。谋求垄断地位的企业需要雄厚的资金。

垄断总是会引起人们对价格上涨、创新不足的担忧，而且如果垄断地位受到挑战，市场支配地位可能被滥用以排除潜在竞争对手。科技巨头也不例外。

垄断导致高价从而对消费者造成损害的可能性有时会受到平台的质疑，理由是很多服务对消费者是免费的。然后，这一论点忽略了对市场另一端的征费。广告商为平台上的广告支付了高额费用，这些费用提高了他们的经营成本，对消费者造成了潜在的间接损害。商家支付费用使其商品和服务被平台展示和推荐，同样提高了消费者价格。“没有造成消费者损害”的论点也忽略了理论上的可能性，即免费的定价仍有可能过高，因为消费者数据对于平台是极其宝贵的。

然而，垄断平台的高利润可能是一些非常有价值的服务存在的代价。在某种程度上，消费者必须为行业投资成本付费。因此，一个更恰当的问题是，平台利润应与投资成本保持一致，抑或平台享受“超额利润”或“垄断租金”？

关于谷歌、脸书以及其他主要平台的高利润是否属于超额利润，这个问题是存在争议的。证明超额利润不仅需要平台公司的利润数据，还需要其在实现垄断之前发生的损失数据，以及其在竞争中成为赢家的概率数据。我们几乎没有后两个变量的数据。

价格高并不是垄断的唯一问题。垄断企业由于缺乏竞争，其管理层可能缺少控制成本的动力。垄断企业也可能怠于创新，因为它们不愿意推翻自己的产品。它们甚至可能不会采取微小的创新。世界各地的出租车垄断企业为我们提供了这方面的例子。优步、滴滴、

① 本章撰写内容参考《中国经济报告》刊登的法国著名经济学家、2014 年诺贝尔奖获得者 Jean Tirole 教授关于数字时代的监管变革、竞争与产业挑战的相关探讨。

Lyft 等打车软件推出的非常有用的创新(如地理定位、可追溯系统、预先注册信用卡、电子票据、互评等)既不新鲜又不复杂。然而,这些创新并没有被传统出租车垄断企业使用以改善服务。有趣的是,在一些城市,出租车垄断企业对优步进入的反应是引入应用程序、接受信用卡支付和提供机场到市中心的固定价格。

最后,值得注意的是,即使平台没有获得超额利润,也不意味着不需要政策干预。企业可能为获取或保持市场支配地位而采取不正确的手段。可竞争性并不排除社会浪费的可能。

案例短析

如何认定平台经济领域经营者具有市场支配地位?

指南依据《反垄断法》,结合平台经济的特点,进一步细化认定平台经济领域经营者具有市场支配地位的考虑因素。

一是市场份额以及相关市场竞争状况。考虑平台经济的特殊性,指南明确了交易金额、交易数量、活跃用户数、点击量、使用时长等指标。鉴于平台经济的动态竞争特点,指南同时明确要考虑该市场份额持续的时间,以及市场发展状况、现有竞争者数量和市场份额、平台竞争特点、平台差异程度、规模经济、潜在竞争者情况、创新和技术变化等因素。

二是控制市场的能力,可以考虑该经营者控制上下游市场或者其他关联市场的能力,阻碍、影响其他经营者进入相关市场的能力,相关平台经营模式、网络效应,以及影响或者决定价格、流量或者其他交易条件的能力等。

三是财力和技术条件,包括资产规模、盈利能力、融资能力、技术创新和应用能力、拥有的知识产权,以及该财力和技术条件能够以何种程度促进该经营者业务扩张或者巩固、维持市场地位等传统因素,也包括该经营者的投资者情况、资本来源、掌握和处理相关数据的能力等需要特殊考虑的因素。

四是依赖程度。其他经营者对平台经济领域经营者的依赖程度,以及其他经营者转向其他平台的可能性及转换成本等。

五是进入相关市场的难易程度。指南细化规定了相关考虑因素,包括市场准入、平台规模效应、资金投入规模、技术壁垒、用户多栖性、用户转换成本、数据获取的难易程度、用户习惯等。

需要明确的是,指南对认定平台经济领域经营者具有市场支配地位明确了具体考虑的因素,还需在执法实践中结合个案情况对相关因素进行具体分析。

二、传统监管模式是否适用于科技公司

1890 年开启了现代反垄断执法序幕的美国谢尔曼法实施后不久,美国同样对公用事业(处于垄断地位的为电信、电力或铁路等网络行业提供服务的私营企业)也开始进行监管。美国设立了监管机构,以收集这些自然垄断企业的成本和收入信息,并确保其投资回报合理。

虽然旨在对监管程序和决定进行司法审查的监管机构在 20 世纪初就设立了,但审查的目的是保护公用事业的私人投资者使其投资不因低管制价格而被剥夺,或者保护消费者免受监管俘获和关税滥用(以及后来在非自然垄断领域缺乏竞争)的影响。实际上,1984 年美

国 AT&T 公司的拆分，是由美国司法部而不是监管机构联邦通信委员会发起的，此举旨在促进长途和国际电话等潜在竞争性服务领域的竞争。

20 世纪末，政府监管下的（公共或私人）垄断企业运营的公共服务质量差、成本高，引发了越来越多的不满。服务成本监管常常让位于“激励性监管”（价格上限、固定价格合同，以及更普遍的基于绩效的监管）。激励性监管试图让企业对自己的绩效负责，从而推动企业降低成本。

虽然上述措施带来了很大的改善，但消费者仍然感觉利润与成本大致保持一致，主要原因有三个方面。首先，不与成本挂钩的利润是“时间不一致的”：由“异常利润”引发的公众骚动使得监管者难以遵守其最初的激励方案。其次，当公司拥有监管机构无法获取的关键成本或需求信息时，强激励会导致高租金。再次，激励性监管下的高额利润带来了对监管俘获的严重担忧。今天的科技公司表现出了自然垄断的特征，就像 20 世纪的网络产业一样。因此，偶尔有人建议对科技公司按照公用事业进行监管。然而，由于以下两个原因，服务成本监管和激励性监管很难适用于科技公司。第一，公司的生命周期并不是监管者设想的那样，因此很难衡量他们的“投资成本”（按公用事业基础费率作为基准）并设定“合理的回报率”。第二，相较于传统网络行业，科技巨头均是全球性的公司，在全球范围内投资和运营（知识产权、数据、服务器、供应链、物流）。超国家监管机构的确是引发了一个问题：谁负责设定适当的投资回报，以及认定投资回报在不同司法管辖区的分配；人们不知道如何协调监管机构，以及防止转移定价优化。

三、结构性政策以及拆分

20 世纪后期，一种流行的全面监管的方法是“隔离”自然垄断（必要设施或瓶颈）。这种拆分仍然受到监管，为没有表现出自然垄断特征的细分市场的竞争者提供公平和非歧视性准入。这也是 1984 年 AT&T 公司拆分业务的基本原理：小贝尔电话公司仍然控制着本地业务，这在当时被人们认为是难以复制的，而长途和国际电话业务则处于竞争状态。同样，在电力市场上，高压电网是一种自然垄断，但发电领域是可竞争的。在铁路行业，轨道和车站显然是必不可少的设施，而运营公司可以竞争乘客和货运。这是一种很有吸引力的方法，但细节决定成败。

第二个挑战是，人们希望在不破坏网络正外部性的情况下拆分现有的公司。例如，将一个社交网络拆分成两个或三个社交网络可能不会提高消费者福利。消费者要么被分到不同的社交网络，从而无法从网络正外部性中获益；要么与朋友分离，他们重新加入某个被拆分的网站，平台再次形成垄断。相关地，如果必要设施是数据，并且当从多个活动中获得的不同数据集被组合在一起时，数据的功能将更强大，拆分可能会降低性能。

第三个挑战是，占市场支配地位的公司可能会在战略上将不同的服务交织在一起，使监管部门难以还原；在这方面，阻止合并很可能比撤销合并更容易。监管部门不必对这些障碍望而生畏，但最重要的是，需要制定一份详细的计划，明确描述相关成本，并与其他降低市场力量的方法进行比较。

四、竞争政策

如果没有明确的监管和拆分计划，竞争政策（对滥用主导地位、卡特尔、合并的审查）和消费者保护（包括数据隐私）可能仍然是最主要的选择，尽管可能不是目前的形式。

然而,这并不意味着竞争政策是零成本的。首先,竞争政策的效果是缓慢的。对当下反竞争行为的罚款可能会对未来的此类行为起到威慑作用,但对在此期间破产的进入者并没有真正的帮助。

竞争政策大多是向后看的,因此,它可能会让占市场支配地位的公司面临法律上的不确定性,除非出现的问题足够频繁以至于形成了明确的原则。换句话说,占市场支配地位的公司可能无法参照明确的指导方针来决定他们能做什么和不能做什么。虽然竞争政策体现了追溯性,但这引发了一个问题,即基于竞争行为准则更具前瞻性的方法,实际上是一种适应数字市场速度的方法。数字时代的竞争政策必须实现迅速和果断的决策,对新环境作出灵活反应,并从"干中学"中受益。

五、竞争政策与监管交叉

一些报告呼吁成立专门的监管机构,专注于数字经济领域的大型企业。该机构将是竞争政策主管部门与监管机构的混合体。

与传统的反垄断一样,数字市场监管部门将避免设定利润基数和确定公平回报率的工作;在全球化的自由市场经济中,这几乎是不可行的。该部门还将避免设定价格,即使是以灵活的价格上限形式。

从监管范式来看,它将借用传统的"行业"视角。因此,与目前的竞争主管部门相比,它将在几个方面采取更具前瞻性的做法。与监管机构一样,它会收集有关市场支配地位公司的数据,并建立有关该行业如何运作的行业特定知识。大型企业必须提前宣布其收购行为。此外,数字市场监管部门将制定行为准则;在这套针对数字平台的规则设置中,数字市场部门类似于 2019 年 7 月生效的欧盟商业平台条例(《P2B 条例》)。《P2B 条例》对透明度要求进行了规定,旨在限制平台对自有品牌的自我偏好,从而促进商家之间的竞争。然而,除非赋予数字市场部门执法权力,否则很难有效制定行为守则和收集行业信息。改革的方向包括:允许数字市场监管部门"在调查结果出来之前暂停短信公司的决定,包括实施临时措施,在调查结束时阻止 SMS 公司的决定,并有权任命一名监督受托人来监督 SMS 公司的合规情况"。

虽然"和风细雨"式监管很有吸引力,但也有其局限性。首先,这种监管模式没有涉及小公司的侵权行为;这些条款可能仍将由竞争主管部门处理。其次,这种监管模式需要防止监管俘获,这是过去成立多行业监管机构和竞争主管机构的原因之一。这就提出了新机构应该设在何处的问题。它可以是竞争主管部门的一部分,也可以是另一个机构的一部分,或者是一个独立的实体。让它成为竞争主管部门的一部分,将略微降低被捕获的风险,还将避免关于哪些公司真正是数字化的冗长辩论(如果该部门位于行业监管机构内部,可能会出现这种争论)。不过,有一件事是明确的:必须避免地盘争夺战。

第二节　保持竞争性的重要性

市场竞争的另一种选择是竞争市场,即"动态竞争"。网络外部性意味着垄断比多个不能互操作的公司更有效率,所以创造多个竞争者的替代方案可能是通过潜在进入者的威胁让现有公司保持警惕,因为现有公司有保持垄断租金的强烈动机。这场争论有一定的道理。

理论上,只要现有的公司(a)在价格和创新上竞争(这对消费者有利),而不是通过不正当的伎俩手段,以及新公司(b)进入市场;那么这个市场就被称为“竞争性的”;如果是这样,潜在的竞争就会让现有公司保持警惕:现有公司通过创新以避免被取代或者通过低价格来阻止潜在竞争者进入,于是消费者可以享受网络正外部性。但需要注意的是,要使“市场竞争”有效,潜在竞争者必须能够进入该市场。

一、保持多归属性/限制排他性要求

假设进入者在垄断市场直接挑战现有公司。对于正面攻击的进入者来说,面临的经营权方面的主要问题是克服其规模障碍。现有公司可能会因为要求第三方提供商或应用程序的排他而使自己的日子不好过。以叫车平台为例,假设优步(Uber)对其司机实行排他性,由于其消费者群体大,大多数司机会选择优步而不是 Lyft;进一步,由于拥有决定性的司机基础优势,消费者也会更青睐优步。多归属性的缺失使现有公司拥有强大的网络外部性优势。类似地,今天大多数大型应用程序都能在多个移动操作系统使用,这对于维持多个平台的生存至关重要。多归属性是减少进入壁垒的关键。

确保补缺者公平的准入条件。对一个新进入的公司来说,作为补缺者而不是现有公司核心业务的挑战者更有意义,因为后者在细分市场的惯性竞争中受益良多。因此,新进入企业选择一个相近的市场(作为补充)进入,减少对垄断企业市场支配地位的直接冲击,其本身不会对现有的公司构成威胁,但可能会随着产品线的扩大成长为垄断细分领域的替代者。

这种竞争在过去很长一段时间受到指控。在 20 世纪 90 年代的浏览器案件中,微软被指控偏袒其最新的 Internet Explorer 浏览器,而不是网景浏览器。各方一致认为,当时网景浏览器是对 Windows 系统的有力补充;因此,无论其所有者身份如何,微软没有淘汰网景浏览器的短期动机。然而,竞争主管部门(以及微软首席执行官在内部备忘录中)将网景浏览器视为 Windows 的长期潜在竞争对手,因为据称基于 Unix 系统的网景应用程序主要是开源的,可以通过 Windows 操作系统外的浏览器发布。

如今,各平台既能在市场上运营,也能在市场上竞争,这已经是司空见惯的事情了。亚马逊的应用市场既提供亚马逊的基础应用程序,也提供第三方应用程序;苹果的应用程序商店既支持苹果自己的应用程序,也支持独立的应用程序。作为市场上的运营者和卖家的双重身份引发了人们对自我偏好的担忧。欧盟委员会对谷歌购物服务的调查,原因就在于谷歌的搜索引擎可能更青睐自己提供的服务。这一说法是基于欧盟委员会(European European Commission)的指控,即谷歌的全球搜索引擎偏爱其自己提供的产品。关于广告中介服务,在 2007 年谷歌收购 DoubleClick 广告服务器之前有一场争论;谷歌垂直整合中介服务的影响至今仍然令人担忧。

竞争主管部门担心具有市场支配地位的平台会为内部互补产品创造市场支配力。不公平竞争可能表现为对自身服务的优先选择、捆绑搭售或忠实折扣;或者,平台可能会打压竞争对手的应用程序,迫使其退出市场。监管部门更关注的是,平台通过打压其他平台与现有平台竞争所需的应用程序,来保护其自然垄断的业务;换句话说,通过提供内部关键应用程序,现有平台可以让新进入平台产生依赖性。

事实上,开放可以被理解为平台和第三方供应商之间真正的建设性关系。通过开放,平台能够为消费者提供更多样、更优质的服务,从而有更大的动力创新,这也增加了消费者福利。

二、避免"防御性收购"

从竞争性的角度看,高效率的参与者能够进入是不够的,它们必须确实进入市场参与竞争。如果潜在竞争者把自己卖给了现有的公司,那么就不会为消费者创造多少价值。总的来说,开发成本使"为并购而进入"成为一个社会负和博弈。此外,"为并购而进入"还有另一项社会成本,即创新的方向不再是开发新功能而是相似和雷同的功能。

此外,有证据显示,在与现有产品的竞争中,新产品本身可能也会在"杀手级收购"中受到抑制。现有的公司对这种指控有几种反应。首先,他们认为,很难获得完全确凿的证据证明合并是反竞争的:如果没有合并,很难证明被收购的公司能在世界范围内与现有公司竞争。事实上,这是早期收购缺乏竞争证据的一个特点:在合并时,竞争(如果有的话)还没有发生。与此相关的是,新进入者的商业轨迹往往是不可预测的。其次,现有公司指出,收购比 IPO 要多得多,通过限制潜在买家的数量来限制收购会增加成本。因为初创企业的风险投资有两条退出机制:IPO 和出售,如果 Instagram 和 WhatsApp 被禁止出售给 Facebook,其他没有强大社交网络的科技企业仍然可能收购它们。再次,现有公司可能还会为自己辩护,收购初创公司实际上是获取人才。但其他寻找人才的科技公司同样可以收购这些人才,且它们不拥有直接竞争的产品。

阻止这样的行为说起来容易做起来难。目前的反垄断法大多要求监管部门提供排除竞争、损害消费者的证据。这导致如果收购发生在真正的竞争开始之前,监管部门根本无法阻止。因此,建议将举证责任分配给具有市场支配地位的收购者。此外,不能将收购价格作为筛查并购是否反竞争的信号。因为收购的绝对价格高可能是由于创新的价值高,我们应该看现有收购者和第三方收购者愿意为被收购对象支付的相对价格。

第三节　产业数字化与竞争政策

数据可能会引发多个问题,包括一些与个人隐私保护的相关问题,这里将主要讨论与竞争相关的问题。

一、谁应该拥有数据

目前普遍的做法是"服务换数据"。消费者享受电子邮件、搜索引擎、食品、社交网络、地图和其他服务,支付的代价是给数字平台提供相关数据。平台又通过销售定制广告或使用数据开发新产品。虽然消费者对这种模式存在不满,但目前还没有其他可直接替代的免费服务。尽管如此,人们还是提出了一些建议:

(一) 不收集或少收集数据

网站应克制对数据的收集,或者仅进行短期的数据收集,如只允许平台根据用户正在浏览或搜索的内容推送内容相关定位广告(contextual advertising)。那么,问题是保护隐私是否会影响平台的服务,比如导致不合适的推荐或非个性化广告。缺少对于平台而言目前仍是主要收入来源的数据收集,很可能需要对平台所提供的服务进行内容定价。

(二) 通过小额支付补贴用户

在这一替代方案中,平台仍将拥有其收集的数据,但向用户支付现金而不是实物。当然，平台使用现金支付存在一些障碍，比如容易受到机器人的攻击、用户不清楚其数据的价值和成本。针对上述问题，解决方案是需要一个值得信任的中介机构来确保数据质量，并代表消费者评估数据价值。

（三）数据许可和数据信托

一种普遍而合理的观点是，数据是最终公共产品，应该在潜在用户中共享。除非法律规定数据成为一项基础设施，否则要求谷歌、苹果或优步无偿分享其收集的数据相当于非法征收其投资资产。

因此，有人建议，通过建立一个公平的许可制度来实现数据的共享，在这个制度下，数据所有者将基于公平、合理和非歧视性的原则（FRAND 原则）获得更多的报酬。该想法与大多数标准制定过程中的标准必要专利交易相同。虽然这种支付方式看上去是合理的，但也会出现许多实际问题。任何熟悉 FRAND 许可系统复杂性的人都会了解这种方法实施起来的复杂程度。

另一种可行方法是让数据使用机构成立数据信托。目前为止，大多数但不是所有现存的数据信托都是由被监管行业的监管部门发起的。

（四）以消费者为中心的数据

一些企业让消费者控制自己的数据存储与访问，这样做的挑战是为消费者和数据用户设计一个价值主张。

个人数据的首次使用是针对个人本身的。比如用户可以直接控制向哪些医生和机构提供医疗数据。同样地，我们假设一些消费者愿意提供数据用于定制化广告投放以获取较低的服务价格。在这种情况下，尽管也可能产生正外部性，信息和交易成本将减少社会福利（如个人向保险公司提供个人健康信息以获得更好的交易，会提高其他消费者的保险成本）。

其次，创建数据池，使企业能够开发更好的算法。除了一些例外情况（如罕见病），个人数据的边际价值接近于零，大量数据对于分析而言，是具有很大的价值的。这就提出了如何定价的问题，因为平均价值在很大程度上高于边际价值。

二、数据是进入壁垒吗？

一些人会担心，数据可能很快就会成为新服务业的进入壁垒。毫无疑问，谷歌和脸书拥有大量其他人无法获得的数据，这使得他们在搜索广告和展示广告领域占据市场支配地位。平台通过社交插件在全网（包括其生态系统之外）追踪用户，不断提高完整内容的加载速度，迫使外部内容提供商与平台共享数据。这剥夺了内容提供商访问独特数据的权利。最后，如果加强隐私监管，消费者更关注网站的隐私政策（相当于消费者承担了确认是否同意授权的固定成本），大型平台相较于小型平台的优势将更突出；此外，隐私监管可能使内部共享数据比在不同公司间共享数据更容易。那么问题是，获得大量数据集以提供定制化广告或开发新产品和服务有多重要呢？

一些学者认为，大量数据的回报也在减少。其基本论点是大数定律。为了预测汽车从 A 地点到 B 地点所需时间，GPS 导航软件不需要成千上万辆车的数据。另一些人反对这一观点，理由是，虽然大数定律适用于一些情况，但更复杂的新情况经常出现，导致大数定律可能无效。换句话说，范围经济而不是规模经济正在发挥作用。数据来源之间可能存在互补性；比如当搜索引擎同时拥有关键字信息和用户特征时，可能具有更好的预测能力。

数据还可能产生交换成本,并拒绝用户无成本迁移至新平台。也就是说,如果数据传输不可行或耗时较多,用户很难在平台之间迁移数据。可以肯定的是,GDPR 基于开放标准创建了数据可移植性权限,但是它没有定义技术标准。其可移植性要求仅适用于消费者直接提供的数据。它也不是动态的,如果用户决定转移另一个平台,对平台可能没有影响,但如果用户想要使用多家平台,或仍然不确定是否要转移而只是想尝试另一个平台,则情况并非如此。对于这个问题,有学者认为,应以动态方式迁移的内容包括过去的购买记录、音乐播放列表和其他娱乐消费,以及社交网络数据(个人资料、联系人和共享内容)。消费者的可移植性成本越高,用户就越不可能切换到更好的平台。

Hagiu 等学者讨论了数据创造的进入壁垒。数据的边际价值取决于预测所需的准确性。当准确度很关键时(他们引用了疾病预测系统、在线搜索引擎),拥有数据优势的公司可能拥有强大的竞争优势。当然,多大算足够大是一个经验问题;他们指出,苹果地图在美国开始与谷歌地图竞争,但在用户基数较小的国家却没有。作为重要竞争优势来源的数据的其他决定因素是市场中缺乏替代数据和独特的数据分析能力。相比之下,价值迅速贬值的数据不会带来任何持久的竞争优势。

虽然数据进入壁垒的问题在许多情况下都引起争议,但到目前为止,人们大多关注的是谷歌在搜索广告(回应消费者的兴趣表达)和 Facebook 在显示广告(部分是为了提高品牌知名度)上获得的巨额利润。谷歌通过广泛的数据收集(通过与苹果和安卓手机制造商签订合同,将谷歌搜索引擎设置为浏览器上的默认设置),使其能够推送个性化广告,为广告客户带来比其他渠道更多的收益。而谷歌可以获得相当可观的"广告技术税"。因此,诸如强制第三方访问谷歌的点击和查询数据等干预措施正在考虑之中。

至于 Facebook,(有限的)数据可移植性已经存在,使得个人有可能迁移到另一个社交网络。"Social graph API"将进一步允许用户邀请他们的朋友加入新平台和多平台;交叉发布功能将允许用户以较低的成本停留在多个社交网络上。与电信或开放银行标准一样,这种互操作性标准可能只能由政府或中立的非营利机构制定。

三、产业组织政策

政府可以采取两种广义的干预措施来纠正市场失灵:不选择赢家和输家的非特定目标政策(如碳定价或研发税收抵免等技术中性政策)以及针对目标产业、技术或公司的产业政策。

关于产业政策有很多争议。产业政策可以通过基础设施共享、非正式的信息共享以及"干中学"来产生集群效应。同样重要但强调较少的是劳动力市场的存在;大多数初创企业注定要失败,即使他们没有失败,企业家和他们的合作者也认为国家对产业的援助不仅仅是为了形成集聚效应,也是为了避免失业。Criscuolo 等人在研究一些地区的项目(主要是制造业)是否有资格获得公共补贴时,加入了失业率和人均 GDP 的经济指标权重。他们发现补贴对小企业的就业和经营活动有重大影响,而且这些影响不会损害邻近地区企业的就业和经营活动。相比之下,补贴对大公司没有任何影响,因为大公司有更高的博弈能力(通过将工作岗位跨地区转移以受益于公共补贴)。

另一种观点则涉及公共研发及其溢出效应,即公共部门的基础研究和应用研究可以溢出至私营部门,特别是通过上文中提到的集群效应。公共研究既产生明确的知识(通过国际会议、学术出版物、开放源码倡议和国际专利的传播转化为全球公共知识)以及嵌入研究人员的隐性知识。这种隐性知识加上有限的流动性(家庭和社会关系、文化、语言……),意味着公共研究的溢出效应的范围是有限的。

我们缺乏关于溢出效应受益者所在地的经验证据。从实践角度看,DARPA、NIH和NSF的许多突破性技术给美国硅谷和美国工业带来的好处超过了世界其他地方。另一方面,美国在深度学习方面的基本发现对中国企业的好处似乎至少不亚于对美国企业的好处。

最后,产业政策(很可能是反竞争的)偶尔也会起到保护竞争的作用。空客就是一个很好的例子,它为波音创造了一个可靠的竞争对手。

有了如此确凿的论据,为什么大多数经济学家对产业政策持谨慎态度?一种调侃的说法是"国家选择赢家,输家选择国家"。

这种产业政策实施原则提出了一个问题,即如何确保政府(比如欧盟)遵守这些原则。值得注意的是,监管必须保持政治的独立性。反垄断政策必须是经济决策,不能受利益相关方的影响而变成政治决策。至少应该对这些原则有一个清晰的描述,并由一个独立的机构监督政府遵守这些原则。

关于可竞争的必要性,上文强调了多归属性的竞争优势,以及随之而来的对主要平台强加的排他性合同的监督。竞争主管部门应该对这些具有市场支配地位的平台的自我偏好保持警惕,尽管这里没有什么好的办法。如果公司既是市场/技术平台,又是提供市场/应用的商家,它们必然无法平等对待其他竞争产品。自我偏好有可能会反竞争,经济学家应该将更多的工作放在涉及指导方针上,以促进监管部门处理此类行为。

关于数据所有权,我讨论了目前"服务换数据"的替代方案(有效的数据收集、小额支付、数据许可和数据信托、以消费者为中心的数据),以及这些措施对作为进入壁垒的数据的影响。我的观点是,就像GDPR中的隐私监管一样,理论滞后于技术和商业发展。

制度变革对于提高竞争政策的灵活性和有效性至关重要。在预见变革和事后反应之间应倾向于前者。这需要收集占主导地位的公司及其市场的信息,设计良好行为准则(并更多使用商业审查信用),以及赋予监管机构实施临时措施的权力。此外,并购审查的程序需要修改。

最后,在反垄断的世界里,并非只有非黑即白地禁止垄断行为等结构性方法,非黑即白式的简单做法可能会导致"把孩子和洗澡水一起倒掉"的风险。因此,我们必须努力制定新的规则,不能要求太多的监管信息,并使我们能够进行更多有选择性的干预。

案例短析

"大数据杀熟"行为有了细化认定标准

——解读平台经济领域的反垄断指南

对于社会关切的"二选一""大数据杀熟"等平台经济领域垄断行为,如何细化认定?国务院反垄断委员会2月7日发布关于平台经济领域的反垄断指南,国务院反垄断委员会办公室负责同志对指南进行了解读。

对"二选一""大数据杀熟"等如何认定?

指南充分立足执法实践,积极回应社会关切,针对近年来社会各方面反映较多的"二选一""大数据杀熟"等问题作出专门规定,明确了相关行为是否构成垄断行为的判断标准。

一是明确"二选一"可能构成滥用市场支配地位限定交易行为。指南明确了构成限定交易行为可以考虑的因素，其中包括平台经营者要求平台内经营者在竞争性平台间进行“二选一”或者其他具有相同效果的行为。

同时，指南进一步细化了判断“二选一”等行为是否构成限定交易的标准：平台经营者通过屏蔽店铺、搜索降权、流量限制、技术障碍、扣取保证金等惩罚性措施实施的限制，一般可以认定构成限定交易行为；平台经营者通过补贴、折扣、优惠、流量资源支持等激励性方式实施的限制，如果有证据证明对市场竞争产生明显的排除、限制影响，也可能被认定构成限定交易行为。

二是明确“大数据杀熟”可能构成滥用市场支配地位差别待遇行为。指南明确了构成差别待遇可以考虑的因素，其中包括平台经济领域经营者基于大数据和算法，根据交易相对人的支付能力、消费偏好、使用习惯等，实行差异性交易价格或者其他交易条件。

关于认定交易相对人是否“条件相同”，指南特别规定，平台在交易中获取的交易相对人的隐私信息、交易历史、个体偏好、消费习惯等方面存在的差异不影响认定交易相对人条件相同。实践中，如果平台经济领域经营者具有市场支配地位，对不同的消费者实施不同的交易价格等交易条件，可能构成差别待遇行为。

内容摘要

◎ 数字经济时代，网络外部性和高额固定成本造成的有限竞争给赢家带来了巨大的利润，同时也使得他们愿意长期亏损以获得未来的垄断地位。

◎ 产业数字化和数字产业化后，传统的结构性政策以及拆分很难直接应用到对科技型公司的反垄断规制中。

◎ 从竞争性的角度看，高效率的参与者能够进入是不够的，他们必须确实进入市场参与竞争。产业组织政策要密切关注并避免“防御性收购”和“为并购而进入”。

◎ 政府可以采取两种广义的干预措施来纠正市场失灵：不选择赢家和输家的非特定目标政策以及针对目标产业、技术或公司的产业政策。

◎ 数据还可能产生交换成本，并拒绝用户无成本迁移至新平台。

关键词

数字产业化；产业数字化；平台经济；大数据“杀熟”行为；数字鸿沟；防御性收购；数据进入壁垒；定位广告；数据可移植性；竞争市场

思考与练习

1. 简述数字时代产业的竞争特点，与传统产业竞争特点有哪些不同？
2. 简述传统反垄断法在产业数字化和数字产业化后的适用缺陷。
3. 大数据的“杀熟”行为的社会福利分析。
4. 怎样理解数字也会成为进入壁垒？
5. 如何理解壁垒数字时代的“防御性收购”？
6. “市场竞争”和“竞争市场”有什么异同？

参 考 文 献

[1] 白永秀,惠宁.产业经济学基本问题研究[M].北京:中国经济出版社,2008.

[2] 戴伯勋.现代产业经济学[M].北京:经济管理出版社,2001.

[3] 邓伟根.产业经济学研究[M].北京:经济管理出版社,2001.

[4] 丹尼斯·卡尔顿,杰弗里·佩罗夫.现代产业组织[M].黄亚钧,等译.上海:上海三联书店,1997.

[5] 干春晖.产业经济学:教程与案例[M].北京:机械工业出版社,2006.

[6] 宫泽健一.产业经济学[M].东京:东洋经济新报社,1989.

[7] 胡佛.区域经济学导论[M].北京:商务印书馆,1990.

[8] 胡代光.产业经济学[M].大连:东北财经大学出版社,2003.

[9] 骆品亮.产业组织学[M].上海:复旦大学出版社,2006.

[10] 简新华.产业经济学[M].武汉:武汉大学出版社,2001.

[11] 克伍卡·怀特.反托拉斯革命[M].4版.林平,臧旭恒,等译.北京:经济科学出版社,2007.

[12] 李明志.产业组织理论[M].北京:清华大学出版社,2004.

[13] 李悦.产业经济学[M].大连:东北财经大学出版社,2002.

[14] 刘志彪.现代产业经济学[M].北京:高等教育出版社,2003.

[15] 刘志彪,安同良,王国生.现代产业经济分析[M].南京:南京大学出版社,2001.

[16] 刘树林.产业经济学[M].北京:清华大学出版社,2012.

[17] 毛林根.产业经济学[M].上海:上海人民出版社,1996.

[18] 乔治·斯蒂格勒.产业组织和政府管制[M].潘振民,译.上海:上海三联书店,1989.

[19] 芮明杰.产业经济学[M].上海:上海财经大学出版社,2005.

[20] 斯蒂格勒.产业组织与政府管制[M].上海:上海三联书店,1989.

[21] 斯蒂格勒.产业组织[M].上海:上海三联书店,2006.

[22] 斯蒂芬·马丁.高级产业经济学[M].史东辉,译.上海:上海财经大学出版社,2003.

[23] 苏东水.产业经济学[M].北京:高等教育出版社,2000.

[24] 史忠良.产业经济学[M].北京:经济管理出版社,1998.

[24] 石磊.产业经济学[M].上海:上海三联书店,2003.

[25] 泰勒尔.产业组织理论[M].马捷,等译.北京:中国人民大学出版社,1997.

[26] 屠能.农业和国民经济中的孤立国[M].北京:商务印书馆,1986.

[27] 王述英.产业经济学[M].北京:经济科学出版社,2006.

[28] 王俊豪.产业经济学[M].2版.北京:高等教育出版社,2008.

[28] 王俊豪.市场结构与有效竞争[M].北京:人民出版社,1995.

[29] 王缉慈.创新的空间:企业集群与区域发展[M].北京:北京大学出版社,2001.

[30] 邬义钧,胡立军.产业经济学[M].北京:中国财政经济出版社,2002.

[31] 配第.配第经济著作选集[M].陈冬野,马清槐,周锦如,译.北京:商务印书馆,1981.

[32] 夏大慰.产业组织学[M].上海:复旦大学出版社,1994.

[33] 约瑟夫·熊彼特.经济发展理论[M].何畏,易家详,张军扩,等译.北京:商务印书馆,1991.

[34] 约瑟夫·熊彼特.资本主义、社会主义和民主[M].吴良健,译.北京:商务印书馆,1999.

[35] 杨公朴,干春晖.产业经济学[M].上海:复旦大学出版社,2005.
[36] 杨公朴,夏大慰.现代产业经济学[M].上海:上海财经大学出版社,2005.
[37] 杨建文.产业经济学[M].上海:学林出版社,2004.
[38] 杨建文.产业经济学[M].上海:上海社会科学院出版社,2008.
[39] 杨治.产业经济学导论[M].北京:中国人民大学出版社,1985.
[40] 于立,王询.当代西方产业组织学[M].大连:东北财经大学出版社,1996.
[41] 于立,吴绪亮.产业组织与反垄断法[M].大连:东北财经大学出版社,2008.
[42] 张维迎.博弈论与信息经济学[M].上海:上海三联书店,1997.
[43] 植草益.产业组织理论[M].卢东斌,译.北京:中国人民大学出版社,1988.
[44] Acs Z J, Audretsch D B. Innovation, Market Structure, and Firm Size, Review of Economics and Statistics[J]. 1987, 69(4): 567-574.
[45] Arrow K J. Economic Welfare and the Allocation of Resources for Invention[M]// Rate and Direction of Inventive Activity: Economic and Social Factors, Princeton: Princeton University Press, 1962: 609-625.
[46] Bain J S. Relation of Profit to Industry Concentration: American Manufacturing 1936. 1940[J]. The Quarterly Journal of Economics, 1951, 65(3): 293-324.
[47] Bain J S. Barriers to New Competition, Cambridge[M]. MA: Harvard University Press, 1956.
[48] Baumol W J. Contestable Markets: An Uprising in the Theory of Industry Structure[J]. American Economic Review, 1982, 72(1): 1-15.
[49] Baldwin J R, Gorecki P K. Concentration and Mobility Statistics in Canada's Manufcturing Sector [J]. Journal of Industrial Economics, 1994, 42(1): 93-103.
[50] Brozen Y. Bain's Concentration and Rate of Return Revisited[J]. Journal of Law Economics, 1971, 14(2): 351-369.
[51] Braga H, Willmore L. Technological Imports and Technological Effort: An Analysis of Their Determinants in Brazilian Firms[J]. Journal of Industrial Economics, 1991, 39(4): 421-432.
[52] Chamberlin E H. The Theory of Monopolistic Competition[M]. Cambridge, MA: Harvard University Press, 1933.
[53] Clake D G. Econometric Measurement of the Duration of Advertising Effect on Scale[J]. Journal of Marketing Research, 1976, 13(4): 345-357.
[54] Comanor W S. Market Structure, Product Differentiation, and Industrial Research[J]. Quarterly Journal of Economics, 1967, 81(4): 639-657.
[55] Cohen W M, LevinR C. Empirical Studies of Innovation and Market Structure[M]//Handbook of Industrial Organization, Amsterdam: North-Holland, 1989: 1059-1107.
[56] Cowing K, Waterson M. Price-cost Margins and Market Structure[J]. Economica, 1976, 43(5): 267-274.
[57] Demsetz H. Industrial Structure, Market Rivalry, and Public Policy[J]. Journal of Law & Economics, 1973, 16(1): 1-9.
[58] Domowitz I, Hubbard R G, Peterson B C. Business Cycles and the Relationship between Concentration and Price-cost Margins[J]. Rand Journal of economics, 1986, 17(1): 1-17.
[59] Galbraith J K. American Capitalism: The Concept of Countervailing Power[M]. Boston: Houghton. Mifflin, 1952.
[60] Gayle P G. Market Concentration and Innovation: New Empirical Evidence on the Schumpeterian Hypothesis[N]. Discussion Papers in Economics, 2001.
[61] Globeman S. Market Structure and R & D in Canadian Manufacturing Industries[J]. Quarterly

Review of Economics and Business, 1973, 13(2): 59-67.
[62] Grabowski H G. The Determinants of Industrial Research and Development: A Study of Chemical, Drug, and Petroleum Industries[J]. Journal of Political Economy, 1968, 76(2): 292-306.
[63] Hamberg D. Size of Firm, Oligopoly and Research: the Evidence[J]. Canadian Journal of Economics and Political Science, 1964, 30(1): 62-75.
[64] Jaffe A B. Demand and Supply Influences in R&D Intensity and Productivity Growth[J]. Review of Economicsand Statistics, 1988, 70(3): 431-437.
[65] Johannisson B, Lindstrom C. Firm Size and Inventive Activity[J]. Swedish Journal of Economics, 1971, 73(4): 427-442.
[66] Krafe K. Market Structure, Firm Characteristics and Innovative Activity[J]. Journal of Industrial Economics, 1989, 37(3): 329-336.
[67] Levin R C, Cohen W M, Mowery D C. R&D Appropriability, Opportunity and Market Structure: New Evidence on Some Schumpeterian Hypotheses[J]. American Economic Review, Papers and Proceedings, 1985, 75(2): 20-24.
[68] Lunn J. A Empirical Analysis of Process and Product Patenting: A Simultaneous Equation Framework[J]. Journal of Industrial Economics, 1986, 34(3): 319-330.
[69] Mann H M. Seller Concentration, Barriers to entry, and Rates of Return in Thirty Industries 1950—1960[J]. Review of Economics Statistics, 1966, 48(3): 290-307.
[70] Mansfileld E. Industrial Research and Development Expenditures: Determinants, Prospects, and Relation to Sizeof Firm and Incentive Output[J]. Journal of Political Economy, 1964, 72(4): 319-340.
[71] Nahata B, Olson D O. On the Definition of Barriers to Entry[J]. Southern Economic Journal, 1989(56): 236-239.
[72] Philips L. Research in Effects of Industrial Concentration, A Cross Section Analysis for the Common Market[M]. Amsterdam: North Holland Publishing, 1971.
[73] Philips A. Patents, Potential Competition and Technical Progress [J]. American Economic Review, 1966, 56(2): 301-310.
[74] Porter M E. The Structure within Industries and Companies Performance[J]. Review of Economics and Statistics, 1979, 61(2): 214-227.
[75] Reid G. Theories of Industrial Organization[M]. Oxford: Baisil Blackwell, 1987.
[76] Rosenberg J B. Research and Market Share: A Reappraisal of the Schumpeter Hypothesis[J]. Journal of Industrial Ecomomics, 1976, 25(2): 101-112.
[77] Salant S W. , Switzer S, Reynolds R J. Losses from Horizontal Merger: The Effects of an Exogenous Change in Industry Structure on Cournot. Nash Equilibrium[J]. Quarterly Journal of Economics, 1983, 98(2): 185-213.
[78] Scherer F M. Firm Size, Market Structure, Opportunity, and the Output of Patented Inventions [J]. American Economic Review, 1965, 55(5): 1097-1125.
[79] Scott J T. Firm Versus Industry Variability in R&D Intensity[M]// Zvi Giriliches. R & D, Patent and Productivity. Chicago: University of Chicago Press, 1984: 233-252.
[80] Schmalensee R C, Willig R D. Handbook of Industrial Organization[M]. Amsterdam: North Holland, 1989.
[81] Salop S C. Measuring Ease of Entry[J]. Antitrust Bulletin, 1986, 31: 551-570.
[82] Salop S C. Strategic Entry Deterrence[J]. The American Economic Review, 1979, 69(2): 335-338.

[83] Shrieves R. Market Structure and Innovation: A New Perspective[J]. Journal of Industrial Economics, 1978, 26(4): 329-347.

[84] Schwartz M, Robert J R. Contestable Markets: An Uprising in the Theory of Industry Structure: Comment[J]. American Economic Review, 1983, 73(3): 488-490.

[85] Shepherd W G. The Elements of Market Structure[J]. Review of Economics and Statistics, 1972, 54(1): 25-37.

[86] Soete L L G. Firm Size and Inventive Activity: The Evidence Reconsidered[J]. European Economic Review, 1979, 12(4): 319-340.

[87] Smyth D J, Samuels J M, Tzoannos J. Patents, Profitability, Liquidity and Firm Size[J]. Applied Economics, 1972, 4(2): 77-86.

[88] Strickland A D, Weiss L W. Advertising, Concentration, and Price. Cost Margins[J]. Journal of Political Economy, 1976, 84(5): 1109-1121.

[89] Williamson O E. Innovation and Market Structure[J]. Journal of Political Economy, 1965, 73(1): 67-73.

[90] Wilson R. The Effect of Technological Environment and Product Rivalry on R & D Effort and Licensing of Inventions[J]. Review of Economics and Statistics, 1977, 59(2): 171-178.

[91] Villard H H. Competition, Oligopoly, and Research[J]. Journal of Political Economy, 1958, 66(6): 483-497.